Elmar Klinger
Armut – Eine Herausforderung Gottes

Elmar Klinger

ARMUT
Eine Herausforderung Gottes

Der Glaube des Konzils
und die Befreiung des Menschen

BENZIGER

CIP-Titelaufnahme der Deutschen Bibliothek

Klinger, Elmar:
Armut : eine Herausforderung Gottes ; der Glaube des Konzils und die Befreiung des Menschen / Elmar Klinger. – Zürich : Benziger, 1990
ISBN 3-545-24077-0

ISBN 3 545 24077 0

Inhalt

Vorwort

An der Offenbarung scheiden sich die Geister. Sie gibt Hoffnung und macht Angst, findet begeisterte Zustimmung und ruft zornige Ablehnung hervor. Sie ist für alle Schwachen der Erde die Morgenröte der Gerechtigkeit. Befreiung führt daher zu Auseinandersetzung, hat Anhänger und Gegner. Sie ist für die Armen der Kampf um ein menschenwürdiges Leben, für die Reichen der Aufruf, Unrecht als solches anzuerkennen und zu beheben.

Der Konflikt um die Befreiung hat daher einen grundsätzlichen Charakter. Er betrifft allgemeinste Fragen des Menschseins überhaupt. Er wird auf den verschiedenen Ebenen des Zusammenlebens ausgefochten und ist immer politisch. Er wird auf nationaler und internationaler Ebene ausgetragen und berührt die Konstellation der Mächte. Die lebensbedrohliche Benachteiligung von Menschengruppen, Völkerschaften und ganzen Kontinenten soll aufgedeckt und abgeschafft werden. Dazu ist Sinn für Gerechtigkeit erforderlich – wer für die Befreiung eintritt, muß Gerechtigkeit wollen. Befreiung bedarf einer Spiritualität der Konfliktbereitschaft und des Versöhnungswillens. Sie ist eine personale Aufgabe und steht für die Entwicklung und Förderung der Existenz des Menschen. Sie hat daher eine theologische Ebene und stellt Menschen vor das Problem der Vorrangigkeit ihrer Einstellung zu Menschen. Es gibt das Wissen um die Bevorzugung der Armen im Zeugnis der Bibel von Christus und Gott. Die Theologie der Befreiung lebt und verkündet diese Botschaft, sie erörtert die Vorrangigkeit der Option für die Armen im Glauben an Christus und Gott, denn Armut ist eine Herausforderung Gottes.

Das von mir hier vorgelegte Buch ist ein Beitrag zur Analyse und Hermeneutik der Befreiung. Es erklärt, wie Glaube und Politik Pole des Konflikts um die Existenz Gottes und des Menschen sind. Denn Rede von Gott gibt dem Handeln des Menschen Sinn und sein Handeln dieser Rede Bedeutung. Daher wird Glaube ohne Politik zu einer Leerformel und Politik ohne Glaube zur blinden Aktivität.

Die Kirche Lateinamerikas steht in diesem Konflikt. Er wird im ersten Abschnitt geschildert. Die Apologetik der Armen erneuert Kirche und Theologie, denn Armut ist eine Herausforderung Gottes.

Die Basis zum Verständnis des Konflikts um die Befreiung auf einer kirchlichen Grundlage bildet des Zweite Vatikanum. Denn es macht weltliche Existenz zu einer geistlichen Aufgabe und geistliche Existenz zu einer weltlichen Herausforderung. Die Pastoralkonstitution ist das Prinzip der Hermeneutik des Konzils. Sie ist die Fundamentaltheologie der Befreiung. Dieser grundlegende Gedankengang wird im zweiten Abschnitt des Buches dargelegt.

Er ist das Fundament der Erörterung des dritten Abschnitts: Der Glaube des Konzils in Lateinamerika – die Theologie der Befreiung. Sie ist das Kind des Konzils und ein Modell seiner Durchführung. Sie verkündet und erklärt, daß Glaube an Gott ein Bekenntnis zu den Armen ist. Er ist das Projekt ihrer Befreiung. Der Abschnitt enthält die neuen Aussagen zur Lehre von Gott, Christus und der Kirche sowie, jeweils auf der Basis des Konzils, eine Auseinandersetzung mit ihren Gegnern und eine Qualifizierung der römischen Verlautbarungen zu diesen Aussagen. Amtliche Stellungnahmen sind immer zu beachten. Von der römischen Glaubenskongregation jedoch muß eine Anerkennung der Pastoralkonstitution als dogmatische Quelle zur Bewertung von Theologie gefordert werden. Sie ist notwendig und überfällig, da Ämter an die Beschlüsse des Konzils gebunden und bei ihrer Arbeit an ihnen auch zu messen sind.

Der vierte Abschnitt entwickelt Grundsätze der Fundamentaltheologie zu einem Programm der Theologie in Europa auf der Basis des Konzils. Zu ihm gehört die Notwendigkeit einer Überwindung des Platonismus in der Kirche. Dieser ist eine dauernde Fehlerquelle der Bewertung von Aussagen der Theologie, Anthropologie und Soziologie.

Die Armen sind ein zentraler Ort der Theologie. In der

Begegnung mit ihnen muß der Glaube an Gott und Christus bestehen, sowie begründet und verteidigt werden können. Denn er bringt ihnen die Befreiung. Eine theologische Aussage über dieses Projekt hat notwendig generellen Charakter. Sie hat sich in der Begegnung mit den Armen auch noch zu bewähren. Aber sie hat auf der Ebene von Theologie und Lehrverkündigung der Kirche für die Armen reales praktisches Gewicht. Denn auch diese Ebene muß erst noch erobert werden. Sie ist unabdingbar für die Befreiung.

Das vorliegende Buch bewegt sich auf dieser Ebene. Es steht im Kontext von Auseinandersetzungen mit Problemen der Fundamentaltheologie. Es erörtert die Existenzgehalte des Projekts von Glaube und Theologie auf dem Konzil und in Lateinamerika aus europäischer Sicht. In dieser Perspektive sind die Armen die exemplarische Personengruppe der Menschheit insgesamt für die kirchliche Lehre und Verkündigung. Der Glaube an Gott und Christus kann an ihnen und der speziellen Berücksichtigung ihrer Probleme vorbei weder in Lateinamerika noch in Europa noch irgendwo sonst erklärt, verstanden und weitergegeben werden. Auch in Europa ist Armut eine Herausforderung Gottes. Sie steht für jede Ausgrenzung, Benachteiligung, Verfolgung, Unterdrückung. Zu den Armen zählen Kinder, Jugendliche, Frauen, Minderheiten und Fremde. Eine Option für sie ist die Grundlage aller Auseinandersetzung mit Zivilsationsproblemen der modernen Welt. Sie stehen für die Natur des Menschen, sein Geschaffensein und die Probleme mit der Schöpfung insgesamt.

Dieser Standpunkt wird in der vorliegenden Arbeit grundgelegt und exemplarisch, aber nicht erschöpfend ausgeführt. Gleiches gilt von der Erörterung des Konzils. Sie ist programmatisch, nicht historisch. Das Grundlegende jedoch ist historisch bezeugt. Die prinzipiellen Aspekte lateinamerikanischer Theologie der Befreiung sind herausgearbeitet. Die Ethik, Pädagogik, Historiographie, Soziologie und Philosophie der Befreiung sowie die Kapitalismus- und Sozialismuskritik in der gegenwärtigen Auseinandersetzung haben ihr eigenes Gewicht. Sie sind daher eigens zu behandeln. Sie kommen in der Arbeit vor, sind aber nicht das Thema. Vieles, was zum Hintergrund gehört, bleibt offen. Dieses Buch ist keine erschöpfende Erörterung der Probleme.

Ich bin vielen Bischöfen und Theologen aus Lateinamerika persönlich begegnet. Besonders wichtig war für mich die Einladung zu dem lateinamerikanischen Bischofstreffen 1986 nach São Roque in Brasilien. Ich schulde den Gastgebern für die gemeinsame geistliche Erfahrung und ihre bewundernswerte Offenheit in Gesprächen sehr großen Dank. Vieles habe ich durch sie erkennen und verstehen gelernt. Ich kann darauf jedoch nicht im einzelnen verweisen. Daher wird nicht alles von mir gesagt, was zu sagen ist und was aus der Sicht mancher Kritiker und insbesondere Kritikerinnen nicht übergangen werden sollte. – Aber Theologie ist wie ein Kuchen. Ein kleines Stück genügt, und schon weiß man, wie der ganze Kuchen schmeckt.

Ich danke Frau Keul und Herrn Sander für ihre begleitende Lektüre und wichtige Hinweise sowie Herrn Dr. Sauer für die Mühen beim Lesen der Korrektur und seine Unterstützung. Die Mitarbeiter und Mitarbeiterinnen des Lehrstuhls für Fundamentaltheologie in Würzburg haben sich Verdienste erworben. Besten Dank.

Würzburg, den 21. April 1990 *Elmar Klinger*

ERSTER ABSCHNITT

LATEINAMERIKA UND EUROPA

VERSCHIEDENE ORTE DER THEOLOGIE

Im August 1985 machte Bischof Casaldáliga aus Brasilien einen Besuch in Nicaragua und nahm teil am Gebet und Fasten des Außenministers D'Escoto. In seinem Buch über diese Reise «Nicaragua, Kampf und Prophetie» erklärt er diese Initiative folgendermaßen: «Weder als Mensch noch als Lateinamerikaner, noch als christlicher Bischof möchte ich eine Sünde der Unterlassung begehen. Ich beabsichtige nicht, etwas zu kanonisieren, das wie alles Menschliche und Zeitliche hinfällig und konfliktbeladen ist. Die Herren über solche Entwicklungen – über diese Entwicklung auch in der Kirche –, die meinen, daß ihr Verhalten ohne Sünde ist, können den ersten Stein werfen. Den Lesern, die sich möglicherweise schon eine Meinung gegen das neue Nicaragua und gegen die Kirche Nicaraguas, die nahe dem Schmerz und bei der Hoffnung ihres Volkes lebt, gebildet haben, bitte ich, dieses Buch nicht zu lesen. Denn es vertritt die entgegengesetzte Position: Es steht auf der Seite Nicaraguas. Man kann es daher nicht mit geschlossenen Augen lesen. Jene Lateinamerikaner, die Augen haben, Ohren und ein Herz, bitte ich, daß sie lateinamerikanisch sehen, hören, fühlen und antworten. Jene, die eine Liebe verspüren für die Sache Nicaraguas und ganz Zentralamerika bitte ich, sie mit den Mitteln, die ihnen erreichbar sind, nachdrücklich zu verteidigen. Und jene, die an den Gott des Lebens und der Befreiung glauben, bitte ich, daß sie auch beten – neben dem Handeln –, daß in Nicaragua das Reich Gottes anbrechen möge. Morgen kann es zu spät sein, zumindest für uns: weil der Tag Nicaraguas heute auch unser Tag ist.»[1]

Die Reise dieses Bischofs[2] war politisch und missionarisch; denn er ist aus Gründen des Gewissens für die Unabhängigkeit Nicaraguas eingetreten und hat mit seiner Initiative auf dem Boden dieses Landes den Glauben des Christentums an die Wahrheit vom Menschen verkündet. Er hat Zeugnis gegeben für seine Berufung in Christus durch Gott, für sein Recht auf eigene Entwicklung, für seine Würde und für die Unverletzlichkeit seines Lebens. Der Bischof ist sich bewußt, daß viele Anstoß nehmen werden an seiner Reise, denn sie ist ein Zeichen des Widerspruchs. Die Reise will diesen Widerspruch nicht herausfordern, aber ihn auch nicht vermeiden. Sie ist richtungweisend für ganz Lateinamerika. Denn sie ist eine prophetische Tat, eine Handlung, an der sich die Glaubwürdigkeit der Kirche des ganzen Kontinents beweist. Diese ist in Nicaragua politisch und geistlich herausgefordert. Sie hat eine Bewährungsprobe zu bestehen.

Daher stellt Casaldáliga die Frage: «Kirche Gottes, was sagst du von dir selber? Was sagst du von Gott in diesem angegriffenen Nicaragua und im Kampf für den Frieden? Was sagst du von Nicaragua, meine Gesellschaft des Westens? [...] Höhere Gewalt. Seit mehr als siebzehn Jahren bin ich in Brasilien, ohne jemals in das Ausland gereist zu sein, nicht einmal beim Tod meiner Mutter in Spanien. Der ‹Aufstand des Evangeliums›, den Miguel [D'Escoto, der Außenminister] angezettelt hat, beginnt, wie eine ‹Contadora des Heiligen Geistes› zu werden. Alle anderen Schützengräben, sagt er, sind ohne Zweifel notwendig – einige von ihnen unglücklicherweise notwendig, auch das sagt er – aber sie haben nicht ausgereicht. Es war notwendig, speziell diesen Schützengraben der Theologie, des Evangeliums auszuheben. Es handelt sich um ein prophetisches Zeichen. Frei geschenkt. Miguel besteht auf diesem Charakter des freien Geschenks. Das freie Geschenk des Evangeliums leugnet dennoch keineswegs die politische Wirksamkeit, die eine integrale Befreiung auch erstreben muß. Diese Wirksamkeit des Reiches, das ja eine Gabe ist, ein Versprechen, aber auch immer eine Suche und eine Eroberung. Das freie Geschenk des Glaubens kann sich verbinden – in einer höheren Dialektik – mit der Wirksamkeit der realen Politik, auch wenn er sie immer übersteigt. Jesus hat uns aufgefordert, uns als ‹nutzlose Knechte› zu verstehen, aber nicht, es auch zu sein.»[3]

Diese Politik ist ein Zeichen der Zeit im Umgang mit dem Glauben, sie ist die Chance einer gesamtheitlichen Verkündigung seiner Botschaft. Der Glaube nämlich offenbart die Wahrheit vom Menschen und ist daher eine Tatsache der Politik.

Ohne Verhalten zur Politik ist er gar nicht zu verkünden. Die Politik ist der absolute Testfall seiner Authentizität, in ihr entscheiden sich der Sinn und die Bedeutung seiner Botschaft für den Menschen. Bischof Casaldáliga nutzt auf seiner Reise diese Chance. Er verkündet den Glauben des Christentums an die Wahrheit vom Menschen auf dem Boden der Politik. Er übt Solidarität mit den Anhängern dieses Glaubens in Nicaragua und stärkt sie in diesem Glauben. Er ist Träger einer missionarischen und prophetischen Pastoral. Die Theologie der Befreiung geht den Weg dieses Bischofs. Sie erörtert den Glauben des Christentums an die Wahrheit vom Menschen unter sozio-historischem, geistig-personalem und kirchlich-religiösem Aspekt. Der Glaube ist ein Standpunkt der Existenz von Menschsein überhaupt in der Politik und daher ein Projekt der Befreiung.

Auch in der Kirche und Theologie Europas gibt es eine lange Tradition des Glaubens an diese Wahrheit. Denn – so lehrt die Kirche – der Glaube rechtfertigt den Menschen und ist seine Existenz vor Gott. Aber die Rechtfertigung wird in dieser Tradition nicht mehr unter sozio-historischem Gesichtspunkt erörtert. Sie hat große geistig-personale und kirchlich-religiöse, aber keinerlei politsche Bedeutung. Sie rechtfertigt nicht die Existenz des Indianers als Indianer, des Arbeiters als Arbeiter, des Bürgers als Bürger, des Mannes als Mann und der Frau als Frau, der nichtchristlichen Religion als Religion, sondern kann mit deren Ausrottung, Ausbeutung und Unterdrückung auf eine geradezu erschreckende Weise verbunden sein. In Europa wird dieser sozio-historische Tatbestand in der Aufklärung erörtert. Sie stellt Kirche und Theologie vor das Problem der Menschenrechte und wird dadurch für sie beide zu einer großen Herausforderung. Denn nicht jeder und jede, die an die Rechtfertigung glauben, sind Kämpfer für Gerechtigkeit und Anwälte der Unterdrückten. Die Beschäftigung mit Lateinamerika hat für die Europäer daher eine vorrangige Bedeutung. Es trifft zu, was L. Boff über diesen Kontinent sagt: «Lateinamerika ist in der Gegenwart ein privilegierter Ort des Handelns und Denkens der Theologie, weil hier jene brennenden Probleme Aktualität besitzen, die für den Glauben die wahre Herausforderung sind. Es ist der einzige Kontinent einer Christenheit, die sich der Kolonialisierung verdankt mit all den kulturellen, politischen, ökonomischen und religiösen Folgen, die bis auf den heutigen Tag andauern. Die Theologie der Befreiung ist aus der erlittenen Praxis oder aus der praktizierten Erfahrung dieses Kontexts hervorgegangen und erhebt den Anspruch, eine erhellende und qualifizierte Praxis zu sein, die real befreit.»[4]

I.
Die lateinamerikanische Situation: Der Wandel des Lebens und Denkens

«Es wird eine Zeit kommen, in der niemand mehr den anderen tötet.» Dieses Wort des Dichters Guimaraes Rosa aus Brasilien zitiert P. Casaldáliga in seinem Tagebuch. Er nennt es ein «utopisches, christliches, fast eschatologisches Wort.»[5] Er weiß, wovon er spricht, denn er ist in seiner Diözese oft dem willkürlichen Töten begegnet und selbst von ihm bedroht. Viele Menschen, die er kennt, sind vorzeitig wegen ihrer Armut gestorben. Die Indianer, für die er zu sorgen hat, sind durch Industrialisierungsmaßnahmen der Regierung vom Aussterben bedroht. Der Bischof sagt in einem Interview: «Ja, ich habe den Tod wirklich oft sehr nah gespürt. Auch in manchen Nächten, in denen man angespannt nach draußen lauscht, oder auf Fahrten durch verlassene Gegenden oder mitten durch den Urwald. Oder in Gegenwart gewisser Typen, vor allem in Uniform, oder unter gewissen Blicken. Der Tod ist hier sozusagen zu einem Familienmitglied geworden. Abgesehen davon, daß ich ihn selbst gespürt habe, haben ihn mir auch viele angekündigt. Feinde, die mich bedrohten oder Freunde, die mich warnten. Und tatsächlich wäre er hier das Logischste von der Welt.»[6] Der Glaube an eine Menschheit, die solches nicht mehr ertragen muß und auch selber nicht mehr tut, enthält unweigerlich politische Anklagen und revolutionäre Verheißungen. Die Botschaft dieses Glaubens hat deshalb einen subversiven Klang. Im Konflikt zwischen Tätern und Opfern ist sie nicht der neutrale Schiedsrichter, sondern sie ist vielmehr selbst Partei, denn sie untersagt dem Täter willkürliches Töten und befreit das Opfer von der Schreckensherrschaft. Die Botschaft des Glaubens tritt gegen den Täter auf und verkündet das Recht der Opfer auf Leben.

Die Theologien dieser Botschaft haben Anteil am Konflikt, den sie hervorruft und auch selbst verkörpert. Sie haben auch Kriterien, an denen ihre Parteilichkeit zu messen ist, und einen

Standpunkt, mit dem sie diese Auseinandersetzung meistern. Daher gehört die intellektuelle Redlichkeit zu den Grundlagen der lateinamerikanischen Theologie. Diese ist orientiert an der Herausforderung durch die Situation, in der sich ihre Vertreter befinden, und daher ist sie nicht nur praktisch, sondern auch theoretisch stark. Sie ist die stärkste Form theoretischer Theologie, die es in der Gegenwart gibt. Sie kann sich weder intellektuelle Spielerei noch ideologische Klischees erlauben. An ihrer intellektuellen Redlichkeit hängt ihre Existenz. Die Ethik besitzt in dieser Theologie prinzipiellen Charakter. Das Gedachte ist vom Denker zu verantworten und muß sich in seiner Praxis bewähren. Daher fragt E. Dussel nach der Ethik: «Welches ist das Fundament des ethischen Charakters der Praxis der Helden, wenn sie den Zielen eines ungerechten Systems entgegen sich gegen die Gesetze, die Normen, die angeblichen Tugenden und Werte erhebt? Diese Frage, die für Europäer und Nordamerikaner bloß einen Anhang zur Moraltheologie bilden kann, ist für die Christen der Peripherie das erste Kapitel der ganzen Fundamentaltheologie, denn sie läuft auf die Frage hinaus: Wofür ist die Theologie als ganze da? [. . .] In Lateinamerika besteht die Befreiungsethik in der Rechtfertigung der Güte, Heldenhaftigkeit und Heiligkeit der Befreiungspraxis eines in El Salvador, Guatemala, Argentinien und Brasilien (in Ägypten) unterdrückten Volkes, das schon durch die Wüste wandert (wie in Nicaragua) . . . ».[7] Befreiungsethik, -dogmatik und -analytik sind die Schlüssel zur Theologie dieses Kontinents. Sie bedient sich dieser Mittel, um festzustellen, in welcher humanen, kulturellen, wirtschaftlichen und politischen Situation sich der Kontinent befindet. Sie versucht herauszufinden, welche Kriterien seine Christen und Christinnen haben, damit die Theologie sich auf sie einstellen und sie bewerten kann, und was sie tun muß, um die Kriterien zu beeinflussen und zu verändern. Diese Theologie hat regionalen und zugleich universalen Charakter, sie ist ein Modell des Christ- und Kirche-seins in der Gegenwart. Wir Europäer begegenen in ihr den Problemen Lateinamerikas, aber diese Probleme haben ihre Ursache in der Geschichte Europas. Wir begegnen in Lateinamerika unserer eigenen Vergangenheit, wir müssen uns mit den eigenen Menschenrechtsverletzungen auseinandersetzen, wenn wir diesen Kontinent besuchen und uns mit seiner Theologie beschäftigen. Wir werden dabei aus unserer eigenen Geschichte nicht entlassen, wir müssen uns ihr stellen. Daher ist die Begegnung mit der lateinamerikanischen Theologie für uns Europäer eine ethische Herausforderung und eine dogmatische Aufgabe. Sie ist ein Vorgang, in dem über uns selbst entschieden wird.

Die lateinamerikanische Theologie ist eine situationsbezogene Theologie. Denn sie ist «keineswegs aus einer Laune hervorgegangen. Sie ist entstanden als Moment einer sehr breiten Entwicklung und einer Bildung des charakteristischen Bewußtseins der lateinamerikanischen Völker. Die allgemeine Armut, die Marginalisierung und das historische Umfeld der Unterdrükkung haben mit Kraft das Bewußtsein erobert und einen wirklich historischen Wandel herbeigeführt. An diesem neuen Bewußtsein, das den ganzen Kontinent befruchtet hat, die Sozialwissenschaften, die Pädagogik, die Psychologie, die Medizin, die Kommunikationsmittel, nimmt auch das christliche Bewußtsein teil, indem es sich auswirkt auf die theologische Reflexion [. . .] Die Theologie der Befreiung wurde geboren aus der Absicht, auf Herausforderungen der unterdrückten Gesellschaft zu antworten, und als eigener Beitrag aus der Einstellung des Glaubens, zu dem umfassenden Prozeß der Befreiung, der sich auf anderen Gebieten im Leben des Volkes artikuliert.»[8]

1. Die Abhängigkeit als Existenzproblem

In welchem Sinne ist der Mensch, dem Kolumbus auf dem neu entdeckten Kontinent begegnet, ein Mensch? Diese Frage klingt befremdlich, aber sie wird und ist die Schicksalsfrage der Urbevölkerung Lateinamerikas. Eine Hauptquelle der Argumentation des 16. Jahrhunderts um die Kolonialisierung der ‹indischen› Länder war die politische Anthropologie des Aristoteles. Nach ihr gibt es zwei Klassen von Menschen, nämlich Menschen, die sich von Natur aus selbst gehören, und Menschen, die von Natur aus einem anderen gehören. Das vollkommene Gemeinwesen setzt sich zusammen aus Freien und Sklaven, denn sein Grund ist die Natur des Menschen. Er besteht aus Seele und Leib, wobei die Seele das Herrschende und der Leib das Beherrschte ist. «Auf dieselbe Weise», sagt Aristoteles, «muß es sich nun auch bei den Menschen im allgemeinen verhalten. Diejenigen, die so weit voneinander verschieden sind wie die Seele vom Körper und der Mensch vom Tier (dies gilt bei allen denjenigen, deren Aufgabe die Verwendung ihres Körpers ist und bei denen dies das Beste ist, was sie leisten können), diese sind Sklaven von Natur, und für sie ist es [. . .] besser, auf die entsprechende Art regiert zu werden. Von Natur ist also jener ein Sklave, der einem andern zu gehören vermag und ihm darum auch gehört, und der so weit an der Vernunft teilhat, daß er sie annimmt, aber nicht selbständig besitzt. Die andern Lebewesen dienen so, daß sie nicht die Vernunft annehmen, sondern nur Empfindungen gehorchen. Doch ihre Verwendung ist nur wenig verschieden: denn beide helfen dazu, mit ihrer körperlichen Arbeit das Notwendige zu beschaffen, die Sklaven wie die zahmen Tiere.»[9] Die Verfechter der Eroberung des ‹indischen› Lateinamerika beriefen sich vor dem Indiorat Karls V. 1550 in Valladolid auf dieses Argument.[10] Die Indios gehören jener Klasse von Menschen an, die anderen von Natur aus gehorchen müssen und im Falle der Verweigerung dieses Gehorsams mit Gewalt zu unterwerfen sind. Denn sie sind den Eroberern körperlich unterlegen. Sie sind Wilde und können nicht europäisch denken. Sie stehen auf einer Entwicklungsstufe, die sie den Tieren ähnlicher erscheinen läßt als den zivilisierten Europäern. Der Sinn des Seins der Indios ist auf dem Boden dieser Argumentation ihr Sklave-sein, es hat den Sinn, abhängig zu sein. Ihr Sein ist das Sein einer abhängigen Existenz. Sie sind besitzunfähig und haben kein eigenes Land. Sie sind marginalisiert und haben keine eigene Stimme in der Gesellschaft. Sie sind rechtlos und haben daher keine einklagbaren Ansprüche im Staat.

Diese Abhängigkeit ist das Existenzproblem der Indios bis auf den heutigen Tag. Sie wurden in manchen Ländern ganz, wie in Uruguay, in anderen, wie in Brasilien, zu vier Fünfteln vernichtet. Ihre Existenz ist durch sogenannte Entwicklungsmaßnahmen, durch die Zivilisation mit ihren Krankheiten und Lastern sowie durch regulären Völkermord auf dem ganzen Kontinent bedroht und zwar in der Gegenwart wie in der Vergangenheit.

Die Kirche hat sich bis zum 16. Jahrhundert nicht gegen die Sklaverei als Institution gewandt. Sie greift auch nicht deren argumentative Basis an. In der Antike hat sie die Sklaverei vorgefunden. Bei den Indios ist die Situation ganz anders, bei ihnen finden ihre Mitglieder die Sklaverei nicht mehr nur vor, wie in der Antike, sondern führen sie erst selber ein. In der neuen Weltgesellschaft, die nun zu entstehen beginnt, haben die Christen selber die politische Verantwortung dafür zu tragen. Sie sind nicht mehr die Opfer, sondern die Urheber der Sklaverei. Mit dieser neuen Verantwortung ändert sich auch die Basis der Argumentation. Christen besitzen nicht die heidnische Unschuld des Aristoteles, sie wissen genau, daß der Mensch nicht der Körper ist für einen Geist, der über sie herrscht. Indios gehören von Natur aus niemandem außer sich selbst und Gott allein.

Der wichtigste Vertreter dieser Anthropologie des eigenen Rechts der Indios ist Las Casas. Er wird im 16. Jahrhundert zum christlichen Gewissen der spanischen Kolonialpolitik sowie der Kämpfer für die Menschenrechte der Indios in Lateinamerika.[11] Er ist ihr Anwalt in den neu entdeckten Ländern und im Indiorat vor Karl V. Er kennt die spanischen Gesetze und klagt die Eroberer und Kolonisatoren des Völkermords an den Untergebenen des Königs an. Er kennt und schätzt die Art des Lebens und Denkens der Indios. Er besitzt aber auch selber einen Begriff der Eigenart ihres Seins im Zeitalter der Endeckungen und des unterdrückerischen Expansionismus: Der Sinn dieser Eigenart ist nicht Versklavung, sondern Armut. Die Indios sind nicht nur Heiden, sie sind die unter die Räuber Gefallenen des Evangeliums, die gekreuzigten Christusse der ‹indischen› Welt. – Las Casas setzte sich vor Karl V. durch. Es gab neue Kolonialgesetze mit der Bestimmung von den zwei verschiedenen gesellschaftlichen Systemen in einem Reich.[12] Aber die koloniale Wirklichkeit konnte er damit nicht verändern. Die Sklaverei war trotz Verbots geblieben.[13] Deren wichtigste Merkmale wie Entwurzelung und materieller Mangel, Entmündigung und Marginalisierung, Entrechtung und Diskriminierung sind in den nachkolonialen Gesellschaften und Staatswesen des Kontinents auch weiterhin anzutreffen. Es gibt die Sklaverei nicht mehr als Institution. Aber deren existenzbestimmender Faktor, die Abhängigkeit nämlich, hat sich weiterentwickelt und vergrößert. Sie umfaßt mit den Indios auch viele andere Bevölkerungskreise. Sie ist ein strukturelles Element der nationalen und internationalen politischen Ordnung.

In der lateinamerikanischen Sozialforschung wird eine Analyse dieser heutigen Abhängigkeit erstellt. Sie umfaßt vor allem den strukturellen und den geschichtlich-historischen Tatbestand. Die Analyse der Struktur von Institutionen gibt über die Regeln Auskunft, nach denen sie die Außen- und Innenbeziehung ihrer Mitglieder ordnen und bewerten. Diese Regeln verbinden drei verschiedene Regelkreise, das sogenannte «adaptive System», aus welchem sich die Einwirkung einer Gesellschaft auf die Natur entsprechend ihrem jeweiligen technologischen Standpunkt bestimmt, das sogenannte «assoziative System», das Normen und Einrichtungen umfaßt, auf welchen das soziale Leben beruht, und das sogenannte «ideologische System», die Werte, die sich im Prozeß der wechselseitigen Durchdringung des ersten und zweiten Systems bilden und politisch zu vertreten sind. Jedes Gemeinwesen bildet einen strukturellen Tatbestand, da es die Innen- und Außenbeziehung seiner Mitglieder regelt, bewertet und beherrscht.[14]

Die Abhängigkeit ist die Form, in der periphere Gesellschaften mit ihren Zentren verbunden sind. In der Fremdbestimmung durch die Zentren liegt der Grund für die Rückständigkeit und Unterentwicklung der peripheren Gesellschaft. Sie ist Struktur und Geschichte. Die Auseinandersetzung mit dieser Fremdbestimmung verlangt eine Analyse ihrer Geschichte. Es ist wesentlich, «zu erkennen, daß gesellschaftliche Strukturen das Produkt kollektiven Verhaltens der Menschen sind. Daraus folgt, daß gesellschaftliche Strukturen, obwohl festgefügt und langlebig, von sozialen Bewegungen verändert werden können und tatsächlich verändert werden. Unser Ansatz ist also ein struktureller, zugleich aber ein historischer: Er zielt nicht nur auf die Strukturbedingtheit des gesellschaftlichen Lebens, sondern auch auf den historischen Wandel der Gesellschaftsstrukturen durch Konflikte, soziale Bewegungen und Klassenkämpfe.»[15] Seit den

Tagen des Las Casas ist die lateinamerikanische Theologie an diesem Konflikt beteiligt. Sie ist katholische Theologie vor Ort und muß daher den strukturellen Charakter der Herausforderung des Christseins auf diesem Kontinent erfassen. Es ist das Sein von Christen in einer Existenz der Abhängigkeit und gibt ihrer Sendung ein soziales Gepräge. Die lateinamerikanische Theologie bedient sich darum der Situationsanalyse als Mittel zur Bestimmung ihres eigenen Ortes in dieser Gesellschaft; denn sie ist die Theologie eines abhängigen Kontinents. Sie wendet sich an abhängige Menschen, an Menschen, deren Abhängigkeit seinsbestimmend ist. Abhängigkeit ist daher ein Grundbegriff ihres eigenen Seins und des Seins ihrer Gesellschaft. Man kann die Situation, in der sich der abhängige Mensch befindet, ohne die Analyse dieses Seins nicht erfassen. Abhängigkeit ist das charakteristische Merkmal seines gesellschaftlichen Seins; denn «Menschsein bedeutet in Lateinamerika, im kolonialen oder neokolonialen Amerika seit jeher beherrscht, unterdrückt zu sein. Ontologisch leidet der amerikanische Mensch daran, ein Benachteiligter, ein minderes Wesen, ein irgendwie Versklavter zu sein (sei es der Indianer im Hinblick auf den Kommendenbesitzer, sei es der Kreole im Hinblick auf den Spanier, sei es der koloniale Spanier im Hinblick auf den metropolitanischen Spanier, sei es das lateinamerikanische Volk oder Oligarchie im Hinblick auf Europa und Nordamerika . . . »[16] Die lateinamerikanische Theologie ist die Theologie solchen gesellschaftlich abhängigen Seins. Sie ist eine Theologie des Armseins. Deswegen entspringt sie nicht irgendeiner Parteigenossenschaft, sondern dem Wissen, daß auch der Glaube selber ein gesellschaftliches Sein besitzt. Der Glaube ist die Existenz der Armen.

Diese Theologie verdankt sich nicht irgendeinem europäischen Modernismus oder irgendeiner ideologischen Schönfärberei, sie ist vielmehr Teil der Existenz der Armen. Sie verwirklicht ihr Recht, ihre Situation aus ihrer eigenen Perspektive zu begreifen; deswegen hat Lateinamerika ein Recht auf diese Theologie. Der Glaube nämlich «strebt aus sich selbst heraus danach, sich seiner selbst klar zu werden. Klassisch heißt es: Fides quaerens intellectum. Es geht um das Recht des Armen, seinen Glauben an den Herrn und seine Erfahrung von Befreiung zu durchdenken, um das Recht, sich seines Glaubens wieder zu bemächtigen, den man ständig von seiner Armutserfahrung abgespalten hat, um ihn zu einer ideologischen Rechtfertigung einer Situation der Unterdrückung umzumünzen.»[17] Die Auseinandersetzung mit der Falschheit solcher Abspaltung ist ein Hauptproblem der lateinamerikanischen Theologie . Sie hat nicht nur gegen das Mißverständnis der Politisierung, sondern auch gegen die Entrechtung der Armen und ihrer Theologie durch die Politik zu kämpfen.

2. Die Bedrohung der Existenz des Menschen in der Politik

Der Sinn von Menschsein in abhängigen Ländern liegt nicht in dieser Abhängigkeit. Denn Menschsein ist das Sein einer Existenz, die sich selbst gegenüber eine Verantwortung besitzt. Sie muß ein Recht auf materielles Überleben einklagen, sie muß Respekt verlangen vor ihren geschichtlichen Leistungen und sich verteidigen gegen Raub, Zerstörung der eigenen Kultur und Verlust der eigenen Identität, sowie gegen Totschlag und Völkermord. Menschen in abhängigen Ländern leben indes nicht nur faktisch in einer Situation der Lebensbedrohung, ihre Länder und deren Gesellschaft besitzen vielmehr eine Struktur dieser Bedrohung. Der Mangel an wirtschaftlichem Einfluß führt zum Verlust an persönlichem Ansehen und endet bei der Unfähigkeit, auch nur die Grundrechte durchzusetzen. In diesem System des Niedergangs bedeutet des einen Leid indes immer auch des anderen Freud; denn wirtschaftlicher Einfluß steigert das persönliche Ansehen und befähigt, Grundrechte außer Kraft zu setzen und zu verletzen.

Bischof Casaldáliga spricht von einem Zirkel des Assistentialismus: «Das ist der grundlegende circulus vitiosus: Ausbeutung, Verschuldung, Hilfe, Abhängigkeit.»[18] Wer das Land ohne finanzielle Eigenmittel erschließt, muß sich verschulden. Wer die Schulden nicht tilgen kann, bekommt Hilfe. Wer mit dieser Hilfe die Schulden aber nicht bezahlt, sondern vermehrt, wird abhängig. Er verliert mit dem Land seine Ehre und dann seine ganze Existenz. Aber wem gehört das Land? – Den Menschen, die es bewohnen, oder der Regierung, die es beherrscht? Im Zuge von

Entwicklungsmaßnahmen verliert die ansässige Bevölkerung ihr Land, sie wird entweder umgesiedelt oder vertrieben. Obwohl sie diese Maßnahmen nicht billigt, unter ihnen zu leiden hat und aus ihnen keinerlei Nutzen zieht, ist sie es, die sie bezahlt. In Brasilien betrug die Auslandsverschuldung 1964 am Beginn der Militärdiktatur 3,2 Milliarden Dollar und stieg in den 21 Jahren dieser Diktatur bis 1985 auf 104 Milliarden Dollar. Aber wer trägt diese Verschuldung? Kardinal Arns sagt darüber folgendes: «Unsere Auslandsverschuldung ist eine diktatorische Entscheidung, die einer ganzen Nation aufgezwungen wurde. Wie, wo und warum man das Geld ausgab, wurde nie erklärt. Als es aber dann an der Zeit war, die Verschuldung zu bezahlen, da wurde sie zur Verschuldung des brasilianischen Volkes und besonders der Arbeiter. Die Zinsraten sind so hoch, daß die Verschuldung weiterwächst, und die Bürde der Zahlungspflichtigen lastet auf allen Arbeitern in Brasilien und besonders auf deren Kindern, weil das Geld, das für ihre Gesundheit, ihre Erziehung und ihr Wohlergehen ausgegeben werden sollte, an Banken der Ersten Welt geschickt werden muß. Wir zahlen jeden einzelnen Monat 1 Milliarde Dollar an Schuldgebühren und Tilgungsgeldern.»[19] Die Abhängigkeit des Landes vom internationalen Kapital betrifft infolge der strukturellen Grundzusammenhänge politischer Maßnahmen notwendig die Bevölkerung des Landes. Sie bezahlt nicht nur für etwas, das sie nicht bekommen hat, sie wird über diesen Wirtschaftsbetrug hinaus zur gleichen Zeit durch politische Gewaltmaßnahmen bedroht. Die Regierung schafft Gesetze, die es ihr gestatten, im Sinne einer Ideologie der nationalen Sicherheit jedwede von irgendwem verdächtigte Person zu verhaften, zu foltern, dann verschwinden zu lassen und zu töten.[20]

Eine Theologie, die sich auf die Existenz von Menschen bezieht, kommt nicht an deren Sein vorbei. Indem sie sich aber zu Problemen dieses Seins in Staat und Gesellschaft verhält, wird sie zu einer Herausforderung der Politik; denn sie muß sich mit den Strukturen der Abhängigkeit auseinandersetzen, muß sie beurteilen und sogar verurteilen. Tut sie dies nicht, so verrät sie sich selbst. Denn der Glaube an die Wahrheit vom Menschsein des Menschen, den die Theologie bekennt, ist ein Glaube an das

Menschsein des Armen. Die lateinamerikanische Theologie unterscheidet drei Modelle einer solchen Herausforderung, nämlich das Modell des «spezifischen Beitrags», des «Wechsels der Momente» und der «Inkarnation».

Im ersten Modell erarbeitet die Theologie als Wissenschaft einen Beitrag zur Lösung von Problemen der Gesellschaft. Sie muß Standpunkte von sich selber her und auf der ihr eigenen Ebene vertreten, obwohl sie dadurch der Regierung oder einer Partei widerspricht. «Man bezieht (politisch) Stellung innerhalb des intellektuellen Gebietes als solchem. Der theoretische Ort wird so zum wirklichen Schützengraben der politischen Auseinandersetzungen. Die theoretische Praxis als solche wird also aufgefaßt als eine soziale Praxis unter vielen anderen. Auf ihre Weise, d.h. theoretisch, gemäß ihren eigenen Regeln und von ihrem eigenen Ort aus leistet sie ihren Beitrag zu der komplexen Praxis, die sich an den verschiedenen Fronten des sozialen Ganzen entwickelt, [. . .]»[21]. Eine Theologie, die an das glaubt, was sie verkündet, nämlich an die Wahrheit vom Menschen, an die Würde und Unverletzlichkeit der Rechte seiner Person, wird sich niemals in Übereinstimmung befinden mit einem Regime der Menschenrechtsverletzungen. Sie ist notwendig dessen Gegnerin. Von ihr wird Unbestechlichkeit verlangt.

Im Falle des «Wechsels der Momente» sind Theologen und Theologinnen jedoch auch die Vertreter einer anderen Richtung. Sie sind Mitglieder von Bewegungen und Organisationen, wobei sie ihren Platz in der Gesellschaft und ihre Beschäftigung als Theologen beibehalten. «Diese Dualität (nicht Dualismus) kann man in der doppelten Bindung beobachten, die der ‹Theologe› unterhalten kann, und zwar einerseits zu den politischen oder sozialen Organisationen und Bewegungen und andererseits zu den kulturellen Institutionen, die ihm gewährleisten, daß er seiner Theorie folgen kann.»[22] Er geht mehreren Tätigkeiten nach, ohne daß er sie aufeinander bezieht. Als Theologe und als Bürger wendet er sich gegen die Politik einer Regierung oder Partei, tritt ihr aber zugleich mit einer anderen Politik entgegen. Er ist nicht nur unbestechlich, sondern auch mutig und entschieden.

Im Falle der «Inkarnation» durchdringen sich profane und geistliche Existenz. «Dieses dritte Modell einer Synthese, das umfassendste und zugleich das schwierigste, kann in Form einer sozialen Einbindung gelebt werden, die eine organische und sogar physische Teilnahme an der Existenz der sozialen Gruppen oder Klassen mit sich bringt, an die man sich bereits durch eine vorausgehende ideopolitische Option gebunden hat. Dieses Modell setzt die unmittelbarste Solidarisierung mit den Lebensbedingungen und dem allgemeinen Schicksal der gewählten Gruppen voraus.»[23] Es verlangt über die Unbestechlichkeit und Entschiedenheit hinaus eine Bekehrung. Wer diesen Weg geht, läßt gesellschaftliche Verbindungen, die bis dahin Gewicht besaßen, hinter sich, und macht die neue Tätigkeit zu einem neuen Ort und einer neuen Perspektive der gesamten Theologie. Denn ein neues Leben ist die Voraussetzung eines neuen Denkens und die Grundlage eines jeden Fortschritts in Gesellschaft und Staat.

Existenz ist das Verhalten zum Sein.[24] Politik entscheidet über das Menschsein in Staat und Gesellschaft und verhält sich daher zu diesem Sein. Von der Politik wird dieses Sein gefördert und entwickelt, aber auch behindert und zerstört. Zur Theologie der Existenz des Menschen gehört notwendig ihr Verhalten zum Sein des Menschen. Dadurch wird sie selber zu einem Problem des Menschseins in der Politik. Sie erörtert die Existenz dieses Seins und hat überall dort einen Beitrag zu leisten, wo über Sein und Nichtsein dieser Existenz befunden wird. Sie ist ihr Standpunkt und ihre Perspektive, ihre Anwältin und ihre Vertretung in Staat und Gesellschaft. Sie ist Theologie des politischen Verhaltens zu diesem Sein und daher nicht politische Theologie, sondern Theologie der Politik.[25] In ihr wird nicht das politische Bewußtsein der Theologen, sondern das Sein und die Existenz der Theologie selber zum Thema. Sie selbst steht und fällt mit dessen Erörterung. Wegen der grundsätzlich vorhandenen und nicht bestreitbaren Existenzialität ihres eigenen Seins ist es der Theologie weder möglich, dem Verlangen einer Entpolitisierung nachzukommen, noch den Vorwurf einer Politisierung anzuerkennen. Denn sie ist Theologie des Seins der Politik. Sie kann dem genannten Verlangen keineswegs entsprechen, denn in diesem Fall müßte sie sich selbst und die Politik in unerlaubter Weise regionalisieren. Politik ist Verhalten zum Menschsein, und Theologie ist Existenz in der Politik. In Lateinamerika ist diese grundlegende Eigenschaft von beiden zu einer Überlebensfrage einzelner Menschen, ganzer Völker, ja sogar der Menschheit des ganzen Kontinents geworden. Daher sind beide zu einer fundamentalen Selbstbesinnung aufgefordert, was zum Erstaunen der Welt auch überall geschieht. Dieser Aufbruch hat indes nichts zu tun mit einer Politisierung der Theologie. Diese bleibt in der Politik immer sie selbst. Sie ist weder opportunistisch gegenüber irgendeiner Bewegung, noch instrumentalistisch für irgendwelche Machthaber, noch autoritär in einem klerikalistischen oder laizistischen Sinn. Vielmehr ist sie die Stimme des Gemeinwohls im Staat und in der Gesellschaft.

Die Theologie unterscheidet zwei Begriffe von Politik, nämlich Tätigkeit zur Herstellung des Gemeinwohls und Tätigkeit zur Ausübung der Macht im Staat. Das Puebla-Dokument hebt diesen Unterschied ausdrücklich hervor und unterstreicht seine Bedeutung; denn es heißt dort: «Zwei Begriffe von Politik und politischer Verpflichtung müssen unterschieden werden: 1. Die Politik in ihrem weitesten Sinne, die das Gemeinwohl sowohl auf nationaler wie auf internationaler Ebene im Auge hat. Sie muß die Grundwerte einer jeden Gemeinschaft präzisieren – die innere Eintracht und die äußere Sicherheit – und muß die Gleichheit mit der Freiheit, die öffentliche Autorität mit der legitimen Autonomie und Mitbeteiligung von Personen und Gruppen, die nationale Souveränität mit dem Zusammenleben und der internationalen Solidarität in Einklang bringen. Sie definiert auch die Mittel und die Ethik der gesellschaftlichen Beziehungen. In diesem umfassenden Sinn betrifft die Politik die Kirche und folglich auch ihre Hirten, die Diener der Einheit. [. . .] 2. Die konkrete Verwirklichung dieser fundamentalen politischen Aufgabe erfolgt gemeinhin durch Bürgergruppen, deren Ziel es ist, die politische Macht zu erlangen und auszuüben, um die wirtschaftlichen, politischen und sozialen Fragen nach ihren eigenen Kriterien oder Ideologien zu lösen. In diesem Sinn kann man von einer Parteipolitik sprechen. Die von diesen Gruppen erarbeiteten Ideologien können, auch wenn sie sich auf die christliche Lehre stützen, zu verschiedenen Schlußfolgerungen gelangen. Daher kann keine politische Partei, wie sehr sie sich auch auf die Lehre der Kirche stützen mag, die Vertretung aller

Gläubigen für sich beanspruchen, da ja ihr konkretes Programm niemals einen absoluten Wert für alle darstellen kann [. . .]. Die Parteipolitik ist das den Laien eigene Gebiet».[26]

Die Macht des Staates wird dort zu einem Existenzproblem ganzer Völker und Bevölkerungsschichten, wo sie sich der Verpflichtung auf das Gemeinwohl entzieht und gegen seine Grundwerte verstößt.[27] Dies ist in Lateinamerika auf extreme Art der Fall. Es gibt in reichen Ländern mit großer Landwirtschaft Ernährungsschwierigkeiten. Es gibt ein Gesundheitswesen, das einen solchen Namen gar nicht verdient, weil es nicht einmal eine medizinische Minimalversorgung für den einfachen Menschen garantiert. Die landlose Bevölkerung ist der Gewaltkriminalität von Pistolenschützen, die im Dienst von Großgrundbesitzern stehen, schutzlos preisgegeben. Internationale Konzerne wissen sich an das Gemeinwohl der Bevölkerung dieser Staaten ebenfalls nicht gebunden. Sie bedienen sich der vorhandenen Machtstrukturen, verschärfen dadurch die politisch-sozialen Probleme und beuten so Länder und Völker aus. Eine Kirche, die sich für das Gemeinwohl einsetzt, handelt daher politisch, und ein Staat, der gegen das Gemeinwohl und seine Grundwerte verstößt, handelt nicht nur gegen seine Bevölkerung, sondern auch gegen die Kirche. Er ist politisch und kirchlich anzuklagen, denn seine Träger und Institutionen sind verantwortlich vor Gott und dem Volk. Die lateinamerikanische Theologie hat daher einen fundamentalen, aber auch einen sehr differenzierten Begriff des Politischen. Sie warnt vor seiner unbefriedigten Begrenzung auf staatliche Tätigkeit ebenso wie vor seiner unkontrollierten Erweiterung auf soziales Handeln überhaupt. Sie gibt zu bedenken, «daß der Ort dieser Macht nicht nur der Staat ist, sondern im weiteren Sinn die Gesellschaft. Besser ausgedrückt, ihr Ort ist die Beziehung zwischen der Gesellschaft und dem Staat. Auf diese Weise vermeidet man sowohl eine minimalisierende Vorstellung vom Politischen, wo das Politische mit der Politik des Staatsapparates verwechselt würde, als auch eine maximalisierende Vorstellung vom Politischen, wo das Politische das gesamte Soziale miteinschließen würde. Wenn auch alles Soziale politisch ist, so ist es doch nicht nur politisch.»[28]
Diese gesamtheitliche und gleichwohl differenzierte Auffassung

gestattet den lateinamerikanischen Autoren eine gesamtheitliche und zugleich differenzierte Bestimmung ihrer Grundbegriffe. Die Reichen verfügen nicht nur über großes Einkommen. Sie haben zugleich politische Macht und begehen mit ihrer Hilfe wirkliche Verbrechen, nämlich Menschenrechtsverletzungen und Verbrechen der sozialen Kriminalität. Diese erklären sich nicht aus der wirtschaftlichen Stellung des Reichtums für sich genommen, sondern aus der Gemeinwohlfeindlichkeit staatlicher und gesellschaftlicher Organisationen überhaupt. Deren Aufgabe wäre es, die Reichen zu kontrollieren; statt dessen ermutigen sie diese aus Tradition, Willkür oder Eigennutz zu ihrem schlechten Tun. Reichtum als Gemeinwohlfrage ist ohne Zweifel ein politisches Problem.

Der Begriff des Armen hat ebenfalls diesen gesamtheitlichen und zugleich differenzierten Charakter. Er meint das Opfer des Verbrechertums der Reichen. Zum ökonomischen Mangel kommen folglich Marginalisierung und Rechtlosigkeit. Die Armen haben nichts und dürfen nichts. Wer für sie eintritt, handelt ebenfalls in einem eminenten Sinn politisch, sein Tun erschöpft sich nicht in der caritativen Tätigkeit, sondern ist Anklage des gesellschaftlichen Unrechts und Forderung nach Gerechtigkeit im Staat. Er vertritt kein Klasseninteresse, sondern ein Gemeinwohlinteresse; das Klasseninteresse ist charakteristisch für den Reichen, sofern er eben gegen das Gemeinwohl verstößt. Die Armut beherrscht das einzelne Individuum, aber sie hat eine kollektive Dimension und umfaßt zwangsläufig einen sozialen Konflikt. Sie ist das Existenzproblem der von ihr Betroffenen in Lateinamerika, sie ist nicht nur blindes Schicksal, sondern das Ergebnis einer Politik, die sich der Solidarität im Sinn der Forderungen des Gemeinwohls verweigert und die sozialen Konflikte nicht nur nicht verhindert, sondern vielmehr selbst erzeugt.

Lateinamerikanische Theologie erfaßt die nationalen und internationalen Probleme der Existenz aller unterentwickelten Völker von sich selbst her als Theologie. Sie ist die Stimme derer, denen man Rechte verweigert, sie ist der Bote eines Evangeliums der Armen,[29] sie ist selber Inbegriff deren Existenz. Weil die Existenz des Menschen in Lateinamerika ein politisches Problem ist,

ist auch die Theologie dieser Existenz politisch. Sie ist die Theologie des Politischen.

3. Politische Existenz und Theologie. Verwechslungen, Mißverständnisse, Irrtümer

Die lateinamerikanische Theologie hat viele Gegner in Kirche und Staat. Daher wird in der Auseinandersetzung mit ihr auf vielen Ebenen gekämpft. An der theologischen Front hat sie sich gegen den Vorwurf zu wehren, die gesamte christliche Wirklichkeit in das Schema politisch-sozialer Befreiungspraxis umgießen zu wollen.[30] An der politischen Front wird ihr vorgeworfen, eine Feindin der westlichen Gesellschaftsordnung, eine Stütze des Terrorismus und eine besonders gefährliche Art der marxistischen Unterwanderung zu sein. Auf dieses Problem verweist ein inoffizieller Ausschuß des Rates für lateinamerikanische Sicherheit im Dokument von Santa Fé. Dort heißt es: «Eine andere Herausforderung ist die Verstrickung der Kirche in die Befreiungstheologie. Der Ausschuß betrachtet letztere als ein Beispiel marxistisch-leninistischer Infiltration, der man durch die Außenpolitik der Vereinigten Staaten entgegentreten muß.»[31] Die Befreiungstheologie ist nach Meinung dieses Rates ein Sicherheitsrisiko für die USA. Sie steht daher in einem weltweiten Konflikt und ist ein internationales Thema. Sie fordert innerhalb und außerhalb der Kirche zu einer Stellungnahme für und gegen sich heraus, denn sie ist eine problembewußte, entscheidungsfreudige und lebensnahe Theologie. Sie gibt Zeugnis vom Kreuzweg der Gerechtigkeit und Auferstehung in der heutigen Welt.[32] Sie ist die Anwältin aller Menschen, die ihn je gegangen sind und noch immer gehen, und gerät daher notwendig in Konflikte mit der Politik. Diese Auseinandersetzung hat ganzheitlichen Charakter, sie ist ein ethisches, pastorales und dogmatisches Problem. Die Themen, um die in ihr gerungen wird, betreffen das Gemeinwohl, das Sein und Nichtsein einzelner Menschen, ganzer Völker, der Menschheit überhaupt, sowie Gott selbst. Denn in vielen Ländern und zudem auf manchem Gebiet der internationalen Politik sind die Menschenrechte nicht nur von Fall zu

Fall, sondern strukturell und systematisch außer Kraft gesetzt. Es wird gelogen, gestohlen, vergewaltigt, gemordet, die Familie wird untergraben; Vertreter der Kirche werden gezwungen, diesen Zustand entweder zu verdecken oder als Unvermeidlichkeit zu legitimieren. Auf allen Ebenen findet eine strukturelle und systematische Verletzung der zehn Gebote statt. Diese werden in ihr Gegenteil verkehrt.

Der kategorische Imperativ besagt, daß jeder Mensch nach Maximen handeln soll, nach denen er auch selbst behandelt sein will und die so zur Grundlage einer allgemeinen Gesetzgebung dienen können. In diesem Sinn ist der kategorische Imperativ ein Prinzip der Herstellung des Gemeinwohls. Die politische Moral in vielen Ländern richtet sich jedoch nach der Umkehrung dieses Imperativs: Handle so, wie du befürchten mußt, daß jemand anderer dich behandelt. Sei daher selber das Gesetz und gib ihm keine Macht.

Aus ethischen, pastoralen und dogmatischen Gründen steht die lateinamerikanische Theologie in Konflikt mit den politisch Verantwortlichen in ihren und in anderen Ländern. Sie führt die Auseinandersetzung als Theologie und wird dadurch von sich her zu einer Tatsache in der Politik. Die Vereinbarkeit oder Unvereinbarkeit von beiden hängt daher auch von beiden ab. Es gibt in der Theologie Standpunkte, die von sich aus sehr politisch sind. Daher muß sich die Theologie politischer Kategorien bedienen, um sich auch politisch zu vermitteln. Und es gibt in der Politik Standpunkte, die von sich aus theologisch sind. In diesem Fall muß sich die Politik theologischer Kategorien bedienen, um sich theologisch zu vermitteln. Sowohl im einen wie im anderen Fall bleibt die Theologie sie selber. Sie hat ihre eigenen Gesichtspunkte und bedient sich ihrer eigenen Kriterien. Denn «Glaube und Politik befragen sich also gegenseitig.[. . .] Auf jeden Fall kann für sie der Glaube heute nicht mehr die konkrete politische Vermittlung ausklammern, wenn er wirklich einleuchtend und wirksam sein will. Mit anderen Worten, die Frage, die sich hier dem christlichen Bewußtsein stellt, ist folgende: Was bedeutet es, in einer bestimmten historischen Situation Christ zu sein, z.B. im abhängigen Lateinamerika? Und was bedeutet eben diese historische Situation für den Glauben?»[33]

Die lateinamerikanische Theologie ist für die Christen ein Instrument zur Standortfindung. Sie hat nicht nur einen hermeneutischen Charakter. Sie verfügt über theologische und politische Kategorien, mit deren Hilfe die jeweilige Situation analysiert und verstanden werden kann. Die Kompetenz der Theologie beschränkt «sich nicht nur auf das, was ‹politisch› im ‹Christlichen› ist, sondern auch und in einem weiteren Rahmen auf das, was ‹christlich› im ‹Politischen› sein kann. Im Prinzip gibt es überhaupt nichts Politisches, das absolut keinen theologischen Sinn hätte. Es fällt unter die Jurisdiktion der Theologie, diesen Sinn sichtbar zu machen.»[34] Glaube und Politik sind je für sich ein Dienst am Menschen, denn Glaube steht im Dienst der überirdischen und Politik im Dienst der irdischen Gerechtigkeit. Neu und charakteristisch an der lateinamerikanischen Theologie ist die Zuordnung beider Arten von Gerechtigkeit im Handeln selber.[35] Übernatur ist die Übernatur des Natürlichen, und Natur ist das Natürliche der Übernatur. Beide sind dazu bestimmt, sich im jeweils anderen selber zu vollenden. Denn Übernatur ist das Prinzip der Natur, und die Natur ist Ort des Erscheinens der Übernatur. Beide sind in der Person des handelnden Menschen geschichtlich verbunden. Seine Existenz ist ein Entwurf des irdischen Glücks und des überirdischen Heils.

Die lateinamerikanische Theologie macht grundlegende Aussagen über den Glauben selber. Sie hebt an ihm hervor, daß er eine Tatsache der Existenz des Menschen ist.[36] Der Glaube betrifft das ganze Sein, umfaßt seine Vergangenheit, Gegenwart, Zukunft und hat prophetischen Charakter. Er ist das Festhalten an der Verheißung der neuen Erde und des neuen Himmels.[37] Er ist die geheimnisvolle Ankunft der Gerechtigkeit Gottes im irdischen Leben und Sakrament des ewigen Heils. An der Politik hebt diese Theologie ebenfalls Grundlegendes hervor: Politik trifft Entscheidungen über Sein und Nichtsein des einzelnen Menschen[38], ganzer Völker und der Menschheit insgesamt. Sie ist die Existenz des Menschseins in einer Struktur der Ordnung. Sie verfolgt Gesamtziele, bedient sich globaler Mittel, hat eine Vision der Zukunft eines Landes oder der Erde insgesamt. Sie umfaßt Strategien, in denen sie ihre Gegner berücksichtigt, und macht Pläne, um sie auszuschalten. Dafür gibt es Rechtsmittel,

Mechanismen der Meinungsbildung und des Abstimmungsverhaltens, Regeln, durch die man nicht nur Ordnung schafft, sondern auch Interessen durchsetzt und Vorteile erkämpft.

Die Zuordnung von Glaube und Politik im Handeln selber macht den Glauben nicht zu einer Ideologie der Politik, sondern zu einem Standpunkt der Auseinandersetzung mit ihr. Denn er ist nicht menschlicher Herrschaft untertan, sondern Gott allein. Er verkündet, daß Gott ein Anwalt des Menschen ist – in der Politik und ihr gegenüber. Deswegen ist der Glaube von sich selbst her eine Macht der Befreiung des Menschen und übersteigt die politische Ordnung. Denn er tritt überall dort für diese ein, wo sie gerecht ist, und ist überall dort für ihre Erneuerung und Umgestaltung, wo sie gegen das Gemeinwohl und seine Forderungen verstößt. Ordnung jedoch hat selber diesen Zweck. Sie ist geschichtlich und kann niemals von sich selbst her der Anspruch auf die Verabsolutierung oder Verlängerung strukturellen Unrechts sein. Gläubige haben daher eine politische Aufgabe, sie sind Anwälte und Propheten des Gemeinwohls in und gegenüber der Politik. Sie stehen für Gerechtigkeit in Gesellschaft und Staat, daher passen sie in kein politisches Schema. Sie passen weder in das Machtverhaltens-, noch in das Machteroberungs-, und schon gar nicht in das Klassenkampfschema; denn ihr eigener Glaube fordert auf, die unschuldigen Opfer von Unterdrückung und tödlicher Gewalt in Schutz zu nehmen und zu verteidigen. Die Christen müssen einer Macht entgegentreten, die Menschenrechtsverletzungen begeht und sie zu einem Mittel ihrer Politik erklärt. Genauso müssen sie jenen Parteien entgegentreten, die die Macht erobern wollen, dann aber mit anderen Mitteln selbst Menschenrechtsverletzungen begehen. Dieses Sowohl-als-auch zwingt sie jedoch nicht zur Neutralität im Kampf gegen die Unterdrückung von Menschen durch Menschen. Sie stehen nicht für den Klassenkampf, in der eine Klasse die andere Klasse vernichten will. Aber sie stehen für eine Klasse von Menschen, die für viele Menschen einer Oberschicht überhaupt keine Menschen sind. Sie vertreten daher nicht den Standpunkt von Parteien, sondern den Standpunkt der Gerechtigkeit für alle.[39] Wo eine Ordnung diesen verletzt, muß die Ordnung verändert werden. Daher sagt G. Gutiérrez: Gesprächspartner der lateinamerikanischen Theologie «ist der ‹Nichtmensch›, das heißt alle, die in der gegenwärtigen Gesellschaftsordnung nicht als Menschen gelten: ausgebeutete Klassen, marginalisierte Rassen und verachtete Kulturen. Unsere Frage besteht [. . .] darin, wie man einem Nichtmenschen sagen könne, Gott sei Liebe und die Liebe Gottes mache uns alle zu Brüdern und Schwestern. Glaubenserfahrung und Glaubensreflexion, die an diesem Punkt ansetzen, haben es nicht nur mit religiösen Dingen zu tun, wie eine Artikulation, die bei der Kritik des Ungläubigen einsteigt. In diesem Kontext verläuft der ‹garstig breite Graben› nicht in erster Linie zwischen Gläubigen und Ungläubigen, sondern zwischen Unterdrückern und Unterdrückten.»[40]

Theologie in Lateinamerika befürwortet nicht den Klassenkampf, aber sie steht für dessen Opfer. Sie steht für alle, die an ihm gelitten haben und zugrunde gehen, weil sie Gerechtigkeit fordern und für deren Herstellung kämpfen. Diese Haltung paßt nicht in das Klassenkampfschema, aber sie paßt auch nicht in das Schema der Ideologie des Ost-West-Gegensatzes. Antikommunismus ist kein legitimer Grund für die Errichtung von Diktaturen und ihre Politik der Menschenrechtsverletzungen; er kann deren Ungerechtigkeit nicht rechtfertigen. Daher klagt ihn der frühere Bischof von Cuernavaca, Mexico, S. Méndez Arceo an und sagt «Antikommunist sein, heißt unchristlich sein.»[41] Es gibt die antikommunistische Verwechslung der lateinamerikanischen Theologie mit dem Kommunismus besonders in Lateinamerika selbst,[42] aber auch anderswo. Der Hauptgrund für das Mißverständnis, mit dem sie in Europa zu kämpfen hat, ist ihr Politikbegriff. Dieser wird in Europa weder auf das Gemeinwohl bezogen, noch auf den Kampf um Sein und Nichtsein in Staat und Gesellschaft. Er wird vielmehr beschränkt auf die Staatskunst im Sinne von Regierungstätigkeit oder auf die Kunst gesellschaftliche Interessen durchzusetzen. Er meint damit die Fähigkeit eines Parteiführers oder einer gesellschaftlichen Gruppierung, die Macht im Staat zu übernehmen und eigene Wertvorstellungen zu verwirklichen.[43] Diese positivistischen Auffassungen von Politik instrumentalisieren und ideologisieren jede Theologie, die sich auf Politik bezieht, und eine solche Theologie ist dann entweder regierungsunfähig oder gesellschaftshörig. In diesem Fall ist

Politik als Politik für die Theologie als Theologie kein Thema. Diese muß sich entweder selbst zerstören oder unpolitisch sein. Sie besitzt für niemanden außer für sich selbst Bedeutung, sie ist l'art pour l'art. Diese Hermeneutik des Politikbegriffs, die eine Hauptursache für die Fehleinschätzung lateinamerikanischer Theologie in Europa ist, ist in Europa jedoch auch nicht unumstritten; denn in der aristotelischen Tradition wird der Mensch als politisches Wesen verstanden. Er ist «zoon politikon», er ist von seiner menschlichen Natur her Bürger der Polis[44]. Eine Theologie, die sich auf diese Gemeinschaftlichkeit seines Wesens bezieht, hat daher die Aufgabe, sich mit Staat und Gesellschaft auseinanderzusetzen. Die Kategorie des Gemeinwohls der Katholischen Soziallehre kommt aus dieser Tradition.

Es gibt noch andere Politikbegriffe in Europa, die ebenfalls sehr hilfreich sind, um Fehlinterpretationen der Politikauffassung lateinamerikanischer Theologie zu vermeiden. Clausewitz nennt den Krieg die Fortsetzung der Politik mit anderen Mitteln. Er stellt die Politik daher nicht in den Dienst des Krieges, sondern den Krieg in den Dienst der Politik. Diese ist eine Institution des Gemeinwohls, und sie hat umfassenden Charakter. Clausewitz sieht in ihr die Repräsentation aller Interessen der ganzen Gesellschaft.[45] Eine bedeutende Quelle des Mißverständnisses lateinamerikanischer Theologie ist die Verwechslung ihres Politikbegriffs mit dem, was die sogenannte neue politische Theologie «politisch» nennt. Diese wird oft fälschlicherweise die sachliche oder historische Voraussetzung der Befreiungstheologie genannt.[46] Beide haben die Modernität gemeinsam, aber ansonsten nur das Wort Politik. Ihre Verwechslung ist indes umso eigenartiger, als die Vertreter der lateinamerikanischen Theologie so gut wie ausnahmslos die grundsätzliche Verschiedenheit beider Richtungen betonen.[47] Denn sie haben den Standpunkt einer Theologie der Politik, die als Theologie kraft des Existenzbezugs ihrer Inhalte politisch sein kann und auch tatsächlich ist. Sie sind Anwalt der Armen und die Stimme des Gemeinwohls in der Politik.

Politische Theologie hingegen versteht sich als kritisches Korrektiv von Privatisierungstendenzen in der gegenwärtigen Theologie.[48] Sie bezieht sich nicht auf das Sein des Menschen, sondern auf den zeitgenössischen gesellschaftlichen Kontext, von dem sie erklärt, daß er das Wesensmedium theologischer Wahrheitsfindung und christlicher Verkündigung sei. Der theologische Stellenwert dieses Mediums wird jedoch nicht eigens von ihr erörtert. Die politische Theologie befaßt sich nicht mit der realen Existenz des Menschen, sondern mit dem theologischen Bewußtsein.[49] Sie ist ein «Grundzug im Aufbau des kritischen theologischen Bewußtseins überhaupt»[50] und bedient sich des Mittels «negativer Dialektik» – also einer Philosophie – und nicht des Mittels der Situationsanalyse; deswegen hat sie zum Menschen, der sich in einer bestimmten Situation befindet, regulative nicht aber konstitutive Bedeutung. Sie ist keine Theologie der Armen. Sie bedenkt in der Politik weder das Gemeinwohl, noch das Sein und Nichtsein des Menschen, noch seine Existenz in einer bestimmten Gesellschaft, sondern nur die Gemeinschaftlichkeit als das Wesensmedium allen theologischen Verstehens. Sie bezieht sich auf jeden Menschen und zugleich auf keinen. Sie bezieht sich nicht auf ihn selbst, sondern lediglich auf das kritische Bewußtsein, das er hat. Mit dieser universalhermeneutischen Konzeption von Gesellschaftskritik unterscheidet sich die politische grundsätzlich von der lateinamerikanischen Theologie. Deren Vertreter nämlich lehnen jede Art von Universalhermeneutik ab[51], da diese sich nicht vor Ort in einem bestimmten Sinn auf ein bestimmtes Problem bezieht. Sie ist kein Standpunkt der Auseinandersetzung mit der Armut als einer Herausforderung für die Theologie.

Es gibt jedoch neben den Mißverständnissen zwischen Europa und Lateinamerika auch handfeste Irrtümer in Europa selbst. Sie betreffen sowohl das Politische als auch die Theologie selbst, denn in Europa ist die Meinung verbreitet, daß Glaube und Theologie zwar eine Aussage über den Menschen sind, aber nicht eine Aussage des Menschen selbst. Diese These ist ein Irrtum; denn sie sagt, daß sich Glaube und Theologie nicht selbst als Entwurf des Menschseins verstehen lassen. Sie wären in diesem Fall kein Tatbestand der Existenz von Sein und könnten nicht in eigener Verantwortung überliefert werden. Man könnte zwar über sie berichten, aber sie nicht selbst vertreten. Sie wären kein Zeugnis des eigenen Seins. Diese ungeschichtliche, unprophetische und unpersonale Auffassung von Glaube und Theologie wird in der deutschen Sozialethik aber tatsächlich vertreten. Sie ist geradezu der Hauptgrund des Konflikts mit der lateinamerikanischen Theologie. Dieser wird als Theologie die empirische Kompetenz bestritten.[52] Glaube und Theologie sind nach dieser Meinung kein Ort wirklicher Auseinandersetzung mit der realen Politik. L. Roos schlägt daher vor, den mißverständlichen Ausdruck «Theologie der Befreiung» durch «befreiende Evangelisierung» zu ersetzen! Denn er «legt das Mißverständnis nahe, als ob gesellschaftliche (politische, wirtschaftliche) ‹Befreiung› von der Theologie her adäquat, d.h. vollständig beschrieben werden könne. Es gibt zwar eine ‹Theologie der Befreiung von der Sünde› (Erlösung), nicht aber im gleichen Sinn eine Theologie der Befreiung aus gesellschaftlichen Verhältnissen bzw. eine Theologie der Ordnung der Gesellschaft. Wohl aber ergeben sich aus einer Theologie der Erlösung von der Sünde unverzichtbar kritische und positiv aufbauende Aussagen zur Befreiung aus gesellschaftlichen Zuständen, die man als Folge der Sünde interpretieren kann, und im Hinblick auf den Aufbau einer ‹voll menschlichen› Ordnung des Zusammenlebens in Freiheit und sozialer Gerechtigkeit. Sachlich wäre es richtiger, statt von ‹Theologie der Befreiung› von ‹Befreiung im Lichte der Theologie bzw. des Evangeliums› zu sprechen. So verstanden wäre dann ‹Befreiungstheologie› zunächst *theologische Anthropologie,* die den Menschen in seiner Individualität, Sozialität und Geschichtlichkeit im Lichte der christlichen Offenbarung betrachtet; sodann *Pastoraltheologie,* welche die Kirche unter Berücksichtigung der konkreten geschichtlich-gesellschaftlichen Situation [...] dazu fähig macht, ihrer [...] Verantwortung für eine humanere Gesellschaft gerecht zu werden.»[53]

Damit wird die eigentliche Sache der Theologie mißverstanden, und sie wäre etwas, was sie nicht selbst vertritt, und verträte etwas, was sie gar nicht verkörpert, sondern über das sie nur spricht. Sie ist ortlos, gedankenlos und damit auch bedeutungslos. Sie ist die wandelnde Schizophrenie. Mit einer positivistischen Sozialethik im Bauch könnte sie über den Menschen sprechen, aber nie eine Theologie des Menschen sein. Daher besteht ein Konflikt zwischen wirklicher Theologie und einer solchen

Ethik. Die Beschreibung, die diese Ethik von Theologie gibt, ist ein Irrtum, und zwar seit dem Zweiten Vatikanum auch kirchenamtlich. Dieses Konzil nämlich sagt von der Religion, daß sie das Geheimnis der Existenz des Menschen, von der Offenbarung, daß sie das Prinzip des Selbstverständnisses seiner Existenz und vom Glauben, daß er die Kraft ist, die diese Existenz erhellt.[54] Daher muß die existenzvergessene Sozialethik ihre Meinung ändern, nicht die existenzerhellende und seinsbestimmende lateinamerikanische Theologie.

II.
Das neue Subjekt der Geschichte – die Armen

Soziale Fragen sind eine gesellschaftliche Herausforderung. Sie betreffen das Gemeinwesen. Dieses nämlich will unter den Gesichtspunkten der Solidarität, Subsidiarität und Personalität geordnet sein. Ein Gemeinwesen, in dem eine Gruppe der Bevölkerung, ja sogar ihre Mehrheit, unterhalb des Existenzminimums lebt, das seine Bürger und Bürgerinnen nicht schützt vor dem Mißbrauch staatlicher Gewalt durch einflußreiche, aber kriminelle Personen, das sie nicht teilhaben läßt an der humanen, kulturellen, wirtschaftlichen, sowie der zivilisatorischen Entwicklung überhaupt und sie damit eher bedroht als fördert, begeht einen Verstoß gegen seine Gemeinwohlverpflichtung. Es verdeckt und organisiert den Betrug an seinen Mitgliedern, es entmündigt und unterdrückt sie. Hat die einzelne Person an dieser Ungerechtigkeit nicht aufgrund ihres persönlichen Versagens, sondern aufgrund der Verpflichtung auf ein Gesetz oder des Gehorsams gegenüber einem Vorgesetzten schuld, dann trägt sie Verantwortung für diese Ungerechtigkeit nicht als Privatperson, sondern als Mitglied des Gemeinwesens. Sie ist Mitläufer und Handlanger in ihm, sie ist das Vollzugsorgan einer institutionalisierten Schuld, das Subjekt der Verantwortung einer Struktur von Schuld. Sie tut Unrecht im Namen des Vorgesetzten, im Namen der Behörde eines Staates.

Die soziale Frage ist in Lateinamerika ein Gemeinwohlproblem. Sie ist ein Problem der Ordnung von Staat und Gesellschaft überhaupt und nicht nur ein Problem des Lebensstandards einzelner Bevölkerungsgruppen, dessen Verbesserung sich durch Entwicklungsmaßnahmen wie von selbst ergibt. Die soziale Frage ist vielmehr ein Problem der Struktur einer Entwicklung von Gemeinwesen, deren Arme immer ärmer und deren Reiche immer reicher werden, deren Mitglieder eine Gemeinwohlverpflichtung nicht kennen oder provokativ geradezu mißachten, und deren Gesetze nicht nur über die Verbesserung der Einkommensverhältnisse einzelner Personengruppen, sondern über Existenz und Nichtexistenz der Völker überhaupt entscheiden. Das einzelne Mitglied steht in diesen Gemeinwesen vor den Problemen einer Mitverantwortung am Unrecht organisierter Abläufe, an der Lebensfähigkeit einer Struktur von Schuld. Daher sind Kirche und Theologie auf diesem Kontinent anders gefordert als in Europa. Die soziale Problematik Lateinamerikas hat ethische und dogmatische Dimensionen, denn sie betrifft den Glauben selber. Sie ist die Herausforderung des Glaubens an die Liebe zum Menschen und erzwingt eine Antwort auf die Frage, wer Gott ist und wer der Mensch ist angesichts der politischen Situation, in der sich der Mensch befindet.

Die Antwort von Kirche und Theologie auf diese Frage ist sowohl für die Armen, die sie stellen, als auch für die Kirche und Theologie selbst ein Existenzproblem. Zum einen ist sie es für die Armen; denn sie betrifft ihr Sein und Nicht-sein in einem kulturellen, wirtschaftlichen und politischen, aber auch im biologischen Sinn. Die Erschließung des Amazonasgebiets und die Einrichtung von Militärstationen an der Nordgrenze Brasiliens sind der Tod für die dortigen Indianer. Zum andern ist die Stellungnahme der Kirche zu solchen Maßnahmen auch für sie selbst ein Existenzproblem; sie kann sich ihm nicht entziehen. Ihre Haltung zu diesen Fragen entscheidet über ihren Glauben an die Menschenwürde der Indianer. Es gibt in der Kirche noch nicht genügend Einsatz für diesen Glauben. Sie muß ihn vielmehr erst entfalten.[55] Die Armen sind ein neues Subjekt der Geschichte Lateinamerikas und der Weltgeschichte überhaupt. Sie treten neu an die Kirche heran und erinnern sie an ihre Aufgaben. Sie sind jene große politische Kraft, die sie auffordert, Kirche nicht nur zu sein, sondern auch noch zu werden und daher Kirche im Abenteuer ihrer eigenen Bekehrung zu sein.

1. Der neue Weg – eine Option

Die Armut hat viele Gesichter in Lateinamerika. Sie hat das Gesicht der Millionen von Kindern, die wegen Unterernährung sterben. Sie hat das Gesicht der 25 Millionen verwahrlosten Jugendlichen in Brasilien, die ohne Grundschulausbildung sind, auf der Straße leben und für die es keinerlei Aussicht auf Leben in der Gesellschaft gibt. Sie hat das Gesicht von 12 Millionen Arbeitslosen und 35 Millionen Analphabeten, die es allein in Brasilien gibt. Sie hat das Gesicht von Bauern, die von Zuckerrohr nicht leben können, auf dessen Anbau sich Großgrundbesitz und Argrarindustrie beschränken; und die vom Land vertrieben werden, weil man sie durch Maschinen ersetzt, und weil sie ihr Recht auf Grund und Boden gegen die Waffen der Pistolenschützen nicht verteidigen können. Sie hat das Gesicht der Indianer, die Fremde sind in ihrem eigenen Land und sich nicht schützen können vor den Gebietsansprüchen der weißen Siedler. Sie hat das Gesicht der schwarzen Bevölkerung, deren Vorfahren Sklaven waren, die auch heute noch zu den Ärmsten der Armen gehören und am Rande der Gesellschaft leben müssen. Sie hat das Gesicht der Arbeiter, deren Mindestlohn fünfzig Dollar im Monat beträgt, die sie aber sehr oft gar nicht erhalten. Sie hat das Gesicht der Randexistenzen und Elendsgestalten, die in den Favelas zusammengepfercht leben und ohne Wohnung sind. Sie hat das Gesicht der Frauen, die an der Situation, in der sich die Familie befindet, am meisten leiden, und die die Unterdrückten der Unterdrückten sind.[56]

Diese Armut mit ihren vielen Gesichtern prägt das Leben heute in Lateinamerika. Sie ist das große soziale und politische Problem des Kontinents. Aber sie ist keine unabänderliche Tatsache, die hingenommen werden kann und mit der man sich abzufinden hat, denn sie hat eine Geschichte. Es gab sie in der Vergangenheit nicht immer. Sie ist auch in der Gegenwart eine historische Tatsache. Sie ist ein Prozeß, der sich entwickelt. Sie könnte und müßte abnehmen, aber in Wirklichkeit nimmt sie zu. Sie ist das Ergebnis einer gesellschaftlichen Entwicklung, deren nationale und internationale Ursachen jeder kennt. Es gibt eine politische Verantwortung für sie, denn zu ihren Ursachen gehört die himmelschreiende Ungleichheit in der Landverteilung. Zu den Ursachen der Armut gehört weiter die Ungleichheit der schulischen und medizinischen Versorgung. Diese bringt Entmündigung und bedeutet vorzeitigen Tod. Dazu gehört auch die

Ungleichheit in der Ausübung politischer Macht. An ihr haben zwei gesellschaftliche Gruppierungen teil, nämlich die Reichen und die Militärs. Alle Bürger und Bürgerinnen, deren überwältigende Mehrheit aus den Armen besteht, sind von der politischen Macht ausgeschlossen. Sie dient nicht der Überwindung nach innen wachsender Ungerechtigkeit, sondern deren Vermehrung. Die Kirche Lateinamerikas stellt sich dieser geschichtlichen Herausforderung. Sie tritt nicht nur für die Armen ein, sondern betrachtet sich selbst aus ihrer Perspektive, weil sie die Kirche der Armen ist. Sie geht den Weg der Armen und wird selber neu geboren, indem sie ihn geht. Sie wird auf diesem Weg zum Volk, wird Kirche an der Basis.[57] Daher sind die Probleme der Armen ihre eigenen Probleme, und diese Probleme sind insofern wirkliche Probleme, als sie ein Hindernis ihrer eigenen Solidarität mit den Armen sind. Sie sind ein Problem des Umgangs mit sich selber und ihres Auftrags im Vollzug der eigenen, konkreten, gesellschaftlichen Existenz. Die lateinamerikanische Kirche hat eine Antwort auf diese Herausforderung gegeben, denn am Anfang ihres Weges steht eine Grundsatzentscheidung[58]: die Option für die Armen. Sie besteht in der Entscheidung, alle Probleme der Armen aus deren eigener Perspektive zu betrachten, einschließlich der Probleme, die sie mit der Kirche selbst und ihren Vertretern haben. Diese Entscheidung der Kirche Lateinamerikas für die Armen hat daher ganzheitlichen Charakter. Sie umfaßt nicht nur das materielle Befinden, sondern auch den intellektuellen Standpunkt dieser Existenz; nicht nur ihr Sein in der Welt, sondern auch die geistliche Berufung; ihre Fähigkeit, Bürger sowohl der gesellschaftlichen als auch der kirchlichen Welt zu sein.

Die Ganzheitlichkeit der Option für die Armen ist dieser Option wesentlich. Sie ist die Option für die Berufung der Armen als Subjekt der Geschichte. Diese Einstellung unterscheidet sich durch ihren perspektivischen Charakter vom herkömmlichen Assistentialismus. In diesem Umgang mit den Armen sind nicht sie selbst der Gesichtspunkt von Zuwendung und Hilfe, sondern die Freigebigkeit und Hilfsbereitschaft derer, die ihnen Hilfe leisten, also der Reichen. Die Armen sind in dieser Betrachtungsweise Objekt, nicht Subjekt der Hilfeleistung, sie sind die Sozialhilfeempfänger ohne eigene Möglichkeiten, nicht aber die gleichberechtigten Partner einer gemeinsamen Geschichte, zu der sie ihren unersetzlichen, eigenen Beitrag leisten. Spendengelder erleichtern ihr materielles Leben, sind aber keine Bestätigung ihrer geschichtlichen Aufgabe und Berufung. Die Armut verändert die Geber nicht.

Im Unterschied zum Assistentialismus ist die Option für die Armen ein perspektivischer Wandel und eine Umkehrung des Werts von Geben und Nehmen: Der Empfänger gibt und der Geber empfängt. Der Weg, den zu gehen sie verpflichtet, ist ein ein Weg der Bekehrung. Daher schreibt L. Boff über die neue soziale Haltung der Kirche: «Es ist zwar unbestritten, daß die Kirche im Laufe ihrer Geschichte die Armen eigentlich nie vergessen hat, weil ja die Sorge für die Bedürftigen und die Letzten der Geschichte zum Grundauftrag Jesu Christi und zum Erbe der Apostel gehört. Aber stets definierte sie ihre Zuwendung zu den Armen aus der Sicht der Reichen und nicht der Armen. Von der Warte der Reichen gesehen, mutet der Arme immer wie jemand an, der mit leeren Händen dasteht, der bedürftig, ja elend ist. Nur aus der Perspektive der Armen selbst werden seine Kraft, seine Würde und sein menschlicher Reichtum einsichtig. Im ersten Fall ist der Arme allenfalls Objekt möglicher Hilfe, im zweiten dagegen aktives Subjekt von Veränderung. Im ersten Fall geht es um reine Fürsorge, im zweiten um Befreiung. Im ersten haben wir es mit Reform zu tun, im zweiten mit Revolution. Und schließlich bleibt im ersten Fall die Struktur der Gesellschaft unberührt, während sie im zweiten Fall überwunden und in ein neues System überführt werden soll.»[59]

Die Option für die Armen ist eine Entscheidung gegen die Armut, aber nicht für den Reichtum. Sie ist kein Beitrag zur Wirtschaftsökonomie oder zum Klassenkampf, sondern vielmehr ein personaler Standpunkt. Sie ist die Feststellung, daß Armut und Reichtum in der Person der Armen und Reichen einander geschichtlich zugeordnet sind, aber will nicht die Besitzansprüche der Personen verändern in dem Sinn, daß beide sich gegenseitig ersetzen und die Armen nunmehr reich und die Reichen nunmehr arm zu sein hätten. Sie ist vielmehr der Einsatz, um die Gleichheit von Arm und Reich auf struktureller Ebene herzustellen. Diese Entscheidung ist keine Gleichmacherei, sondern jener Beitrag zur Überwindung himmelschreiender sozialer Ungerechtigkeit, durch den auf die personale Verantwortung der Träger einer Gesellschaft für ihre Struktur einerseits und auf die strukturelle Bedeutung der einzelnen Person und ihrer Entscheidungen andererseits verwiesen ist. Die «vorrangige Option» für die Armen ist objektiv vorrangig. Sie ist das entscheidende Mittel, um den Vorrang des Personalen vor dem Institutionellen sicherzustellen und das Institutionelle mit all seinen Mechanismen, Regeln und Verordnungen an die Verantwortung einer Person oder Personengruppe zu binden. Reichtum und Armut sind daher keine ungeschichtlichen Größen. Sie haben vielmehr durch ihre dialektische Zuordnung in der Geschichte einen humanen Sinn. Der Arme erleidet die Armut aufgrund struktureller Gegebenheiten in der Gesellschaft (wie z.B. Verdienstmöglichkeiten, Eigentumsverteilung, Rechtsstellung), über die er nicht verfügt, deren sich der Reiche indes bedient, um Reichtum zu erwerben. Es gibt den Klassenkampf der Reichen; denn Armut ist auch Verarmung und Reichtum auch Bereicherung. Personen und Strukturen sind gerade nicht zu trennen, wie dies im europäischen Institutionalismus[60] geschieht. Denn Seinsstrukturen wie Verwandtschaftsregelungen, Eigentumsordnungen und Herrschaftsverhältnisse haben eine Geschichte. Und Personen brauchen ein Herz, um die Strukturen solcher Geschichte im Sinne der Existenz des Unterdrückten zu verändern.

Die Option für die Armen ist eine Entscheidung für die Armen als Person und damit gegen die Armut. Sie ist aber zugleich das institutionelle Mittel der Einflußnahme auf die Person des Reichen, um sich des Reichtums zur Herstellung der Gleichheit aller Menschen zu bedienen und so am Aufbau einer gerechten Gesellschaft mitzuwirken. Was daher für die Armen eine Verheißung ist, wird für die Reichen zu einer Pflicht. Reiche dürfen Ungerechtigkeit nicht ausnutzen, sondern müssen sie mitüberwinden. Daher sagt L. Boff: «Nicht dank der Armut, sondern trotz ihrer bewahrt der Mensch seine Würde. Deshalb wollen wir die Armut nicht theoretisch rechtfertigen durch diese menschliche Würde, die trotz des Übels, das die Armut miteinschließt, gelebt und bewahrt wird. Ganz im Gegenteil: Wegen der unantastbaren Würde jeder Person müssen wir die Armut bekämpfen. Nicht um sie dem Reichtum gegenüberzustellen und den Reichtum als Ideal vorzuschlagen, sondern um gerechtere Beziehungen zwischen den Menschen zu suchen. Beziehungen, die die Existenz von Reichen und Armen praktisch unmöglich machen.»[61] Diese Entscheidung der Kirche ist für sie selbst der größte Gewinn, denn sie wird dadurch brüderlicher, schwesterlicher, solidarischer, authentischer und überwindet ihren eigenen Institutionalismus und wird Zeugin der Offenbarung selbst.

Die Kirche entdeckt sich auf ihrem Weg zu den Armen neu, denn sie macht die Erfahrung, daß sie aus den Menschen besteht, die zu ihr gehören. Sie ist ein Projekt der Existenz des ganzen Menschseins. Ihr Weg zu den Armen, so wird sie von den Armen belehrt, ist kein beliebiger Weg. Daher ist die Entscheidung, die sie getroffen hat, auch für sie selbst keine beliebige Entscheidung, sondern die Wahl zwischen Treue und Untreue zu sich. Sie muß Rechenschaft von sich geben und Klarheit über sich gewinnen. Die Frage lautet: Sind die Menschen für sie da oder ist sie kraft des eigenen Auftrags für die Menschen da? Ist sie die Kirche dieser Menschen? Ist die Botschaft von Gott und Christus, die sie verkündet, ein Projekt der Existenz des ganzen Menschseins, eine Vorgabe des Entwurfs der Zukunft, die sie füreinander sind und die sie vor Gott haben?

Die Kirche Lateinamerikas besitzt in diesen Fragen große Klarheit und wirkliche Entschiedenheit. Sie bekennt sich zum Problem der Existenz Gottes unter den Menschen und verkündet dies auch: Das Projekt der Existenz Gottes unter den Menschen ist sein Plan ihrer Befreiung. Die Armen sind das Projekt und das Subjekt dieses Plans. An ihnen ist er vor allem wirksam und muß sich als wirksam erweisen, weil sie die Nagelprobe einer jeden Befreiung sind.

Die Kirche Lateinamerikas hat sich nicht aus lokalen, bloß politischen oder rein wirtschaftlichen Erwägungen heraus für sie entschieden, sondern um der Sache Gottes selber willen, die sie vertritt. Die Entscheidung für die Armen ist ein Akt des Glaubens an Gott. Handlungen aus dem Geist dieses Glaubens sind eine Praxis des Festhaltens an dieser Entscheidung. Sie sind eine Praxis der Solidarität mit den Armen. Der Weg dieser Option umfaßt Kampf und Kontemplation,[62] denn er ist ein geistlicher Weg. Er verlangt Opfer von allen, die ihn gehen, aber auch große Aufmerksamkeit auf Gott und seine Offenbarung selbst. Er ist ein geistliches Verhalten zum Arm-sein und damit eine ganz eigene Existenz dieses Seins. Er ist der Weg einer Existenz der geistlichen Armut.[63] Wer sich für ihn entscheidet, braucht einen langen Atem. Er nimmt die Not in Kauf, aber nicht, um sich mit ihr abzufinden, sondern um gegen sie zu kämpfen. Diese Not besteht aus vielen Übeln, aber sie ist auch eine Chance. Denn sie bietet die Möglichkeit, ihr zu widerstehen und sie zu besiegen. In Auseinandersetzung mit der Not kann ein Mensch geistliches Format gewinnen. Denn er steht im Widerstand des politischen Übels der Entrechtung, Verfolgung und Diffamierung, des geistigen Übels der Dummheit, Gleichgültigkeit und Ignoranz sowie des materiellen Übels der Gefährdung von Leib und Seele. Im Kampf gegen diese und viele andere Übel darf er ihnen nicht selbst verfallen. Er braucht die Gabe der Unterscheidung der Geister. Er macht aber auch selbst geistliche Fortschritte; denn er kann an sich selber erfahren, daß jene, die am unteren Ende der Skala des gesellschaftlichen Lebens stehen, die ersten sein werden, und jene, die am oberen Ende stehen, die letzten. Diese Erfahrung wird in Lateinamerika gemacht, denn seine Kirche hat geistiges Profil. Darauf verweist G. Gutiérrez: «Ohne Zweifel ist die Verbindung zwischen geistiger Kindschaft (dies ist die eigentliche Bezeichnung für geistige Armut) und realer Armut ein zentrales Element in der Spiritualität Lateinamerikas, dieses Erdteils mit unbeschreiblichem Elend, aber auch mit großen Hoffnungen.»[64]

2. Die Option für die Armen. Ein neuer Standpunkt in der Auseinandersetzung mit dem Marxismus

Lateinamerika ist ein Kontinent der westlichen Hemisphäre und zugleich ein Kontinent der dritten Welt. Es steht unter dem wirtschaftsimperialen Einfluß der Nordamerikaner und ist daher in den Ost-West-Gegensatz verstrickt. Es hat aber zugleich riesige Entwicklungsschwierigkeiten, es leidet an seiner wirtschaftlichen Unterentwicklung, an seiner sozialen Rückständigkeit und an seiner politschen Abhängigkeit. Es ist ein Kontinent des Nord-Süd-Gefälles in der Welt. Auf dem Rücken seiner Bewohner tobt die Auseinandersetzung zwischen Kapitalismus und Kommunismus. Es muß jedoch seine Probleme eigenständig lösen und daher in dieser Auseinandersetzung zu einem ihm selbst angemessenen Standpunkt finden. In vielen seiner Länder werden dazu große Anstrengungen unternommen, dabei wird jedoch ein großes Dilemma offenbar. Denn wo Lateinamerika den Kapitalismus anklagt und sich von ihm absetzt, wird es des Kommunismus bezichtigt und entsprechend bekämpft. Wo es den Kapitalismus jedoch übernimmt und praktiziert, vermehrt dies seine eigenen Probleme. Sie werden unlösbar: Die Schulden nehmen zu, die Rückständigkeit wächst, die Abhängigkeit wird unübersehbar und die Eigenständigkeit der Völker auf lange Zeit unmöglich. Angesichts dieser Lage erhält die Option für die Armen, zu der sich die Kirche Lateinamerikas entschieden hat, eine Schlüsselfunktion. Denn sie ist ein selbständiger Schritt der Kirche, niemand hat sie zu diesem Schritt gezwungen oder ihn von ihr verlangt. Sie hat ihn kraft eigener Inspiration und aus eigener Verantwortung heraus getan. Aber er ist zugleich ein neuer Standpunkt, denn zuvor hat es diese Option nicht gegeben, weder in Südamerika noch anderswo. Sie ist ein Standpunkt der Armen selbst und ist ihr Standpunkt als Perspektive der Betrachtung ihrer eigenen Probleme, der Probleme ihres Umgangs mit der Kirche und des Kampfes um Gerechtigkeit auf nationaler und internationaler Ebene. Die Kirche Lateinamerikas kann kraft ihrer Option für die Armen eine Anwältin der Armen sein. Sie tritt für ihre berechtigten Forderungen ein und spricht in ihrem Namen.

Die Option der Kirche für die Armen ist ein neuer und zugleich ein echter Standpunkt der Auseinandersetzung mit dem Marxismus. Erstmals widerlegt die Kirche vom Standpunkt der Armen selbst her die Hauptvorwürfe, die der Marxismus gegen die Kirche vorbringt. Sie übt Kritik an ihm von seinen Voraussetzungen sowie von seinen immanenten Widersprüchen her und bestimmt ihre Haltung zu ihm auf dieser Grundlage neu. Denn sie hat eine ganzheitliche Entscheidung für die Armen getroffen und stellt sich auf ihren Standpunkt. Sie will die Situation kennenlernen, in der sie sich befinden, und diese analysieren. Dazu gehören materielle Verhältnisse, historische Zusammenhänge, politische Konstellationen. Die Kirche gibt nicht vor, immer schon alles über die Armen zu wissen, sondern will ihre Situation wirklich kennenlernen. Sie begibt sich auf den Weg mit ihnen und tritt mit ihrer ganzen Autorität und unter Einsatz des Lebens ihrer Mitglieder für sie und ihre Interessen ein. Sie widerlegt damit den Vorwurf, «Opium des Volkes» zu sein. Sie widerlegt ihn theoretisch, da sie das Volk über seine Lage aufklärt und aus seiner Perspektive argumentiert. Sie widerlegt ihn praktisch, da sie es zur Verteidigung seiner wahren Interessen auffordert und auch selbst für sie eintritt. Die Kirche erfüllt auf diesem Weg ihren Auftrag und sie gewinnt christliches Profil und neue politische Identität. «Dies», schreibt F. Castillo, «ist die Frucht der tiefgreifenden gesellschaftlichen und theologischen Veränderungen im Christentum unseres Kontinents und seiner Wiederbelebung durch das immer stärkere Hineinwachsen in die Welt des Volkes. So zeichnet sich eine im Volk verwurzelte und befreiende christliche Identität ab. Ihre Grundzüge sind in theologischer, sozialer und politischer Hinsicht von der konsequenten ‹Option für die Armen› gekennzeichnet. Dies drückt sich im Engagement in den Befreiungskämpfen des Volkes aus und zugleich in der ‹Aneignung› oder ‹Lektüre› der biblischen und kirchlichen Tradition aus der Sicht des Volkes. Diese christliche Identität baut auf der Erfahrung der Basisgemeinden auf, die dem Volk aufs engste verbunden sind und einen Teil der Welt des Volkes bilden, auf der Praxis der Verteidigung der Menschenrechte, auf der Solidarität, auf der Verkündigung des Reiches Gottes innerhalb der Welt der Armen etc.»[65]

Die Kirche gewinnt auf dieser Grundlage eine neue Glaubwürdigkeit. Sie findet zu einer ganz neuen Übereinstimmung mit sich selbst, denn sie überwindet die herkömmliche Entfremdung zwischen Worten und Taten, Lehre und Leben, hierarchischer Sendung und Dienst am Volk. Sie entdeckt, daß ihre Option für die Armen eine Perspektive nicht nur des Sprechens von Mensch und Gesellschaft ist, sondern des Sprechens von Gott als Gott. Sie wird befähigt zu prophetischer Rede und kann auf der

Grundlage dieses neuen Standpunktes den ursprünglichen Inhalt ihrer Botschaft – nämlich den Glauben an Gott selbst – soziohistorisch ebenso wie geschichtlich-anthropologisch thematisieren. Dieser neue Standpunkt der Kirche hat biblisches Gewicht und verleiht ihr biblische Authentizität. Sie ist ein Ort der Seligpreisungen, eine Institution der Verheißung für die Armen, denn sie zeigt, daß Gott ein soziales Wesen ist: Er ist Vater und Mutter von Brüdern und Schwestern. Er ist die Gerechtigkeit unter den Menschen und die Verheißung echter Vollkommenheit in der Gesellschaft. Er ist der Schöpfer eines neuen Himmels und einer neuen Erde. Die Kirche widerlegt damit den Entfremdungsvorwurf des Marxismus. Sie kann glaubhaft machen, daß er nicht «das Monopol auf eine historische Umgestaltung [hat], denn auch die Christen fordern sie im Namen ihres eigenen Glaubens, und sie tun das ohne Konkurrenzdenken und ohne Polemik».[66] Die Option für die Armen, zu der sie sich entschieden haben, entspringt ihrem Glauben an Gott als Gott. Von dieser Option läßt sich behaupten, daß sie «die überzeugendste Widerlegung des modernen Atheismus ist, denn sie hat aufgrund der Praxis gezeigt, daß Gott der Ursprung des sozialen Einsatzes und nicht der historischen Entfremdung ist.»[67]

Dieser Standpunkt, der ein theologischer ist, hat große politische Bedeutung; denn er bringt den Vorrang des Gemeinwohls vor dem Privatwohl in der katholischen Soziallehre zum Tragen und widerlegt damit den Fetischismusvorwurf des Marxismus in dessen Eigentumsauffassung, denn Eigentum hat einen sozialen Sinn. Es ist ein Mittel zur Herstellung des Gemeinwohls. Daher steht das Recht, lebenswichtige Güter zu benutzen, vor dem Recht, sie zu besitzen und im Sinne des Privateigentums zu vermehren. An dieser Hierarchie des Rechts bemißt sich in Lateinamerika die Bewertung von Kapitalismus und Sozialismus. Auf sie weist F. J. Hinkelammert in seiner Auseinandersetzung mit dem Kapitalismus hin. Sie ist auch der absolute Maßstab seiner Bewertung der katholischen Soziallehre; denn Hinkelammert sagt: «Während das Eigentum bei Thomas von Aquin die Vermittlung des Rechts auf Nutzung ist, ist nun das Recht auf Nutzung die Vermittlung des kapitalistischen Privateigentums [. . .]. Wiederum ist das kapitalistische Eigentum die Infrastruktur eines freien Staates, nicht das Recht auf Nutzung.»[68] Anhand dieses Maßstabs bewertet er die Weltbankinitiativen und das «ökonomische Credo der Trilateralen Kommission.»[69] Das Grundrecht der Armen auf Leben ist das Hauptmotiv seines Eintretens für einen Sozialismus der dritten Welt.[70] Zugleich ist dieser Standpunkt jedoch der Ansatz einer weiterführenden Auseinandersetzung mit dem Sozialismus. Die Option der Kirche für die Armen ist eine neue Perspektive, und sie besitzt einen politisch-theologischen Eigenwert. Sie kann daher von keinem der herkömmlichen Standpunkte abgeleitet werden. Sie ist ein neuer Weg; deshalb sind die alten Fronten von dieser Option her neu zu verstehen und nicht umgekehrt die neue Option von den alten Fronten her. Sie ist in der herkömmlichen Auseinandersetzung gar nicht vorgesehen, und doch ist sie der unabhängige, eigenständige Beitrag der dritten Welt zur Auseinandersetzung zwischen Sozialismus und Kapitalismus.

Lateinamerika sitzt im Haus des Kapitalismus, und seine Menschen leiden an ihm. Er ist eine der Hauptursachen ihrer Abhängigkeit, ihrer Unterentwicklung und ihres Unglücks, er ist das sozio-historische Weltsystem, mit dem es sich auseinandersetzen und dem gegenüber es sich behaupten muß. Der Kapitalismus ist die Struktur der Unterdrückung Lateinamerikas. Die sozialistischen Länder hingegen liegen zwar weit von diesem Kontinent entfernt; ihr Marxismus ist jedoch eine Betrachtung der Welt und ihres historischen Zustands aus dem Blickwinkel der Armen. Er ist eine Analyse der sozio-historischen Ursachen von Armut und ein politischer Ansatz zu ihrer Überwindung. Aus diesem Grund hat er unmittelbare Bedeutung für die Situation Lateinamerikas. In diesem Sinne schreibt C. Boff: «Der ‹Marxismus› stellt Theorie und Praxis einer Geschichtsauffassung dar, die von den Unterdrückten ausgeht. Es gibt nicht viele Interpretationen der Welt, die von unten ausgehen, die den Ort des Armen, des Letzten, des Ausgeschlossenen bevorzugen. Von diesem Gesichtspunkt her besitzt der Marxismus eine sehr große Affinität zur jüdisch-christlichen Religion. Aus diesem Grunde pflegte Mounier zu sagen, daß er vier- oder fünfmal nachdenke, bevor er den ‹Marxismus› angreife, da er fürchte, zugleich die Unterdrückten anzugreifen.»[71]

Indem sich die Kirche in Lateinamerika für die Armen entschieden hat, schleift sie ihre bisherigen politischen Bastionen und gewinnt einen neuen Standpunkt der Auseinandersetzung mit dem Marxismus. Sie stellt ihm eigene Fragen und ist fähig, «theoretische und praktische Beschränkungen und Auswüchse des Marxismus zu überwinden.»[72] Ihre Kritik an ihm betrifft seinen Atheismus, denn er verkennt den Existenzgehalt von Religion sowie die revolutionären Elemente der biblischen Überlieferung von Gott. Er selber kann das Unendliche und Endliche des Menschen nicht vermitteln, weil es im Marxismus das Unendliche des Endlichen und das Endliche des Unendlichen nicht gibt. Er hebt das Unendliche im Endlichen auf und wird deswegen dem Endlichen nicht gerecht. Der Arme ist ein Opfer der Geschichte, aber nicht ihre Hoffnung. Das Christentum hingegen erkennt die Vergöttlichung des Menschen in der Geschichte ausdrücklich an, «eine Vergöttlichung, die kraft eines Gottes geschieht, der sich selbst begrenzt hat, dies aber, um die Grenzen in aufeinanderfolgenden Negationen immer weiter aufzusprengen.»[73]

Diese Option für das Endliche ist die Basis religiöser Kritik an der materialistischen Anthropologie. Denn Menschen sind zwar in ihrem ganzen Dasein geprägt und abhängig von gesellschaftlichen Strukturen, aber sie nehmen auch selbst auf diese Strukturen Einfluß, können sie verändern und müssen sie verantworten. Daher müssen sie nicht nur die Strukturen, sondern auch sich als Mensch entwickeln. «Die Dimension des Menschen als Person muß betont werden, ohne daß die gesellschaftliche und geschichtliche Dimension beeinträchtigt wird. Das vermeidet eine absolute Politisierung der menschlichen Existenz.»[74] Der Totalitarismus in der Überordnung eines angeblichen Gemeinwohls vor dem Privatwohl, des Allgemeininteresses vor dem Einzelinteresse verkennt den absoluten Wert der menschlichen Person. Er ist ein Übel.

Die Kirche hat in ihrer Option für die Armen eine Basis der Kritik am marxistischen Dogmatismus. Die Armen, für die sie spricht, sind nicht identisch mit dem Proletariat im Sinn des Marxismus, denn sie spricht für die Armen Lateinamerikas. Diese jedoch «befinden sich auf der ökonomischen Stufenleiter unterhalb der Proletarier – oder zumindest unterhalb einiger von ihnen – und das in großer Zahl. Das Proletariat der reichen Länder erlangt im Verhältnis zu den armen Ländern ausbeuterische Züge. [. . .] Die Erfahrung, daß Campesinos und Indios Subjekte des revolutionären Wandels sind, bricht mit bestimmten marxistischen Dogmatismen.»[75] Die Armen sind nicht nur ausgebeutet, sondern auch rückständig und unterentwickelt, und der Einsatz für sie verlangt eine ganzheitliche Förderung. Er ist integral und umfaßt die humane und kulturelle Entwicklung; er hat Gemeinwohlcharakter in einem umfassenden Sinn.

In ihrer Option für die Armen stellt die Kirche den Marxismus vor die Frage nach dem ethischen Charakter der Politik. Dienst an den Menschen der Gesellschaft erschöpft sich nicht in der Herrschaft über sie. Machtausübung muß sich an Werten ausrichten und ist daher an Normen gebunden: «Die politische Ethik darf nicht als eine Erweiterung der persönlichen Ethik gesehen werden, denn in der Politik handeln die Personen in unpersönlicher Weise, und darüber hinaus spielen hier die strukturellen Gesetze eine vorherrschende Rolle. – Aber die politische Ethik muß sich an Werten orientieren, und die Theologie der Befreiung schlägt vor, diese je nachdem als Ideale oder unüberschreitbare Normen zu verstehen.»[76] Die Option für die Armen hat theoretische und praktische Bedeutung, und sie führt zu einem Wandel der Einstellung zum Leben und damit auch des Lebens selbst. Die Kirche teilt das Leben der Armen, denn sie geht mit ihnen den Weg des Friedens und der Gerechtigkeit. Sie fordert in ihrem Namen Entwicklung auf humanem, kulturellem, wirtschaftlichem und politischem Gebiet. Ihre praktische Option für den Humanismus im Verteilungsprozeß gesellschaftlicher Güter ist ein humaner Sozialismus[77]. Er gibt der lateinamerikanischen Kirche einerseits Glaubwürdigkeit in der Marxismusauseinandersetzung, ist aber andererseits der Grund des Marxismusvorwurfs. Dieser wird massiv erhoben, daher muß sich die Kirche auf vielen Ebenen gegen ihn verteidigen.[78] Diese Herausforderung hat J. P. Miranda zu einem Manifest veranlaßt mit dem Titel «Kommunismus in der Bibel»[79]. Er unterscheidet zwischen dem Kommunismus, den er personal versteht, und dem Marxismus, denn er sagt: «Der Begriff des Kommunismus ist im Neuen Testament [...] so gut umschrieben, daß in den zwanzig Jahrhunderten seither niemand eine bessere Definition dieses Begriffs hatte als Lukas in der Apg 2,44–45 und 4,32–35. In der Tat ist die Definition von Marx, die er Louis Blanc entlehnte: ‹Von jedem entsprechend seinen Fähigkeiten, zu jedem entsprechend seinen Bedürfnissen›, angeregt, wenn nicht gerade abgeschrieben von dem, was Lukas achtzehn Jahrhunderte früher geschrieben hat. Es gibt keinen klareren Beweis für die Gehirnwäsche, der uns das Establishment unterzogen hat, als die offiziell verbreitete Auffassung vom Christentum als Antikommunismus.»[80]

Der Marxismus ist eine materialistische und atheistische Auslegung des Kommunismus im Rahmen eines politischen Projekts in der Geschichte. «Letztlich haben uns die Marxisten durch ihre Propagierung der Idee des Kommunismus in unserer Abwesenheit – unserer schuldhaften Abwesenheit – einen Gefallen getan. Aber den Kommunismus mit dem Marxismus zu identifizieren, heißt die Geschichte grob zu verkennen. Die Annahme, daß sich das Establishment im Kampf gegen den materialistischen Atheismus befindet, wie die Mächtigen sich selbst sagen, um ihr Gewissen zu beruhigen, ist alles andere als sicher. Dieser ihr repressiver Kampf datiert von viel früher. Es gab ihn schon seit vielen Jahrhunderten, als ein Kommunist weder Materialist noch Atheist gewesen ist; es gab ihn, als Materialismus und Atheismus noch gar nicht existierten. Der Marxismus ist nur eine Episode in der Geschichte des kommunistischen Projekts. Der Papst und andere Machthaber bekämpfen nicht den Atheismus, sondern uns Christen, uns, die wir an Gott und Jesus glauben und die nur zu sehen wünschen, daß seine Botschaft sich verwirklicht.»[81]

Wenn die offizielle Lehrmeinung behauptet, daß Kommunismus mit der materialistischen Ideologie untrennbar verbunden ist, so widerspricht dies einfach den Tatsachen. «Die Wahrheit lautet vielmehr umgekehrt: Kommunismus ist so lange nicht durchzuführen, solange wir keinen unbegrenzten Respekt haben vor Gott in jedem unserer Nachbarn, einschließlich der ökonomisch Schwachen, sei es der Kranken, der Alten oder der Minderbemittelten. Das Scheitern des russischen Kommunismus ist hierfür der Beweis. (Was man in der Sowjetunion hat, ist Staatskapitalismus).»[82] Die Vertreter eines christlichen Kommunismus folgen nicht einer Mode oder einem progressiven Trend, sie sind vielmehr unverschämt Konservative. Daher sagt Miranda: «Im Namen meiner lateinamerikanischen Brüder und Schwestern erkläre ich hier offiziell, daß wir schamlos Konservative sind. Wir beachten den Buchstaben des Evangeliums. Wir verabscheuen das opportunistische Prinzip einer dauernden Anpassung des Christentums an wechselnde Verhältnisse. Als ob das Christentum keinen eigenen Inhalt zu verkünden und durchzuführen hätte! Wir weisen die engstirnige Meinung zurück, daß Christentum römisch sein muß in den Zeiten des römischen Reiches, feudalistisch im Mittelalter, absolutistisch unter der Monarchie, liberal für die Französische Revolution, usw. [. . .] Die, die uns unterdrücken, sind angepaßt – die, die Antikommunisten sind durch Anpassung an die Trilaterale Kommission und an die Chase Manhattan Bank.»[83]

Der Konflikt um den Weg der lateinamerikanischen Kirche ist keine Auseinandersetzung zwischen Christen und Atheisten, sondern zwischen den Christen selbst. Sein Thema ist nicht der Unterschied zwischen politisch-säkularer und geistlich-religiöser Auslegung der Schrift, sondern die geistlich-religiöse Auslegung selber. Es betrifft Gott als Gott. Daher sagt Miranda: «Er ist das einzige Motiv unseres Aufstandes und der einzige Inhalt unserer Theologie. Wir haben niemals etwas anderes gewollt als Theo – logie, im strengen und buchstäblichen Sinn des Wortes.»[84] Die Auseinandersetzung um den Wandel der Struktur meint den Wandel der Person, denn niemand kann das soziale Leben mitverantworten und bestimmen, ohne selbst Person zu sein. «Strukturelle Veränderungen sind das bloße Mittel einer personalen Veränderung – aber ein so notwendiges Mittel, daß jene, die ihm nicht den Vorrang geben, durch ihr Scheitern selbst beweisen, daß ihr Wunsch einer Veränderung der Person eine leere Behauptung war.»[85]

Diese praktische Option für die Armen kann die Haltung der Kirche zum Marxismus von dessen eigenem Ansatz her bestimmen. Sie ist eine Basis ihrer Koexistenz und die Grundlage einer weiterführenden Auseinandersetzung um die Religion im Marxismus auf dem Boden des Marxismus selbst.[86] Sie wird in Lateinamerika auf theologischer und politischer Ebene geführt.[87]

Politik ist ein Ort der Existenz von Theologie, und Theologie ein Ort der Auseinandersetzung um die Politik. Beide können sich jeweils von sich selbst her verstehen, sind aber zugleich ein Kriterium für das andere im jeweils eigenen Bereich.

3 Das geistliche Abenteuer. Die Kirche auf dem Weg ihrer eigenen Bekehrung

Die Armen leben im Gefängnis eines vielfältigen Mangels. Aber sie müssen ihn nicht hinnehmen; sie können sich zur Armut, die sie gefangen hält, auch selbst verhalten. Indem sie dies tun, gehen sie ihren eigenen Weg, den Weg ihrer Existenz als Menschen, als Bürger und als Christen. Sie brechen aus dem Gefängnis ihrer vielfältigen Abhängigkeiten aus und leisten dadurch ihren Beitrag zum Aufbau einer neuen Gesellschaft. Denn sie hatten das Land verloren, das ihnen gehört, aber jetzt nehmen sie es wieder in Besitz. Sie waren unterentwickelt und rückständig, aber jetzt fassen sie Mut und holen auf. Sie bestimmen ihr Schicksal mit und sind die Träger ihrer eigenen Existenz. Sie lernen umzugehen mit sich selbst und die Rechte, die sie haben, einzufordern und zu vertreten. Denn sie waren unterdrückt und der Willkür von Machthabern ausgeliefert, jetzt aber nehmen sie Gleichheit und Gleichbehandlung für sich in Anspruch. Sie wollen teilhaben an den Entscheidungen des öffentlichen Lebens und alle Angelegenheiten mitbestimmen, von denen sie selbst betroffen sind. Sie waren Objekte der Unterdrückung und sind nun Subjekte der Befreiung. Sie sind die Träger und Propheten des Gesamtwohls in der lateinamerikanischen Gesellschaft.

Dieser Einsatz hat ein negatives und ein positives Ziel; denn er überwindet den Zustand der Entwurzelung, Entmündigung und Unterdrückung, aber verheißt zugleich ein neues Leben und beginnt hier und jetzt. Er ist das wirksame Zeichen einer Gesellschaft, deren Mitglieder die Rechte des Menschen achten und einen Beitrag zu ihrer Durchsetzung leisten. Er umfaßt das Moment der Anklage und des Ausblicks auf die Überwindung von Unrecht. Er ist Kampf und Kontemplation. Denn ohne die innere Erneuerung des Lebens ist der Kampf um den Wandel seiner gesellschaftlichen Struktur nicht zu bestehen. Aber ebensowenig erschöpft sich die Kontemplation im Betrachten der inneren Werte des Lebens, sondern ist auch Gestaltung und Entwurf. Sie umfaßt wirkliche Maßnahmen und hat ihre eigenen Symbole: das Land, das in Besitz zu nehmen ist, die Flucht vor der Verfolgung, den Auszug aus Ägypten, den neuen Himmel und die neue Erde. Sie ist eine Bekehrung, denn niemand kann sich dem Armen innerlich zuwenden, ohne daß er sich äußerlich für ihn entscheidet. Aber die äußere Hilfe kann sich durchaus in der Äußerlichkeit von Maßnahmen erschöpfen, wenn sie nicht getragen ist von einer persönlichen Einstellung zum Betroffenen. Technische Handlungen sind auf dem Boden der Option für die Armen Symbole des Heils. Sie sind das Zeichen der Befreiung.

Die Kirche in Lateinamerika begleitet die Armen und geht auch selbst ihren Weg. Sie befindet sich mitten im Prozeß der geistlichen Erneuerung und entdeckt nicht nur die Armen, sondern auch sich selbst neu. Denn für die Option, die sie getroffen hat, muß sie nun eintreten. Sie hat an ihr zu leiden, sie wird um ihretwillen verleumdet, benachteiligt und verfolgt. Aber sie erwirbt sich mit diesem Opfer neue Glaubwürdigkeit. Sie wird aufgefordert, anhand der Maßnahmen, die sie ergreift, Auskunft zu geben über den Sinn und die Bedeutung ihrer Botschaft. Sie überwindet im eigenen Handeln den herkömmlichen Gegensatz von Leben und Lehre und wird für die ganze Menschheit zu einer Offenbarung. Auf dem Weg zu den Armen findet die Kirche sich selber. Sie teilt mit ihnen, aber erhält von ihnen mehr als sie ihnen gibt. Sie erlebt auf diesem Weg ihre eigene Bekehrung: Er ist ein geistliches Abenteuer.[88] Die Kirche entdeckt, daß viele Menschen, die ihr bislang fern gestanden haben, in Wirklichkeit zu ihr gehören, und daß viele andere, die ihr bislang nahe gestanden haben, ihr in Wirklichkeit sehr fern stehen. Ihre Mitglieder müssen sich aber neu mit der Frage nach sich selber auseinandersetzen. Wer sind sie eigentlich? Für wen treten sie ein? Wofür kämpfen sie? Wie verstehen sie ihr Leben? Haben sie den Mut, für die Gerechtigkeit einzutreten, auch wenn sie dafür selber einen Preis bezahlen müssen? In der Antwort auf diese Fragen geht die Kirche den Weg des geistlichen Abenteuers, denn sie muß den Willen, den sie hat, in Übereinstimmung bringen mit dem, was sie wirklich denkt und tatsächlich tut. Sie muß sich zu ihrem eigenen Auftrag entscheiden und mit sich selbst um seine Durchführung kämpfen. Auf diesem Weg drohen ihr viele Gefahren, nämlich Mutlosigkeit und Angst, innere Gegensätze mit Verleumdung und Verfolgung der eigenen Mitglieder, Übertreibungen, Mißtrauen gegenüber der neuen Richtung, falsche Freunde. Aber sie gewinnt auch neue Identität, denn sie geht den Weg der Offenbarung. Sie verkündet in Wort und Tat den neuen Himmel und die neue Erde. Sie ist Zeugin für eine Zukunft, die in der Gegenwart schon angebrochen ist, Zeichen des inneren Menschen, der schon geboren ist, der jetzt anfängt, sein Leben neu zu ordnen, und der mitwirkt am Aufbau des neuen Himmels und der neuen Erde.

Die Bischöfe Lateinamerikas gehen diesen Weg des geistlichen Abenteuers. Sie machen ihre eigenen Erfahrungen und nennen ihren Weg als Bischof eine Bekehrung.[89] Sie sprechen von einem wechselseitigen Lernprozeß, lehren das Volk, aber lernen auch von ihm. Der Bischof erfährt eine Stärkung und Erneuerung seines eigenen Glaubens durch das Volk. Daher spricht Kardinal A. Lorscheider von einer «Neudefinition der Gestalt des Bischofs inmitten des armen und gläubigen Volkes.»[90] Denn ein Lehrer kann nicht lehren, wenn er nicht auch selber lernt, und ein Schüler kann nicht lernen, wenn er nicht auch selber lehrt. Diese Umkehrbarkeit des Lehrer- und Schülerverhältnisses ist grundlegend für das Kirchenverständnis des lateinamerikanischen Episkopats. Aber sie verlangt vom Träger des kirchlichen Amtes eine wirkliche Bekehrung. Kardinal Lorscheider schreibt in diesem Sinn über den Wandel in seinem eigenen Selbstverständnis: «Allmählich wurde mir klar, daß ich in Zukunft meinen Dienst als Bischof anders versehen würde. Ich würde eine eigene Verantwortung bewahren, aber ich würde mich nicht mehr als den Chef der Gemeinde und als ihr überlegen betrachten. Sondern ich würde ein Mitglied der Gemeinde sein, das, durch das Sakrament der Weihe mit der exousia Christi ausgestattet, in ihr anwesend ist und ihr nur dann seinen besonderen Dienst erweist, wenn die Gemeinde selbst nach diesem Dienst verlangt oder wenn ich in einem Geist der brüderlichen Liebe erkenne, daß ich ihnen auf ihrem Weg helfen kann. Ich war nicht mehr der Lehrer und Erzieher, sondern vielmehr jemand, der, wie übrigens auch die anderen Mitglieder und zusammen mit ihnen, der Gemeinschaft Anregungen gibt und sie fördert. Auch ich wurde Schüler, bevor ich daran denken konnte, als Meister aufzutreten. Ich will auch nicht mehr Meister sein, denn nur einer ist der Meister. Ich will vielmehr wie sie ein Schüler des Meisters sein, Jesus und seinem Geist zuhören und mit der Gemeinde sorgfältig wahrzunehmen versuchen, was Jesus und sein Geist der Kirche zu sagen haben.»[91]

Die lateinamerikanische Kirche befindet sich mitten in einem Prozeß der Glaubenserneuerung, denn sie lebt, was sie verkündet, und tritt für das, was sie verkündet, mit ihrem eigenen Leben ein. Es gibt daher Märtyrer auf dem Weg, den sie geht, Priester und Laien, die wegen des Glaubens an die Befreiung getötet wurden.[92] Die Option für die Armen kostet ihren Preis, denn sie muß nicht nur gelebt und verkündet, sondern auch durchgestanden und in ihren Konsequenzen ausgehalten werden. Sie ist ein Kampf gegen die Unterdrückung im Namen des Heiligen Geistes, aber sie ist auch eine Quelle großer Hoffnung. Daher sagt O. Romero vor seinem eigenen Tod, daß er den Tod nicht fürchtet; denn falls man ihn umbringt, wird er gegenwärtig bleiben und in der Erinnerung des Volkes auferstehen.[93]

Zu den Bekennern des lateinamerikanischen Wegs der Kirche gehören die Theologen der Befreiung. Sie sind Träger der Erneuerung des Glaubens; denn es kann diese Erneuerung nicht ohne ein neues Wissen von ihm geben. Sie umfaßt Wollen, Denken und Handeln, sie hat integralen Charakter und ist ein Vorgang in der Geschichte menschlicher Existenz. Man kann und muß sich zu ihr bekehren, denn sie ist eine neue Existenzweise des Menschen, seine Existenz in Gott, Christus und dem Heiligen Geist. Die Theologen der Befreiung gehen den neuen Weg der Kirche und tragen dadurch zu ihrer Erneuerung bei. Das Bekenntnis zum Menschen will gelebt und verkündet sein, muß dabei auch verstanden, erklärt, begründet und verteidigt werden. Es bedarf einer umfassenden Erörterung auf theoretischem und praktischem Gebiet. Es ist ein Bekenntnis zum Glauben an

Gerechtigkeit und Auferstehung in einer Welt der Unterdrükkung.

Das spirituell Provokative der lateinamerikanischen Theologie ist der Glaube. Er ist die grundlegendste und umfassendste Herausforderung für Kirche und Theologie, die es heute gibt. Er fragt die Menschen Europas: Woran glaubt ihr? Was verteidigt ihr? Wofür habt ihr euch entschieden? Er fragt seine Theologen und Theologinnen: Seid ihr prophetisch? Ist eure Wissenschaft ein Beitrag zur Humanisierung der Gesellschaft? Und die Kirche: Bist du genügend über deinen Glauben informiert und kannst du ihn auch selbst vertreten? Läßt er dich entdecken, wer du selbst bist, das Zeichen der Hoffnung für alle Menschen, die es auf der Erde gibt? Sprichst du von dem, was du tust, und tust du das, was du versprichst? Hast du den Mut, die Unterdrücker anzuklagen und bist du selbst wirklich eine Verheißung? Die lateinamerikanische Theologie fordert die europäische Kirche zur Erneuerung des Glaubens auf. Diese muß sich zu einem neuen Denken, Wollen und Handeln erst noch bekehren. Grundlage und Maßstab dieser Erneuerung ist aber das Zweite Vatikanum. Lateinamerika hat sich in der Option für die Armen auf den Weg seiner Durchführung begeben. In den Diözesen Europas gibt es keine pastorale Option, daher steht eine dogmatische Erneuerung des Glaubens im Sinne der Botschaft des Konzils auf diesem Kontinent noch aus. Seine Kirche leidet unter dem Verlust an Glaubwürdigkeit. Sie muß diesen Mangel durch ihre eigene Rezeption des Konzils erst noch beheben. Daher ist die lateinamerikanische Theologie eine Hoffnung für die Kirche Europas. Ihre Lehrer müssen Schüler werden, damit sie Lehrer bleiben können. Auf keinem anderen Weg haben sie eine geistliche und politische Zukunft.

III.
Die Erneuerung der Fundamentaltheologie durch eine erneuerte Apologetik

Die Option für die Armen, zu der sich die Kirche in Lateinamerika entschlossen hat, ist der Wille zur Verkündigung des Glaubens aus einer bestimmten Perspektive des Glaubens, nämlich aus der Perspektive der Armen. Sie ist daher ein Standpunkt der Theologie, der Standpunkt einer Theologie der Armen. Die karitativen Maßnahmen der lateinamerikanischen Kirche entspringen einer solchen Auffassung und tragen ihr Rechnung. Sie sind ein Beitrag zur Überwindung der Not, in der sich jemand befindet, und ein Bekenntnis zu der Person, die sich in Not befindet. Sie sind ein Zeichen der Verbundenheit mit ihr, eine Tat der Liebe zu ihr, eine Initiative ihrer Hoffnung.

Die lateinamerikanische Theologie verkündet und reflektiert den Glauben an Gott und die Armen. Sie wird daher von all denjenigen in der Kirche und in der Gesellschaft angegriffen, die ihn ablehnen, verfolgen oder bestreiten. Die Auseinandersetzung mit diesem Widerspruch muß in Wort und Tat erfolgen, sie ist Aufgabe einer Apologetik der lateinamerikanischen Theologie; diese Apologetik muß den Glauben an die Existenz der Armen in Kirche und Gesellschaft verteidigen. Eine Theologie jedoch, die Prinzipien hat, um ihren Ort in Kirche und Gesellschaft selbst zu bestimmen, kann Rechenschaft von sich geben. Sie ist Theologie und Apologetik. Ihre Prinzipien, die Maßnahmen, die zu ergreifen sind, damit sie sich überhaupt selber rechtfertigen kann, erörtert die Theologie jedoch in der Fundamentaltheologie. Sie ist Ort der Klarstellung des Standpunkts von Theologie als einer Theologie in der Kirche und in der Gesellschaft. Sie gibt Auskunft über ihr Verständnis der Dinge. Sie erklärt ihre Einstellung zu ihnen und legt Rechenschaft über die Taten ab, die sie verkörpert und zu denen sie ermutigt. Lubac sagt von dieser Aufgabe, deren Lösung unverzichtbar ist für jede Theologie : In ihr «rechtfertigt sich die gegenseitige Durchdringung von Apologetik und Theologie, die in der Praxis so oft unumgänglich scheint, auch rechtlich voll und ganz. Nur sterile Vorurteile und eine falsche Vorstellung von ihrer Natur können sie zueinander in Gegensatz bringen. Vielmehr vervollständigen und beleben sie sich gegenseitig. Die Ebene ihrer Begegnung, der Ort ihres fruchtbarsten Zusammenwirkens ist die Fundamentaltheologie.»[94] Apologetische Standpunkt, haben daher für die Theologie selbst grundlegende Bedeutung. Sie sind Standpunkte der Verteidigung ihrer selbst als Theologie und ein Weg, um ihre Existenz in Kirche und Gesellschaft zu sichern.

Die lateinamerikanische Theologie geht diesen Weg, weil sie den Standpunkt der Armen verteidigt. Sie ist Theologie in der Kirche, und sie ist Theologie einer Kirche der Armen in der Gesellschaft. Sie hat daher zwei Pole, nämlich Kirche überhaupt und Kirche in der Gesellschaft. Am einen Pol verteidigt sie den Standpunkt der Armen in der Kirche als Kirche. Sie zeigt, daß er ein Standpunkt des Glaubens an die Wahrheit vom Menschen ist, die zu den Grundwahrheiten der Offenbarung selbst gehört – sie ist die Wahrheit vom Menschen als Existenz in Christus. An ihrem anderen Pol verteidigt die Theologie der Armen die Kirche als Kirche der Armen in der Gesellschaft und zeigt, daß ihr Standpunkt von großer politischer Bedeutung ist. Sie ist Anwältin der Armen und verteidigt ihre Rechte gegenüber dem Staat. Sie geht den Weg der Teilnahme und Mitbeteiligung am Aufbau einer neuen Gesellschaft. Ihre Gegner am einen Pol sind die patriarchalischen Assistentialisten und autoritären Supranaturalisten. Ihre Gegner am andern Pol sind die Unterdrücker im Staat und die Ausbeuter einer rein kapitalistischen Gesellschaft. Bisweilen schließen beide Gegner jedoch ein unheiliges Bündnis. Dann sind Mitglieder der Kirche zugleich Unterdrücker der Armen, die in diesem Fall die Autorität der Kirche mißbrauchen und sie zu einer Anwältin der Ungerechtigkeit im Staat machen. Die lateinamerikanische Theologie muß sich mit den beiden Gegnern je für sich, aber auch mit ihrem Bündnis auseinandersetzen. Das Hauptinstrument der Verteidigung des Standpunkts der Armen und damit auch der Auseinandersetzung mit deren Gegnern ist auf formaler Ebene das Verfügen über den Begriff der Existenz.[95] Denn er ist ein Instrument perspektivischer

Betrachtungsweise: alles, was ist, hat Existenz je für sich und im Hinblick auf alles andere; es ist Objekt und zugleich Subjekt von Betrachtung. Es kann sich in dieser Betrachtung zu sich als Subjekt objektiv verhalten und gegenüber aller Objektivität, die es gibt, deren ureigene Subjektivität zur Geltung bringen. Daher besitzt jede Existenz einen objektiven und einen subjektiven Pol. Sie ist das Verhalten zum Sein von beiden.[96] Auf der Grundlage dieses Begriffs kann die lateinamerikanische Theologie den Existenzgehalt des Glaubens erörtern: Er ist ein Verhalten der Kirche zum Sein des Menschen in der Kirche und in der Gesellschaft, er ist die Offenbarung von Menschsein in der Geschichte, er ist das Sein der Armen.

Die erneuerte Apologetik ist die Apologetik dieser Wahrheit und eine Verteidigung nach zwei Seiten hin: gegen diejenigen im Staat, die diese Wahrheit mißachten und durch eine Herrschaft der Unterdrückung zur Lüge stempeln, und gegen diejenigen in der Kirche, die ihren Offenbarungsgehalt leugnen, ihren Neuheitswert bestreiten und sich daher auch dogmatisch nicht hinter sie stellen. Letztere treten gegen die Verächter dieser Wahrheit nicht mit genügender Entschiedenheit auf und machen sich damit zum Spielball der Politik und des eigenen strategischen Kalküls. Ihr Hauptproblem in der Kirche ist die Pastoralkonstitution des Konzils; sie leugnen deren Autorität als Dogma.[97]

Auf dem Boden einer erneuerten Apologetik ist die Fundamentaltheologie eine Theologie der Existenz des Menschen in Kirche und Gesellschaft. Diese Existenz hat einen polaren Charakter. Eine Theologie der Existenz begründet Kirche gesellschaftlich; sie ist die Theologie der Kirche von Menschen einer Gesellschaft, sie ist die Theologie einer Kirche der Armen. Aber sie gestattet es auch den Menschen einer Gesellschaft, sich selbst kritisch zu verstehen; denn sie ist die Theologie von Menschen einer Gesellschaft, sie ist die Theologie der Armen in der Kirche dieser Gesellschaft. Sie ist ihr Standpunkt, ihre Offenbarung. Daher führt die erneuerte Apologetik über eine Erneuerung von Theologie überhaupt zu einer Erneuerung der Fundamentaltheologie. Diese ist eine Theologie der Begründung von Theologie und muß in der gegenwärtigen Situation einen Nachweis ihrer historischen Tragweite führen. Sie muß zeigen, daß Theologie eine Tatsache der Existenz des Menschen ist und daß eben diese Existenz zu allen Aussagen der Theologie wesentlich gehört. Sie ist Theologie der Person des Menschen.[98] Ein solcher Nachweis hat für beide grundlegende Bedeutung. Er ist grundlegend für den Menschen, weil er Person ist und sich daher Rechenschaft von seiner Haltung zur Kirche in der Gesellschaft und zur Gesellschaft in der Kirche geben muß. Er ist aber auch grundlegend für die Theologie, weil sie Theologie des Menschen ist und ihm den Sinn und die Bedeutung seiner Existenz erklärt. Die Fundamentaltheologie stellt die Frage nach Ort und Prinzipien von Theologie. Sie ist Theologie der «Loci theologici». Sie hat festzustellen, was der Ort von Theologie ist, und inwiefern die Theologie fähig ist, kraft ihrer eigenen Prinzipien als Theologie vor Ort dessen Probleme zu bewältigen.[99]

Zur Erneuerung der Fundamentaltheologie gehört die Erneuerung ihres Programms. Daher muß sie feststellen, was überhaupt der Ort von Theologie in Kirche und Gesellschaft heute ist und welche Prinzipien sie hat, um heutige Probleme zu bewältigen und Theologie des Menschen heute zu sein. Neu an dieser Aufgabe ist nicht die Aufgabenstellung, neu ist vielmehr der Ort, an dem sie gehört werden muß, nämlich der einzelne Mensch und die Menschheit ganzer Erdteile im Kampf um ihre Existenz. Neu sind aber auch die Mittel, die man anwenden muß, um festzustellen, daß alle Prinzipien der Theologie Existenz begründen, damit Existenzgehalt besitzen und folglich überhaupt erst ein Instrument sein können, um heutige Probleme zu bewältigen. Diese neuen Mittel sind grundlegend für die Erneuerung der Fundamentaltheologie. Diese hat festzustellen, was der Ort der Theologie heute ist, nämlich die Existenz des Menschen. Dazu bedarf sie des Mittels einer Analyse der Situation, in der sich der Mensch befindet. Außerdem hat sie festzustellen, ob ihre Prinzipien seine Existenz begründen. Dazu bedarf sie einer Hermeneutik des Existenzgehalts der Überlieferung. Aber die Fundamentaltheologie muß diesen Gehalt, der ihr anvertraut ist, auch verkörpern. Die Anwendung des Überlieferten in Kirche und Gesellschaft ist ein Pragmatismus der Existenz.[100]

Liest man das Konzil nach Maßgabe dieser Methodologie, so ergibt sich: Das Konzil genügt dieser Maßgabe, weil es sie verwirklicht. Sie ist geradezu sein Programm, denn seine Pastoralkonstitution befolgt in ihrem Aufbau die Methode des Sehens, Urteilens und Handels. Sie verkündet die Wahrheit von der Existenz des Menschen in der Offenbarung. Sie ist keine pastoraltheologische Handreichung, sondern ein fundamentaltheologisches Programm. Sie ist Ort und Prinzip kirchlicher Auseinandersetzung mit den Problemen des Menschseins in der heutigen Welt. Wie findet es zu seiner wahren Existenz?[101] Liest man die Theologie der Befreiung nach Maßgabe des Konzils, so ergibt sich: Sie ist die Theologie des Konzils, denn sie bedient sich der Methodologie seiner Pastoralkonstitution. Sie ist Ort und Prinzip der kirchlichen Auseinandersetzung mit Armut in der dritten Welt. Wie erhalten die Armen ihr Recht auf Existenz? Die Fundamentaltheologie des Konzils ist daher kein traditionalistischer Nachweis. Sie will nicht den Nachweis der Übereinstimmung kirchlicher Gegenwart mit irgendeiner Vergangenheit führen, sondern einen Nachweis der Zukunft von Prinzipien dieser Vergangenheit in der Gegenwart. Diese werden heute angewandt und sind das Mittel des Umgangs mit der Vergangenheit als einer wirklichen Offenbarung.[102] Fundamentaltheologie in diesem Sinn ist die Theologie der Theologen und Theologinnen, die sie vertreten. Ihre Grundlegung erschöpft sich nicht in der situativen Aktualität, der punktuellen Verstehbarkeit oder in der Praxis und ihrer Ideologie. Sie ist nicht nur kontextuell, hermeneutisch oder pragmatisch, sie ist vielmehr das Zeugnis jener Männer und Frauen, die von ihr wissen, sie verstehen und auch vertreten. Sie ist ein Zeugnis ihrer Existenz.

Lateinamerika ist ein neuer Ort der Theologie, ein Ort der Theologie des Konzils. Ihre Vertreter praktizieren, interpretieren und analysieren die Wahrheit vom Menschen für die Menschen an diesem Ort. Die Beschäftigung mit der Situation dieser Menschen und mit dem Zeugnis, das sie geben, ist eine Vorbedingung für die Erneuerung der Fundamentaltheologie in Europa. Man kann gegen sie oder auch an ihren Grundprinzipien vorbei das Konzil nicht durchführen. Die Theologie der Befreiung ist ein Organ der Weitergabe seiner Botschaft im nationalen und internationalen Rahmen. Wer gegen sie ist, ist auch gegen das Konzil.

Jeder aufrechte Mensch muß daher für ihre Verteidigung kämpfen.

ZWEITER ABSCHNITT

DAS ZWEITE VATIKANUM UND DER GLAUBE AN DIE BERUFUNG DES MENSCHEN

DER PASTORALE FORTSCHRITT – EIN DOGMATISCHER FORTSCHRITT

Die Auseinandersetzung mit der lateinamerikanischen Theologie findet auf allen Ebenen der Kirche statt, viele Gegner tragen jedoch deutsche Namen. Sie sind Inhaber von Lehrstühlen an den Universitäten, von Bischofsstühlen in den Diözesen.[1] Sie sitzen in den Redaktionsstuben von Zeitungen[2], in den Verteilerkomitees einflußreicher Hilfswerke[3] und es gibt sie in Rom.[4] Diese Gegnerschaft hat politische, wirtschaftliche, historische, ideologische und vor allem dogmatische Gründe. Sie hat politische Gründe im Ost-West-Konflikt: Die lateinamerikanische Theologie geht den Weg einer Option für die Armen, sie erhebt Anklage gegen den Kapitalismus, die Hauptursache für die Armut, und sie besitzt eine unbefangene Auffassung vom Marxismus und vertritt die Meinung, daß Antikommunismus unchristlich ist.

Die Kirche in Deutschland kann sich indes zu keiner Option entschließen. Sie ist die Kirche eines kapitalistischen Landes, wird selber vom Kapitalismus schwer bedrängt, ist jedoch in der Auseinandersetzung mit ihm nicht geübt. Sie hat aber auch schlimmste Erfahrungen mit dem Marxismus gemacht und ist daher antikommunistisch. Neben den politischen gibt es auch wirtschaftliche Gründe: Die Kirche der Armen ist eine arme Kirche, ihre Theologie hört auf das Volk der Armen und wird zu deren Stimme. – Die Kirche in Deutschland ist hingegen eine reiche Kirche, die Kirche einer Industrienation. Sie ist vielleicht die reichste Kirche der ganzen Welt, sie ist immer geneigt und bereit, den Reichen ihre Stimme zu geben. Ihre Einstellung zum Nord-Süd-Konflikt ist ökonomistisch, nicht politisch. Sie verfügt über den Begriff der wirtschaftlichen Entwicklung, aber nicht über den der Abhängigkeit. Dazu kommen historische Gründe: Lateinamerika ist ein Kontinent der Peripherie, seine Geschichte ist geprägt von Kolonialismus und Neokolonialismus, sie ist eine Geschichte der Abhängigkeit. Seine Völker wurden bis in die Gegenwart ausgerottet, ausgebeutet und unterdrückt; daher ist jede lateinamerikanische Theologie, die ihren Namen verdient, eine Theologie der Befreiung aus der Abhängigkeit. Sie klagt auf nationaler und internationaler Ebene die Regierungen des millionenfachen Raubs, Diebstahls und Totschlags der Völkerschaften ganzer Kontinente an und will dieses System verändern. Deutschland hingegen ist ein wichtiges Land auf einem Kontinent des Zentrums, es besitzt seine eigene Geschichte, die geprägt wird von Reformation, Revolution und Restauration. Seine Kirche ist freundlich zu Regierungen, auch wenn diese Verbrechen begehen, sie bekämpft nicht Regierungen, sondern verteidigt ihre Legalität. Aber es gibt auch ideologische Gründe: Die lateinamerikanische Theologie vertritt den Standpunkt der Menschenrechte. Sie bedient sich der Soziologie und Anthropologie als eines Mittels ihrer Erörterung, ist gemeinschaftsorientiert und schreibt die Tradition der Aufklärung weiter. – Für die Kirche in Deutschland ist der Menschenrechtsstandpunkt indes kein zentrales Thema. Sie ist hierarchisch orientiert und steht auf dem Boden der Universalhermeneutik oder des Historizismus.

Das Zentrum der Auseinandersetzung zwischen der lateinamerikanischen Theologie und der Kirche in Deutschland liegt jedoch nicht nur im politischen, wirtschaftlichen und historischen Bereich, sondern ist insbesondere eine Frage der Dogmatik. Die Kirche hat auf dem Zweiten Vatikanischen Konzil den Glauben an die Berufung des Menschen verkündet. Die Option für die Armen ist der Standpunkt dieses Glaubens. Sie ist der Glaube an die Berufung des Armen, die Aufforderung, seinen eigenen Ort in Kirche und Gesellschaft zu finden und er selbst zu sein vor Christus und Gott. Mit der Option für die Armen bekennt sich die Kirche Lateinamerikas zum Glauben des Konzils und verwirklicht ihn vor Ort in ihrer eigenen Existenz.

Die Kirche in Deutschland hingegen hat diese Botschaft des Zweiten Vatikanum bisher umgangen. Sie verkündet bestenfalls den Glauben generell, aber niemals den Glauben an die Berufung von irgendwem, und schon gar nicht an die Berufung der Armen. Daher ist für sie die lateinamerikanische Theologie nicht bloß eine geographisch-historische und politisch-soziale, sondern eine dogmatische Herausforderung. Sie muß sich entscheiden zwischen der Wahrheit des Glaubens selbst und ihrer eigenen interessenbestimmten, bürgerlich-politischen Ideologie. Findet sie bei dieser Entscheidung nicht zu ihrer eigenen Sache, nämlich zum Glauben an ihre eigenen Mitglieder und vorrangig die Armen unter ihnen, dann wird sie dafür mit ihrer Unfähigkeit bestraft, den Glauben überhaupt zu verkünden. Sie kann weder von sich, noch von Gott und Christus, noch von Schrift und Tradition, noch von überhaupt etwas Auskunft geben, was sie selbst betrifft. Denn ihre Verkündigung ist ohne gesellschaftlichen Biß, sie ist politisch angepaßt und verrät dadurch an vielen Orten den Glauben.

Der zentrale Ort aller Auseinandersetzungen mit der lateinamerikanischen Theologie ist der Glaube an die Berufung des Menschen. Das Zweite Vatikanum, das ihn verkündet, ist kein Sammelsurium theologischer Aussagen, die beliebig gebraucht werden könnten wie ein Steinbruch. Es hat vielmehr eine pastorale Richtung eingeschlagen und einen dogmatischen Fortschritt vollzogen, damit ist es eine Parteinahme der Kirche für die Sache des Menschen in der Kirche und in der Gesellschaft. Seine Botschaft ist ein absoluter Maßstab für die Bewertung aller Standpunkte in der Kirche wie auch aller nachkonziliarer Standpunkte der Kirche selbst.

Ich möchte daher in diesem zweiten Abschnitt eine Hermeneutik des Konzils versuchen. Ihre Grundlage ist sein Programm, sein Gesamtplan und sein richtungweisender theologischer Entwurf. Dieses Programm des Konzils besitzt Eigenwert und ist daher nicht abzuleiten von Positionen, die ihm selbst fremd sind. Es ist ein neuer Gesamtbegriff von Glaube überhaupt, das Fundament aller Theologie, es ist die Fundamentaltheologie der Gegenwart. Auf seiner Grundlage und nicht an ihm vorbei, wird die Kirche ihre Vergangenheit neu erörtern und den Weg in die Zukunft finden müssen. Es ist eine Offenbarung. Ich möchte dies in den folgenden Kapiteln des zweiten Abschnitts zeigen, denn so erhalte ich einen authentischen Maßstab zur Beurteilung der Befreiungstheologie.

I.
Person und Institution – ein Grundproblem des Konzils bei seiner Einberufung

Die Päpste haben einen religiösen Auftrag. Sie sind das Oberhaupt der Katholischen Kirche, aber zugleich verwalten sie ein politisches Amt. Sie sind das Oberhaupt eines Staates, nämlich des Vatikans. Dadurch erwächst ihnen die Aufgabe, Hirt der Kirche zu sein und zugleich Verantwortung als Regent einer eigenständigen und mächtigen Behörde zu übernehmen.

Johannes XXIII., der Papst des Konzils, legte den Schwerpunkt seines Pontifikats auf die geistliche Aufgabe. Er wollte Hirt der Kirche sein nach dem Vorbild Christi. Bei der Krönungsmesse hielt er selbst die Predigt, obwohl das bis dahin gar nicht üblich war, und umschrieb dabei seine Auffassung vom Papsttum. Er sagte: «Der neue Papst ist durch die Ereignisse und Umstände seines Lebens wie der Sohn Jakobs, der bei der Begegnung mit seinen Brüdern in Tränen ausbrach und sagte: ‹Ich bin Josef, euer Bruder!›»[5] Dieser personale Schwerpunkt im Verständnis seiner geistlichen Aufgabe prägt auch das Verständnis vom Institutionellen an dieser Aufgabe, der Leitung des Vatikan. Er hat Respekt vor der Kurie, hält aber auch Distanz zu ihr. Er kennt die Logik des Institutionellen und achtet sie, aber er läßt sich von ihr nicht beherrschen. Er trifft unabhängige Entscheidungen und führt sie institutionell durch. Er macht den Vatikan zu einem Mittel der Verwirklichung eines Plans, den er in ureigener Verantwortung gefaßt hat und selbst verkörpert, nämlich des Zweiten Vatikanischen Konzils. Daher schreibt der Biograph P. Hebblethwaite: «Papst Johannes war kein Mann der Kurie. Er wußte nicht allzuviel über die Kurie, und was er wußte, gefiel ihm nicht. Sein Verhältnis war während seiner Zeit in Bulgarien, Istanbul und anderswo nicht immer sehr gut gewesen. So blieb er der Außenseiter. Er regierte nicht absichtlich an der Kurie vorbei, aber er fühlte sich frei, seine eigenen Entscheidungen zu treffen. Seine Einstellung war, daß er die Kurie immer respektieren, sich aber nicht fesseln oder einschränken lassen würde.»[6]

Das Zweite Vatikanum ist ein Ergebnis dieser Eigenständigkeit. Johannes XXIII. hatte schon in den ersten Tagen nach seiner Wahl den Gedanken, eine Kirchenversammlung einzuberufen. Er besprach ihn mit seinen engsten Vertrauten, die ihm darin nicht alle zustimmten oder ihn bestärkten. Der Gedanke selbst und der Entschluß, ihn durchzuführen, entsprang einer eigenen geistlichen Entscheidung. Er war eine ureigene Inspiration. Daher sagt P. Hebblethwaite: «Das Konzil war kein ›Zufall‹ in dem Pontifikat oder eine Art nachträglicher Einfall; es deckte sich zeitlich mit dem gesamten Pontifikat und fungierte als dessen Ziel, Taktik, Programm und Inhalt. Johannes erkannte, daß die Geschichte sein Pontifikat, so oder so, nach dem beurteilen würde, was beim Konzil geschah. Er räumte das ein, als er es ankündigte.»[7] Die Kurie war nicht grundsätzlich gegen ein Konzil. Sie hatte unter Pius XII. sogar den Plan für ein solches erarbeitet. Aber sie war nicht der Urheber und Pate *dieses* Konzils. Der Plan, den die Kurie erarbeitet hatte, war nicht das Programm des neuen Papstes. Sie war an den allerersten Überlegungen dazu nicht beteiligt und im Vorfeld der Entscheidung gar nicht eingeweiht. Das Projekt, so schreibt P. Hebblethwaite, stand zu Beginn «unter strengster Geheimhaltung. Es war nur wenigen vertrauten Freunden bekannt. Am auffälligsten und überraschendsten von allem war, daß Papst Johannes seinen Staatssekretär Tardini nicht ins Vertrauen zog. Das war nicht nur, weil er wußte, daß Tardini ohne Mühe ein Dutzend Gründe vorbringen würde, warum ein Konzil unüberlegt wäre und nichts zustande bringen würde. Tardini war ein glänzender Organisator und würde seine Rolle bei dem Projekt bekommen – später. Doch in diesem Stadium war das Problem ein geistliches.»[8]

Es gibt eine Logik der personalen und eine Logik der administrativen Entscheidung. Sie verkörpern ganz verschiedene Typen der Rationalität und erfordern ganz verschiedene Maßnahmen ihrer Durchsetzung. Die Aufgaben auf beiden Ebenen dieser Logik zu bestehen und sie in einer ganzheitlichen Entscheidung einander zuzuordnen, ist eine große theologische und politische

Herausforderung. Johannes XXIII. hat dieses Problem für seine Person gelöst. Die Väter des Konzils sind ihm bei der Erörterung und Verabschiedung der Konstitutionen, Dekrete und Erklärungen des Konzils gefolgt. Aber es bleibt ein Problem der Kirche nach dem Konzil, denn es ist ein Problem von Kirche überhaupt. Die Verwirklichung des Konzils hängt an Personen und ist zugleich eine organisatorische Herausforderung; sie ist eine noch weithin unbewältigte Aufgabe. Die einzelnen Schritte auf diesem Weg müssen begleitet sein von einer kritischen Erörterung. Das Zweite Vatikanum hat einen personalen Schwerpunkt, aber es wird durchgeführt von einer auf diesen Schwerpunkt nicht eingestellten Institution. Es ist daher eine menschliche und zugleich administrative Herausforderung. Sein Schwerpunkt verdankt sich nicht der Kurie und wurde von manchem in ihr sogar mißbilligt. Aber sie ist auf ihn verpflichtet und muß ihn trotz aller Abneigung auch selbst zur Geltung bringen. Jene hingegen, die ihn erarbeitet haben und auch wirklich vertreten, sind nicht immer zugleich seine Organisatoren. Sie beraten, aber entscheiden nicht, ihre Ratschläge greift niemand auf. Eine oft sehr lustige, aber auch sehr prekäre Situation, eine theologisch-politische Herausforderung ersten Ranges. Eine Feuerprobe der Kollegialität aller Beteiligten! Und ebenfalls eine Zerreißprobe des Vertrauens in sie.

Die Zerreißprobe beginnt schon mit der Einberufung. Johannes XXIII. gibt sie am 25. Januar 1959 in St. Paul zur Überraschung des Kardinalkollegiums bekannt. Dieses wußte nichts von seinem Plan und hatte dann sehr unterschiedliche Meinungen dazu[9]. Der Vatikan bildete Vorbereitungskommissionen. Von den 70 Beschlußvorschlägen, die er unterbreitete, hat das Konzil außer dem Liturgieschema keinen einzigen übernommen.

Das Konzil wird 1962 einberufen, hat aber noch keine Geschäftsordnung. Die Kurie hat die Absicht, es nach dem Vorbild der italienischen Bischofssynode durchzuführen; die Kommissionsvorschläge sollten ohne Diskussion auf einer einzigen Sitzungsperiode verabschiedet werden, damit das Konzil in kürzester Zeit beendet wäre. Das Konzil hat diese Vorgehensweise jedoch abgelehnt. Gegen den Widerstand von Erzbischof P. Felici, dem Generalsekretär des Konzils, beschließt ein Kollegium von Kardinälen auf Anregung von Kardinal Suenens das Initiativrecht des Konzils für eigene Vorschläge. Die Mehrheit für diese Entscheidung betrug *eine* Stimme.[10] In der Folge ernennt der Papst die vier Moderatoren Suenens, Döpfner, Lercaro, Agagianian.

1963 stirbt Johannes XXIII., es folgt Paul VI. Der Papst, der sich für das Konzil entschieden hat, kann es nicht zu Ende führen. Jener Papst, der es abschließt, hat es nicht einberufen. Das Konzil hat einen personalen Schwerpunkt, aber es ist Programm der Kirche selbst. Es ist eine pastorale und zugleich dogmatische Weichenstellung. Es ist keine Übergangsveranstaltung, sondern gibt dem Aufbruch der Kirche ein dogmatisches Fundament. Die Theologie des Konzils hat daher entscheidendes Gewicht. Man kann das Konzil ohne seine Theologie nicht durchführen.

II.
Das Prinzip der Hermeneutik des Konzils – seine grundlegenden Entwürfe

In der aktuellen Auseinandersetzung um das Zweite Vatikanum ist es selbst eine höchste Norm. Es ist ihre verbindliche Grundlage und hat eine dogmatische Autorität. Ich möchte daher eine Auslegung des Konzils auf der Grundlage einer Hermeneutik seines Eigenwerts versuchen. In ihrem Mittelpunkt steht die Frage nach seinem Programm, nach der Konzeption der Verwirklichung dieses Programms und nach den theologischen Leitkategorien, über die es verfügt und deren es bedarf, um überhaupt durchführbar zu sein. Denn es ist ja von sich selbst her, kraft der Standpunkte, die es vertritt, und der Aussagen, zu denen es gelangt, die Quelle der Erneuerung der Lehre und des Lebens der Kirche. In der Neuheit, die es verkörpert, liegt seine Originalität. Die literarische Basis einer solchen Hermeneutik sind drei Dokumente, die die Zielsetzung, Planung und Durchführung des Konzils bestimmen: Die Eröffnungsrede Johannes' XXIII. vom 11. 10. 1962 stellt dem Konzil die Aufgabe[11], der Plan des Kardinals Suenens vom 4. 12. 1962 stellt die Konzeption ihrer Lösung[12] dar, und der Entwurf über die Offenbarung Gottes und des Menschen in Jesus Christus, den Karl Rahner in Verbindung mit Josef Ratzinger erarbeitet hat, ist ein richtungweisender theologischer Ansatz, der die Kategorie der Berufung des Menschen in Christus und Gott einführt[13].

Das Konzil wurde sehr unterschiedlich aufgenommen. Es hat Hoffnungen geweckt, die es enttäuschen mußte, und Befürchtungen hervorgerufen, die es nicht bestätigt hat und auch widerlegen konnte. Jeder nimmt es in seiner Weise auf und benutzt es auch für seine Zwecke. Für die Rezeption, die ja noch lange nicht abgeschlossen ist, hat die Feststellung seines Eigenwerts daher kriteriologische Bedeutung. Denn das Konzil will selbst verwirklicht sein. Es hat seine eigene Botschaft und ist damit selbst ein oberster Maßstab für den Gang des kirchlichen

Lebens. Die ureigenen Standpunkte des Konzils haben in der Auseinandersetzung um die lateinamerikanische Theologie das entscheidende Gewicht. Sie sind ein wichtiges Instrument zur Umschreibung ihres Werts als Theologie der Kirche.

1. Johannes XXIII.: Die Eröffnungsrede als Programm des Konzils

Konzilien haben in der Kirche eine Richtlinienkompetenz. Sie treffen höchstverbindliche Entscheidungen zu Problemen des Lebens und der Lehre, nehmen eine Weichenstellung vor und verfügen über eine höchste Autorität. Das Zweite Vatikanische Konzil macht von dieser obersten Richtlinienkompetenz umfassenden Gebrauch. Es macht Aussagen über den Gesamtaufbau der Kirche und über alle Inhalte des katholischen Glaubens. Da es in diesen Aussagen einen personalen Schwerpunkt setzt, entsteht von vornherein die Frage nach deren amtlichem Gewicht. Es will der Verkündigung im Dogma zum Durchbruch verhelfen und das Dogma als Lehre vom Leben verstehen. Es besitzt eine personale Autorität. Die literarische Grundlage einer Hermeneutik dieser Schwerpunktbildung in den Aussagen des Konzils ist die Eröffnungsrede Johannes' XXIII. Sie ist die Frucht seines eigenen geistlichen Lebens und die programmatische Rahmenerklärung der Ziele des Konzils. Seine Aussagen sind von ihr her zu bemessen. Sie ist nicht nur eine Rede über den viel zitierten Geist des Konzils, sondern das Programm dieses Geistes. Man kann es feststellen und buchstäblich durchführen. Es ist eine dogmatische Verlautbarung.

In der Eröffnungsrede durchdringen sich personale Schwerpunktsetzung und amtliche Zielvorgabe. Sie ist einerseits eine Zusammenfassung der Lebensgeschichte des Papstes selbst; daher sagt P. Hebblethwaite: «Die Gedanken, die sie enthält, waren ihm seit langem vertraut. Sie war tief in seine eigene Lebens- und Geschichtserfahrung eingebettet. Da diese Rede sein ganzes Leben zusammenfaßte, kann der größte Teil dieses Buches als ein stillschweigender Kommentar dazu betrachtet werden.»[14] – Aber sie ist andererseits die Aufgabenstellung des

Konzils, sein offizielles Programm. Der Papst erwartet von ihm «einen Sprung (balzo) nach vorn in dogmatischer Durchdringung (penetrazione) und der Formung der Gewissen [...] in noch größerer Treue zur authentischen Lehre. Aber dieses authentische Dogma muß untersucht und gedeutet werden im Licht der Forschungsmethoden und der Sprache (formulazione letteraria) des modernen Denkens. Denn die Substanz des uralten anvertrauten Glaubensgutes ist eine Sache, und die Art und Weise, wie es dargestellt wird, ist eine andere».[15] Das Zweite Vatikanum verfolgt nach dieser Eröffnungsrede in seiner pastoralen Ausrichtung ein dogmatisches Ziel. Es soll einen Sprung nach vorn machen in der Lehre selbst und sie im Licht der Forschungsmethoden und der Sprache des modernen Denkens neu verkünden. Ein Fortschritt in der Formulierung ist jedoch – per definitionem – ein dogmatischer Fortschritt. Er ist eine neue Sprachregelung, eine neue Form amtlicher Darstellung des ganzen biblisch-christlich-katholischen Glaubens.[16] Diese Zielvorgabe des Konzils wird jedoch in der Eröffnungsrede noch weiter entfaltet. Der Papst stellt es auf eine Stufe mit den anderen zwanzig vorausgegangenen ökumenischen Konzilien und erklärt, er habe es einberufen zur Befestigung des Lehramts der Kirche, «das niemals fehlte und das bis ans Ende der Tage bestehen wird».[17] Alle Konzilien, «die im Laufe der Geschichte gefeiert wurden, bezeugen offensichtlich die Lebenskraft der katholischen Kirche und zählen in ihren Annalen zu den strahlenden Lichtern.»[18]

Das Zweite Vatikanum besitzt eine höchste Lehrautorität. Es soll neue Methoden im Umgang mit der christlichen Lehre insgesamt entwickeln: «Die Hauptaufgabe des Konzils liegt darin, das heilige Überlieferungsgut (depositum) der christlichen Lehre mit wirksameren Methoden zu bewahren und zu verkünden.»[19] Dieses Ziel wird jedoch nach der Auffassung des Papstes nicht mit einer Apologetik vergangener Standpunkte erreicht. Von einer solchen Apologetik setzt er sich mit großem Nachdruck ab und sagt: «es ist nicht unsere Aufgabe, diesen kostbaren Schatz nur zu bewahren, als ob wir uns einzig und allein für das interessieren, was alt ist, sondern wir wollen jetzt freudig und furchtlos an das Werk gehen, das unsere Zeit erfordert, und den Weg fortsetzen, den die Kirche seit zwanzig Jahrhunderten zurückgelegt hat. Es ist auch nicht unsere Sache, gleichsam in erster Linie einige Hauptpunkte der kirchlichen Lehre zu behandeln und die Lehre der Väter wie der alten und neueren Theologen weitläufig zu wiederholen, denn Wir glauben, daß Ihr diese Lehren kennt und sie Eurem Geiste wohl vertraut sind. Denn für solche Disputation mußte man kein Ökumenisches Konzil einberufen. Heute ist es wahrhaftig nötig, daß die gesamte christliche Lehre ohne Abstrich in der heutigen Zeit von allen durch ein neues Bemühen angenommen werde.»[20]

Statt des Weges einer defensiven Apologetik alten Stils ist es notwendig, einen offensiven neuen Weg zu gehen. Das Konzil soll die katholische Lehre rein, unvermindert und ohne Entstellung so überliefern, «wie sie trotz Schwierigkeiten und Kontroversen gleichsam ein gemeinsames Erbe der Menschheit geworden ist. Dieses Erbe ist nicht allen genehm, aber es wird allen, die guten Willens sind, als ein überreicher und kostbarer Schatz angeboten.»[21] – Es hat Sinn und Bedeutung für alle Menschen. Sie können selbst den Wert ermessen, den es für sie und für die ganze Menschheit hat. Der Papst geht folglich den Weg einer Immanenzapologetik, wenn er sagt, die «sichere und beständige Lehre, der gläubig zu gehorchen ist, muß so erforscht und ausgelegt werden, wie unsere Zeit es verlangt. Denn etwas anderes ist das depositum fidei oder die Wahrheiten, die in der zu verehrenden Lehre enthalten sind, und etwas anderes ist die Art und Weise, wie sie verkündet werden, freilich im gleichen Sinn und derselben Bedeutung. Hierauf ist viel Aufmerksamkeit zu verwenden; und, wenn es not tut, muß geduldig daran gearbeitet werden, das heißt, alle Gründe müssen erwogen werden, um die Fragen zu klären, wie es einem Lehramt entspricht, dessen Wesen vorwiegend pastoral ist.»[22]

Die Lehre des Zweiten Vatikanum besitzt den gleichen Sinn und dieselbe Bedeutung wie die ihm vorausgegangenen Konzilien. Es hat einen dogmatischen Auftrag und höchste Autorität.[23] Aber es hat auch einen eigenen Gesichtspunkt des Umgangs mit der überlieferten Lehre, nämlich die Pastoral. Dieser immanente Gesichtspunkt ist ein zentraler Aspekt ihrer Wahrheit und zugleich ein ganz neuer Aspekt der Weitergabe dieser Wahrheit.

Er ist sie selbst als die Offenbarung für die Menschen der heutigen Welt. Das Lehramt ist in seinem Wesen vorwiegend deshalb pastoral, weil die Lehre, der es dient, den Menschen in seiner Existenz betrifft. «Diese Lehre», sagt der Papst, «umfaßt den ganzen Menschen, der aus Leib und Geist besteht, und sie heißt uns, die wir diese Erde bewohnen, als Pilger unserem himmlischen Vaterland entgegenzugehen. Das zeigt auch, warum dieses sterbliche Leben so zu führen ist, daß wir unsere Pflichten gegenüber dem irdischen wie gegenüber dem himmlischen Reich erfüllen müssen, um das uns von Gott gewiesene Ziel erreichen zu können. [. . .] Aber in Wirklichkeit gab es und gibt es in der Kirche immer Menschen, die mit allem Fleiß nach der evangelischen Vollkommenheit streben und gleichzeitig der bürgerlichen Gemeinschaft dienen, so daß ihres Lebens Beispiel und ihre heilvolle Nächstenliebe alles, was es in der menschlichen Gesellschaft an Hohem und Edlem gibt, beträchtlich stärkt und bereichert. Damit diese Lehre die vielfältigen Bereiche des menschlichen Wirkens erreicht, sowohl den einzelnen wie die Familien und das soziale Leben, ist es vor allem nötig, daß die Kirche ihre Aufmerksamkeit nicht von dem Schatz der Wahrheit abwendet, den sie von den Vätern ererbt hat. Sodann muß sie auch der Gegenwart Rechnung tragen, die neue Umweltbedingungen und neue Lebensverhältnisse geschaffen und dem katholischen Apostolat neue Wege geöffnet hat.»[24]

Johannes XXIII. bestimmt die Aufgabe des Lehramts aus dem Wesen der Lehre selbst. Sie ist pastoral. Er überwindet mit dieser Bestimmung den Irrtum des Dualismus. Er überwindet den erkenntnistheoretischen Dualismus, indem er sagt, die Lehre ist in ihrem Wesen pastoral, es gibt einen Fortschritt in der Form ihrer Weitergabe; den anthropologischen Dualismus, indem er sagt, die Lehre umfaßt den ganzen Menschen, der aus Leib und Geist besteht; den gesellschaftlichen Dualismus, indem er sagt, die Lehre ist ein Erbe und steht im Dienst des wahren Fortschritts der gesamten Menschheit; und den metaphysischen Dualismus von Natur und Gnade, indem er von der Gnade sagt, daß sie eine Stärkung und Bereicherung der Menschen und ihres Zusammenlebens in der Gesellschaft ist. Die Bestimmung des pastoralen Wesens der Lehre selbst in einem formalen und inhaltlichen Sinn prägt die Eröffnungsrede des Papstes vom 11. 10. 1962. Sie ist die Aufgabenstellung des Konzils und sein Programm. Der Papst fordert das Konzil auf, die ganze christliche Lehre, speziell aber die Aussagen des Tridentinum und des Ersten Vatikanum, auf dieser Basis zu behandeln: «Heute ist es wahrhaftig nötig, daß die gesamte christliche Lehre ohne Abstrich in der heutigen Zeit von allen durch ein neues Bemühen angenommen werde. Heiter und ruhigen Gewissens müssen die überlieferten Aussagen, die aus den Akten des Tridentinums und des I. Vatikanums hervorgehen, daraufhin genau geprüft und interpretiert werden. Es muß, was alle ernsthaften Bekenner des christlichen, katholischen und apostolischen Glaubens leidenschaftlich erwarten, diese Lehre in ihrer ganzen Fülle und Tiefe erkannt werden, um die Herzen vollkommener zu entflammen und zu durchdringen.»[25] Der Ruf nach einer ganzheitlichen Verkündigung und Auslegung dieser Lehre ist ein Zeichen der Zeit. Sie muß daher «so erforscht und ausgelegt werden, wie unsere Zeit es verlangt.»[26]

Das Konzil hat einen dogmatischen Auftrag. Es soll allen Dualismus zwischen Leben und Lehre in der Lehre selbst überwinden und gerade so einen Beitrag leisten zur ganzheitlichen Erneuerung der Pastoral. Indem es diesen Weg geht, wird es zu einer «Leuchte der Glaubenswahrheit.»[27] Es öffnet allen Menschen die lebendigen Quellen der Lehre Christi, so daß sie zu erkennen vermögen, «was sie in Wahrheit sind, welche Würde ihnen zukommt und welchem Ziel sie nachzustreben haben», und führt sie «mit Hilfe der ungeschmälerten Offenbarung zur absoluten und sicheren Einheit der Herzen [...], mit der ein wahrer Frieden und das ewige Heil verbunden sind.»[28] Indem es diesen Weg geht, macht es die Kirche zu einer Quelle mehrfacher Einheit. Es stärkt und fördert «die Einheit der Katholiken untereinander, die als leuchtendes Beispiel ganz fest bewahrt bleiben muß, sodann die Einheit, die im Gebet und den leidenschaftlichen Erwartungen der vom Apostolischen Stuhl getrennten Christen besteht, wieder mit uns vereint zu sein, und schließlich die Einheit der Hochachtung und Ehrfurcht gegenüber der katholischen Kirche, die ihr von anderen, noch nicht christlichen Religionen erwiesen wird.»[29] Es fördert auf diesem Weg die

«Einheit des Menschengeschlechts, die das notwendige Fundament bildet für eine Verähnlichung der irdischen mit der himmlischen Stadt, ‹in der die Wahrheit herrscht, deren Gesetz die Liebe, deren Existenz aber die Ewigkeit ist› «.[30] Es verkündet auf neue Weise das Reich Gottes.

Im Mittelpunkt jenes Programms, mit dem Johannes XXIII. die pastorale Erneuerung der Kirche fordert, steht auf Aufruf zu dogmatischer Erneuerung. Dies ist ein neuer Standpunkt der Kirche, eine neue Option ihrer Verkündigung, eine neue Form des Festhaltens und der Weitergabe aller Überlieferung. Der Papst verlangt in der Eröffnungsrede vom Konzil einen dogmatischen Fortschritt und verkündet ihm den Sinn von Lehre überhaupt, nämlich die Menschen im Lichte Christi zu erleuchten, damit sie von sich aus erkennen, was sie sind, welche Würde sie haben und nach welchem Ziel sie streben.[31] Auf dem Boden dieser Lehre kann sich der Papst gegen jene Unglückspropheten in seiner nächsten Umgebung wenden, die vor Eifer brennen, aber mit Blindheit geschlagen sind und in den heutigen Verhältnissen der menschlichen Gesellschaft nur Untergang, Unglück und Unheil wittern, obwohl Gott nach dem Plan seiner Vorsehung alles zum Heil der Kirche lenkt.[32] Er möchte nicht mit den Waffen der Strenge kämpfen, sondern das Heilmittel der Barmherzigkeit anwenden; denn er glaubt, «es sei den heutigen Notwendigkeiten angemessener, die Kraft ihrer Lehre ausgiebig zu erklären, als zu verurteilen. Das bedeutet nicht, daß es keine falschen Lehren und keine gefährlichen Meinungen gebe, die man vermeiden und zerstreuen muß. Aber diese widerstreiten so offensichtlich den rechten Grundsätzen der Ehrbarkeit, und sie haben so verheerende Früchte gezeitigt, daß heute bereits die Menschen von sich aus solche Lehren verurteilen.»[33] Diese Analyse der pastoralen Situation von Mensch und Kirche in der heutigen Welt verbindet der Papst in der Eröffnungsansprache mit einer Analyse des Wesens der Lehre. Alle Dogmen haben einen pastoralen Sinn und alle Pastoral hat eine dogmatische Bedeutung, beide verkörpern beides. Die Aufgabe, ihre Durchdringung auf allen Ebenen der Lehre und des Lebens der Kirche verbindlich zu erörtern, ist die Aufgabe des Zweiten Vatikanum. Sie ist sein Programm. Das Konzil erörtert den gesamten Inhalt des christlichen Glaubens unter diesem pastoralen und dogmatischen Gesichtspunkt, der es der Kirche gestattet, den Menschen innerhalb und außerhalb von ihr personal zu begegnen. Die Kirche überwindet auf dieser Grundlage den Gegensatz von Dogmatismus und Antidogmatismus und gewinnt neue Authentizität. Das Konzil hat eher Eigenwert; es behandelt den Gesamtinhalt des christlichen Glaubens auf dem Boden seiner eigenen Fragestellung. Es erzielt tatsächlich einen dogmatischen Fortschritt, verläßt die Wege der alten Apologetik und bildet neue Standpunkte des Glaubens in der Auseinandersetzung mit den Problemen der heutigen Welt. Denn aller Glauben war und ist eine «doctrina tuenda et promovenda».[34] Er wird geschützt, indem man ihn entwickelt, aber er wird nicht entwickelt, wenn man seine Entwicklung nicht schützt.

2. Kardinal Suenens: Der Gesamtplan zur Konkretisierung des Programms

In der Eröffnungsrede stellt Johannes XXIII. die Weichen des Konzils, indem er es dazu auffordert, den Weg einer ganzheitlichen Erneuerung zu gehen. Das Konzil soll die gesamte christliche Lehre so verkünden, daß sie «ohne Abstrich in der heutigen Zeit von allen durch ein neues Bemühen angenommen werde.»[35] Diese pastorale Herausforderung ist eine dogmatische Aufgabe. Das Konzil soll allen Menschen Rechenschaft geben von Sinn und Bedeutung des christlichen Glaubens in der heutigen Zeit. Sein zentrales Thema ist die Offenbarung.

1962 legten die vorbereitenden Kommissionen siebzig Schemata von sehr unterschiedlichem Gewicht zur Beschlußfassung vor. Allerdings genügten diese Schemata der Maßgabe, die Johannes in der Eröffnungsrede programmatisch entwickelt hatte, nicht. Sie besaßen keinen Schwerpunkt der inneren Zuordnung, enthielten nicht die Perspektiven der Pastoral, um die es Johannes ging, und waren auch nicht jener Sprung nach vorn in dogmatischer Durchdringung und in der Formung des Gewissens, den er gefordert hatte. Fragen des Lebens und der Lehre wurden darin zwar behandelt, aber den Weg einer ganzheitlichen

Erneuerung gingen sie nicht. Die theologische Kommission des Kardinals Ottaviani hatte die wichtigsten Textentwürfe eingebracht: Die Quellen der Offenbarung. Die moralische Ordnung. Das anvertraute Glaubensgut. Die Familie. Über die Natur der kämpfenden Kirche. Über die Mitglieder der Kirche. – Keiner davon hatte auf dem Konzil Bestand, alle wurden abgelehnt.

Die erste große Aufgabe, die zu lösen anstand, war die Umarbeitung der vorbereiteten Schemata nach Maßgabe des in der Eröffnungsrede von Johannes XXIII. aufgestellten Programms. Dazu hatte der Papst Kardinal Suenens beauftragt. Dieser verfaßte einen Plan zur Durchführung des Konzils auf dem Boden und im Sinne des vom Papst entworfenen Programms. Er selbst schreibt über die Notwendigkeit einer Umarbeitung der vorbereiteten Schemata und einer Konzeption zur Neuordnung der Beschlußvorlagen: «Johannes XXIII. bat mich, dieses Problem zu beheben und ihm einen Vorschlag ausgehend von den vorbereiteten Schemata zu machen. Nach Studium der Dokumente schickte ich Johannes XXIII. einen Vorentwurf mit dem Ziel, sie zu kürzen und dem Konzil eine wahrhaft pastorale Perspektive zu geben. Dieser Vorentwurf enthielt Feststellungen negativer und positiver Art: das ‹idem nolle› und das ‹idem velle› waren für die erfolgreiche Arbeit wesentlich.»[36] Am 4. 12. 1962 brachte Kardinal Suenens seinen Plan vor das Konzil.[37] Dieser Plan ist die Grundlage zur Durchführung jenes Programms, das Johannes XXIII. dem Konzil gegeben hatte, das Programm, dogmatische Aussagen pastoral zu verstehen und pastorale Aussagen zum Prinzip der Dogmatik zu machen. Kardinal Suenens macht es durchführbar, indem er es auf die Kirche anwendet. Das Konzil hat diesen Plan angenommen; damit hat es sich dazu entschieden, daß die Kirche den Weg des Papstes gehen soll, und es hat selbst zu dem Sprung nach vorn angesetzt, den er gefordert hat. Der Schwerpunkt des Plans von Suenens liegt bei der Kirche selbst. Sie hat nach diesem Plan zwei Aufgaben. Sie muß die Frage nach sich selbst stellen: Wer gehört zu ihr? Wo kommt sie her? Wo geht sie hin? Was ist ihr Auftrag? Welche Standpunkte vertritt sie? – Die Kirche hat in sich selbst Gewicht. Sie ist «ecclesia ad intra», aber sie ist nicht um ihrer selbst willen eigenständig, sondern um der Sendung willen, die sie hat. Daher muß sie nicht nur die Frage nach sich stellen, sondern auch nach den Menschen, an die sie sich wendet, für die sie da ist und zu denen sie auch selbst gehört: Wer sind diese Menschen eigentlich? Was ist ihre Bestimmung? Welche Probleme haben sie? Gibt es einen Beitrag, den sie selbst zu leisten hat, um diese Probleme zu lösen? – Die Kirche steht nicht über der Menschheit, sondern ist ein Teil von ihr und gehört zu ihrer Geschichte. Sie ist «ecclesia ad extra».

Der Plan von Suenens behandelt beide Fragestellungen je für sich, aber er setzt sie auch beide zueinander in Beziehung. Denn Sein und Wirken, dogmatische Erörterung und pastorale Verantwortung sind verbunden. Die Antwort auf die Frage nach beiden kann und muß von beiden her erfolgen. Daher sagt Kardinal Suenens: «Operari sequitur esse. Bevor sich die Arbeit des Konzils der ‹Kirche im Wirken› zuwendet, ist es wesentlich, so scheint es, dieser Arbeit eine bedeutende dogmatische Erklärung der Kirche über sich selbst voranzuschicken: operari sequitur esse. Die Kirche muß sich definieren: Was sagst du von dir selbst? [...] Man sollte auch von Anfang an den Akzent auf das Wesentliche legen: Die Kirche, das ist der Christus, der heute lebt und in seinem mystischen Leib, das ist Christus, unser Zeitgenosse. Die einzige Frage, die für die Bischöfe des Jahres 1962 alle anderen umfaßt, ist es zu wissen, ob wir oder ob wir nicht das Werk, das uns der Meister anvertraut hat, in Treue zu ihm weiterführen, das Werk, von dem er will, daß wir es vollenden, er selber, er durch uns.»[38] Der Plan von Suenens bestimmt den pastoralen Auftrag der Kirche dogmatisch. Sie nimmt diesen Auftrag kraft ihrer Sendung durch Christus wahr. Aber das Ziel der Sendung, der Zweck, zu dessen Erfüllung es sie überhaupt gibt, ist pastoral. Denn die Kirche ist gesandt, das Evangelium Christi in Wort und Tat allen Menschen zu verkünden. – Dieser große, zusammenhängende und leicht verständliche, pastorale Plan des Konzils ist ein «Instrument des pastoralen Fortschritts» auch in der Dogmatik selbst. Denn er ist ein Weg, «den geläufigen Hauptirrtümern über die Kirche sei es ‹ad intra› in der Kirche selbst, sei es ‹ad extra› in der Welt, zu begegnen. Aber diese Erwiderung kann positiv und konstruktiv, ohne jede Verurteilung erfolgen. Sie befähigt, sich Rechenschaft zu geben über gewisse Lücken unserer Pastoral und so eine Abhilfe zu schaffen.»[39]

Die Kirche des Plans von Kardinal Suenens ist eine polare Wirklichkeit; in ihr bedingen sich innen und außen. Denn die Kirche kann nach außen nichts versprechen, was sie nach innen nicht hält, und sie kann sich nach innen nicht für etwas entscheiden, was sie nach außen nicht vertritt. Es gibt ihr Innen nicht ohne dessen Außen, und ihr Außen muß das Außen dieses Innersten sein. Nach außen hin soll die Kirche den Irrtum verurteilen, aber die Wahrheit anerkennen, die er enthält. Dies gilt besonders für den Kommunismus. Die Kirche hat sich für das Gemeinwohl einzusetzen und ist eine Kirche von allen, insbesondere jedoch eine Kirche der Armen. Sie möchte ein Instrument des internationalen Friedens sein. Das Programm einer Ablehnung des Irrtums und einer Anerkennung seiner Wahrheit besteht in der «Kirche nach außen» aus vier zentralen Themen: Kirche und Familie, Kirche und Wirtschaft, Kirche und Gesellschaft, Kirche und internationale Gemeinschaft.[40] Das Konzil erörtert im zweiten Teil der Pastoralkonstitution diese Themen. Der Plan von Suenens ist ein Projekt der Bildung von Kirche. Er ist das «Projekt des Gesamtplans» von Kirche selbst,[41] ist die Landkarte ihres Wegs in der heutigen Zeit und fordert den Entwurf einer pastoralen Existenz der Kirche heute. Zentrale Stichworte dieses Plans sind die «pastorale missionaire», die eine Aufgabe der Priester und Laien ist,[42] die «pastorale d'ensemble», für die in einer jeden Diözese der Bischof selbst Verantwortung hat,[43] sowie die «Evangelisierung» als Inbegriff des Auftrags der Kirche. Evangelisierung ist deren Gesamtauftrag und betrifft ihre Mitglieder insgesamt, Bischöfe, Priester, Ordensangehörige und Laien.[44] Aber sie ist auch eine Botschaft an die von ihr getrennten Christen, an die Angehörigen nichtchristlicher Religionen, an die Atheisten und an die Menschheit überhaupt. Sie betrifft nicht nur ihre Mitglieder, sondern umfaßt alle Menschen.[45] Auf dieser Grundlage kann jeder einzelne von sich selbst her Kirche verstehen. Das Konzil ist ein Projekt der Bestimmung seiner eigenen Tätigkeit in der Kirche und außerhalb von ihr. Die Feststellungen, die es trifft, sind eine Aufgabe, sie müssen ihre Tragfähigkeit in der Zukunft noch erweisen.

3. Karl Rahner in Verbindung mit Joseph Ratzinger: Ein Aufriß – die Offenbarung Gottes und des Menschen in Jesus Christus

Der Gesamtplan von Kardinal Suenens über die Kirche nach innen und nach außen ist das Projekt einer Erneuerung der Kirche im Sinn des Programms der Eröffnungsrede von Johannes XXIII. Er ist ein Projekt des pastoralen und dogmatischen Fortschritts; denn er erfaßt den weltlichen Dienst der Kirche als Dienst der Kirche selbst und ihren geistlichen Auftrag als Auftrag der Kirche in der Welt. Er ist bereits jener Sprung nach vorn in dogmatischer Durchdringung und Formung des Gewissens bei noch größerer Treue zur authentischen Lehre, die Johannes von der Kirche verlangt.[46] Daher besitzt das Konzil selbst, aber auch die Erneuerung, die auf im fußt, eine dogmatisch-pastorale Struktur. Der Schlüssel zum Konzil ist die Zuordnung von weltlichem Dienst und geistlicher Aufgabe in der Kirche selbst und ihrer Überlieferung. Er ist der einzige Schlüssel zur Feststellung seines authentischen Gehalts. Die entscheidende Auseinandersetzung um die Polarität von Dogmatik und Pastoral hat das Konzil jedoch nicht auf dem Gebiet der Pastoral, sondern auf dem der Dogmatik geführt, denn seine pastorale Ausrichtung stand seit der Eröffnungsrede fest. Die Frage mußte lauten: Was bedeutet Pastoral dogmatisch? Ist sie ein Standpunkt der Offenbarung selbst? Am 20. November 1962 hat das Konzil eine erste und entscheidende Antwort auf diese Frage gegeben, denn es lehnte das Schema «Über die Quellen der Offenbarung» ab, das Kardinal Ottaviani unterbreitet hatte. Der Text, den es zurückwies, hatte nicht unterschieden zwischen der Offenbarung selbst und den Quellen der Offenbarung. Offenbarung wurde im Sinne einer Mitteilung in Worten verstanden, aber nicht als Mitteilung in Wort und Tat. Er hatte außerdem einen kontroverstheologischen, nicht ökumenischen Begriff der Tradition und wollte eine Apologetik früherer Standpunkte weiterführen und nicht jenen Weg der Apologetik beschreiten, den Johannes in der Eröffnungsrede gegangen ist und auch gefordert hat.

In der Auseinandersetzung um den Textentwurf Ottavianis besitzt ein Gegenentwurf besonderes Gewicht, den K. Rahner in Verbindung mit J. Ratzinger erarbeitet hatte: der Entwurf über die Offenbarung Gottes und des Menschen in Jesus Christus. Er besaß Alternativcharakter und wurde von den Vorsitzenden der Bischofskonferenzen Deutschlands, Frankreichs, Belgiens, Hollands und Österreichs unterstützt. Er konnte das vielfach geäußerte Argument widerlegen, der Entwurf Ottavianis müsse angenommen werden, weil es entweder diesen gäbe oder gar keinen. Er enthält außerdem Grundgedanken dogmatischer Zuordnung von Dogmatik und Pastoral, die in das Konzil selber eingegangen sind, nämlich den Gedanken von der Berufung des Menschen, vom Menschen Jesus Christus als dem Höhepunkt der Geschichte dieser Berufung und von der Kirche als dem Sakrament ihrer Verkündigung in der Geschichte.

Der Entwurf Rahners besteht aus drei Kapiteln. Erstens über die Berufung des Menschen durch Gott: De vocatione hominis divina; zweitens über Gottes Gegenwart in der Geschichte: De occulta Dei in generis humani historia praesentia; drittens über die geoffenbarte Gegenwart Gottes im Verkündigen der Kirche: De revelata praesentia Dei in praedicatione Ecclesiae.[47] Rahner bestimmt den Begriff der Offenbarung nicht formal über die Quellen, sondern von ihr selbst her und ihren ureigenen Inhalten – Gott, Christus und die Kirche. Die Offenbarung erschließt dem Menschen seine ureigene Berufung durch Gott, und sie erschließt ihm Gott als den Gott dieser Berufung. Sie gibt dem Menschen daher Auskunft über sich selbst: Er besitzt eine individuelle und zugleich soziale Existenz. Er ist nämlich «in solcher Weise [. . .] ein Individuum, daß jeder Mensch als einzelner von Gott berufen und geliebt wird und daher würdig ist, eine wahre und ewige Existenz vor Gott zu sein. Er ist aber in solcher Weise ein soziales Wesen, so daß niemand für sich selber leben, niemand auch zum gemeinsamen Vater ohne seine Brüder gelangen kann und die Vollendung jedes einzelnen Menschen niemals anders erreicht werden kann als im Reich Gottes, das das ganze Menschengeschlecht in einem umfaßt.»[48] Die Offenbarung gibt dem Menschen Auskunft über sich, und über Gott selber. Sie zeigt ihm «wer Gott ist: er ist der Vater, der uns geschaffen hat, er ist das Wort, das uns sucht; er ist die Liebe, die uns liebt, uns, die zu sich selbst Zuflucht nehmen, da wir sein möchten wie Gott».[49] Die Offenbarung erschließt dem Menschen, wer der

Mensch ist und wer Gott ist. Aber sie erschließt ihm auch, worin sie selbst besteht, nämlich in den Worten und Taten Gottes: «Dies also ist das Ziel allen Sprechens und Handelns Gottes, daß alles von ihm Geschaffene Reich Gottes werde, ‹Reich der Wahrheit und des Lebens, Reich der Heiligkeit und Gnade, ein Reich der Gerechtigkeit, der Liebe und des Friedens›, und Gott so durch jene Gaben verherrlicht wird, die er seinen Geschöpfen gibt.»[50] Daher kann der Mensch letztlich nicht anders betrachtet werden denn als ein Wesen, das Gott zur freien Gemeinschaft mit sich selbst berufen hat.

Dieses Ziel aller menschlichen Geschichte ist im Menschen Jesus Christus schon gegenwärtig. «Er selbst nämlich ist das Reich Gottes, weil in ihm der wahre Gott und der wahre Mensch substantiell vereinigt sind. Alles Handeln und Sprechen Gottes in der Geschichte handelt verborgen von ihm, strebt zu ihm hin und wird in ihm vollendet.»[51] Das zentrale Thema aller menschlichen Geschichte ist daher die Berufung des Menschen zur mystischen Verbindung mit ihm. Sie ist das Geheimnis der ganzen menschlichen Geschichte, die Wahrheit des Alten und des Neuen Testaments. Das Geheimnis aller menschlichen Geschichte, speziell der Geschichte des Alten Testaments, wird in Jesus Christus offenbar. Er selbst ist das Wort Gottes, er ist die Wahrheit Gottes, die uns erzieht, er ist der Weg Gottes, der uns das Leben Gottes offenbart. «Diese lebendige Wahrheit, durch die er [Jesus Christus] selber ist, was er offenbart, ist gegenwärtig in der Kirche, dem Leib Christi, der aus dem Geiste lebt. Die Kirche verkündet also keine neuen Wahrheiten, die sie gleichsam aus sich selber schöpft und von sich her ausspricht (vgl. Joh. 16,13), sondern sie bewahrt in Treue diese eine Wahrheit auf, die im Herrn Jesus erschien, von der die Apostel und ihre Schriften Zeugnis geben; sie ist an die Wahrheit gebunden, aus deren Quelle sie das Wasser des ewigen Lebens schöpft (vgl. Joh. 4,14). Einzelne geoffenbarte Wahrheiten aber, die in den Heiligen Schriften des Alten wie des Neuen Testaments enthalten sind, und die in Lehre und Predigt der heiligen Mutter Kirche erklärt werden, entspringen alle dieser einen Wahrheit, die Jesus Christus ist, Gott und Mensch, in dem das ganze Menschengeschlecht zur innigsten Vereinigung mit Gott berufen ist.

Um von dieser Wahrheit Zeugnis abzulegen und sie zu verkünden, ist die Kirche gegründet und mit dem Auftrag und der Autorität Christi ausgestattet. Er, ‹der treue Zeuge› (Offb 1,5) ist zugleich die Sache selbst, die im Zeugnis verkündet wird [...]. Diese Verkündigung, als Ereignis und Inhalt, von den legitimen Nachfolgern der Apostel ausgeführt, wird gewöhnlich Tradition genannt.»[52] Es gibt folglich eine dogmatische Basis der Einheit von Dogmatik und Pastoral, nämlich die Offenbarung selbst. Diese umfaßt Worte und Taten und ist die Wahrheit von der Berufung des Menschen durch Gott in Christus.

Jener Sprung nach vorn, zu dem Papst Johannes aufgefordert und den Kardinal Suenens im Projekt der Zuordnung von Kirche nach innen und Kirche nach außen durchführt und verwirklicht, ist demnach ein Akt der wirklichen Treue zur authentischen Lehre. Die Polarität von Wort und Tat, von Lehre und Leben, von geistlicher Aufgabe und weltlicher Verantwortung gehört zur Offenbarung selbst und ist ein strukturelles Prinzip ihrer Hermeneutik. Auf ihrer Basis und mit ihrer Hilfe ist das Konzil authentisch zu interpretieren. Sie ist das Instrument einer Hermeneutik seiner Lehre als eines Fortschritts im Glauben. K. Rahner benennt die Pole des Konzils dogmatisch und kann zeigen, daß sie in der Offenbarung selbst einander zugeordnet sind; denn sie sind Pole der Berufung des Menschen. Sie gehören zu seiner Existenz vor Gott und vor dem Menschen, in der Kirche und in der Welt.

Die erste Sitzungsperiode hat vom 11. 10. bis zum 5. 12. 1962 gedauert. Sie bestand in der Tat aus «sechzig Tage[n], die die Welt verändern».[53] Sie begann mit der Eröffnungsrede Johannes' XXIII., der Weichenstellung des Konzils, und endete mit der Rede von Kardinal Suenens über das Projekt des Gesamtplans, die erste Konkretisierung des Programms. – Der Zug wurde auf die richtigen Gleise geschoben. Dazwischen liegt die Ablehnung des Offenbarungsschemas vor dem Hintergrund des Gegenentwurfs, den K. Rahner in Verbindung mit J. Ratzinger angefertigt hatte. – Der Zug konnte fahren.

Diese Ereignisse sind grundlegend für das Konzil, sie sind das Fundament einer Hermeneutik des Eigenwerts seiner Aussagen. Auf ihrer Grundlage wird das Konzil zum Maßstab und Richtwert theologischer Aussagen. Seine Texte sind nicht eine Kompromißformel verschiedener und eigentlich unvereinbarer Standpunkte. Sie sind das Ergebnis einer klaren dogmatischen Entscheidung. Deshalb verstößt jemand gegen das Konzil selbst, wenn er die Aussagen des Konzils beliebig interpretiert und wie einen Steinbruch behandelt für Standpunkte, die mit ihm unvereinbar sind und ihm zutiefst widersprechen.

III.
Kirche und Pastoral
Gaudium et spes – der Schlüssel für ein authentisches Verständnis von Lumen gentium

Johannes XXIII. war nicht der einzige Papst des Konzils, Kardinal Suenens nicht sein einziger Kardinal, Karl Rahner nicht sein einziger Theologe. Zwei Päpste haben es geleitet, viele Kardinäle und Bischöfe waren auf ihm versammelt und haben seine Beschlüsse verabschiedet, viele Theologen – auch einzelne Theologinnen – sind ihre Mitarbeiter gewesen. Die Geschichte des Konzils umfaßt ganze Bibliotheken, deren Material noch kaum gesichtet ist, geschweige denn bisher analysiert werden konnte. Aber es ist nicht meine Aufgabe, diese Lücke zu schließen. Mein Thema sind die Maßstäbe des Konzils. So lauten die Fragen: 1. Waren ihm Maßstäbe vorgegeben? 2. Hat es sich zu ihnen durchgerungen und sich nach ihnen ausgerichtet? 3. Gehören sie unbedingt zu seiner Verwirklichung?

Zur Beantwortung des ersten Teils der gestellten Fragen sind die Eröffnungsrede des Papstes, der Gesamtplan, den Kardinal Suenens verfaßte, und der Entwurf Karl Rahners über die Offenbarung unentbehrlich. Denn sie enthalten die Zielvorgabe, ihre erste Verwirklichung und das entscheidende Mittel, das Ziel selbst zu erreichen. Sie sind die obersten Maßstäbe einer Auslegung des Konzils von ihm selbst her. Zur Antwort auf ihren zweiten Teil ist nicht mehr auf Dokumente des Vorfelds, sondern auf die vom Konzil selbst verabschiedeten Dokumente zu verweisen. Ihren Kern bilden die vier Konstitutionen über die Liturgie, über die Offenbarung, über die Kirche und über die Kirche in der Welt von heute.

Alle sechzehn Dokumente des Konzils – die vier Konstitutionen, neun Dekrete und drei Erklärungen – sind vom Programm der Eröffnungsrede geprägt und nach ihrer Zielsetzung gestaltet. Fragt man jedoch, welches Dokument sich auf diese Rede ausdrücklich bezieht und ihren Ansatz, den Sprung nach vorn in dogmatischer und pastoraler Durchdringung zur Grundlage der eigenen Erörterung macht, so ist ohne jede Einschränkung zu antworten: die Pastoralkonstitution über die Kirche in der Welt von heute, Gaudium et spes. Diese Konstitution behandelt das zentrale Thema der Eröffnungsrede, die Aufgabenstellung der Kirche in der heutigen Welt. Sie stellt sich bei seiner Erörterung auf den Boden der Eröffnungsrede und geht den Weg einer immanenten Apologetik: Sie greift alle dogmatischen Aussagen unter einem pastoralen Gesichtspunkt auf und stellt ihre pastoralen Aussagen unter einem dogmatischen Gesichtspunkt dar. Die Grundlage dieser Zuordnung von Dogmatik und Pastoral ist der Glaube an die Berufung des Menschen in Gott und Christus. Die Kirche wird durch diesen Glauben befähigt, die Probleme des gesellschaftlichen Zusammenlebens heute im Licht des eigenen Auftrags, aber auch diesen Auftrag im Licht jener Probleme zu betrachten. In der Zuordnung von beiden erweist sie sich als eine Institution der Offenbarung selbst in der heutigen Welt. Sie ist ecclesia ad extra kraft des eigenen Auftrags. Die Notwendigkeit einer Besinnung auf die ecclesia ad intra ist von ihrer politischen Verantwortung her zu verstehen, die sie kraft ihrer Sendung für die gesellschaftlichen Zustände besitzt.[54]

Die Pastoralkonstitution macht diesen Zusammenhang von Dogmatik und Pastoral, ecclesia ad intra et ad extra zu ihrer Grundlage und greift das Motto der Eröffnungsrede auf. «Gaudet mater ecclesia» findet einen Widerhall in «Gaudium et spes». Die Pastoralkonstitution ist auch die einzige Verlautbarung des Konzils, die diese Rede ausdrücklich zitiert. Sie stellt in Nr. 62 den Sprung nach vorne heraus; denn – so wird der Papst zitiert – «die Glaubenshinterlage selbst, das heißt die Glaubenswahrheiten, darf nicht verwechselt werden mit ihrer Aussageweise, auch wenn diese immer den selben Sinn und Inhalt meint.» (GS 62) Die Pastoralkonstitution ist der Schlüssel zum Konzil, sein dogmatisches Hauptereignis. An ihr vorbei kann es das Lehramt der Zukunft überhaupt nicht geben. Leugnet man diese Basisfunktion, dann schwindet der Eigenwert des Konzils, es bleibt in seiner Neuheit unverstanden, sein dogmatischer Fortschritt schrumpft zu einer scholastischen Nebensächlichkeit zusammen und verkommt zu einer unbedeutenden historischen Reminiszenz. Tatsächlich ist die Pastoralkonstitution ein Zukunftsentwurf der Kirche selbst auf höchster lehramtlicher Ebene. Sie zeigt, daß älteste Überlieferung ein Aufbruch zu neuen Ufern ist und neueste Aussagen die älteste Überlieferung verkörpern. Sie sind daher Offenbarung. Diese Konstitution ist der Schlüssel zu «Lumen gentium». Daher muß gegen eine reformistisch-minimalistische Auslegung und gegen eine progressistisch-maximalistische Auslegung von Gaudium et spes ihr Eigenwert herausgestellt werden. Sie hat dogmatisches Gewicht und ist damit die Magna Charta der Entstehung einer Kirche des Konzils.

1. Der Glaube an die Berufung des Menschen – ein Bekenntnis zu seiner Existenz

Das Konzil hat seine Botschaft von der Kirche und ihrem Glauben auf der Grundlage des hermeneutischen Prinzips entwickelt, das ihm durch den Papst vorgegeben war – dem Prinzip der Polarität von Dogmatik und Pastoral. Die Grundlage seiner eigenen Interpretation der gesamten Überlieferung ist jener Sprung nach vorn, zu dem es der Papst aufgefordert hat. Das Konzil hat diesen Sprung getan und ist den Weg nach vorn in der dogmatischen Durchdringung und in der Formung des Gewissens ihrer Mitglieder gegangen. Es erfaßt auf dieser Grundlage die Polarität von Kirche selbst und macht daher zwei Aussagen über sie. Es macht in seiner «dogmatische[n] Konstitution über die Kirche», Lumen gentium, eine dogmatische Aussage, und in seiner «Pastoralkonstitution über die Kirche in der Welt von heute» eine pastorale Aussage. Daher ist die Kirche des Konzils eine polare und zugleich gesamtheitliche Institution. Sie ist polar wegen ihres dogmatischen und pastoralen Pols, aber sie ist auch gesamtheitlich, weil sich diese Pole durchdringen, so daß ihr dogmatischer Pol pastoral und ihr pastoraler Pol dogmatisch zu verstehen ist.

Das Konzil erörtert dieses hermeneutische Prinzip und gibt sich ausdrücklich auch Rechenschaft von ihm. Dies geschieht in der Pastoralkonstitution. Aus diesem Grund ist sie der Schlüssel zu Lumen gentium im Sinne des Konzils. Die hermeneutische Basis einer authentischen Auslegung des Konzils ist seine Pastoralkonstitution. Diese hat selbst zwei Pole und erklärt ausdrücklich die Verbundenheit von beiden auf der Grundlage von beiden. Denn sie hat einen ersten Hauptteil – «Die Kirche und die Berufung des Menschen» und behandelt in vier Kapiteln «Die Würde der menschlichen Person», «Die menschliche Gemeinschaft», «Das menschliche Schaffen in der Welt» und «Die Aufgabe der Kirche in der Welt von heute». Dieser Hauptteil ist dogmatisch. Der zweite Hauptteil ist pastoral und behandelt in fünf Kapiteln «Wichtigere Einzelfragen», nämlich «Die Förderung der Würde der Ehe und der Familie», «Die richtige Förderung des kulturellen Fortschritts», «Das Wirtschaftsleben», «Das Leben der politischen Gemeinschaft» sowie «Die Förderung des Friedens und der Aufbau der Völkergemeinschaft».

Beide Teile sind jedoch grundsätzlich einander zugeordnet, so daß man ihren pastoralen Teil nicht ohne seine dogmatische Voraussetzung und ihren dogmatischen Teil nicht ohne seine pastorale Zielsetzung verstehen kann. Daher erklärt die Pastoralkonstitution in einer amtlichen Fußnote zu ihrem Titel ausdrücklich die ganzheitliche Zusammengehörigkeit ihrer beiden Teile. Denn in der Fußnote heißt es: «Die Pastoralkonstitution über die Kirche in der Welt von heute besteht zwar aus zwei Teilen, bildet jedoch ein Ganzes. Sie wird ‹pastoral› genannt, weil sie, gestützt auf Prinzipien der Lehre, das Verhältnis der Kirche zur Welt und zu den Menschen von heute darzustellen beabsichtigt. So fehlt weder im ersten Teil die pastorale Zielsetzung noch im zweiten Teil die lehrhafte Zielsetzung. [...] Daher kommt es, daß in diesem zweiten Teil die Thematik zwar den Prinzipien der Lehre unterstellt bleibt, aber nicht nur unwandelbare, sondern auch geschichtlich bedingte Elemente enthält.» (GS 1) Diese Fußnote ist die amtliche Grundlage einer Hermeneutik der Pastoralkonstitution im Sinne des Verfassers dieser Konstitution, des Konzils selber. Aber sie ist auch ein amtlich verbrieftes Instrument für eine Hermeneutik der Kirchenkonstitution. Diese hat nämlich nicht nur einen dogmatischen Sinn – dieses Prädikat wird ihr ja bereits im Titel verliehen – sondern sie hat auch eine pastorale Bedeutung. Der dogmatischen Konstitution über die Kirche fehlt genausowenig die pastorale Zielsetzung, wie der Pastoralkonstitution die dogmatische Zielsetzung fehlt. Beide Konstitutionen sind die zwei Pole eines Ganzen, sie sind in ihrer dogmatischen und zugleich pastoralen Ausgestaltung die Kirche des Konzils. Und in der Tat sollte ihre Gesamtthematik ursprünglich in einer einzigen Konstitution über die Kirche behandelt werden. Der Kommentar verweist ausdrücklich auf diese Zuordnung und erklärt, daß die «Pastoralkonstitution im Zusammenhang mit der Dogmatischen Konstitution über die Kirche gelesen werden muß. Manche Einwände, z. B., bestimmte Thesen seien ausgelassen worden, werden hinfällig, wenn man sie in diesem Zusammenhang betrachtet.«[55]

Die Basis der Interpretation dieses Zusammenhangs ist jedoch nicht die Kirchen-, sondern die Pastoralkonstitution. Diese enthält nicht nur das amtliche Prinzip der Interpretation, sondern ihr Aufbau ist auch deren amtliche Erläuterung. Er fußt auf einer inhaltlichen Erweiterung des Begriffs der Pastoral und auf einem inhaltlichen Fortschritt im Dogma.[56] «Pastoral» im Sinne des Konzils meint nicht mehr nur die herkömmliche Betreuung von Laien durch Priester, sondern das Verhältnis der Kirche überhaupt zur Welt im ganzen. Daher umfaßt sie im Unterschied zum herkömmlichen Begriff der Seelsorge die ganze Sozialethik. Zeugnis geben für die Gerechtigkeit ist im neuen Sinn dieses Worts ein Akt der pastoralen Verantwortung. Im Unterschied zu früher ist diese Pastoral eine Handlung der Kirche selbst, und nicht mehr nur ihrer einzelnen, dafür autorisierten Mitglieder. Damit wird die Pastoral dogmatisch erweitert. Sie ist eine Handlung der Kirche selbst im Zeugnis aller ihrer Mitglieder.

Der inhaltliche Fortschritt im Dogma betrifft die Zuordnung von Dogma und Pastoral nicht nur auf der Ebene der Pastoral, sondern auch auf der Ebene des Dogmas selbst. Das Konzil erweitert den Begriff der Pastoral in dem eben beschriebenen Sinn, aber es erklärt auch diese Erweiterung; denn es sagt in der Pastoralkonstitution über ihren Begriff der Pastoral, daß dieser sich auf die Prinzipien der Lehre stützt. Grundprinzip dieser dogmatischen Zuordnung von Dogmatik und Pastoral ist die Lehre von der Berufung des Menschen; denn diese ist eine Lehre der Verbindung von Leben und Lehre auf der Ebene der Lehre selbst. Sie betrifft den Menschen als Menschen in seiner Würde als Person, das Verhältnis der Menschen untereinander als eine Gemeinschaft. Aber sie ist zugleich eine Lehre der Bibel selbst. Sie ist daher jene Lehre, mit der sich auf der Ebene von Lehre selbst die ethisch-dogmatische Erweiterung des Begriffs der Pastoral erklären läßt. Sie ist die Basislehre des Konzils. Sie ist sein neues Dogma. Das Konzil bekennt sich ausdrücklich zu dieser Lehre. Es erklärt als «Zeuge und Künder des Glaubens des gesamten in Christus geeinten Volkes Gottes [... die] Verbundenheit, Achtung und Liebe [des Konzils] gegenüber der ganzen Menschheitsfamilie, der dieses ja selbst eingefügt ist». (GS 3) Es unterstreicht dieses Bekenntnis ausdrücklich und formal und verweist auf seine universale Geltung; denn es sagt: «Die Heilige Synode bekennt darum die hohe Berufung des Menschen, sie erklärt, daß etwas wie ein göttlicher Same in ihn eingesenkt ist, und bietet der Menschheit die aufrichtige Mitarbeit der Kirche an zur Errichtung jener brüderlichen Gemeinschaft aller, die dieser Berufung entspricht.» (ebd.)

Dieser Glaube, zu dem sich das Konzil bekennt, hat eine hermeneutische Funktion. Er ist ein Schlüssel zur Entdeckung der Existenz des Menschen in Gott und Christus und verleiht der Kirche die Fähigkeit zur Unterscheidung der Geister. Er läßt sie erkennen, was in den Ereignissen, Bedürfnissen und Wünschen der Menschen unserer Tage wahre Zeichen der Gegenwart und Absicht Gottes sind. Daher ist dieser Glaube selbst eine Offenbarung, sein Inhalt erschließt den Sinn und die Bedeutung menschlichen Handelns in der Welt. Dieser Glaube, sagt das Konzil «erhellt nämlich alles mit einem neuen Licht, enthüllt den göttlichen Ratschluß hinsichtlich der integralen Berufung des Menschen und orientiert daher den Geist auf wirkliche humane Lösungen hin.» (GS 11) Der Glaube an die Berufung des Menschen hat existenzenthüllenden Charakter. Indem die Kirche ihn verkündet, sagt das Konzil, «erschließt sie dem Menschen gleichzeitig das Verständnis seiner eigenen Existenz, das heißt, die letzte Wahrheit über den Menschen.» (GS 41) In der Kirche des Konzils ist daher der Glaube an Gott ein Bekenntnis zur Existenz des Menschen.

2. Geistliche und weltliche Existenz – die Pole der Berufung

Die Pastoralkonstitution enthält und erläutert das hermeneutische Prinzip des Konzils. Sie ist die Klärung seines Gesamtprogramms auf der Grundlage dieses Prinzips, nämlich der gegenseitigen Durchdringung von Dogmatik und Pastoral in der Dogmatik. Das Prinzip dieser Durchdringung ist die Lehre der Offenbarung selbst von der Berufung des Menschen in Gott und Christus. Diese Lehre betrifft seine Existenz als Mensch, als Mann und Frau, als Christ und Christin, als Bürger und Bürgerin. Sie sind Mitglieder der Kirche und Mitglieder einer Gesellschaft, bleiben jedoch auf diesen beiden Ebenen nicht nur sie selbst, sondern werden auch sie selbst. Denn sie sind die Träger ihrer Mitgliedschaften und müssen sie daher selbst verantworten.

In der Pastoralkonstitution erörtert das Konzil das Programm dieser Berufung. Es ist das Programm der Kirche selbst als einer geistlichen und als einer weltlichen Gemeinschaft, das Programm einer geistlichen Existenz in der heutigen Welt.

A. Dogmatische Perspektiven der erneuerten Pastoral Geistliche Existenz in der heutigen Welt

Die Berufung des Menschen ist der fundamentale Gesichtspunkt einer weiterführenden Erörterung des Gesamtinhalts überlieferten Glaubens auf dem Konzil. Es stellt diesen Glauben und alles, was zu ihm gehört, unter diesen Gesichtspunkt. Es greift zwei Aspekte aus seinem Inhalt auf, nämlich den transzendenten Sinn, den er hat, seine Übernatürlichkeit, und die immanente Bedeutung, die eben dieser transzendente Sinn für die Menschen grundsätzlich besitzt – für die Menschen, für die Gemeinschaften, die sie bilden und zu denen sie gehören, für die Arbeit, die sie leisten, für die Menschheit insgesamt und ihre Zukunft.

Der Glaube an Gott ist ein Bekenntnis zum Menschen. Dieser Standpunkt erschließt die gesamte christliche Überlieferung neu: Sie besitzt auf allen Ebenen ihrer Botschaft einen Existenzgehalt. Der Sprung nach vorn in der Formung des Gewissens ist ein Sprung nach vorn in dogmatischer Durchdringung, ein Fortschritt im Erfassen der authentischen Lehre. Der pastorale Fortschritt ist ein dogmatischer Fortschritt. Zur Erneuerung der Pastoral gehört eine Erneuerung der Dogmatik, die eine Erneuerung des Umgangs mit den Inhalten der ganzen Glaubensüberlieferung erreicht. Sie erstreckt sich auf ihre Grundlagen und betrifft ihre Gesamtthematik, sie ist eine neue Form der Weitergabe des ganzen Glaubens. Diese Erneuerung betrifft die Aussagen über Gott, Christus, die Kirche, den Glauben als Offenbarung sowie über Mensch und Gesellschaft.

a) Die Gottesaussage

Sie ist eine polare Aussage und hat immanente Bedeutung, denn sie umfaßt Jenseitiges und Diesseitiges, Übernatürliches und Natürliches, Übergeschichtliches und Geschichtliches, Heilsgeschichte und Profangeschichte, alle Vergangenheit, Gegenwart und Zukunft. Sie ist eine Aussage über das Geheimnis der Existenz von allem überhaupt, das Geheimnis der Existenz von Mensch und Schöpfung. Daher sagt das Konzil: «Wenn auch derselbe Gott Schöpfer und Erlöser ist, Herr der Profangeschichte und der Heilsgeschichte, so wird doch in eben dieser göttlichen Ordnung die richtige Autonomie der Schöpfung und besonders des Menschen nicht nur nicht aufgehoben, sondern vielmehr in ihre eigene Würde eingesetzt und in ihr befestigt.» (GS 41) Jede Aussage über das «Geheimnis Gottes» erschließt «dem Menschen gleichzeitig das Verständnis seiner eigenen Existenz, das heißt die letzte Wahrheit über den Menschen.» (ebd.) Dies betrifft vor allem die Religion; die Menschen nämlich «erwarten von den verschiedenen Religionen Antwort auf die ungelösten Rätsel des menschlichen Daseins, die heute wie von je die Herzen der Menschen im tiefsten bewegen: Was ist der Mensch? Was ist Sinn und Ziel unseres Lebens? [...] Und schließlich: Was ist jenes letzte und unsagbare Geheimnis unserer Existenz, aus dem wir kommen und wohin wir gehen?» (NA 1) Das Konzil überwindet folglich den Autoritarismus in der Aussage über Gott selbst. Es weist die Falschheit des extrinsezistischen Supranaturalismus zurück und läßt auch den herkömmlichen Theismus nicht mehr zu. Die Berufung des Menschen ist nämlich nicht das Ergebnis einer willkürlichen Laune

Gottes, sondern Offenbarung seines tiefsten Wesens. Sie ist der Plan Gottes mit der Welt.

b) Die Christusaussage

Sie erschließt die Gottesaussage exemplarisch, denn letztes Geheimnis der Existenz des Menschen ist Gott selbst, und das Geheimnis des Wesens Gottes ist der Mensch, der zur Gemeinschaft mit Gott durch Gott selbst berufen ist. In den Worten und Taten Jesu klärt sich das Geheimnis des Menschen und das Geheimnis Gottes auf. Er gibt Antwort auf die Frage des Menschen nach Sinn und Ziel des Lebens, nach Gut und Böse, nach Leid und Tod, nach dem wahren Glück. Und er gibt Antwort auf die Frage Gottes nach dem Menschen, nach seiner Hoffnung und seiner Liebe, nach seiner Haltung anderen Menschen gegenüber und gegenüber Gott. Daher ist Jesus wahrer Gott und vollkommener Mensch.

Das Konzil erweitert die Einheit von Gott und Mensch in der Person Jesu anthropologisch und soziologisch. Es unterstreicht die personale Dimension des Menschen Jesu. Es sagt: «Tatsächlich klärt sich nur im Geheimnis des fleischgewordenen Wortes das Geheimnis des Menschen wahrhaft auf. [...] Denn er, der Sohn Gottes, hat sich in seiner Menschwerdung gewissermaßen mit jedem Menschen vereinigt. Mit Menschenhänden hat er gearbeitet, mit menschlichem Geist gedacht, mit einem menschlichen Willen hat er gehandelt, mit einem menschlichen Herzen geliebt.» (GS 22) – Jesus ist der Schlüssel zur Würde des Menschen. Er macht seine Würde offenbar und ist auch der Inbegriff ihrer Vollendung. «Wer Christus, dem vollkommenen Menschen, folgt, wird auch selbst mehr Mensch.» (GS 41) Diese Menschwerdung hat einen individuellen und einen sozialen Pol, denn Gott hat die Menschen seit Beginn der Heilsgeschichte nicht nur als Einzelwesen, sondern als Glieder einer Gemeinschaft berufen. Die Christusaussage des Konzils erschließt die anthropologische und soziologische Dimension dieser Berufung. Sie ist eine Aussage der Solidarität Gottes nicht nur mit einzelnen Menschen, sondern mit der Menschheit insgesamt, denn Christus ist ein Mitglied der ganzen Menschheitsfamilie. Er hat Verantwortung für ihren Wandel und ihre Umgestaltung im

Geiste Gottes übernommen. Seine Botschaft hat Bedeutung für das Zusammenleben selbst und ist der Beginn einer neuen Ordnung, einer Ordnung der Gerechtigkeit und Liebe. «Dieser Gemeinschaftscharakter [der Berufung des Menschen durch Gott in Christus] wird im Werk Jesu Christi vollendet und erfüllt. Als fleischgewordenes Wort wollte er selbst in die menschliche Lebensgemeinschaft eingehen.» (GS 32) Er begegnet nicht nur den Einzelmenschen, sondern der Menschheit insgesamt, er ist das Modell eines neuen Himmels und einer neuen Erde. Denn in seiner Person ist das Reich Gottes schon da. Bei seinem letzten Kommen tritt es jedoch hervor und erreicht seine ganzheitliche Vollendung.

Jesus ist wahrer Gott und vollkommener Mensch, daher ist seine Person das Modell aller Auseinandersetzng um die Gottesfrage des Menschen. Auf dieser Grundlage hat das Konzil das Problem des Atheismus neu aufgeworfen und in einen weiteren Problemzusammenhang gestellt. Denn anthropologisch ist der Atheismus ein Problem der Würde des Menschen in der Religion; der Atheist bekämpft die Religion, wo sie die Unfreiheit verkörpert; soziologisch ist der Atheismus ein Problem der Einstellung von Religion zu Fragen des Fortschritts der Gesellschaft. Die erweiterte Christologie gestattet eine personale Thematisierung institutioneller Gegebenheiten. Sie ist die Grundlage einer Identifizierung der Kirche mit den berechtigten Anliegen von Personen auf der Ebene von Institutionen. Die Kirche muß Partei ergreifen für die Würde des Menschen in der Politik. Daher besitzt die Christologie eine Schlüsselfunktion. Sie erhellt die gegenwärtigen Probleme der Menschheit, von denen her das Konzil alle Menschen ansprechen kann. Sie wird fähig, «das Geheimnis des Menschen zu erhellen und mitzuwirken dabei, daß für die dringlichsten Fragen unserer Zeit eine Lösung gefunden wird.» (GS 10) Das Konzil erweitert die Christologie anthropologisch und zugleich soziologisch. Damit wird sie zu dem Aufgabenhorizont der Kirche in unserem Jahrhundert.

c) Die Polarität der Kirche

Christus ist wahrer Gott und vollkommener Mensch. Seine Person erschließt Gott selber als tiefstes Geheimnis der Existenz des

Menschen und das Geheimnis des Menschen als das tiefste Wesen der Existenz Gottes. Die Kirche gibt diese Offenbarung weiter, aber verkörpert sie auch. Daher besitzt auch sie zwei Pole. Sie ist Gemeinschaft mit Gott und Gemeinschaft von Menschen in der Welt. Ihr Wesen besteht in dieser Personalität, und sie ist selber der Entwurf von Geist in Welt. Das Konzil verweist auf diese Pole ihrer Existenz, denn es sagt von der Kirche, sie sei «zugleich ‹sichtbare Versammlung und geistliche Gemeinschaft› », und gehe daher «den Weg mit der ganzen Menschheit gemeinsam.» Sie «erfährt das gleiche irdische Geschick mit der Welt und ist gewissermaßen der Sauerteig und die Seele der in Christus zu erneuernden und in die Familie Gottes umzugestaltenden menschlichen Gesellschaft.» (GS 40) In Christus ist die Kirche eine Institution des neuen Menschen. Sie ist Mitarbeiterin beim Aufbau einer neuen Menschheit. (GS 30)

d) Der Glaube als Offenbarung

Der Christ verkündet die Botschaft von Christus, deshalb ist er auch selbst ein polares Wesen. Er ist dazu berufen, jene Einheit zu verkörpern, die Christus selbst ist. Daher begegnen sich Natur und Übernatur in seiner Person, und diese ist Inbegriff der ganzen Schöpfung. Das Konzil erweitert mit seiner Umschreibung der Aufgabe des Christen die Pneumatologie. Es überwindet die extrinsezistisch gedachte Über- und Unterordnung von Gnade und Natur zugunsten einer personalen Zuordnung. Denn Gott und Mensch sind in Christus gleich. Sie sind zwar ihrer Natur nach unendlich verschieden, aber kraft des Heiligen Geistes werden sie in der Begegnung miteinander wesensgleich. Jeder Mensch, der Gottes Willen tut, verändert die Gesellschaft im Sinne Gottes. Er fordert in seinem Namen kraft des Heiligen Geistes Gerechtigkeit unter den Menschen – personal und institutionell. Daher spricht das Konzil vom Glauben an Christus als Inbegriff der gegenseitigen Durchdringung des himmlischen und irdischen Gemeinwesens. Im Schnittpunkt dieser Durchdringung stehen der Christ und die Christin selber, die Christus verkünden.

Das Konzil sagt: «Dieses Ineinander des irdischen und himmlischen Gemeinwesens kann nur im Glauben begriffen werden, ja es bleibt ein Geheimnis der menschlichen Geschichte, die bis zur vollen Offenbarung der Herrlichkeit der Kinder Gottes durch die Sünde verwirrt ist. In Verfolgung ihrer eigenen Heilsabsicht vermittelt die Kirche nicht nur den Menschen das göttliche Leben, sondern läßt dessen Widerschein mehr oder weniger auf die ganze Welt fallen, vor allem durch die Heilung und Hebung der menschlichen Personwürde, durch die Festigung des menschlichen Gemeinschaftsgefüges, durch die Erfüllung des alltäglichen menschlichen Schaffens mit tieferer Sinnhaftigkeit und Bedeutung. So glaubt die Kirche durch ihre einzelnen Glieder und als ganze viel zu einer humaneren Gestaltung der Menschenfamilie und ihrer Geschichte beitragen zu können.» (GS 40) Der Christ und die Christin sind Menschen, die an den Himmel glauben und die Erde lieben. In ihrer Existenz durchdringen sich Himmel und Erde. Ihre Liebe zur Welt ist ein Glaube an Gott und ihre Liebe zu Gott ist ein Glaube an die Welt. Er ist ein Standpunkt, der die Welt verändert. – Das Konzil überwindet mit dieser Lehre die Spaltung zwischen Profanität und Sakralität in der Person des Christen und der Christin. Es fordert sie zu einer polaren Betrachtung ihres Daseins auf, nennt sie «Bürger beider Gemeinwesen», verlangt von ihnen im Geist der Evangelisierung, nach treuer Erfüllung der irdischen Pflichten zu streben. Es sagt: «Die Wahrheit verfehlen die, die im Bewußtsein, hier keine bleibende Stätte zu haben, [...] darum meinen, sie könnten ihre irdischen Pflichten vernachlässigen, und so verkennen, daß sie, nach Maßgabe der jedem zuteil gewordenen Berufung, gerade durch den Glauben selbst um so mehr zu deren Erfüllung verpflichtet sind. Im selben Grade aber irren die, die umgekehrt meinen, so im irdischen Tun und Treiben aufgehen zu können, als hätte das darum gar nichts mit dem religiösen Leben zu tun, weil dieses nach ihrer Meinung in bloßen Kultakten und in der Erfüllung gewisser moralischer Pflichten besteht. Diese Spaltung bei vielen zwischen dem Glauben, den man bekennt, und dem täglichen Leben gehört zu den schweren Verirrungen unserer Zeit. Dieses Ärgernis haben schon die Propheten im Alten Bund heftig angegriffen, und noch viel strenger hat es Jesus Christus selbst im Neuen Bund mit schweren Strafen bedroht. Man darf keinen künstlichen Gegensatz zwischen beruflicher und gesellschaftlicher Tätigkeit auf der einen Seite und dem religiösen Leben auf der anderen konstruieren. Ein Christ, der seine irdischen Pflichten vernachlässigt, versäumt damit seine Pflichten gegenüber dem Nächsten, ja gegen Gott selbst und bringt sein ewiges Heil in Gefahr.» (GS 43)

Das Konzil möchte zwei Irrtümer vermieden wissen: den Irrtum des Naturalismus, der religiöses Leben in kultischer Handlung und moralischer Verpflichtung sich erschöpfen läßt, und den Irrtum des Supranaturalismus, der religiöses Leben auf kultische und moralische Tätigkeit beschränkt und damit den Naturalismus bestätigt. Das Konzil überwindet diese Irrtümer mit seiner polaren Auffassung von Natur und Gnade im Glauben selbst als Offenbarung. Es erklärt die gegenseitige Verwiesenheit von Erde und Himmel, denn der Glaube besteht selbst in dieser Verwiesenheit. Er verkörpert ihre Durchdringung und hält an der Erde fest, indem er vom Himmel spricht. Er verkündet den Himmel als Inbegriff dessen, was aus der Erde werden soll. Seine Botschaft ist eine Enthüllung ihrer Zukunft in Gott und Christus und eine Vorwegnahme ihrer Vollendung in der Gegenwart. Das Konzil weigert sich, den Teufel des Naturalismus mit dem Beelzebub des Supranaturalismus zu vertreiben. Es umschreibt vielmehr die Existenz von Kirche neu. Sie ist eine weltliche Gemeinschaft mit geistlichem Auftrag, die sichtbare Versammlung einer geistlichen Gemeinschaft, eine geistliche Gemeinschaft mit weltlichem Auftrag. Sie hat einen weltlichen Auftrag, der eine geistliche Sendung ist. Sie tritt aus dem elfenbeinernen Turm ihrer Traditionen heraus und verkündet, daß sie selbst und alles, was es in ihr gibt – der ganze Inhalt ihrer Überlieferung – politisch gedacht werden muß. Denn sie selber ist mit allem, was sie hat und kann, also mit ihrer ganzen Überlieferung, eine sichtbare Wirklichkeit. So geht sie, «diese Kirche, zugleich ‹sichtbare Versammlung und geistliche Gemeinschaft›, den Weg mit der ganzen Menschheit gemeinsam und erfährt das gleiche irdische Geschick mit der Welt und ist gewissermaßen der Sauerteig und die Seele der in Christus zu erneuernden und in die Familie Gottes umzugestaltenden menschlichen Gesellschaft.» (GS 40) Diese Existenzbestimmung von Kirche betrifft das Selbstverständnis ihrer Träger. Das Konzil fordert Bischöfe und Priester auf, «die

Botschaft Christi so [zu] verkündigen, daß alle irdischen Tätigkeiten der Gläubigen von dem Licht des Evangeliums erhellt werden.» (GS 43) Sie sind Geistliche und haben einen weltlichen Auftrag. Die Laien aber erfüllen einen kirchlichen Auftrag. Sie «sind nicht nur gehalten, die Welt mit christlichem Geist zu durchdringen, sondern sie sind auch dazu berufen, überall, und zwar inmitten der menschlichen Schicksalsgemeinschaft, Christi Zeugen zu sein.» (ebd.) Sie «sind eigentlich, wenn auch nicht ausschließlich, zuständig für die weltlichen Aufgaben und Tätigkeiten.» (ebd.) Selbst die «Feindschaft ihrer Gegner» ist für die Kirche von großem Nutzen und kann sie in ihrem Selbstverständnis stärken. (GS 44) Auch die Atheisten erfüllen einen kirchlichen Auftrag.

e) Mensch und Gesellschaft

Das Christsein hat einen geistlichen und einen weltlichen Pol. Es ist ein Inbegriff der Existenz von Menschsein in der heutigen Welt. Es erschließt Wirklichkeit und ist ein Standpunkt im Umgang mit ihren Problemen. Daher wendet sich das Konzil auch den Problemen selbst zu. Es erklärt, daß Glaube an Gott und Christus ein Bekenntnis zur integralen Berufung des Menschen ist. Christsein schützt, vervollkommnet und heilt die menschliche Personenwürde. Es festigt das menschliche Gemeinschaftsleben kraft der sozialen Botschaft, die es verkündet. Es gibt der menschlichen Arbeit tieferen Sinn und eigene Bedeutung, damit humanisiert es die menschliche Gesellschaft.

Die Berufung des Menschen hat einen individuellen und einen sozialen Pol, die sich wechselseitig durchdringen. Es gibt eine «gegenseitige Abhängigkeit von menschlicher Person und menschlicher Gesellschaft.» (GS 25) Stolz und Egoismus verderben den Einzelmenschen, aber auch das «gesellschaftliche Milieu», das ihn zum Bösen verleitet. Der oberste Maßstab einer Lösung der institutionellen Probleme ist das Gemeinwohl. Das Konzil versteht darunter «die Gesamtheit jener Bedingungen des gesellschaftlichen Lebens, die sowohl den Gruppen als auch deren einzelnen Gliedern ein volleres und leichteres Erreichen der eigenen Vollendung ermöglichen.» (GS 26) Institutionen haben deshalb ein transzendentes Ziel, nämlich die Förderung des Wohls der Personen. Daher sagt das Konzil: «die Ordnung der Dinge muß der Ordnung der Personen dienstbar werden und nicht umgekehrt. [. . .] Die gesellschaftliche Ordnung muß sich ständig weiterentwickeln, muß in Wahrheit gegründet, in Gerechtigkeit aufgebaut und von Liebe beseelt werden und muß in Freiheit ein immer humaneres Gleichgewicht finden.» (ebd.) – Diese Forderung gilt auch international, denn es gibt das «Gemeinwohl der ganzen Menschheitsfamilie». Der oberste Maßstab, mit Problemen der menschlichen Person umzugehen, ist die Achtung der Person: «alle müssen ihren Nächsten [. . .] als ein ‹anderes Ich› ansehen.» (GS 27); die Achtung und Liebe gegenüber dem Gegner: man unterscheide immer «zwischen dem Irrtum, der immer zu verwerfen ist, und dem Irrenden, der seine Würde als Person stets behält» (GS 28); die «wesentliche Gleichheit aller Menschen und die soziale Gerechtigkeit» (GS 29); die Verantwortung und die Beteiligung aller am politischen Prozeß (GS 31); der Respekt vor dem Wert der Arbeit, die nicht vorgeordneten Zwecken, sondern dem Menschen dient: er «vervollkommnet [. . .] auch sich selbst» mit ihr, denn sie besitzt Eigenwert und ist nicht nur ein Mittel zur Umformung der Dinge und zur Gestaltung der Gesellschaft. (GS 35)

Die Soziallehre des Konzils ist nicht nur wie die bisherige ein Beitrag zur Technik der Ordnung im Staat, sondern ein Glaube an die Menschen, die sie tragen, entwickeln und verantworten. Dieser Glaube enthält eine Offenbarung, nämlich die Wahrheit vom «Gemeinschaftscharakter der menschlichen Berufung im Ratschluß Gottes» (GS 24). Sie übersteigt die menschliche Vernunft und gibt ihr einen utopischen Horizont, nämlich die «gewisse Ähnlichkeit [. . .] zwischen der Einheit der göttlichen Personen und der Einheit der Kinder Gottes in der Wahrheit und der Liebe.» (ebd.) In der Pastoral des Glaubens an die Berufung des Menschen erweitert das Konzil die bisherige Soziallehre. Es stellt sie in den Gesamthorizont von Heilsgeschichte überhaupt und gibt ihr ein personales und politisches Gewicht. – Es ist niemandem in der Kirche gestattet, diesen Fortschritt aus lauter Angst vor dem Kommunismus zu verspielen; denn er ist ein dogmatischer Fortschritt, er ist eine Offenbarung.

B. Pastorale Perspektiven der erneuerten Dogmatik. Weltliche Existenz – eine geistliche Berufung.

Das Konzil macht Aussagen über alle Inhalte des Glaubens, aber es erörtert sie unter dem Aspekt der pastoralen Frage: Sie bestimmen die Existenz des Menschen in Gott und Christus; damit offenbaren sie die letzte Wahrheit über den Menschen. Die Pastoral des Konzils verwirklicht diese Wahrheit und verkündigt deren Offenbarung. Der Schlüssel zur Pastoral des Konzils liegt daher in seiner Dogmatik. Diese liefert mit der Lehre von der Berufung des Menschen das Zuordnungsprinzip von Kirche und Welt. Jeder Mensch ist berufen, je nach den Umständen und Möglichkeiten seines Lebens Mitglied der Kirche und Träger menschlichen Zusammenlebens zu sein.

Der Christ und die Christin sind Menschen, die aus der Berufung heraus leben, deshalb tragen sie kirchliche und politische Verantwortung. In ihrer Person durchdringen sich geistlicher Einsatz und weltliche Aufgabe. Sie sind keine gespaltene, sondern eine polare Existenz. Sie sind die Geschichte von Menschsein überhaupt in Gott und Christus. Das Konzil erörtert fünf Problemfelder der gesellschaftlichen Verantwortung der Christinnen und Christen. Sie sind Orte der Offenbarung des Glaubens an Gott und Christus in der heutigen Gesellschaft. Das Christsein ist ein Beitrag zur subjektiven und objektiven Lösung ihrer Probleme.

a) Ehe und Familie

Der neue Standpunkt des Konzils, sein Glaube an die Berufung des Menschen, wird im zweiten Hauptteil der Pastoralkonstitution zu einer gesellschaftlichen Aufgabe und Herausforderung. Nach diesem Maßstab orientiert sich die Ordnung des Zusammenlebens von Personen am Wohl der Personen. Daher muß die Ordnung des Institutionellen der Ordnung des Pastoralen dienstbar sein und nicht umgekehrt. Daher unterstreicht das Konzil den personalen Aspekt der Institution Ehe. Sie wird durch ein «unwiderrufliches, personales Einverständnis» (GS 48) gestiftet. Mann und Frau gewähren sich «in inniger Verbundenheit der Personen und ihres Tuns gegenseitige Hilfe und gegenseitigen Dienst und erfahren und vollziehen dadurch immer mehr und voller das eigentliche Wesen ihrer Einheit» und machen «die wahre Natur der Kirche» (ebd.) allen Menschen kund. In der christlichen Ehe gelangen Frau und Mann «mehr und mehr zu ihrer eigenen Vervollkommnung, zur gegenseitigen Heiligung». (ebd.)

Auf dieser Grundlage überwindet das Konzil den Naturalismus und Institutionalismus herkömmlicher Eheauffassung. Die eheliche Liebe ist nicht mehr die rechtlich einklagbare Befriedigung von Bedürfnissen, sondern besteht in «frei bejahter Neigung von Person zu Person». (GS 49) Diese Liebe «umgreift das Wohl der ganzen Person, vermag so den leib-seelischen Ausdrucksmöglichkeiten eine eigene Würde zu verleihen und sie als Elemente und besondere Zeichen der ehelichen Freundschaft zu adeln». (ebd.) Das Konzil humanisiert die herkömmliche Auffassung über die Natur der Ehe, weil es das Verhältnis zwischen den Ehepartnern sowie zwischen Eltern und Kindern personal versteht. Denn es erklärt: «Die Ehe ist aber nicht nur zur Zeugung von Kindern eingesetzt, sondern die Eigenart des unauflöslichen personalen Bundes und das Wohl der Kinder fordern, daß auch die gegenseitige Liebe der Ehegatten ihren gebührenden Platz behalte, wachse und reife». (GS 50) Außerdem bekennt sich das Konzil zur verantworteten Elternschaft; denn es sagt, die Eltern müßten selbst «über die Zahl der Kinder» befinden (GS 87) und das rechte Urteil darüber «letztlich selbst fällen». (GS 50) Es erklärt: «Nach dem unveräußerlichen Menschenrecht auf Ehe und Kinderzeugung hängt die Entscheidung über die Zahl der Kinder vom rechten Urteil der Eltern ab». (GS 87) Fragen zur Technik der Geburtenregelung wurden vom Konzil nicht behandelt. (GS 51) Sie bleiben ein Problem, denn Gesetze bestehen nicht um ihrer selbst willen, sondern um der Person willen, für die sie gemacht sind. Daher ist ein gesetzlicher Standpunkt niemals apriori ethisch. Auch die naturgesetzliche Argumentation ist eine Argumentation in diesem Sinn. Sie ist eine Argumentation, die ethisch verantwortet werden muß und nicht von vornherein immer schon ethisch ist. Nicht zuletzt deshalb stützen sich die Vertreter solcher Argumentation auf eine zusätzliche Autorität: diese müßte sich nun aber ihrerseits personal zur Geltung bringen, um ethisch anerkannt zu werden. Der naturgesetzliche Standpunkt kann sich – um seiner eigenen Logik willen – nicht der Fragestellung des Konzils entziehen, sondern muß an sie zurückgebunden bleiben; denn im anderen Fall kann er sich nicht einmal vermitteln.

b) Der kulturelle Fortschritt

Menschsein hat eine geschichtliche Existenz. Es ist eine Berufung und hat den Auftrag, die Gegebenheiten der vorhandenen Natur nicht einfach hinzunehmen, sondern zu gestalten. Der schöpferische Entwurf des Umgangs mit der Natur ist die Kultur. Zu ihr gehört «alles, wodurch der Mensch seine vielfältigen geistigen und körperlichen Anlagen ausbildet und entfaltet; wodurch er sich die ganze Welt in Erkenntnis und Arbeit zu unterwerfen sucht; wodurch er das gesellschaftliche Leben in der Familie und in der ganzen bürgerlichen Gesellschaft im moralischen und institutionellen Fortschritt menschlicher gestaltet; wodurch er endlich seine großen geistigen Erfahrungen und Strebungen im Lauf der Zeit in seinen Werken vergegenständlicht, mitteilt und ihnen Dauer verleiht – zum Segen vieler, ja der ganzen Menschheit». (GS 53)

Prinzipien der richtigen Förderung kultureller Entwürfe des Menschseins sind bestimmte Faktoren seiner Existenz. Dazu gehört der Glaube, daß jeder Mensch zusammen mit allen anderen Menschen dazu berufen ist, am Aufbau einer menschlicheren Welt mitzuarbeiten. Die Bereitschaft dazu wird durch den christlichen Glauben «nicht vermindert, sondern gemehrt». (GS 57) Ein wichtiges Prinzip solchen Fortschritts sind die Inhalte des Glaubens. Sie erneuern unausgesetzt Leben und Kultur. Ihre Verkündigung reinigt und hebt die Sitten der Völker, befruchtet sie «von innen her mit überirdischen Gaben, festigt, vollendet und erneuert sie in Christus. Schon durch die Erfüllung der eigenen Aufgabe treibt die Kirche die menschliche und mitmenschliche Kultur voran und trägt zu ihr bei; durch ihr Wirken, auch durch ihre Liturgie, erzieht sie den Menschen zur inneren Freiheit». (GS 58) Das Ziel des kulturellen Fortschritts ist die Gesamtentfaltung der menschlichen Person, das Wohl ihrer Gemeinschaft und der ganzen menschlichen Gesellschaft.

Der schöpferische Entwurf des Umgangs des Menschen mit sich selbst, mit anderen Menschen und mit der Natur bildet seinen Geist und bewirkt, «daß die Fähigkeit des Staunens, der eigentlichen Wesenserkenntnis, der Kontemplation, der persönlichen Urteilsbildung und das religiöse, sittliche und gesellschaftliche Bewußtsein gefördert werden». (GS 59)

Zwischen Glauben und Kultur gibt es eine mannigfache gegenseitige Befruchtung. Denn einerseits bestätigt der Glaube das Recht aller Menschen auf die Wohltaten der Kultur. Er fördert und begründet die Anerkennung und Verwirklichung des Anspruchs auf sie. Er sprengt den Rahmen jeder historisch gewordenen Kultur und leistet dadurch einen unverzichtbaren Beitrag zur Entstehung einer menschlichen Gesamtkultur. Daher sollen die Christinnen und Christen sich «an den kollektiven Veranstaltungen und Aktionen im kulturellen Bereich beteiligen, die unserer Zeit eigentümlich sind, damit sie mit humanem und christlichem Geist durchdrungen werden». (GS 61) Der Fortschritt in der Kultur befruchtet jedoch andererseits die christliche Bildung. Er regt den Geist «zu einem genaueren und tieferen Glaubensverständnis» an (GS 62) und führt zu neuen Formen der Glaubensvermittlung. Die Glaubenswahrheit nämlich – hier zitiert das Konzil Johannes XXIII. – «darf nicht verwechselt werden mit ihrer Aussageweise, auch wenn diese immer den selben Sinn und Inhalt meint». (ebd.)

Die neue Aussageweise ist ein Fortschritt der Durchdringung des alten Inhalts; sie ermöglicht und vermittelt ein vertieftes und erweitertes Verständnis von ihm. Sie eröffnet einen neuen Verständnishorizont, stellt eine neue Begrifflichkeit des Umgangs mit ihm zur Verfügung und ist das Wesen eines dogmatischen Fortschritts.

c) Die Wirtschaftsordnung

Das Menschsein hat Existenz auf den verschiedenen Ebenen des natürlichen und übernatürlichen Seins. Es umfaßt auch das wirtschaftliche Sein und besitzt eine materielle und soziale Existenz. Charakteristisch ist hierfür der wirtschaftliche Fortschritt und die mit ihm verbundene Bereicherung und zugleich Bedrohung des Menschen. Das Konzil erklärt zuerst den Sinn des Besitzes materieller Güter, ihres Erwerbs und ihrer Vermehrung. Sie stehen im Dienste des Menschen. Er ist ihnen nicht unter-, sondern vorgeordnet und soll «Herr des wirtschaftlichen Fortschritts» bleiben: «Niemals darf der wirtschaftliche Fortschritt der Herrschaft des Menschen entgleiten; ebensowenig darf er der ausschließlichen Bestimmung durch wenige mit übergroßer wirtschaftlicher Macht ausgestattete Einzelmenschen oder Gruppen noch auch durch den Staat, noch durch einige übermächtige Nationen ausgeliefert sein. Im Gegenteil ist geboten, daß auf jeder Stufe möglichst viele Menschen und, soweit es sich um den zwischenstaatlichen Bereich handelt, alle Nationen an der Lenkung des wirtschaftlichen Fortschritts aktiv beteiligt seien.» (GS 65) Aus diesem Grundsatz ergibt sich die Forderung nach «Abbau übergroßer sozialökonomischer Unterschiede». (GS 66) Das Konzil verlangt besondere Maßnahmen zugunsten der Bauern, es verlangt auch, «die für wirtschaftlichen Fortschritt unerläßliche Mobilität so zu regeln, daß das Leben der einzelnen und der Familien nicht ungesichert oder gefährdet wird». (ebd.)

Der Fortschritt hat einen materiellen Sinn, aber zugleich eine soziale Bedeutung. Denn er verändert das Zusammenleben in der überlieferten Form, zerstört gewachsene Institutionen und verlangt nach Grundsätzen des Aufbaus einer neuen Gesellschaft im nationalen und internationalen Rahmen. Zu diesen Grundsätzen gehört das Primat der Arbeit gegenüber dem Kapital. Diese nämlich, «gleichviel, ob selbständig ausgeübt oder im Lohnarbeitsverhältnis stehend, ist unmittelbarer Ausfluß der Person, die den stofflichen Dingen ihren Stempel aufprägt und sie ihrem Willen dienstbar macht». (GS 67) Das Konzil betont das Recht auf Arbeit, denn sie ist für den Menschen der Weg zur Entwicklung seiner Anlagen und zur Entfaltung seiner Person. Deshalb ist sie auf die Lebenserfordernisse der Menschen auszurichten. Daraus erwächst das Recht der Arbeiter und Arbeiterinnen auf Zusammenschlüsse in Gewerkschaften zur Durchsetzung ihrer berechtigten Ansprüche. Materielle Güter sind zum Nutzen aller Menschen da und haben eine gesellschaftliche Bedeutung, ihr Gebrauch ist nicht nur von der heute lebenden Menschheit zu verantworten. Die Güter der Erde müssen auch die Lebensgrundlage der zukünftigen Generation sein. (GS 70) Das Privateigentum hat soziale Bedeutung, denn es gehört zum Person-sein des Menschen. Wird die Gemeinwohlbindung des Privateigentums mißachtet, dann führt dies «in großem Umfang zu Raffgier und schweren Verirrungen». (GS 71) In diesem Fall sind politische und soziale Reformen notwendig. Die Wirtschaft ist ein Ort des Christ-seins. Wer mitwirkt am sozio-ökonomischen Fortschritt und dabei für Gerechtigkeit und Liebe eintritt, leistet einen Beitrag zum Aufbau einer neuen Gesellschaft und zum Frieden auf der Erde. (Vgl. GS 72)

d) Die Ordnung der politischen Gemeinschaft

Der Mensch besitzt ein gesellschaftliches Sein, denn er ist eine Existenz in der Welt der anderen Menschen. Er trägt ihre Ordnung mit, hat Verantwortung für ihr Reglement und muß sie mitgestalten. Der oberste Maßstab dieser Ordnung ist das Gemeinwohl. Politik ist der Einsatz von staatlicher und gesellschaftlicher Gewalt zu seiner Durchsetzung und wird daher an ihm gemessen. Sie unterliegt den Kriterien, die ihr das Gemeinwohl vorgibt, daher sagt das Konzil: «Die politische Gemeinschaft besteht also um dieses Gemeinwohls willen; in ihm hat sie ihre letztgültige Rechtfertigung und ihren Sinn, aus ihm leitet sie ihr ursprüngliches Eigenrecht ab. Das Gemeinwohl aber begreift in sich die Summe aller jener Bedingungen gesellschaftlichen Lebens, die den einzelnen, den Familien und gesellschaftlichen Gruppen ihre eigene Vervollkommnung voller und ungehinderter zu erreichen gestatten». (GS 74) Es gibt ein Recht des politischen Widerstandes gegen den Mißbrauch staatlicher Gewalt nach Maßgabe der Forderungen des Gemeinwohls. (ebd.) Totalitäre oder diktatorische Regierungsformen, die die Rechte der Personen und der gesellschaftlichen Gruppen verletzen, sind unmenschlich. (GS 75) Die Christen und Christinnen haben eine besondere politische Verantwortung. «Sie sollen beispielgebend dafür sein, insofern sie pflichtbewußt handeln und sich für das Gemeinwohl einsetzen. Sie sollen durch ihre Tat zeigen, wie sich Autorität mit Freiheit, persönliche Initiative mit solidarischer Verbundenheit zum gemeinsamen Ganzen, gebotene Einheit mit fruchtbarer Vielfalt verbinden lassen». (ebd.)

Die Kirche ist Zeichen und Werkzeug der Transzendenz des Menschen. Sie erfüllt ihren Auftrag unabhängig von der politischen Gemeinschaft kraft eigener Sendung, aber sie besitzt eine politische Verantwortung. Denn sie dient «der persönlichen und gesellschaftlichen Berufung der gleichen Menschen. [...] Das Irdische und das, was am konkreten Menschen diese Welt übersteigt, sind miteinander eng verbunden, und die Kirche selbst bedient sich des Zeitlichen, soweit es ihre eigene Sendung erfordert». (GS 76) Im Menschen durchdringen sich zeitliche und ewige Berufung, daher besitzt die Kirche kraft ihres eigenen geistlichen Auftrags politisches Gewicht. «Indem sie nämlich die Wahrheit des Evangeliums verkündet und alle Bereiche menschlichen Handelns durch ihre Lehre und das Zeugnis der Christen erhellt, achtet und fördert sie auch die politische Freiheit der Bürger und ihre Verantwortlichkeit. [...] In der Treue zum Evangelium [...] festigt die Kirche zur Ehre Gottes den Frieden unter den Menschen». (ebd.) Es gibt folglich eine politische Verantwortung der Kirche als Kirche. Ihre Botschaft fördert und transzendiert zugleich das Gemeinwohl von Staat und Gesellschaft und ist ein Inbegriff seiner endgültigen Verwirklichung.

e) Die Förderung des Friedens und der Aufbau der Völkergemeinschaft

Es gibt ein Gemeinwohl des Zusammenlebens der Völker insgesamt, der ganzen Menschheitsfamilie, und daher eine gesamtpolitische Verantwortung einzelner Menschen, der gesellschaftlichen Gruppen sowie des Staates und ihrer Völker. Sie alle wissen, «daß sie allein nicht imstande sind, alles das zu leisten, was zu einem in jeder Richtung menschlichen Leben gehört». (GS 74) Sie sind eine internationale politische Gemeinschaft. Daher fordert das Konzil die Christen und Christinnen auf, «mit allen Menschen zusammenzuarbeiten, um untereinander in Gerechtigkeit und Liebe den Frieden zu festigen und all das bereitzustellen, was dem Frieden dient». (GS 77)

Der Friede ist eine Forderung des Gemeinwohls. Denn er besteht nicht nur in der Abwesenheit von Krieg, oder im Gleichgewicht des Schreckens, oder in der Unterwerfung der Schwachen unter die Starken. Er ist vielmehr das Werk der Gerechtigkeit, die Frucht der Ordnung, die Gott «in die menschliche Gesellschaft eingestiftet hat und die von den Menschen durch stetes Streben nach immer vollkommenerer Gerechtigkeit verwirklicht werden muß». (GS 78) Er ist nie ein endgültiger Besitz, sondern eine immer wieder neu zu erfüllende Aufgabe. Er wird nicht ohne Sicherung des Wohls der menschlichen Person erreicht und er verlangt von den Menschen, daß sie ihre Reichtümer frei und verantwortungsvoll miteinander teilen. Der Friede ist die Frucht der Liebe, die alles das erfüllt, was die Gerechtigkeit verheißt. Auf dieser politisch-geistlichen Grundlage spricht das Konzil über die Vermeidung des Krieges. Es klagt seine Unmenschlichkeiten an. (GS 79) Es ächtet den Völkermord und bekundet jenen Menschen höchste Anerkennung, die sich dem Befehl zu diesem Verbrechen furchtlos und offen widersetzen. Es verwirft den totalen Krieg (GS 80) und den Rüstungswettlauf. (GS 81) Es fordert die absolute Ächtung jeden Krieges und verlangt weltweite Aktionen, ihn zu verhindern. (GS 82) Zugleich aber setzt es sich für den Aufbau der internationalen Gemeinschaft ein, denn Hauptursache der Zwietracht, die zum Kriege führt, ist die Ungerechtigkeit. Sie muß von allen bekämpft werden. Dazu bedarf es jedoch der Bildung neuer Organe, die auf den Frieden unermüdlich hinarbeiten. (GS 83) Es unterstützt die schon bestehenden internatioalen Institutionen (GS 84) und freut sich über den Geist wahrer Geschwisterlichkeit zwischen Christen und Nichtchristen, der auf allen Gebieten zu immer größeren Anstrengungen drängt, um die wirtschaftliche Not zu lindern.

Es fordert internationale Zusammenarbeit und stellt dazu praktische Normen auf. Die Entwicklungsländer müssen sich auf das Prinzip der Subsidarität besinnen und erkennen, «daß der Fortschritt vor allem aus der Arbeit und den Fähigkeiten der Völker selbst entspringt und sich steigert und sich nicht allein auf fremde Hilfe, sondern vor allem auf die volle Erschließung der eigenen Hilfsquellen und ihren Ausbau entsprechend den eigenen Fähigkeiten und Traditionen stützen muß». (GS 86) Die internationale Gemeinschaft muß jedoch die wirtschaftliche Entwicklung im Sinn größerer Gerechtigkeit neu ordnen; sie muß die wirtschaftliche und soziale Struktur internationaler Zusammenarbeit überprüfen und neu organisieren. Das Konzil fordert im Hinblick auf das Bevölkerungswachstum internationale Zusammenarbeit. (GS 87) Es ruft die christlichen Nationen zu besonderen Anstrengungen im Kampf gegen die Armut auf (GS 89) und erstrebt «die wirksame Präsenz der Kirche in der internationalen Gemeinschaft». (ebd.) Dadurch nämlich leistet sie einen wichtigen Beitrag zur Festigung des Friedens und zur Schaffung einer soliden Grundlage der schwesterlichen und brüderlichen Gemeinschaft unter den Menschen, daß sie «die Kenntnis des göttlichen und natürlichen Sittengesetzes» (ebd.) verbreitet und dadurch zur Stimme der Armen wird. Die Christen und Christinnen haben die Aufgabe der Mitarbeit in den internationalen Institutionen. (GS 90)

Das Konzil verwirft mit dieser neuen Standortbestimmung nicht einfach die übernommenen Positionen (etwa den Wehrdienst), aber es gibt ihnen eine neue Perspektive, indem es sie in einen neuen Gesamtzusammenhang stellt. Es setzt neue Schwerpunkte und entwirft einen neuen dogmatischen und pastoralen, geistlichen und politischen Gesamthorizont. Von ihm her ist die traditionelle Lehre neu zu bestimmen, denn der neue Gesamthorizont ist ein Entwurf des Kirche-seins als Existenz in der heutigen Welt.

3. Die Kirche – eine Aufgabe der Kirche

Die Pastoralkonstitution ist das Prinzip der Auslegung des Konzils. Sie hat das Programm direkt aufgegriffen, das dem Konzil zugrunde liegt, und ist nach dessen Maßgabe nicht nur formal gegliedert, sondern auch inhaltlich gestaltet. In ihr findet jener Sprung nach vorne statt, durch den Kirche ihre Treue zur Tradition erweist, indem sie die Inhalte der Tradition dogmatisch neu erfaßt und pastoral verwirklicht. «Gaudium et spes» ist auch die einzige Konstitution, die sich keiner Vorlage verdankt und ganz vom Konzil selbst entworfen wurde. Sie ist sein ureigenstes Ergebnis und seine reifste Frucht, aber sie ist auch sein ureigenster Schwerpunkt, denn sie behandelt eines der beiden wichtigsten Themen im Gesamtplan des Konzils. Sie ist die Konstitution der «ecclesia ad extra», die zusammen mit der Konstitution über die «ecclesia ad intra», «Lumen gentium», sein Gesamtprogramm verkörpert. Daher stehen «Die Pastoralkonstitution über die Kirche in der Welt von heute» und «Die dogmatische Konstitution über die Kirche» in einem generellen und grundsätzlichen Zusammenhang. In ihrer Einheit sind sie der Kern des Konzils. Das Prinzip des Zusammenhangs, nämlich die gegenseitige Durchdringung von Dogmatik und Pastoral in Dogmatik und Pastoral, behandelt das Konzil in der Pastoralkonstitution. Daher ist es legitim und notwendig, auf ihrer Basis und nach ihrer Maßgabe «Die Konstitution über die Kirche» zu verstehen und auszulegen. Sie ist das Prinzip einer authentischen Interpretation im Sinne des Konzils. Daher muß jetzt die Frage lauten: Wer ist die Kirche selbst, wenn die Pastoralkonstitution eine Konstitution der Kirche ist? Inwiefern gestattet und ermöglicht die Selbstbesinnung der Kirche in «Lumen gentium» die dogmatisch-pastorale Standortbestimmung von «Gaudium et spes»? Zeigt sich im Außen das wirkliche Innen, und ist das Innen wirklich das Innen dieses Außen?

a) Die pastorale Aufgabe – ein dogmatisches Problem

«Lumen gentium» ist eine «dogmatische Konstitution», in ihr entwickelt das Konzil die Lehre vom Wesen der Kirche. Es vertritt den Standpunkt, daß Kirche ein polares Wesen besitzt, denn sie ist geistliche Gemeinschaft und sichtbare Versammlung. Sie umfaßt Priester und Laien und hat eine übernatürliche und zugleich natürliche Existenz. In ihr durchdringen sich Dogmatik und Pastoral. Das Fundament dieser Polarität von Kirche ist Christus selber, denn seine Person umfaßt Gott und Mensch. Sie ist das Menschsein überhaupt als Werden in Gott, und Gott selber als Gott im Werden des Menschen. Daher ist die Polarität der beiden Naturen in seiner Person der Schlüssel zur Existenz der Kirche selbst. In dieser Polarität liegt das tiefste Geheimnis des Wesens der Kirche. Das Konzil erörtert im ersten Kapitel der Konstitution das «Mysterium der Kirche». Es erklärt, daß sie eine «komplexe Wirklichkeit» ist: Sie hat einen weltlichen und geistlichen Auftrag, eine natürliche und übernatürliche Existenz. Denn sie ist die irdische und die mit himmlischen Gaben beschenkte Kirche, sichtbare Versammlung und geistliche Gemeinschaft, eine «mit hierarchischen Organen ausgestattete Gesellschaft und der geheimnisvolle Leib Christi.» (LG 8) Das Geheimnis ihres Wesens liegt in der Polarität ihrer zwei Naturen. «Wie nämlich», sagt das Konzil, «die angenommene Natur dem göttlichen Wort als lebendiges, ihm unlöslich geeintes Heilsorgan dient, so dient auf eine ganz ähnliche Weise das gesellschaftliche Gefüge der Kirche dem Geist Christi, der es belebt, zum Wachstum seines Leibes». (ebd.)

Die Kirche hat eine weltliche und eine göttliche Natur, sie ist kraft ihrer weltlichen Natur ein gesellschaftliches Gefüge, und kraft ihrer geistlichen Natur eine mit himmlischen Gaben beschenkte Gemeinschaft. Wie aber Christus Gott und Mensch in seiner Person vereinigt, so ist die Kirche das Modell von Gemeinschaftsbildung in der Gesellschaft. Sie organisiert die Gemeinschaft des Leibes Christi und ist sie zugleich selbst. Sie ist die Organisation der Gemeinschaft des Menschseins überhaupt in Christus und ist damit das Geheimnis Christi. Sie ist ein Sakrament, daher sagt das Konzil: «Die Kirche ist ja in Christus gleichsam das Sakrament, das heißt Zeichen und Werkzeug für die innigste Vereinigung mit Gott wie für die Einheit der ganzen Menschheit». (LG 1) Sakramente sind wirksame Zeichen, sind Zeichen der wirksamen Gnade Christi und wirken ex opere operato kraft ihrer je eigenen Verwiesenheit auf seine Person. Aber sie wirken nicht automatisch, man kann ihnen Widerstand entgegensetzen, dadurch ihren Sinn verfehlen und ihre Wirksamkeit verhindern.

Auf dem Boden dieses Begriffs der Kirche, charakterisiert als Sakrament, gelingt es, die Einheit ihrer zwei Naturen personal zu denken. Die Kirche ist ein wirksames Zeichen, das sich verwirklichen muß, der Grund ihrer Wirksamkeit ist Christus. Die Gemeinschaft mit ihm gibt ihr die Kraft, auch selbst Zeichen des universalen Heils der ganzen Welt zu sein. Die Kirche verwirklicht sich selbst in ihren Mitgliedern. Auf dem Boden des Begriffs der Sakramente kann das Konzil den pastoralen Fortschritt der Kirche dogmatisch thematisieren. Er ist ein Forschritt der Kirche als Kirche und ein Geheimnis ihrer Begegnung mit Christus selbst in der Geschichte.

Wenn die Kirche den Charakter eines Sakraments hat, dann läßt sich in ihr der Unterschied zwischen «sacramentum tantum» – also Zeichen überhaupt – und «res et sacramentum» – wirksames Zeichen – herausstellen und behaupten, daß in dieser Wirksamkeit – «res sacramenti» – die Kirche selbst als Zeichen subsistiert. In der Pastoral verwirklicht sich die Kirche selbst als Zeichen des Reiches Gottes. Genau dies aber behauptet «Lumen gentium», denn es führt in seiner berühmten Nr. 8 die Unterscheidung zwischen Kirche Christi und katholischer Kirche ein und erklärt, daß in der katholischen Kirche die Kirche Christi subsistiert. Die katholische Kirche ist das Sakrament der Kirche Christi. Das Konzil erläutert dies, wenn es sagt: «Dies ist die einzige Kirche Christi, die wir im Glaubensbekenntnis als die eine, heilige, katholische und apostolische bekennen. [...] Diese Kirche, in dieser Welt als Gesellschaft verfaßt und geordnet, ist verwirklicht in der katholischen Kirche, die vom Nachfolger Petri und von den Bischöfen in Gemeinschaft mit ihm geleitet wird». (LG 8)

Das Konzil wendet sich gegen eine reine Identifizierung von beiden. Denn in einem früheren Textentwurf hieß es, daß die katholische Kirche die Kirche Christi «ist»; diese Formulierung hat das Konzil zurückgewiesen und durch «subsistit» ersetzt. Es gestattet aber auch keine bloße Parallelisierung – denn es unterscheidet zwischen kirchlichen Gemeinschaften und der Kirche selbst. Die katholische Kirche gibt auf dem Konzil nicht den Anspruch auf, die Kirche Christi zu sein, aber sie macht ihn nicht zu einem Rechtstitel, um ihre Legitimität nachzuweisen, sondern zu einem Grund der Frage nach sich selbst. Sie stellt sich der Frage, ob sie bereit ist, die zu sein, die sie ist, nämlich eine Institution der Pastoral, und noch mehr sie selbst zu werden. Ihr Anspruch ist die Herausforderung an sich, den Sprung nach vorn zu wagen in einer neuen Besinnung auf ihre Lehre und ihr Leben, ihre Dogmatik und Pastoral. Er ist das Prinzip ihrer selbst als einer Aufgabe. Das Konzil verwendet und entwickelt einen differenzierten Sprachgebrauch, wenn es über die Verwirklichung von Kirche in der katholischen Kirche spricht. Damit bietet es keinesfalls eine Handhabe zur Relativierung des Wesens dieser Kirche. Aber es präzisiert ihr Wesen in einem prinzipiellen Sinn, nämlich im Sinn des Entwurfs ihrer selbst als einer Aufgabe. Denn sie hat kraft dieses Wesens nicht nur Rechte, sondern auch Pflichten. An ihrer Erfüllung oder Vernachlässigung entscheidet sich das Sein oder Nichtsein ihrer ganzen Existenz. Sie nimmt entweder diese Aufgabe wahr, oder sie ist nicht die katholische Kirche, denn ihre Aufgabe ist ihr Wesen.

Die Pastoralkonstitution des Konzils ist eine Fundamentaltheologie der Kirche. Sie ist eine Theologie ihrer Existenz vor Ort in den Diözesankirchen, den kirchlichen Gemeinschaften, aber vor allem eine Theologie der katholischen Gesamtkirche selbst. Sie behandelt die Grundlagen ihrer Existenz auf ihren verschiedenen Ebenen und macht das Konzil zu einem Wendepunkt ihrer eigenen Geschichte. Mit dem Konzil hat die Zukunft der Kirche begonnen.

b) Die Mitglieder des Volkes Gottes – Träger und Trägerinnen der Ämter Christi

«Lumen gentium» ist eine Herausforderung für die Kirche, denn es stellt sie vor das Problem der eigenen Existenz. Es erklärt ihr, daß ihr Sein ein Werden braucht, um bleiben zu können, was es ist, und daß ihr Werden zu diesem Sein gehört; denn das Werden verleiht ihr immer wieder von neuem eine ursprüngliche Existenz. «Lumen gentium» fordert aber nicht nur den Weg zu diesem Ursprung, sondern es geht ihn auch selbst. Es gibt die Richtung an, in die er führt, und entwickelt sein Programm. Es ist der Entwurf eines Programms von Kirche überhaupt. Es ist die erste und grundlegende Antwort auf die Frage nach ihr selbst und nach ihrem Wesen als Kirche Christi. «Lumen gentium» erklärt dieses Wesen umfassend in seinem zweiten Kapitel über das Volk Gottes. Die Kirche ist die Gemeinschaft des Volkes Gottes in Christus und besteht aus den Mitgliedern dieses Volkes, die von Gott berufen sind, ihm anzugehören, und die durch Christus befähigt sind, seine Gemeinschaft zu werden. Prinzip ihrer Entstehung und ihrer Entwicklung sind daher die Ämter Christi, deren Ausübung das Volk Gottes zum neuen Volk Gottes macht, zur Gemeinschaft in seiner Person.

Das zweite Kapitel von «Lumen gentium» behandelt den Ursprung der katholischen Kirche in der Kirche Christi: Jene entsteht aus der Kirche Christi und ist ihr Sakrament in der Geschichte. Die katholische Kirche ist wirksames Zeichen, insofern sie ihren Ursprung hier und jetzt realisiert. Drei Schwerpunkte werden genannt: Volk Gottes, Gemeinschaft und der Prozeß ihrer Verwirklichung. Die Kirche ist das neue Volk Gottes; denn Gott hat es gefallen, der Gott des Volkes Gottes, und nicht nur der Gott einzelner Menschen zu sein. Daher sagt das Konzil: «Gott hat es aber gefallen, die Menschen nicht einzeln, unabhängig von aller wechselseitigen Verbindung, zu heiligen und zu retten, sondern sie zu einem Volke zu machen, das ihn in Wahrheit anerkennen und ihm in Heiligkeit dienen soll. [...] Seine Bestimmung endlich ist das Reich Gottes, das von Gott selbst auf Erden grundgelegt wurde, das sich weiter entfalten muß, bis es am Ende der Zeiten von ihm auch vollendet werde, wenn Christus, unser Leben (vgl. Kol 3,4), erscheinen wird [...]. So ist denn dieses messianische Volk, obwohl es tatsächlich nicht alle Menschen umfaßt und gar oft als kleine Herde erscheint, für das ganze Menschengeschlecht die unzerstörbare Keimzelle der Einheit, der Hoffnung und des Heils. Von Christus als Gemeinschaft des Lebens, der Liebe und der Wahrheit gestiftet, wird es von ihm auch als Werkzeug der Erlösung angenommen und als Licht der Welt und Salz der Erde (vgl. Mt 5,13–16) in alle Welt gesandt. [...] Gott hat die Versammlung derer, die zu Christus als dem Urheber des Heils und dem Ursprung der Einheit und des Friedens glaubend aufschauen, als seine Kirche zusammengerufen und gestiftet, damit sie allen und jedem das sichtbare Sakrament dieser heilbringenden Einheit sei. Bestimmt zur Verbreitung über alle Länder, tritt sie in die menschliche Geschichte ein und übersteigt doch zugleich Zeiten und Grenzen der Völker». (LG 9)

Die Mitglieder der Kirche sind die Gemeinschaft des Volkes Gottes. Sie verwalten alle je für sich und in gegenseitiger Verbundenheit die Aufgaben Christi und haben teil an seinem priesterlichen, prophetischen und königlichen Amt. Er beruft sie zur Nachfolge in seiner eigenen Tätigkeit, nämlich der Heiligung, Lehre und Leitung von Männern und Frauen und überhaupt der Menschen jeden Standes. Die Kirche ist eine priesterliche Gemeinschaft, sie verherrlicht Gott in Wort und Tat und ist eine

Institution der Heiligung des ganzen Menschen. Ihre Mitglieder sollen überall «für Christus Zeugnis geben und allen, die es fordern, Rechenschaft ablegen von der Hoffnung auf das ewige Leben, die in ihnen ist». (LG 10) – Die Kirche ist eine prophetische Gemeinschaft. Sie verkündet authentisch die Botschaft von Gott. Ihre Mitglieder haben Anteil am «übernatürlichen Glaubenssinn des ganzen Volkes». (LG 12) «Die Gesamtheit der Gläubigen [...] kann im Glauben nicht irren». (ebd.) Diese halten ihn unverlierbar fest, dringen mit rechtem Urteil tiefer in ihn ein und wenden ihn im Leben voller an. Sie sind mit besonderen Gnadengaben ausgestattet, durch die er seine Leuchtkraft erhält. Die Kirche des priesterlichen und prophetischen Volkes Gottes ist aber auch eine königliche Gemeinschaft. Sie ist eine Gemeinschaft, die alle Völker umfaßt, und in ihrem Ursprung einen politischen Auftrag hat, denn alle Menschen sind zu ihr gerufen. «Sie ist dessen eingedenk, daß sie mit jenem König sammeln muß, dem die Völker zum Erbe gegeben sind [...] und in dessen Stadt sie Gaben und Geschenke herbeibringen [...]. Diese Eigenschaft der Weltweite, die das Gottesvolk auszeichnet, ist Gabe des Herrn selbst. In ihr strebt die katholische Kirche mit Tatkraft und Stetigkeit danach, die ganze Menschheit mit all ihren Gütern unter dem einen Haupt Christus zusammenzufassen in der Einheit seines Geistes». (LG 13) Die Kirche Christi ist durch seine Ämter die Gemeinschaft des Volkes Gottes selbst. Sie ist die Gemeinschaft dieser Gemeinschaft und deswegen gegliedert. Sie ist Teilkirche und Gesamtkirche. Einzelne Personen und jeweilige Personengruppen sind ihr verschieden zugeordnet. «Jene werden der Gemeinschaft der Kirche voll eingegliedert, die, im Besitze des Geistes Christi, ihre ganze Ordnung und alle in ihr eingerichteten Heilsmittel annehmen und [...] durch die Bande des Glaubensbekenntnisses, der Sakramente und der kirchlichen Leitung und Gemeinschaft» mit ihr verbunden sind. (LG 14)

Aber es gibt auch Stufen der Mitgliedschaft. Religiöse und kirchliche Gruppierungen außerhalb können ihr in partieller Weise angehören. Ihnen weiß sich die Kirche daher unterschiedlich verbunden. Denn auch diejenigen, «die das Evangelium noch nicht empfangen haben, sind auf das Gottesvolk auf verschiedene Weise hingeordnet». (LG 16) Sie sind ihm kraft authentischer Standpunkte in Glaube und Sitte, die sie von sich aus festhalten, authentisch verbunden. Das zweite Kapitel von »Lumen gentium« ist der erste grundlegende Schritt zur Beantwortung der Frage, die es im ersten Kapitel stellt: Die katholische Kirche ist die Kirche Christi, weil und insofern sie die Gemeinschaft des Volkes Gottes in Christus verwirklicht und damit ist.

c) Das hierarchische Amt – ein Zeichen der besonderen Gemeinschaft des Volkes Gottes

Alle Mitglieder der Kirche haben an den Ämtern Christi teil und sind deren Träger und Trägerinnen. Sie sind die Gemeinschaft des Volkes Gottes insgesamt. Diese Gemeinschaft besteht jedoch aus vielen Gemeinschaften, die gleichgestellt, aber auch einander untergeordnet sind. Ein Zeichen der Gemeinschaftlichkeit dieser Gemeinschaften ist das hierarchische Amt. Bischöfe, Priester und Diakone sind das Zeichen der Verbundenheit des Volkes Gottes auf einer gesamtheitlichen Ebene, sie sind das Sakrament der Kirche als einer Gemeinschaft und daher eine kollegiale Institution. Sie haben gesamtheitlichen, das Volk Gottes selbst gliedernden Charakter. Das hierarchische Amt ist deshalb das Zeichen der Gemeinschaft kirchlicher Gemeinschaft und garantiert der Einzelkirche amtliche Universalität. Das Konzil überwindet das hierarchistische Verständnis der Hierarchie; denn es bestimmt sie als Institution des Volkes Gottes. Die Hierarchie ist nicht von ihm zu trennen, sondern steht in seinem Dienst.

Das Schwergewicht des dritten Kapitels von «Lumen gentium» liegt auf dem Bischofsamt. Das Konzil hebt dessen priesterlichen Charakter hervor, denn es bezieht dieses Amt auf die Eucharistie. Damit schließt es eine große Lücke der lateinischen Ämterlehre seit dem Mittelalter, die nicht auf dem sakramentalen Charakter der Bischofsweihe bestanden hat, und überwindet den bis heute verbreiteten Hierarchismus dieser Lehre im Ansatz. Es bestimmt die Bischofsweihe als Priesterweihe auf ihrer höchsten Stufe: «Der Bischof ist, mit der Fülle des Weihesakramentes ausgezeichnet, ‹Verwalter der Gnade des höchsten Priestertums›, vorzüglich in der Eucharistie, die er selbst darbringt oder darbringen läßt und aus der die Kirche immerfort lebt und wächst. Diese Kirche Christi ist wahrhaft in allen rechtmäßigen Ortsgemeinschaften der Gläubigen anwesend, die in der Verbundenheit mit ihren Hirten im Neuen Testament auch selbst Kirchen heißen». (LG 26) Das Bischofsamt ist ein priesterliches Amt, daher unterstreicht das Konzil seine Aufgabe der Verkündigung des Evangeliums. Sie gehört zu seinen Hauptaufgaben. «Denn die Bischöfe sind Glaubensboten, die Christus neue Jünger zuführen; sie sind authentische, das heißt mit der Autorität Christi ausgerüstete Lehrer». (LG 25) Ein zentrales Thema der Lehre des Konzils von den Bischöfen ist die Hirtenaufgabe. Die Bischöfe haben die Aufgabe, die ihnen zugewiesenen Teilkirchen als Stellvertreter und Gesandte Christi eigenverantwortlich zu leiten. Dieses Hirtenamt, das «sie im Namen Christi persönlich ausüben, kommt ihnen als eigene, ordentliche und unmittelbare Gewalt zu, auch wenn ihr Vollzug letztlich von der höchsten kirchlichen Autorität geregelt wird und im Hinblick auf den Nutzen der Kirche oder der Gläubigen mit bestimmten Grenzen umschrieben werden kann». (LG 27)

Kraft seiner Stellung göttlichen Rechts hat der Bischof eine ortskirchliche und gesamtkirchliche Aufgabe. Er bildet unter dem Papst und mit den anderen Bischöfen zusammen ein Kollegium, das «Träger der höchsten und vollen Gewalt über die ganze Kirche» ist. (LG 22) Daher ist die Kirche auf ihrer höchsten Ebene als hierarchische Institution eine sichtbare Versammlung der priesterlichen Gemeinschaft des Volkes Gottes. Sie ist im Kollegium der Bischöfe die Gemeinschaft seiner Gemeinschaften. Ihr Kollegium ist eine Institution dieser Gemeinschaften und eine Basisinstitution des Volkes Gottes. Das Konzil betont dies, wenn es sagt: «Insofern dieses Kollegium aus vielen zusammengesetzt ist, stellt es die Vielfalt und Universalität des Gottesvolkes, insofern es unter einem Haupt versammelt ist, die Einheit der Herde Christi dar. In diesem Kollegium wirken die Bischöfe, unter treuer Wahrung des primatialen Vorrangs ihres Hauptes, in eigener Vollmacht zum Besten ihrer Gläubigen, ja der ganzen Kirche, deren organische Struktur und Eintracht der Heilige Geist immerfort stärkt». (LG 22) Das Amt des Bischofs ist eine ortskirchliche und zugleich eine gesamtkirchliche Institution. Es hat kollegialen Charakter und ist ein Amt der priesterlichen Gemeinschaft des ganzen Volkes Gottes. Teilkirche und Gesamtkirche sind in diesem Kollegium die eine Institution des Anliegens von beiden, daher sagt das Konzil: «Die kollegiale Einheit tritt auch in den wechselseitigen Beziehungen der einzelnen Bischöfe zu den Teilkirchen wie zur Gesamtkirche in Erscheinung. Der Bischof von Rom ist als Nachfolger Petri das immerwährende, sichtbare Prinzip und Fundament für die Einheit der Vielheit von Bischöfen und Gläubigen. Die Einzelbischöfe hinwiederum sind sichtbares Prinzip und Fundament der Einheit in ihren Teilkirchen, die nach dem Bild der Gesamtkirche gestaltet sind. In ihnen und aus ihnen besteht die eine und einzige katholische Kirche». (LG 23)

Die Bischöfe sind Vertreter ihrer Einzelkirche in der Gesamtkirche. Sie haben die Aufgabe, den Glauben unter den Bedingungen des Lebens der Kirche vor Ort in Wort und Tat zu verkündigen. Dies kann einzeln und gemeinschaftlich erfolgen, aber es soll den Erfordernissen der Zeit entsprechen. Der Bischof soll die christliche Lehre «auf eine Weise vortragen, die den Erfordernissen der Zeit angepaßt ist, das heißt, die den Schwierigkeiten und Fragen, von denen die Menschen so sehr bedrängt und geängstigt werden, entspricht. [...] Da es der Kirche aufgegeben ist, mit der menschlichen Gesellschaft, in der sie lebt, in ein Gespräch zu kommen, ist es in erster Linie Pflicht der Bischöfe, zu den Menschen zu gehen und das Gespräch mit ihnen zu suchen und zu fördern. [...] Bei der Verkündigung der christlichen Lehre seien sie bemüht, die verschiedenen Mittel anzuwenden, die in der heutigen Zeit zur Verfügung stehen [...]». (CD 13) Das zentrale Thema des Gesprächs der Kirche mit den heutigen Menschen ist aber die Berufung des Menschen. Denn jeder Mensch ist berufen, die menschliche Gesellschaft in Christus zu erneuern und in die Familie Gottes umzugestalten.

Das Amt des Bischofs ist eine Institution des Volkes Gottes. Es dient zur Herstellung seiner Gemeinschaft und ist eine der Grundgegebenheiten seiner Organisation. Der Respekt des Bischofs vor dem Amt des Laien ist daher kein Akt der Barmherzigkeit, sondern gehört zum Wesen der Kirche. Er ist das Fundament der Gemeinschaftsbildung des Volkes Gottes und damit auch die Voraussetzung der Kollegialität. Das Konzil bricht mit der Tradition des Institutionalismus in der Amtsauffassung der Kirche. Ein Schlüssel zur Überwindung dieses Fehlers ist seine Lehre vom bischöflichen Amt. Es erschöpft sich nicht in der rechtlichen Befugnis auf äußere Mittel, mit denen es sich durchsetzen kann, sondern es ist eine Institution des Volkes Gottes und hat priesterlichen Charakter. Neben dem Episkopat stellt das Konzil den ständigen Diakonat als eigene Weihestufe wieder her. (LG 29) Es unterstreicht den priesterlichen Charakter des ganzen kirchlichen Amtes.

d) Das Amt der Laien – die Evangelisierung

In der Kirche sind die Mitglieder des Volkes Gottes eine Gemeinschaft. Sie sind die Träger und Trägerinnen des Volkes Gottes in Christus. Er selber unterrichtet, heiligt und leitet sie, befähigt sie, im Volk Gottes seine Gemeinschaft zu bilden und deren Trägerinnen und Träger zu sein. Daher stellt die Mitgliedschaft in der Kirche ihre Glieder vor die Aufgabe, die zu sein, die sie sind, nämlich Söhne und Töchter Gottes, Brüder und Schwestern Christi, Männer und Frauen, die ausgestattet sind mit dem Hl. Geist. Diese Aufgabe ist der Entwurf des Christseins. Sie ist eine Existenz in der Kirche und in der Gesellschaft. Zu dieser Aufgabe leitet Christus selbst die Mitglieder der Kirche an. Er befähigt sie, diese Aufgabe zu erfüllen, und er ermächtigt sie auch dazu. Er gibt ihnen das Recht, die zu sein, die sie sind. Er selbst erteilt ihnen die Legitimation. Alle Gläubigen haben daher in der Kirche ein Amt. Das Konzil bestimmt ihre Aufgabe aus dieser Perspektive: Sie nehmen die prophetische, priesterliche und königliche Aufgabe Christi wahr. Diese Aufgaben sind die Ämter Christi. Die Gläubigen haben kraft der Taufe und Firmung an diesen Ämtern Anteil, daher nennt das Konzil sie auch die Ämter der Gläubigen.[57] Es spricht von «Gemeinden von Gläubigen [. . .], die würdig der Berufung, die sie empfangen haben [. . .], die Ämter, die Gott ihnen anvertraut hat, ausüben: das priesterliche, das prophetische und das königliche Amt. Auf diese Weise wird die christliche Gemeinschaft zum Zeichen der Gegenwart Gottes in der Welt». (AG 15)

Die Ämter Christi sind der Testfall für die Stellung der Laien auf dem Konzil. Es definiert den Begriff des Laien über die Ämter Christi, indem es sagt: «Unter der Bezeichnung Laien sind hier alle Christgläubigen verstanden mit Ausnahme der Glieder des Weihestandes und des in der Kirche anerkannten Ordensstandes, das heißt die Christgläubigen, die, durch die Taufe Christus einverleibt, zum Volk Gottes gemacht und des priesterlichen, prophetischen und königlichen Amtes Christi auf ihre Weise teilhaftig, zu ihrem Teil die Sendung des ganzen christlichen Volkes in der Kirche und in der Welt ausüben». (LG 31) Die Stellung des Laien ist nicht abgeleitet vom hierarchischen Amt. Sie ergibt sich nicht durch eine wie auch immer geartete Teilnahme an diesem Amt, sondern durch die Teilnahme an den Ämtern Christi selbst. Diese verleiht ihr echte Eigenständigkeit. Sie ist «iuris divini». Es gibt daher eine wahre Gleichheit zwischen Priestern und Laien. Das Konzil stellt sie ausdrücklich fest, wenn es sagt: «Wenn auch einige nach Gottes Willen als Lehrer, Ausspender der Geheimnisse und Hirten für die anderen bestellt sind, so waltet doch unter allen eine wahre Gleichheit in der allen Gläubigen gemeinsamen Würde und Tätigkeit zum Aufbau des Leibes Christi». (LG 32)

Der Grund dieser wahren Gleichheit von Priestern und Laien ist Christus selbst, denn er hat dem ganzen Volk Gottes Anteil gegeben an seinen Ämtern. Alle Mitglieder, die es umfaßt, sind wahre Hirtinnen und Hirten, wahre Prophetinnen und Propheten, wahre Priesterinnen und Priester. Das Konzil hebt den prinzipiellen Charakter ihres kirchlichen Auftrags ausdrücklich hervor, denn es sagt: «Der Apostolat der Laien ist Teilnahme an der Heilssendung der Kirche selbst. Zu diesem Apostolat werden alle vom Herrn selbst durch Taufe und Firmung bestellt». (LG 33) Diese Aussagen des Konzils über die Laien haben prinzipielles Gewicht: sie sind Träger der Evangelisierung. Sie verkünden kraft des Auftrags durch Christus selber das Evangelium. Die Laien sind «gültige Verkünder des Glaubens an die zu erhoffenden Dinge (vgl. Hebr 11,1), wenn sie mit dem Leben aus dem Glauben ohne Zögern das Bekenntnis des Glaubens verbinden». (LG 35) Diese Verkündigung umfaßt neben den Worten des Glaubens die Taten des Lebens und betrifft die Berufung des Menschen insgesamt. Sie beeinflußt und verändert seine gesellschaftliche Situation. Die Laien sind als Verwalter des prophetischen und zugleich priesterlichen und königlichen Amtes Christi Träger der Evangelisierung,[58] damit bescheinigt ihnen das Konzil eine gesamtkirchliche Aufgabe. Sie sind nicht nur Objekt, sondern auch Subjekt der Pastoral, sind ihre Träger vor Ort und verkörpern ihre Wirksamkeit im normalen Leben unter den gesellschaftlichen Bedingungen der alltäglichen Lebensverhältnisse. Daher sagt das Konzil: «Diese Evangelisation, das heißt die Verkündigung der Botschaft Christi durch das Zeugnis des Lebens und das Wort, bekommt eine eigentümliche Prägung und besondere Wirksamkeit von da her, daß sie in den gewöhnlichen Verhältnissen der Welt erfüllt wird». (LG 35) Dieser Auftrag betrifft jedoch nicht nur ihr eigenes Apostolat; sie sind vielmehr kraft ihrer Stellung zur Mitarbeit am Apostolat der Hierarchie befähigt und haben durch ihr eigenes priesterliches Amt «die Befähigung dazu, von der Hierarchie zu gewissen kirchlichen Ämtern herangezogen zu werden, die geistlichen Zielen dienen». (LG 33)

Die Laien können bei der Wahrnehmung heiliger Aufgaben stellvertretend tätig sein. Sie besitzen durch ihre Teilnahme an den Ämtern Christi einen gesamtheitlichen Rang und sind zur Übernahme einer hierarchischen Aufgabe somit grundsätzlich befähigt. Wenn daher einige Laien «beim Mangel an geweihten Amtsträgern oder bei deren Verhinderung unter einem Verfolgungsregime nach Möglichkeit gewisse heilige Aufgaben stellvertretend erfüllen und viele von ihnen ihre ganzen Kräfte dem apostolischen Werk widmen, so müssen doch alle zur Ausweitung und zum Wachstum des Reiches Christi in der Welt mitarbeiten. Deshalb sollen die Laien sich um eine tiefere Kenntnis der geoffenbarten Wahrheit bemühen und inständig von Gott die Gabe der Weisheit erbitten». (LG 35). Es ist wichtig, die Amtlichkeit ihres Tuns hervorzuheben, denn die Amtlichkeit verhindert die Privatisierung der Laien, weil sie ihre Aufgabe als zum Wesen der Kirche gehörig erfaßt.

e) Die allgemeine und besondere Berufung zur Heiligkeit

In der Kirche erfüllen die Mitglieder des Volkes Gottes eine amtliche Mission. Sie haben an den Ämtern Christi teil und sind beauftragt, Kirche zu werden, d. h. Kirche zu erweitern, zu vertiefen, zu erneuern und zu vervollkommnen. Dieser Weg des Volkes Gottes zu seiner Umgestaltung in Christus ist der Weg seiner Berufung. Er ist ein prophetischer, priesterlicher und königlicher Weg. Indem ihn seine Mitglieder beschreiten, gehen sie den Weg ihrer Berufung zur Heiligkeit.

Das Konzil ist diesen Weg gegangen und führt die Kirche in seine Richtung. Deswegen kann es von seinen Mitgliedern gar nicht durchgeführt werden ohne die Heiligkeit, zu der sie berufen sind. Die Treue zur Dogmatik und Pastoral des Konzils ist ein Testfall der Heiligkeit ihrer Mitglieder. Die Bereitschaft, den Sprung nach vorn zu tun oder zu verweigern, gibt Auskunft über ihren wahren spirituellen Zustand. Daher stellt «Lumen gentium» in seinem fünften Kapitel über die «allgemeine Berufung zur Heiligkeit in der Kirche» und in seinem sechsten Kapitel über die «Ordensleute» den eigenen apostolischen Ansatz mit großer Deutlichkeit heraus. Denn es sagt von der allgemeinen Berufung zur Heiligkeit in der Kirche, «daß alle Christgläubigen jeglichen Standes oder Ranges zur Fülle des christlichen Lebens [. . .] berufen sind. Durch diese Heiligkeit wird auch in der irdischen Gesellschaft eine menschlichere Weise zu leben gefördert». (LG 40) Aber auch die spezielle Berufung der Ordensleute dient einem allgemeinen Zweck. Sie haben die Aufgabe, «nach Kräften und entsprechend der Gestalt der eigenen Berufung, durch Gebet oder auch tätiges Wirken sich um die Einwurzelung und Festigung des Reiches Christi in den Seelen und seine weltweite Ausbreitung zu bemühen». (LG 44) Das Konzil spricht sich in «Perfectae caritatis» für eine «zeitgemäße Erneuerung des Ordenslebens» aus. «Die Anpassung des Ordenslebens an die Erfordernisse unserer Zeit darf sich nicht in Äußerlichkeiten erschöpfen». (PC 18) Daher sollen die Ordensmitglieder «entsprechend ihren geistigen Fähigkeiten und ihrer Veranlagung in geeigneter Form über die Gepflogenheiten, das Denken und Empfinden der heutigen Gesellschaft unterwiesen werden». (ebd.) Ihre Fähigkeit und Bereitschaft, diesen Schritt nach vorn zu tun, ist ein Kriterium zur Bemessung ihres spirituellen Zustands, ein Maßstab ihres Fortschritts in der Heiligkeit.

f) Die Gemeinschaft der Kirche – das Sakrament des Volkes Gottes

Auf dem Zweiten Vatikanum geht die Kirche den Weg ihrer Berufung zur Heiligkeit. Indem sie ihn geht, findet sie zu ihrem Ursprung zurück und erlangt von neuem die Fähigkeit, über sich selbst in einer differenzierten und sachgerechten Form zu sprechen. Sie ist die Kirche Christi und daher eine Aufgabe. Die katholische Kirche ist *die* Kirche, da in ihr die Kirche Christi – als authentische Aufgabe – subsistiert. Sie besteht aus Einzelkirchen, die selbst wirklich Kirche sind. Es gibt die Kirche und es gibt die Kirchen. Sie ist Einzelkirche und kirchliche Gemeinschaft der Einzelkirchen, denn sie ist auch die eine und einzige katholische Kirche. Sie ist eine Gemeinschaft des Volkes Gottes überhaupt und in dieser Beziehung gerade das Sakrament des Heils der ganzen Welt. Identität und Komplexität bedingen sich und sind in der Kirche kein Widerspruch, denn sie ist das Geheimnis Christi selbst. Sie ist sein geschichtlicher Leib und umfaßt, wie er selbst, Himmlisches und Irdisches. Sie existiert in der bleibenden Kraft seiner Ämter und ist Mitarbeiterin am Aufbau des Reiches Gottes. Bischöfe, Priester, Laien und Ordensleute geben seine Offenbarung in den Worten und Taten ihres Lebens den künftigen Generationen weiter. Sie gehen auf dem Weg des eschatologischen Reichs der Liebe und arbeiten an seinem Aufbruch selbst mit. Auf ihrer Pilgerschaft begleiten sie Maria und die Heiligen.

Das Konzil glaubt an die Gemeinschaft des Volkes Gottes und kann daher seine Verbundenheit mit der ganzen Menschheitsfamilie zum Ausdruck bringen. Es will mit allen Menschen guten Willens einen Dialog der gegenseitigen Achtung und Liebe eröffnen, hebt die Würde des Menschen hervor und betont seine Berufung zum Aufbau einer neuen Gesellschaft. Es spricht zu den Menschen innerhalb und außerhalb der Kirche, denn alle Menschen sind zur Mitgliedschaft im neuen Volk Gottes berufen. Es umfaßt nicht nur die Kirche, sondern die Menschheit überhaupt und den ganzen Kosmos. Das Volk Gottes ist der allgemeinste Begriff von Kirche, den es gibt. Es ist das Prinzip von Kirche überhaupt, von Kirche nach innen und nach außen. Es ist das Prinzip des Aufbaus der Kirche, das Prinzip ihrer Ämter, ihrer Sendung, der Bestimmung ihres Daseins in der Geschichte. Worte und Taten der Kirche sind die Grundlage aller Dogmatik und Pastoral der Evangelisierung. Diese ist das Gesamtprogramm der Kirche, der Kirche in der Welt. Evangelisierung ist das Gesamtprogramm der Offenbarung.

IV.
Die Offenbarungskonstitution – Mitte und Maßstab des Konzils

Dogmatik und Pastoral sind die Prinzipien der Aussagen des Konzils über die Kirche. Es macht dogmatische Aussagen über ihre Pastoral und pastorale Aussagen über ihre Dogmatik und vertritt in seiner Pastoralkonstitution eine neue dogmatische Lehre, nämlich den Glauben an die Berufung des Menschen in Christus und Gott, und es vertritt in seiner dogmatischen Konstitution über die Kirche einen wirklich pastoralen Standpunkt: Das Volk Gottes hat die Aufgabe, Gemeinschaft in Christus zu werden. Die Kirche ist sein königliches, priesterliches und prophetisches Volk.

Dogmatik und Pastoral sind in ihrer wechselseitigen Durchdringung der Schlüssel zum Konzil, aber sie sind auch der Schlüssel zur Botschaft des Evangeliums. Denn dieses wird in Worten und Taten überliefert und ist daher die Offenbarung. Wo immer das Evangelium es selbst ist, besteht es notwendig aus Worten und Taten. Seine Botschaft verkörpert deswegen die Einheit von Dogmatik und Pastoral. Die Prinzipien des Konzils haben daher biblischen Charakter, durch sie erschließt sich die Kirche den Sinn und die Bedeutung des eigenen Auftrags. Sie wird zu einer Tatsache der Offenbarung selbst in der Welt von heute. Das Konzil gibt sich in der Offenbarungskonstitution «Dei Verbum» Rechenschaft vom biblischen Charakter seiner Prinzipien. Auf dieser Grundlage kann es den eigenen dogmatisch-pastoralen Ansatz erklären, der ein «Fortschritt der apostolischen Überlieferung» und die neue Form des Gegenwärtigseins der Offenbarung ist.

1. Die Offenbarung des Evangeliums von Gott und Christus

Das Konzil macht auf der Grundlage seiner eigenen Prinzipien Aussagen über das Evangelium. Dieses ist die Offenbarung Gottes selbst in Wort und Tat daher kann das Konzil das Evangelium auf dem Weg der Erörterung seiner Botschaft als Offenbarung erreichen. Sie ist oberster Maßstab der Bewertung dessen, was das Konzil tut, erschließt das Evangelium und ist selbst die Botschaft von der Existenz des Menschen in Gott und Christus. Das Konzil unterscheidet daher die Weitergabe der Offenbarung von der Offenbarung selbst. Das Wort Gottes verweist auf die Taten Gottes; diese Taten werden verständlich und erhalten eine Erklärung durch seine Worte, sie erschließen deren Sinn und Bedeutung. Daher sagt das Konzil: Die Offenbarung «ereignet sich in Tat und Wort, die innerlich miteinander verknüpft sind: die Werke nämlich, die Gott im Verlauf der Heilsgeschichte wirkt, offenbaren und bekräftigen die Lehre und die durch die Worte bezeichneten Wirklichkeiten; die Worte verkündigen die Werke und lassen das Geheimnis, das sie enthalten, ans Licht treten.» (DV 2)

Der Höhepunkt und die Fülle der Offenbarung ist Jesus Christus. Er hat in Wort und Tat das Evangelium vom Reich Gottes verkündet. Er ist das Reich Gottes in Person. Er ist wahrer Gott und wahrer Mensch. Seine Botschaft erschließt die Wahrheit vom Menschen, daher sagt das Konzil: «Die Tiefe der durch diese Offenbarung über Gott und über das Heil des Menschen erschlossenen Wahrheit leuchtet uns auf in Christus, der zugleich der Mittler und die Fülle der ganzen Offenbarung ist». (ebd.) Die Weitergabe dieser Offenbarung erfolgt in Schrift und Tradition; denn Christus selber hat den Aposteln geboten, das Evangelium allen zu predigen als die Quelle jeglicher Heilswahrheit und Sittenlehre – das Evangelium, das Christus als die Erfüllung der früher ergangenen prophetischen Verheißung selbst gebracht und persönlich öffentlich verkündet hat. (DV 7)

Die Offenbarung selbst ist unendlich mehr als Schrift und Tradition. Sie ist ihr Ursprung und ihr Ziel. Aber sie wird in Schrift und Tradition authentisch aufbewahrt und umfassend überliefert. Die Schrift enthält «alles, was dem Volk Gottes hilft, ein heiliges Leben zu führen und den Glauben zu mehren». (DV 8) Die Tradition jedoch bewahrt es, legt es aus und gibt es unversehrt in neuen Worten und neuen Taten ihrer Trägerinnen und Träger weiter. Diese haben die Berufung, das Evangelium eigenständig zu verkündigen. Denn Gott offenbart sich den Menschen durch Menschen nach Menschenart. Er hat zur Abfassung der Schrift «Menschen erwählt, die ihm durch den Gebrauch ihrer eigenen Fähigkeiten und Kräfte dazu dienen sollten, all das und nur das, was er – in ihnen und durch sie wirksam – geschrieben haben wollte, als echte Verfasser schriftlich zu überliefern». (DV 11) Gott selbst spricht und handelt in den Trägerinnen und Trägern der Überlieferung. Er sagt durch ihre Mitteilungen, was der kund tun will in dem, was sie die Absicht haben, kund zu machen. Deshalb sagt das Konzil: «Gottes Worte, durch Menschenzunge formuliert, sind menschlicher Rede ähnlich geworden, wie einst des ewigen Vaters Wort durch die Annahme menschlich-schwachen Fleisches den Menschen ähnlich geworden ist». (DV 13) Die Tradition steht vor der Aufgabe, den Sinn und die Bedeutung dieser Rede zu erschließen. Sie muß kundtun, was Gott damit sagen will und was sie davon zu verwirklichen beabsichtigt, um die Offenbarung selbst zu leben.

Es gibt also einen Fortschritt der Tradition, denn sie enthält die Mitteilung der Worte und Taten Gottes und zugleich die Mitteilung, wie sie diese Worte und Taten selbst versteht, in die Praxis umsetzen will und tatsächlich leben kann. Auf der subjektiven Ebene dieses Geschehens, d. h. beim Verstehen, in der Durchführung und auf der Ebene der eigenen Zustimmung kann und muß es ein Wachstum des Glaubens an die Offenbarung geben. Diese selber wird dadurch tiefgreifender und umfassender im Leben einzelner Menschen und ganzer Völker existent. Das Konzil hebt an der Tradition die subjektive Gewißheit und den objektiven Fortschritt hervor. Zur subjektiven Gewißheit erklärt es: «Die Heilige Überlieferung aber gibt das Wort Gottes, das von Christus dem Herrn und vom Heiligen Geist den Aposteln anvertraut wurde, unversehrt an deren Nachfolger weiter, damit sie es unter der erleuchtenden Führung des Geistes der Wahrheit in ihrer Verkündigung treu bewahren, erklären und ausbreiten. So ergibt sich, daß die Kirche ihre Gewißheit über alles Geoffenbarte nicht aus der Heiligen Schrift allein schöpft. Daher sollen beide mit gleicher Liebe und Achtung angenommen und verehrt werden». (DV 9) Zugleich jedoch hebt es den Fortschritt der

Tradition und dessen objektive Gründe hervor, denn es erklärt: «Diese apostolische Überlieferung kennt in der Kirche unter dem Beistand des Heiligen Geistes einen Fortschritt: es wächst das Verständnis der überlieferten Dinge und Worte durch das Nachsinnen und Studium der Gläubigen, die sie in ihrem Herzen erwägen (vgl. Lk 2,19.51), durch innere Einsicht, die aus geistlicher Erfahrung stammt, durch die Verkündigung derer, die mit der Nachfolge im Bischofsamt das sichere Charisma der Wahrheit empfangen haben; denn die Kirche strebt im Gang der Jahrhunderte ständig der Fülle der göttlichen Wahrheit entgegen, bis an ihr sich Gottes Worte erfüllen». (DV 8)

Das Konzil hebt diesen Fortschritt jedoch nicht nur hervor, sondern verkörpert ihn auch. Es ist Institution und Träger der Weitergabe der Offenbarung als Offenbarung für die heutige Welt, denn es erschließt den Existenzgehalt der Botschaft von Gott und Christus. Es erschließt, interpretiert und verkörpert den Glauben an diese Offenbarung.

2 Die Berufung des Menschen – ein Fortschritt der apostolischen Überlieferung. Ihr religiöser, politischer und pädagogischer Gehalt

Fortschritte sind Entdeckungen. In der Offenbarungskonstitution erklärt das Konzil, daß es einen Fortschritt in der apostolischen Überlieferung gibt, der im Wachstum des Verstehens der überlieferten Dinge und Worte besteht, der durch geistliche Erfahrungen und deren Interpretation im Licht des Evangeliums erreicht wird; er gibt Antwort auf die Fragestellungen und Herausforderungen in der Welt von heute. Er ist die Entdeckung von etwas Neuem am Alten und eine Interpretation des Alten auf dem Fundament dieser neuen Entdeckung.

Die Offenbarungskonstitution erklärt indes nicht nur, was Fortschritt ist, sondern sie verkörpert ihn auch. Sie entdeckt die Offenbarung selbst neu, denn im Gegensatz zum ersten Entwurf der Konstitution «De fontibus revelationis» behandelt sie die Offenbarung selbst (DV 2–6). In ihrem ersten Kapitel geht es um «De revelatione ipsa»; und erst auf dieser Grundlage wird im zweiten Kapitel die «Weitergabe der Offenbarung» durch Schrift und Tradition erörtert. Offenbarung ist im Sinne des Konzils die Selbstmitteilung Gottes in Wort und Tat und daher transzendentes und immanentes Geschehen. Wer Gott als Gott verkündet, muß die Taten Gottes mit eigenen Worten interpretieren und die Worte Gottes mit eigenen Taten erklären. Gott selbst eröffnet den Menschen in dieser Verkündigung ein neues Verständnis ihrer eigenen Existenz. Auf dieser Grundlage kann und muß der Glaube an Gott auch selbst eine Offenbarung sein. Er ist eine Botschaft und verkündet die Berufung des Menschen in Christus und Gott. Der Fortschritt in der Überlieferung des Glaubens auf dem Konzil ist ein Fortschritt des Glaubens selbst. Er ist ein dogmatischer Fortschritt. Das Konzil nennt diesen Glauben in der Pastoralkonstitution auch tatsächlich eine Offenbarung, indem es ausdrücklich erklärt: «Der Glaube erhellt nämlich alles mit einem neuen Licht, enthüllt den göttlichen Ratschluß hinsichtlich der integralen Berufung des Menschen und orientiert daher den Geist auf wirklich humane Lösungen hin». (GS 11) Demnach verweist das Konzil ausdrücklich auf seinen existenzerschließenden Charakter. Es betont den immanenten Sinn seiner transzendenten Standpunkte und erklärt: «Da es aber der Kirche anvertraut ist, das Geheimnis Gottes, des letzten Zieles der Menschen, offenkundig zu machen, erschließt sie dem Menschen gleichzeitig das Verständnis seiner eigenen Existenz, das heißt die letzte Wahrheit über den Menschen». (GS 41)

Der Glaube an die Berufung des Menschen ist das Dogma des Konzils. Er ist sein Fortschritt im Verständnis der apostolischen Lehre. Ihn hat das Konzil in der Konstitution über die Kirche in der Welt von heute selbst vollzogen, er ist die Basis der Erneuerung des Glaubens an die Kirche und ihre Überlieferung als einer Offenbarung in der heutigen Welt. Die Pastoralkonstitution ist also eine Glaubenskonstitution. Sie ist die Konstitution, in der sich der Glaube als Ereignis in der heutigen Zeit offenbart. Diesen Standpunkt vertritt das Konzil auch in den Erklärungen, die der Pastoralkonstitution zuzuordnen sind. So sagt es im Dokument über die Religionsfreiheit: «Jedoch hat diese Lehre von der Freiheit ihre Wurzeln in der göttlichen Offenbarung, weshalb sie von Christen um so gewissenhafter beobachtet werden muß. Denn obgleich die Offenbarung das Recht auf Freiheit von äußerem Zwang in religiösen Dingen nicht ausdrücklich lehrt, läßt sie doch die Würde der menschlichen Person in ihrem ganzen Umfang ans Licht treten; sie zeigt, wie Christus die Freiheit des Menschen in Erfüllung der Pflicht, dem Wort Gottes zu glauben, beachtet hat, und belehrt uns über den Geist, den die Jünger eines solchen Meisters anerkennen und dem sie in allem Folge leisten sollen». (DH 9) «Es ist ein Hauptbestandteil der katholischen Lehre, in Gottes Wort enthalten und von den Vätern ständig verkündet, daß der Mensch freiwillig durch seinen Glauben Gott antworten soll, daß dementsprechend niemand gegen seinen Willen zur Annahme des Glaubens gezwungen werden darf. [...] Es entspricht also völlig der Wesensart des Glaubens, daß in religiösen Dingen jede Art von Zwang von seiten der Menschen ausgeschlossen ist». (DH 10) Dieser Standpunkt hat große politische Bedeutung, denn er verändert das Verhältnis von Kirche und Staat. Er hat z. B. in Spanien und Portugal einen Wandel der Verfassung miterzwungen. Der Glaube ist eine Offenbarung des Rechts auf Freiheit von äußerem Zwang im Umgang mit der Offenbarung. Er bestimmt auch das Verhältnis der Kirche zu den nichtchristlichen Religionen. Das Konzil erkennt ihren Eigenwert auf seiner Basis an und vertritt den Standpunkt des Dialogs. Von den verschiedenen Religionen, so erklärt das Konzil in «Nostra aetate», erhofft sich der Mensch Antwort auf die ungelösten Rätsel seines Daseins. Wo kommt er her? Wo geht er hin? Was ist gut und böse? Welchen Sinn hat das Leid? «Und schließlich: Was ist jenes letzte und unsagbare Geheimnis unserer Existenz, aus dem wir kommen und wohin wir gehen?» (NA 1) Der Glaube an die Berufung des Menschen ist die Antwort auf diese Fragen in der Pastoralkonstitution; denn dieser Glaube ist der Schlüssel zum Verständnis der menschlichen Existenz. Er offenbart die Wahrheit über den Menschen; daher ist die Kirche aufgefordert, nichts von all dem abzulehnen, was in den anderen Religionen wahr und heilig ist. (NA 2) Sie anerkennt das Wort Gottes in ihnen, ihren Weg der Berufung durch Gott und ihre Offenbarungen und beschreitet selbst den Weg des Dialogs mit Juden, Mohammedanern und Heiden.

In der Erklärung «Gravissimum educationis» über die christliche Erziehung hebt das Konzil den pädagogischen Gehalt des Glaubens an die Berufung der Christen hervor. Diese Berufung berechtigt und verpflichtet sie, sich der «empfangenen Gabe des Glaubens immer mehr bewußt zu werden». (GE 2) Sie sollen in ihm eigenständig werden und lernen, mit seinen Traditionen umzugehen, um dadurch einen eigenen Beitrag zum Aufbau des Leibes Christi zu leisten. Der Fortschritt in der apostolischen Überlieferung des Glaubens an die Berufung des Menschen hat einen dogmatischen Sinn, aber auch große pastorale Bedeutung. Er verändert die apostolische, religiöse und pädagogische Praxis der Kirche und macht ihren ganzen Glauben zu einer Offenbarung.

3. Neu entdeckte Traditionen

Das Zweite Vatikanische Konzil hat eine Stellungnahme zu allen Fragen des Glaubens abgegeben. Es ist ein verbindlicher Maßstab und eine oberste Richtschnur für die katholische Kirche, Fundament politisch-religiösen Dialogs, aber auch aller ökumenischen Gespräche und aller theologischen Auseinandersetzung. Es umschreibt den Standort der Kirche gültig, aber neu. Seine Lehre besitzt höchste Autorität, aber sie ist ein Fortschritt, sie ist jener Sprung nach vorn in dogmatischer Durchdringung und Formung des Gewissens, den Johannes XXIII. gefordert hat. Aber sie ist auch das Zeugnis der noch größeren Treue zur Wahrheit der Überlieferung, die er ebenfalls von ihm verlangt und zu seiner Aufgabe gemacht hat. Denn in der Tat ist der Glaube des Konzils eine Lehre, auf deren Boden sich der ganze Inhalt des christlich-katholischen Glaubens umfassender erklären, deutlicher verstehen und entschiedener vertreten läßt. Die Lehre des Konzils besitzt dogmatischen und kerygmatischen Charakter. Sie ist eine Offenbarung. Das Konzil entdeckt viele alte Traditionen, die zur Offenbarung selbst gehören, und die von der katholischen Kirche zwar nicht geleugnet, aber lange Zeit verschwiegen, ja sogar oft verdächtigt wurden. Ihre Nichtbeachtung hat sich kirchentrennend ausgewirkt und ist bis jetzt eine Mitursache ihrer Spaltung geblieben.

An dieser Stelle möchte ich einige Hauptbeispiele der verschwundenen, aber wieder entdeckten Tradition nennen. Das Konzil hat die Voraussetzungen für den Ostkirchendialog der katholischen Kirche durch seine Lehre von der Kollegialität des bischöflichen Amtes und durch seine heilsökonomische Traditionslehre geschaffen. Es hat den Dialog mit den Kirchen des Protestantismus begonnen, indem es die Lehre vom Wort Gottes, von Schrift und Tradition, von den Ämtern Christi, von der Hierarchie der Wahrheiten und von der Evangelisierung hervorhebt. Es hat den politischen Dialog durch seine Anerkennung von Grundwahrheiten der Aufklärung eröffnet; dazu gehört seine Lehre von der Würde des Menschen, vom Eigenwert nichtchristlicher Religionen, von der Religionsfreiheit, von der Gleichheit aller Menschen im Staat, und von der Notwendigkeit des Aufbaus einer neuen Gesellschaft im Weltmaßstab. Diese Wahrheiten hat es auf der Ebene des höchsten kirchlichen Lehramtes vor dem Zweiten Vatikanum nicht gegeben. Das Lehramt verdankt sie dem Konzil. Es hat diese verschwundenen Traditionen neu entdeckt und einen epochalen Beitrag zur amtlichen Lehre der Kirche auf höchster lehramtlicher Stufe geleistet.

Die Tatsache eines dogmatischen Fortschritts auf breitester Front ist unbestreitbar, sie ist zu offensichtlich, als daß man sie ausdrücklich betonen muß. Das Konzil brauchte dazu keine feierlichen Definitionen, es hat einfach die Wahrheit selbst verkündet. Diese Wahrheit muß jedoch von der Kirche heute aufgegriffen, angenommen und weitergegeben werden. Dazu bedarf es einer grundlegenden theologischen Erörterung, denn sie ist ein Standpunkt des Fortschritts im Glauben, den es in der Kirche durchzusetzen gilt. Wo die Wahrheit des Konzils gelebt wird, besteht Grund zum Feiern der neuen Liturgie. Wenn Lefebvre die Liturgiereform ablehnt, so tut er dies, weil er diese Wahrheit leugnet.

V.
Die Aufgabenstellung der Fundamentaltheologie – das neue Programm

Der Glaube des Konzils ist eine Erweiterung des pastoralen und dogmatischen Horizonts der katholischen Kirche. Er macht sie zur Anwältin der Menschen in Ehe und Familie, in Kultur und Wirtschaft, in Gesellschaft und Staat und überhaupt auf allen Ebenen der Politik. Er führt die Kirche aber auch zu den Prinzipien ihrer eigenen Überlieferung, nämlich der Offenbarung selbst in Schrift und Tradition[59]. Die Pastoral ist ein Standpunkt der Verkündigung dieses Glaubens, und die Dogmatik ist die Lehre von Sinn und Bedeutung dieser Pastoral. Sie erschließt dem Menschen das Verständnis seiner Existenz und ist ein Beitrag zur Bewältigung seiner Aufgaben in Staat und Gesellschaft. Das Konzil bekennt sich zu dieser Erweiterung des Horizonts im Denken, Wollen und Handeln der Kirche. Es hat sie nicht beiläufig zugelassen, sondern mit Absicht herbeigeführt, sie war der Grund seiner Einberufung, ist sein Programm und sein Bekenntnis. Das Konzil hat diese Erweiterung auf einer dogmatischen und pastoralen Ebene selbst thematisiert. In der Offenbarungskonstitution spricht es von einem Fortschritt der apostolischen Überlieferung, der im Wachstum des Verständnisses von Überlieferung besteht; und in der Pastoralkonstitution spricht es von den «Zeichen der Zeit» (GS 4), die erforscht und im Licht des Evangeliums gedeutet werden sollen, um «allen Menschen unserer Zeit» (GS 91) den Schatz der kirchlichen Lehre anzubieten und zu unterbreiten.

Johannes XXIII. hat mit großem Nachdruck von den Erfordernissen der Zeit gesprochen und nennt das Konzil ein «Werk [. . .], das unsere Zeit erfordert». Er sagt, die sichere Lehre der Vergangenheit müsse so erforscht und ausgelegt werden, «wie unsere Zeit es verlangt»[60]. Er ist überzeugt, daß sie für den «modernen Menschen»[61] eine Hilfe ist und der wirksamen Bewahrung und Förderung des Lebens dient. Die pastorale und dogmatische Horizonterweiterung der Kirche auf dem Konzil steht daher vor dem Problem der Zeitlichkeit des Glaubens selbst. Hat seine Vergangenheit Zukunft in der Gegenwart? Kann sich diese Gegenwart im Zeugnis der Vergangenheit zukünftig ereignen? Ist er in der Erinnerung an die Vergangenheit zukünftig existent? Die Frage nach der Zeitlichkeit des Glaubens ist ein fundamentaltheologisches Problem. Sie ist die Grundfrage einer Fundamentaltheologie des Konzils. Denn Fragen nach dem Wechselverhältnis von Dogmatik und Pastoral, nach der Geschichtlichkeit des Glaubens und seiner Überlieferung, sowie überhaupt nach der Offenbarung sind ohne Erörterung der Zeitlichkeit ihrer Existenz nicht zu beantworten. Fragen dieser Art werden auf ihm jedoch nicht gestellt, denn Konzilien behandeln keine Fragen von Theologie als Theologie, aber jede zentrale Aussage, die sie unterbreiten, muß begründet, verteidigt und durchgeführt werden können. Sie sind ein Ereignis des Endgültigen und Unüberbietbaren in der Zeit. Der pastorale und dogmatische Fortschritt auf dem Konzil ist eine Aufgabe der Fundamentaltheologie. Das Konzil ist ohne Beachtung ihrer Prinzipien nicht durchzuführen, und es stellt die Theologie vor das Problem der eigenen Begründung.

1. Ein methodisches Problem: Die Verfügbarkeit des Begriffs der Existenz

Alle Pastoral der Kirche hat einen zeitlichen Rahmen, denn sie geschieht in einem historischen Augenblick und ist eine geschichtliche Tat. Daher gehört zu den Aufgaben der Pastoral die Übernahme einer Verantwortung für die Situation, von der sie geprägt ist und die sie selbst verändern kann. Ihre Trägerinnen und Träger sind aufgefordert, sich mit der Situation auseinanderzusetzen und sich zu ihr zu verhalten. Sie sind verpflichtet, die Zeichen der Zeit eines gesellschaftlichen Umschwungs, eines zivilisatorischen Fortschritts, eines moralischen Niedergangs, einer kulturellen Bedrohung, einer wirtschaftlichen Krise, eines Sieges oder einer Niederlage in der Politik zu erforschen und im Licht der eigenen Aufgabe zu deuten. So kann und muß die Kirche «dann in einer jeweils einer Generation angemessenen Weise auf die bleibenden Fragen der Menschen nach dem Sinn des gegenwärtigen und des zukünftigen Lebens und nach dem Verhältnis beider zueinander Antwort geben. Es gilt also, die Welt, in der wir leben, ihre Erwartungen, Bestrebungen und ihren oft dramatischen Charakter zu erfassen und zu verstehen». (GS 4)

Das Konzil erörtert die pastorale Aufgabenstellung der Kirche im Horizont einer Analyse der Zeitsituation. Es will eine Antwort auf die Frage der Menschen nach der Herkunft und Zukunft ihres Lebens in dieser Situation geben. Es vertritt den Standpunkt der eigentlichen Zeitlichkeit des Glaubens und ist eine eigentliche, nicht eine uneigentliche Antwort auf die Fragen der heutigen Zeit. In einer Fundamentaltheologie des Konzils besitzt die Zeitanalyse mit der Unterscheidung zwischen eigentlicher und uneigentlicher Zeitlichkeit eine Schlüsselfunktion. Das Konzil ist ein eigentlicher Standpunkt in der Zeit und keine uneigentliche Anpassung an ihre Modeerscheinungen. Es will selbst vertreten sein und ist nicht nur ein Impuls. An der Zeitanalyse unterscheiden sich daher die Geister. Das Konzil sagt von der Kirche, daß sie auf die Frage «nach dem Sinn des gegenwärtigen und des zukünftigen Lebens und nach dem Verhältnis beider zueinander Antwort geben» (GS 4) kann.

Das Verhältnis zwischen Vergangenheit, Gegenwart und Zukunft in Vergangenheit, Gegenwart und Zukunft ist jedoch das Verhältnis der eigentlichen Zeitlichkeit. In ihr wird die Gegenwart aus der Zukunft ihrer Vergangenheit bestimmt, und die Vergangenheit als eine Gegenwart der Zukunft gedeutet. Über diese Verschränkung des Zeitlichen auf seinen verschiedenen Ebenen sagt M. Heidegger: «Die ursprüngliche und eigentliche Zeitlichkeit zeitigt sich aus der eigentlichen Zukunft, so zwar, daß sie zukünftig gewesen allererst die Gegenwart weckt».[62] Das Konzil spricht in diesem Sinn von den «Zeichen der Zeit». (GS 4) Denn es meint die Zeichen der eigentlichen Zeit; es ist bemüht, «in den Ereignissen, Bedürfnissen und Wünschen, die es zusammen mit den übrigen Menschen unserer Zeit teilt, zu unterscheiden, was darin wahre Zeichen der Gegenwart oder der Absicht Gottes sind». (GS 11) Diese Gegenwart ist ein «Kairos», sie ist unsere Zeit, in diesem Sinn von aller vergangenen und jeder zukünftigen Zeit unterschieden, daher will sie als sie selbst angenommen sein und nicht im Sinn bloßer «Chronologie» verstanden werden. Sie ist die Chance der Gottesbegegnung in der gegenwärtigen Geschichte. Die uneigentliche Auffassung von der Zeit bestimmt ihre Ebenen – Vergangenheit, Gegenwart und Zukunft – nicht in sich selbst, sondern faßt sie in Analogie zum Raum durch bloße Aneinanderreihung. Die Vergangenheit ist bei dieser Betrachtung nicht die Gegenwart einer Zukunft, sondern deren Vorzeit. Und die Zukunft ist nicht die Gegenwart einer Vergangenheit, sondern deren Nachfolgezeit. Die Gegenwart selbst jedoch besteht aus reinen Jetztzeitfolgen: sie ist ohne Zukunft und ohne Vergangenheit.

Von dieser eindimensionalen Zeitauffassung und der mit ihr einhergehenden Verdinglichung der Zeitebenen sagt M. Heidegger: «Das Charakteristische der dem vulgären Verständnis zugänglichen ‹Zeit› besteht u. a. gerade darin, daß in ihr als einer puren, anfangs- und endlosen Jetzt-folge der ekstatische Charakter der ursprünglichen Zeitlichkeit nivelliert ist».[63] Diese nivellierende Bestimmung erfolgt gleichwohl selbst in der Zeit. Sie ist ein Standpunkt, der bewertet und interpretiert, hat ihre Präferenzen und ihre Ideologie, und sie gehört zum Phänomen der Zeit. Eine uneigentliche Zeitauffassung liegt im Traditionalismus, im Progressismus und im Bürokratismus tatsächlich vor. Denn auf dem Boden dieser Ideologie besitzt die Vergangenheit keine Zukunft, die Zukunft keine Vergangenheit, und die Gegenwart ist eine Gegenwart, in der sich die Zukunft der Vergangenheit und die Vergangenheit der Zukunft selbst nicht ereignet. Sie ist nur ein Verwaltungszustand.

Das Konzil bestimmt die Zeit des Glaubens eigentlich. Es ist selbst die Grundlage der Auseinandersetzung mit Traditionalismus, Progressismus und Bürokratismus. Es verwendet und bietet auch den entscheidenden Begriff für diese Auseinandersetzung, nämlich die Kategorie der Existenz. Sie ist ein Zeitbegriff, denn Existenz meint eine Zukunft, die in der Gegenwart gewonnen oder verloren wird; eine Vergangenheit, die sich in der Gegenwart für die Zukunft öffnet oder verschließt, sowie eine Gegenwart, die ihre Vergangenheit bewältigt und damit Zukunft eröffnet. Die Zeit des Glaubens ist eine Zeit der Gewinnung solcher Existenz. Sie ist eine Offenbarung. Zeitlichkeit in diesem Sinne ist keine Uneigentlichkeit. Sie ist weder der Anpassungsdruck auf Zurückgebliebene noch der Eifer im Reformismus von Bürokraten. Sie ist nicht die Zeitgeistmentalität im Sinne eines Konzils der Buchhalter[64]; sie ist die Existenz der Menschen selbst. Sie umfaßt ihre Vergangenheit, Gegenwart und Zukunft und ist daher der Entwurf ihres Lebens. Sie ist ihre Geschichte; denn sie meint die Vergangenheit, Gegenwart und Zukunft von Leben, das in der Geschichte es selbst wird und sich in ihr tatsächlich ereignet. Ihre Objektivität hat subjektiven Sinn, und die Subjektivität, die sie verkörpert, hat objektive Bedeutung. Sie ist immer zugleich individuell und überindividuell in ihrer Existenz. Aber diese Zeitbetrachtung hat auch eine methodische Funktion, denn Existenz ist ein hermeneutischer und zugleich heuristischer Begriff: Sie ist der Schlüssel zum Erfassen des Eigenwerts von Tatsachen. Man kann mit ihr alles, was ist, in dieser Tatsächlichkeit erfassen, und es von sich selbst her interpretieren; denn es ist in dem, wie man es versteht und was es wirklich bedeutet, eine Offenbarung.

Niemand kann etwas ohne Sachverstand interpretieren: Die Frage nach dem Konzil hat eine objektive Bedeutung, denn es macht eigene Aussagen; es ist selber ein Standpunkt, und es will kein Instrument im Weltanschauungskrieg von Traditionalisten, Reformisten und Progressisten sein. Ein Schlüssel zur Feststellung dieses Eigenwerts ist aber sein Begriff der Existenz. Wer nicht über ihn verfügt, kann im Umgang mit dem Konzil nicht sachgerecht sein. Er weiß nicht, was es sagt, versteht nicht, was es will, und tut nicht, wozu es anleitet. Die Erfordernisse der Zeit im Sinne von Johannes XXIII. sind kein Aufruf zu Reformismus oder Progressismus, wie der Traditionalismus fälschlicherweise unterstellt, sondern der Ruf nach Authentizität im Umgang mit der Lehre. Die Kirche soll auf die Frage nach ihrem Standort kompetent Auskunft gegen und wissen, was sie tut, wenn sie etwas sagt, und das, was sie fordert, immer auch selber tun. Von jeder Antwort, die sie gibt, ist sowohl sie selbst als auch der Fragesteller betroffen. Mißlungenes und Gelungenes ist in der Begegnung eine Tatsache der Existenz von beiden.

2. Die Begründung der Würde des Menschen in der Theologie – eine inhaltliche Herausforderung

Zeit, Existenz, Geschichte, Glaube, Offenbarung, Religion sind zentrale Themen der Fundamentaltheologie. Das Zweite Vatikanische Konzil hat grundlegende Aussagen zu diesen Themen gemacht, es ist das Konzil einer Fundamentaltheologie der Existenz des Menschen in Christus und Gott. Es stellt die Theologie vor die Frage ihrer eigenen Begründung, denn sie verlangt eine Theologie der Existenz des Menschen in seinem subjektiven und objektiven Sinn.[65] Aussagen einer solchen Theologie betreffen den einzelnen Menschen und können von ihm gewußt, verstanden und vertreten werden. Sie sind ein Standpunkt seiner eigenen Existenz. Er kann ihnen zustimmen, sie weitergeben und sie vor Ort zur Geltung bringen. Jede Person ist das Subjekt der Theologie, ihre Aussagen betreffen den einzelnen Menschen sowohl durch ihren Verkündigungscharakter, als auch wegen ihres Inhalts. Denn Gott, Christus und der Heilige Geist sind ein Inbegriff der menschlichen Existenz. Die Würde des Menschen ist in seiner Berufung durch Gott begründet, deswegen haben die Aussagen der Theologie subjektiven Sinn und objektive Bedeutung. Sie sind, sofern sie den Menschen wirklich betreffen, eine Mitteilung der Offenbarung selbst. Niemand, der von Gott spricht, darf Menschen verraten, und niemand, der Menschen verrät, spricht wirklich von Gott.

Dieser Grundsatz muß in der Fundamentaltheologie zur Anwendung kommen. Er verändert den Schwerpunkt ihrer Traktate und führt zu einer umfassenden Erneuerung ihres Programms. Denn Gott ist Gott des Menschen in der Geschichte, und der Mensch in der Geschichte ist Mensch vor Gott als Gott. Die Frage nach Gott und Mensch hat daher zeitlichen Charakter im eigentlichen Sinn, Zeitfragen aber sind ein Existenzproblem. Sie sind ein Problem des Entwurfs von Existenz in der Theologie und Grundlage zur Erörterung der Themen ihrer vergangenen, gegenwärtigen und zukünftigen Geschichte. Der Entwurf macht die Theologie zeitlich begründbar, sie kann eine politisch-kulturelle, geographisch-geschichtliche Existenz besitzen. Sie ist die Theologie einer Kirche, die sich der Existenzfrage stellt und hat geistliche und weltliche Bedeutung für die Menschen der heutigen und jedweder zukünftigen Zeit.

Das Fundament einer jeden Situationsanalyse ist die Verfügbarkeit des Existenzbegriffs. Er macht das Eigentliche der Zeit bestimmbar und läßt das Uneigentliche in ihr erst überhaupt zum Thema werden, denn Menschen sind mehr als die Situation, in der sie sich befinden. Sie müssen den Zustand ihres Lebens verändern, um ihrer Berufung zu folgen. Alles andere ist Unterdrückung und Verrat. Niemand kann das Konzil durchführen, der sich nicht auf diese Analyse einläßt, denn es selber führt sie durch und ist ihre grundlegende Erörterung. Alle Traktate der Fundamentaltheologie sind methodisch und inhaltlich von ihr betroffen, denn Offenbarung erschließt die Existenz. Pastoral ist die Praxis der Verwirklichung von Existenz. Analytik, Pragmatik und Hermeneutik sind das Instrumentarium zur Begründung von Existenz. Die unseligen Diskussionen über Theorie und Praxis, die beides in ein Gegensatzverhältnis bringen wollen, verlieren auf diesem Hintergrund Bedeutung und Sinn; denn jede Theorie ist potentielle Praxis und jede Praxis ist angewandte Theorie. Sie ist das Handeln von jemand, der denkt, und der Gedanke von jemand, der tatsächlich handelt. Denken, Wollen und Handeln bedingen sich wechselseitig und konstituieren menschliche Existenz.

Die Aussagen des Konzils verändern das Programm der Fundamentaltheologie. Diese hat nun eine doppelte Aufgabe – zum einen der Begründung von Theologie als einer Tatsache der Existenz des Menschen und zum anderen der Begründung dieser Existenz als einer Existenz in der Theologie. Folgende Inhalte gewinnen daher für die einzelnen Traktate an Gewicht: Die Religion ist ein Phänomen der Existenz des Menschen, daher besteht eine wichtige Aufgabe für den Traktat über die «demonstratio religiosa» in der Widerlegung des traditionellen, neuzeitlichen Dualismus von Immanenz und Transzendenz. Die Frage nach Gott hat Immanenzcharakter, die Scheinprobleme eines autoritären Supranaturalismus müssen auf dieser Grundlage entlarvt werden. Durch das Konzil gewinnt die Theologie eine neue Basis für die Auseinandersetzung mit der Religionskritik.

Die Christologie macht Aussagen über Jesus als wahren Menschen und als wahren Gott. Vertikalität und Horizontalität durchdringen sich in ihr und sind daher gleich bedeutsam und der Traktat über die «demonstratio christiana» hat somit ihre grundsätzliche Gleichheit in seiner Person herauszustellen. Diese hebt die Menschenwürde nicht auf, sondern begründet sie. Der historische Jesus und der Christus des Glaubens sind beide zusammen und je für sich gleich bedeutsam. Es gibt einen Glauben an den historischen Jesus, und sein Menschsein ist schon der Anfang eines neuen Himmels und einer neuen Erde. Es ist die Vorwegnahme der absoluten Zukunft alles Geschaffenen, das Modell der endgültigen Erlösung. Die Kirche existiert in ihren Aufgaben, weil sie in der Verkündigung der Botschaft von Gott und Christus Wirklichkeit gewinnt. Daher muß der Traktat über die «demonstratio catholica» begründen, daß sie die Kirche Jesu Christi ist. Denn Christus ist der Maßstab ihrer Existenz, er ist die einzige legitime Grundlage einer herkömmlichen Kritik an ihren Personen, Institutionen, Bewegungen und Programmen. Die Traktate über Glauben und Wissen und über die Offenbarung erhalten durch das Konzil neue Bedeutung. Denn es unterbreitet neues Wissen vom Glauben, ein prophetisches Wissen, das nicht nur über die Offenbarung informiert, sondern diese selbst verkündet und vertritt. Die Fundamentaltheologie hat sich vor dem Anspruch zu bewähren, daß man sinnvoll und bedeutsam über die Inhalte des Glaubens sprechen kann, daß man genau sein kann in der Analyse von Tatsachen, und unbestechlich in der Auseinandersetzung mit den Gegnern. Theologie hat eine pastorale Bedeutung und Pastoral einen theologischen Sinn, denn Theologie ist immer ein Standpunkt, den man vertritt, und damit eine Position des Handelns. Dieser Umstand macht die Theologie der Befreiung zu einer persönlichen und zugleich politischen Herausforderung, denn sie begründet die Würde der Armen. Sie ist die Theologie der Pastoralkonstitution des Zweiten Vatikanum in Lateinamerika.

3. Die Apologetik des Neuen – ein Problem des Seins der Theologie

Mit der Infragestellung des Konzils sind Standpunkte des Glaubens angegriffen, die verteidigt werden müssen. Das Konzil verkündet die Berufung des Menschen als Schlüssel zu seiner Existenz und ist das eigentliche Ereignis des Glaubens in der heutigen Zeit. Die herkömmliche Glaubensauffassung verfügt nicht über den Begriff der Existenz, daher ist die Berufung des Menschen für sie weder ein zentrales Thema noch ein eigentliches Geschehen der heutigen Zeit. Eine solche Theologie steht vor dem Problem der Bewertung des neuen dogmatischen Standpunkts. Der herkömmliche Sprachgebrauch bietet zwei Wege einer Lösung an, denn er verfügt über den Begriff des Wachstums im Sinnverständnis.

Der Sprachgebrauch des Antimodernismus hebt die Sinnidentität im Dogma hervor. Er besagt: «die Glaubenslehre hat von den Zeiten der Apostel über die Väter bis heute den gleichen Sinn und die gleiche Bedeutung», und er fordert dazu auf, «die häretische Lüge einer Dogmenentwicklung, die vom einen Sinn zu einem anderen als dem von der Kirche ursprünglich festgehaltenen Sinn übergeht, zu verwerfen». (DS 3541.Ü.v.V.) Der ältere Sprachgebrauch des Vinzenz von Lerin (DS 3020), der im Ersten Vatikanum aufgegriffen wurde und auf den sich auch das Zweite Vatikanum beruft (DV 8), spricht von einem Wachstum und Fortschritt in der Lehre selbst, bei gleichem Sinn und gleicher Bedeutung: «Es möge das Verständnis, das Wissen und die Weisheit der einzelnen wie der Allgemeinheit, des Menschen je für sich, wie der ganzen Kirche, nach dem Maß der Lebensalter und Zeitepochen wachsen und gewaltig fortschreiten: aber in seinem eigenen Genus, d. h. im selben Dogma, bei gleichem Sinn und gleicher Bedeutung». (DS 3020. Ü.v.V.)

Das Zweite Vatikanum ist unbestreitbar ein neuer dogmatischer Standpunkt, aber es verfügt über den Begriff der Existenz und kann die Lehre von Sinn und Bedeutung daher neu beschreiben; denn Existenz ist ein Begriff mit zwei Ebenen[66]. Er hat eine Sinnebene, auf der man etwas als etwas versteht, und eine Bedeutungsebene, auf der man von etwas sagt, daß es etwas ist. Sinnidentität und Bedeutungsgleichheit sind aber die Kriterien authentischer Tradition. Das Konzil stellt den Existenzgehalt der Überlieferung fest und kann damit ihren Sinn und ihre Bedeutung erfassen – ihren Sinn, insofern es mit Hilfe eines neuen Begriffs dieselbe Aussage macht; ihre Bedeutung, insofern es die erklärende Kraft dieser Aussagen für Erfahrungen in der Gegenwart aufzeigt. Der Glaube an die Berufung des Menschen erschließt und vergegenwärtigt die ganze Tradition. Er ist Inbegriff der Offenbarung selbst; denn Gott beruft den Menschen durch Christus im Heiligen Geist. Seine Geschichte mit dem Menschen ist Schöpfung und Erlösung. Das Konzil genügt der Lehre vom dogmatischen Fortschritt. Aber es kann über die Tradition hinaus den Fortschritt weiterführend bestimmen, denn er ist nicht nur intellektueller, sondern geschichtlicher Natur. Er betrifft nicht nur das Erkennen, sondern auch das Wollen und Tun. Er ist ein Standpunkt, den jemand wirklich vertritt. Der Glaube des Konzils kann sich daher im eigentlichen Sinne zeitigen, und er ist kraft seiner eigenen Existenz ein Standpunkt der Pastoral. Er wird er selbst in Worten und Taten der Geschichte. Der Glaube besitzt ein geschichtliches Sein, er ist ein Politikum.

Das Konzil wird den Anforderungen der Tradition umfassend gerecht, deswegen führt es sie auch umfassend weiter. Es ist ein Standpunkt, der sie in der Gegenwart authentisch vertritt. Denn Tradition ist Geschichte und daher das Gegenteil von Traditionalismus, der Vergangenes nicht von der Gegenwart und Zukunft unterscheidet und es deswegen nicht als es selbst zur Geltung bringt. Sie ist die Zukunft einer Vergangenheit und daher das Gegenteil von Progressismus, der mit jeder Vergangenheit bricht. Sie ist die Zukunft einer Vergangenheit in der Gegenwart und daher das Gegenteil von Bürokratismus, der Gegenwart nur verwaltet, der weder ihre Vergangenheit noch ihre Zukunft eigentlich vertritt, und deswegen überhaupt nicht gegenwärtig ist. Daher ist die Apologetik der Standpunkte des Konzils ein Problem des Seins oder Nichtseins aller Theologie der Gegenwart. Sie muß um das Neue kämpfen, wenn sie die Auseinandersetzung mit dem Traditionalismus, Progressismus und Bürokratismus bestehen will. Sie ist die Anwältin authentischen Glaubens der heutigen Zeit. Das Konzil hat eindeutig einen dogmatischen Standpunkt und setzt neue Maßstäbe der Glaubensverkündigung. Diese sind an jedem Ort der Kirche einzuklagen. Sie sind auch ein Standpunkt der Theologie im Umgang mit den Verlautbarungen der Glaubenskongregation. Stellt man diese neben das Konzil, so fällt das Folgende auf: Die Glaubenskongregation bekämpft den Teufel des Progressismus mit großer Hingabe und Entschiedenheit. Aber sie hat den Beelzebub des Traditionalismus bislang eher gepflegt, denn vertrieben. Die Grundaussagen der Pastoralkonstitution wie der Glaube an die Berufung des Menschen, an Christus, den vollkommenen Menschen, an das Geheimnis Gottes als dem Schlüssel zum Verständnis der Existenz des Menschen sind kein Thema ihrer Verlautbarungen.

Die Pastoralkonstitution besitzt für sie bislang keinen dogmatischen Quellenwert und bildet für sie keinen Grund, um eine neue dogmatische Sprachregelung einzuführen. Ihre eigene Sprachregelung bleibt antimodernistisch und damit vorkonziliar. Dieser Mangel wird besonders daran spürbar, daß keine dogmatische Auseinandersetzung mit dem Traditionalismus von Erzbischof Lefebvre geführt wird. Dieser verstößt gegen das Erste und gegen das Zweite Vatikanum; gegen das Erste, weil es den Traditionalismus verurteilt, und gegen das Zweite, weil es einen dogmatischen Ansatz hat, den Lefebvre grundsätzlich ablehnt.[67]. Eine dogmatische Auseinandersetzung mit den Unglückspropheten in Deutschland und ihrem Minimalismus wäre ebenfalls erforderlich; denn sie übergehen die Neuheit der Pastoralkonstitution und verkennen sie dogmatisch.[68] Zu vermerken sind Äquivokationen der Sprachregelung: der Ausdruck «neu» hat im selben Text oft zwei Bedeutungen. Er wird positiv – im Sinn von «neu verkünden» – und negativ – im Sinn von «Neuerung» – verwendet. Die Neuheit selber indes wird umgangen und kommt nie ausdrücklich in den Blick.[69]

Solange die Glaubenskongregation diese Mängel nicht behebt, gilt von ihr, was Kardinal Ratzinger generell sagt, daß nämlich «die wahre Zeit des II. Vatikanums noch nicht gekommen ist, daß seine echte Rezeption noch nicht begonnen hat; seine Dokumente sind sofort begraben worden unter einem Wust von oberflächlichen oder einfach ungenauen Publikationen».[70] Für die lateinamerikanische Theologie ist dieses Problem jedoch eine Seinsfrage. Ihre Option für die Armen steht und fällt mit dem Konzil und seiner dogmatischen und pastoralen Erneuerung. Viele Mißverständnisse, Irrtümer und Verwechslungen umlauern diesen Weg, und der Kampf gegen sie bedarf grundsätzlicher Überlegungen, denn sie sind ein fundamentaltheologisches Problem. Ort und Prinzip der Auseinandersetzung ist das Zweite Vatikanum, denn es verlangt eine theologische Erörterung von Problemen der Politik und eine politische Erörterung von Problemen der Theologie. Seine Pastoralkonstitution ist eine fundamentaltheologische Auseinandersetzung zwischen Glauben und Politik in der katholischen Theologie. Sie ist die kirchliche Basis einer jeden Theologie der Befreiung. Ich möchte sie im nächsten Abschnitt auf dieser Grundlage erörtern. Die Theologie der Befreiung ist wichtig, um das Konzil selbst zu verstehen. Das Konzil hingegen ist wichtig, um ihr einen kirchlichen Rahmen zu geben.

DRITTER ABSCHNITT

DER GLAUBE DES KONZILS IN LATEINAMERIKA – DIE THEOLOGIE DER BEFREIUNG

Das Konzil geht den Weg der Offenbarung selbst. Es verkündet den Gott des Reiches Gottes, der alle Menschen beruft, Gerechtigkeit in der Gesellschaft herzustellen, um dadurch Mitarbeiter und Mitarbeiterinnen am Aufbau dieses Reiches zu sein. Es verkündet Christus, den Sohn Gottes und Propheten dieses Reiches, der – selbst vollkommener Mensch – durch seinen Tod und seine Auferstehung den neuen, vollkommenen Menschen schafft. Es verkündet die Berufung der ganzen Menschheit zur Gemeinschaft mit Christus in der Kirche; denn diese ist das neue Volk Gottes, das messianische Volk, die Keimzelle des neuen Himmels und der neuen Erde, das Sakrament des Heils der ganzen Welt. Daher sind die zentralen Themen des Konzils: die geschichtliche Zuordnung von Natur und Übernatur in der Lehre von Gott; – die geschichtliche Zuordnung von Mensch und Gott in der Lehre von Christus, dem vollkommenen Menschen und Modell einer neuen Schöpfung; – die geschichtliche Zuordnung von Mensch und Kirche in der Lehre von der Würde des Menschen, der berufen ist, vollkommener Mensch, d. h. Mensch in Gott und Christus zu werden; – sowie in der Lehre von der Kirche als dem neuen Volk Gottes, das eine Gemeinschaft in Christus und daher Sakrament des Heils und der Erlösung aller Menschen ist.

Die Kirche in Lateinamerika geht den Weg des Konzils, sie greift das Neue seiner Lehre auf und führt es auf neue und schöpferische Weise durch. Träger und zugleich Schlüssel zum Verständnis dieser Erneuerung sind die Armen, denn ihre Situation ist gekennzeichnet von Unterdrückung, Menschenrechtsverletzung und tausendfachem Tod. Die Lehre des Konzils von der Berufung des Menschen besitzt daher für sie eine besondere Dringlichkeit und ein spezifisches, materielles, politisches Gewicht. Denn es lehrt die ganzheitliche Berufung des Menschen, d. h. jene Berufung, die Körper und Geist, Leib und Seele, das psychische und materielle Leben umfaßt. Wer diesen Glauben des Konzils wirklich festhält, verkündet den Unterdrückten Solidarität und Beistand, den Entrechteten die Achtung ihrer Menschenwürde und den zum Tode Verurteilten das neue Leben. Er verkündet ihnen ganzheitliche Befreiung. Daher sind die Armen in der Kirche Lateinamerikas die Stimme des Konzils, sie verleihen ihm materielle und politische Aktualität und ermahnen die Kirche, seine Botschaft nicht zu verraten und seinen Glauben nicht aufzugeben, sondern mutig für ihn einzutreten und ihn vor der Kirche und vor der Gesellschaft zu bekennen. Die Armen sind die treibende Kraft der Erneuerung, die das Konzil verkündet. In Lateinamerika vertritt die Kirche den Standpunkt der Armen, sie macht sich zu ihrer Stimme und wird dadurch selbst zur Stimme des Konzils. Sie gibt das Neue des Konzils nicht nur irgendwie, sondern schöpferisch weiter und führt das Prophetische an ihm prophetisch durch.

Meilensteine und Hauptzeuginnen dieser kraftvollen und entschlossenen Übernahme des Zweiten Vatikanum sind die Synoden von Medellín 1968 und Puebla 1979. Medellín verkündet in seinem Dokument über die «Präsenz der Kirche in der gegenwärtigen Umwandlung Lateinamerikas»[1] eine vorrangige Option für die Armen: «Der besondere Auftrag des Herrn, ‹den Armen die Frohe Botschaft zu verkünden›, muß uns zu einer Verteilung der Kräfte und des apostolischen Personals führen, die den ärmeren und bedürftigeren und aus irgendwelchem Grunde ausgeschlossenen Sektoren wirklichen Vorrang gibt, indem man die Initiativen und Studien, die mit diesem Ziel bereits unternommen werden, ermutigt und beschleunigt. Wir Bischöfe wollen uns in Einfachheit und aufrichtiger Brüderlichkeit immer mehr den Armen nähern, indem wir ihren Zugang zu uns ermöglichen und leicht machen. [. . .] Wir müssen das Gewissen zur solidarischen Verpflichtung mit den Armen, zu der die Nächstenliebe uns führt, schärfen. Diese Solidarität bedeutet, daß wir uns ihre Probleme und Kämpfe zu eigen machen und für sie zu sprechen wissen. Dies muß sich in der Anklage der Ungerechtigkeit und Unterdrückung konkretisieren, im christlichen Kampf gegen die unerträgliche Situation, die der Arme häufig erleiden muß, in der

Bereitschaft zum Dialog mit den für diese Lage verantwortlichen Gruppen, um ihnen ihre Pflichten begreiflich zu machen»[2]. Die Option der Armen für die Armen ist ein Schritt des Glaubens der Kirche; denn Medellín verkündet in seiner Botschaft an die Völker Lateinamerikas: «Wir stellen alle unsere Arbeit und diese Hoffnung unter den Schutz Mariens, der Mutter der Kirche und Patronin von ganz Amerika, damit sich das Reich Gottes schon jetzt unter uns verwirkliche.
Wir glauben:
an Gott
an die Menschen
an die Werte
und an die Zukunft Lateinamerikas»[3].

Dieser Glaube an die Menschen der Kirche verlangt jedoch ein Umdenken der Kirche; denn er ist ein neuer Standpunkt. Die Kirche, die ihn einnimmt und verkündet, muß die Menschen kennenlernen wollen, zu denen sie geht und an die sie sich wendet; sie muß die historische Situation ansprechen, in der diese Menschen sich befinden und ihre Not als Zeichen der Zeit verstehen, die im Licht des Evangeliums und Christus zu deuten ist; und schließlich muß die Kirche das Leben der Menschen und Völker im Sinne des Evangeliums mitgestalten und auch wirklich verändern. Daher erklärt Medellín, «daß ‹um Gott zu kennen es notwendig ist, den Menschen zu kennen›. Die Kirche hat versucht, diesen historischen Augenblick des lateinamerikanischen Menschen im Lichte des Wortes, das Christus ist, in dem sich das Geheimnis des Menschen offenbart, zu verstehen»[4]. Die Pastoral der Kirche ist daher ganzheitlich zu planen. Medellín verlangt eine Gesamtpastoral, eine «Pastoral de conjunto», die «umfassend, organisch und gegliedert sein muß» und daher «alle Menschen zur vollen Lebensgemeinschaft mit Gott in der sichtbaren Gemeinschaft der Kirche»[5] führt.

Puebla bestätigt in seinem Dokument zur «Evangelisierung in Lateinamerikas Gegenwart und Zukunft»[6] die Aussagen Medellíns und führt sie weiter. Es übernimmt seine Option für die Armen[7] und hebt den Standpunkt des Glaubens an sie und an ihre Berufung in der Gegenwart und Zukunft Lateinamerikas ausdrücklich hervor. Die Bischöfe erklären dazu: «In Medellín haben wir unsere Botschaft mit folgender Aussage geschlossen: ‹Wir glauben an Gott, an die Menschen, an die Werte und an die Zukunft Lateinamerikas.› In Puebla greifen wir dieses Bekenntnis zu Gott und den Menschen erneut auf. Gott ist im Herzen Lateinamerikas durch Jesus Christus, den Befreier, gegenwärtig und lebendig. Wir glauben an die Kraft des Evangeliums. Wir glauben an die Wirksamkeit der Werte des Evangeliums, die da Gemeinschaft und Mitbeteiligung heißen, und auf ihrer Grundlage wird uns schöpferischer Geist erfüllen, wir werden Erfahrungen sammeln und neue pastorale Vorhaben in die Wirklichkeit umsetzen. Wir glauben an die Gnade und die Kraft unseres Herrn Jesus Christus, der das Leben durchdringt und uns zu Umkehr und Solidarität auffordert. Wir glauben an die Hoffnung, die den Menschen auf seinem Weg zu Gott, unserem Vater, kräftigt und stärkt»[8]. Die Option für die Armen ist ein Bekenntnis des Glaubens an die Berufung aller Menschen zur Mitarbeit am Aufbau einer neuen Gesellschaft. Auf dieser Grundlage kann Puebla eine «pastorale Sicht der lateinamerikanischen Realität» entwickeln[9], den ganzen Inhalt des Evangeliums als «Heilsplan Gottes für die Realität Lateinamerikas»[10] verstehen, sowie «die Evangelisierung in der Kirche Lateinamerikas» unter dem Gesichtspunkt von «Gemeinschaft und Mitbeteiligung»[11] durchführen. Es kann die Christen und Christinnen auffordern, eine «missionierende Kirche im Dienst der Evangelisierung in Lateinamerika»[12] zu sein, eine Kirche «unter der dynamischen Kraft des Geistes»[13] mit eigenen pastoralen Optionen. Ihr Aufbruch ist die Zukunft der Kirche selber in Lateinamerika.

Armut hat soziopolitische Ursachen, aber sie ist auch ein menschliches Schicksal, und sie zwingt die Menschen, sich mit diesem Schicksal auseinanderzusetzen. Das Verhalten zum Arm-sein und dessen Ursachen ist die Existenz des Armen. Es ist der Entwurf eines Daseins im Projekt seiner anstehenden und fällig gewordenen Veränderung. Eine Theologie der Armen in einer Kirche, die sich zu einer Option für die Armen entschlossen hat, muß dieses Projekt vorrangig erörtern. Sie hat die Pflicht, den Armen selber zu begegnen. Sie muß feststellen, worin ihre Armut besteht und welche geographischen, sozialen und politischen Gründe sie hat. Sie muß den Existenzgehalt des Evangeliums erklären und von ihm behaupten können, daß es das Projekt Gottes für die Armen der heutigen Gesellschaft ist. Wo die Kirche sich den Armen zuwendet, wird sie selbst von den Armen bekehrt. Die Armen verkünden ihr das Reich Gottes, und die Kirche nimmt diese Botschaft an. Sie geht den Weg des messianischen Volkes Gottes und wird zur Kirche der Armen. Die lateinamerikanische Theologie ist die Theologie dieser Armen und daher notwendig eine Theologie ihrer Befreiung. Sie besitzt politische Brisanz, weil sie für Gerechtigkeit im Sinne des Reiches Gottes eintritt und ihre Stimme nicht für die Ankläger, sondern für die Angeklagten erhebt. Sie besitzt theologische Originalität, weil sie das Evangelium Jesu vom Reich Gottes reflektiert, das von den Reichen Bekehrung fordert und den Armen Befreiung verheißt.[14] Die lateinamerikanische Theologie besitzt aber auch pastorale Entschiedenheit; denn sie konkretisiert das Zweite Vatikanum in Gestalt der Armen[15], die berufen sind, sie selber zu sein in Kirche und Politik. Die Armen sind die zentrale Herausforderung und der Testfall des Projekts der neuen Menschheit in Gott und Christus.[16]

Die Theologie der Befreiung hat einen politischen, theologischen und kirchlichen Schwerpunkt. Nach dieser Maßgabe sind in ihr aber auch verschiedene Richtungen zu unterscheiden. Ihre Vertreter haben jeweils ihren eigenen Ort in Kirche und Gesellschaft, und sie sprechen aus dessen jeweiliger Perspektive. Ihre Vertreter mit einem politischen Schwerpunkt sind an der Auseinandersetzung um die Macht im Staat beteiligt. Sie unterstützen revolutionäre Bewegungen und sind Anhänger des marxistischen Gesellschaftsprojekts. Sie meinen, der Marxismus sei die einzige Lösung der gesellschaftlichen Probleme Lateinamerikas.[17] Sie wollen, daß Christen und Marxisten eine Koalition bilden und gemeinsam den Staat regieren. Vertreter eines solchen politischen Projekts in der Theologie sind die Christen für den Sozialismus in Chile, die Priester für Frieden und Revolution in Nicaragua, Miguel D'Escoto, Ernesto und Fernando Cardenal, die an der Regierung beteiligt waren, Camillo Torres in Kolumbien, der ein Priester war, zur Guerilla ging und im Kampf getötet wurde, und Hugo Assmann, der für eine marxistische

Umwandlung der lateinamerikanischen Gesellschaft plädiert.[18] Die Vertreter des kirchlichen Schwerpunkts in der Befreiungstheologie stehen für das Projekt einer Pastoral der Gesellschaft. Ihr Ort ist die Kirche selbst, und das Hauptinstrument ihrer Arbeit sind die Basisgemeinden. Diese Richtung unterstützt Menschenrechtsbewegungen und ist am Kampf für die Sicherung und Herstellung der Menschenrechte in der Politik auch institutionell beteiligt. Sie ist gegen den Marxismus. Aber sie ist auch gegen den Antimarxismus, da er eine Ideologie der Vereinigung des Unrechts in der lateinamerikanischen Gesellschaft ist. Sie plädiert für die Überwindung solchen Unrechts durch die Vertreter dieser Gesellschaft selbst und will den Prozeß ihrer politisch-moralischen Erneuerung dabei kirchlich unterstützen. Sie entwickelt das Projekt einer Pastoral institutioneller Wirklichkeit und der Politik. Hauptvertreter einer Kirche der Befreiung sind die Kardinäle Arns und Lorscheider, die Bischöfe Casaldáliga und Hélder Câmara und überhaupt die überwältigende Mehrheit der Brasilianischen Bischofskonferenz, die Bischöfe Dammert und Schmitz in Peru, der Bischof Proaño in Equador, sowie ein Teil der mexikanischen und chilenischen Bischofskonferenz. Dazu gehören die Märtyrer der lateinamerikanischen Kirche und vor allem der ermordete Bischof Oscar Romero von San Salvador.[19] Die Vertreter des theologischen Schwerpunkts dieser Richtung in Lateinamerika entwerfen das Gesamtprogramm der Theologie einer erneuerten Kirche in einer sich erneuernden Gesellschaft. Sie wenden sich an die Architekten und Baumeister einer neuen Menschlichkeit.[20] Der politische Ort dieser Richtung ist nicht die Politik, sondern die Kirche. Ihre Vertreter behaupten, daß der Marxismus für die soziopolitische Analyse des Unrechts der Machtverteilung und Besitzverhältnisse in den Staaten und Gesellschaften Lateinamerikas brauchbar ist. Die wichtigsten Vertreter des theologischen Schwerpunkts sind Leonardo und Clodovis Boff, Gustavo Gutiérrez, Jon Sobrino, Juan Luis Segundo, Segundo Galilea, Ronaldo Munoz.[21].

Die Theologie der Befreiung hat Schwerpunkte und Richtungen. Man kann daher von der Theologie der Befreiung im Plural sprechen. Dieser Plural ist charakteristisch für den Sprachgebrauch der römische Dokumente. Aber die Theologie der Befreiung zerfällt nicht in widersprüchliche Richtungen, weil sie einen gesamtheitlichen Charakter besitzt. Sie ist die Theologie des Glaubens der katholischen Kirche in Südamerika. Man kann und soll in diesem Sinn von ihr im Singular sprechen, denn sie ist exemplarisch für die ganze Kirche.[22] Sie ist eine Theologie der Anwendung des Zweiten Vatikanischen Konzils in Südamerika und daher eine kirchliche Theologie. Sie bringt in der Kirche den Standpunkt des Konzils zur Geltung und ist die Verkörperung seines pastoralen und dogmatischen Fortschritts. Die Theologie der Befreiung ist Transformator und Multiplikator der Standpunkte, die das Konzil entwickelt. Ich spreche für meine Person von der Befreiungstheologie im Singular: Sie ist von allen anderen Theologien abzugrenzen, die keine Befreiungstheologie sind, steht auf dem Boden der Pastoralkonstitution des Konzils und besitzt Originalität und authentischen Charakter in ihren Aussagen. Sie hat deswegen große Bedeutung für die Kirche in Europa.

Ich möchte den pastoralen und dogmatischen Stellenwert der Befreiungstheologie bestimmen; denn es gibt in der Auseinandersetzung mit ihr eine theoretische und eine praktische Sackgasse. Wer sich in der theoretischen befindet, vertritt die Meinung, eine Theologie der Tradition ist unmöglich neu, und eine Theologie, die neu ist, gehört unmöglich zur Tradition. Daher ist jede Theologie entweder alt und richtig oder neu und falsch. Daß Altes falsch sein kann und Neues richtig, kümmert die Vertreter dieser Meinung wenig. Sie glauben nicht an die Lebendigkeit einer Theologie der Tradition und bestreiten, daß sie ein Tempel des Heiligen Geistes ist. Ihre Logik gehört in der Tat auch zu einer ganz anderen Geisteshaltung; denn im 6. Jahrhundert hat der Kalif von Bagdad nach der Eroberung Alexandriens die berühmte antike Bibliothek mit dem Argument vernichtet: Ihre Werke stehen entweder in Übereinstimmung mit dem Koran, dann brauchen wir sie nicht, oder sie widersprechen ihm, dann brauchen wir sie erst recht nicht. Sie sind daher auf jeden Fall zu verbrennen. Wer in der praktischen Sackgasse sitzt, vertritt folgende Meinung: Eine Theologie bezieht sich entweder auf die Politik und ist dann keine Theologie, oder sie ist Theologie, dann hat sie keine Bedeutung für die Politik. Man kann einen politischen Standpunkt nicht theologisch und einen theologischen Standpunkt nicht politisch bestimmen. Es gibt zwischen Natur und Übernatur in der Geschichte menschlicher Taten keine Verbindung. Theologie ist daher keine geschichtliche Existenz. Die Vertreter dieser Meinung verstoßen direkt gegen die Lehre des Konzils von der Berufung des Menschen und von der Kirche als Sauerteig und Seele der in Christus zu erneuernden und in die Familie Gottes umzugestaltenden menschlichen Gesellschaft. Viele Mitglieder der Kirche in Europa müssen sich vom Irrtum einer Philosophie logischer Engführung der Tradition und einer Theologie des autoritären Supranaturalismus ihrer Weitergabe erst noch befreien. Die lateinamerikanische Theologie liefert dazu praktische Beispiele und theoretische Argumente. Sie ist ein Gesamtentwurf der Theologie, der von allen Mitgliedern der Kirche vertreten werden kann.

I.
Gott in Lateinamerika
Theologie, Anthropologie und Soziologie im Projekt der Befreiung

In Medellín und Puebla hat die lateinamerikanische Kirche den Schwerpunkt ihrer Pastoral verlagert. Denn auf diesen Synoden entschließt sie sich, das Hauptproblem der Länder des Kontinents, nämlich die unmenschliche Armut der überwältigenden Mehrheit seiner Bevölkerung, im Lichte des Evangeliums zu betrachten und sich damit wirkungsvoll auseinanderzusetzen. Aus dieser Option der Pastoral erwächst der Theologie die Aufgabe, das Evangelium nach seinen Aussagen über die Armen und ihre Armut zu befragen und es unter diesem Gesichtspunkt in Kirche und Gesellschaft zu vertreten. Die Ergebnisse ihrer Befragung sind überraschend und zentral – sie betreffen Gott, Christus und die Kirche. Der Plan Gottes mit den Menschen umfaßt Schöpfung und Erlösung und ist ein Inbegriff der Liebe Gottes zu den Armen. Christus verkündet diesen Plan in seiner Botschaft vom Reich Gottes, sie ist eine Botschaft von der Befreiung der Armen. Die Kirche lebt und verkündet seine Botschaft und wird in der Nachfolge Jesu zu einer Kirche der Armen, zu einem Sakrament des Heils der ganzen Schöpfung. Die lateinamerikanische Theologie bestätigt mit diesen Ergebnissen das Konzil; denn sie steht auf dem Boden der Pastoralkonstitution, indem sie weltliche Aufgaben als geistliche Herausforderung erfaßt und von den Worten und Taten Jesu behauptet, daß sie die Offenbarung selbst verkörpern und der Schlüssel zur ganzen Menschheitsgeschichte sind.

Aber die lateinamerikanische Theologie kann mit ihren Ergebnissen nicht nur eine Bestätigung für das Konzil liefern, sondern es auch schöpferisch durchführen. Denn ihre Vertreter bestimmen das Verständnis der Existenz des Menschen, über welches das Konzil spricht und von dem es sagt, die Kirche erschließe es in ihrer Gottesbereitschaft, von Gott selber her. Das Verständnis dieser Existenz, so erklären sie, ist das Verständnis des Projekts

Gottes mit dieser Existenz, nämlich das Projekt der Einheit von Gottes- und Nächstenliebe in Gott und im Menschen. Die authentische Existenz des Menschen ist ein Projekt dieser Liebe. Sie ist eine soziale Aufgabe. Die Theologie der Befreiung ist eine Theologie dieser Aufgabe. Sie ist eine Erörterung der Existenz des Menschen im Projekt Gottes mit der Welt und umgekehrt dieses Projekts Gottes in der Existenz des Menschen. Sie ist eine Erörterung des Projekts authentischer Existenz und macht die Synthese anthropologischer, soziologischer und theologischer Betrachtungsweise der Offenbarung selbst zu einem Thema der Theologie und bringt sie in Begriffen wie Existenz, Projekt und Liebe Gottes zur Geltung. Der Schlüssel zu dieser Theologie liegt deswegen in der sachgerechten Darstellung und im konkreten Umgang mit dieser Synthese. Ihr Schlüsselwort – die Kategorie der Befreiung – ist ein integraler Begriff. Befreiung meint den Prozeß der Selbstwerdung des Menschen in einem bestimmten Projekt ganzheitlichen Lebens. Es gibt viele solcher Entwürfe. Das Projekt Gottes ist der Entwurf ganzheitlichen Lebens in Christus.

Die Theologie der Befreiung nennt drei Dimensionen dieses Projekts. Sie unterscheidet zwischen der äußeren, der inneren und der integralen Befreiung. Man kann nach Gustavo Gutiérrez «drei Bedeutungsstufen des Terminus Befreiung, die sich jedoch wechselseitig durchdringen, unterscheiden: [...] Befreiung besagt erstens die Inspirationen sozialer Klassen und unterdrückter Völker. Sie betont den konfliktgeladenen Charakter des wirtschaftlichen, sozialen und politischen Prozesses, in dem diese den unterdrückenden Klassen und wohlhabenden Völkern gegenüberstehen [...] Wenn wir sodann auf einer tieferen Ebene Geschichte als einen Befreiungsprozeß des Menschen verstehen, in dem dieser sein Geschick selbst in die Hand nimmt, dann erweitern wir den Horizont der erwünschten sozialen Veränderungen und stellen ihn in den Zusammenhang eines dynamischen Prozesses. [...] Es entsteht das Bild eines Menschen, der sich im Laufe seiner Existenz und seiner Geschichte bildet. [...] Wenn man dagegen von Befreiung [im integralen Sinn des Wortes] spricht, dann wird ein anderer Ansatz möglich, der uns bis an die biblischen Quellen bringt [...] . Die Bibel beschreibt uns

Christus als denjenigen, der uns die Befreiung bringt. Christus, der Retter, befreit den Menschen von der Sünde, die die letzte Ursache eines jeden Bruchs von Freundschaft, einer jeden Ungerechtigkeit und Unterdrückung ist. Christus macht in Wahrheit frei, d. h. ermöglicht ein Leben in Gemeinschaft mit ihm, der Grundlage aller Brüderlichkeit ist. Dabei handelt es sich jedoch nicht um drei Prozesse, die parallel nebeneinander herlaufen oder einander folgen. Es geht vielmehr um drei Bedeutungsebenen eines einzigen komplexen Prozesses, der seinen tiefen Sinn und seine volle Verwirklichung im Erlösungswerk Christi findet»[23]. Inneres und äußeres Leben sind Pole einer jeden Existenz vor Gott. Daher trägt der Mensch für sich selbst und für die Gesellschaft eine ursprüngliche Verantwortung, er gestaltet die Gesellschaft mit und muß sich in ihr gerecht verhalten. Die Theologie der Befreiung erfaßt diese Aufgabe, sie befähigt zur geistlichen Erörterung gesellschaftlicher und zur gesellschaftlicher Erörterung geistlicher Probleme. Sie erfaßt die geistliche Wahrheit gesellschaftlichen Seins und vermag die gesellschaftliche Wirklichkeit geistlichen Seins zu thematisieren. Es gibt nichts Geistliches, das nicht von gesellschaftlicher Bedeutung wäre, und es gibt nichts Gesellschaftliches, das keine geistliche Bedeutung hätte. Die Theologie der Befreiung ist eine Theologie des Sinns und der Bedeutung geistlicher Wirklichkeit des gesellschaftlichen Seins und gesellschaftlicher Wirklichkeit geistlichen Seins. Sie reflektiert die Kirche der heutigen Gesellschaft als eine Institution der Offenbarung selbst in der heutigen Gesellschaft. Sie schlägt aus dem Fels des gesellschaftlichen Seins die Wasser des geistlichen Lebens und macht aus der Wüste des irdischen Daseins einen Garten geistlicher Überlieferung. Der Glaube, den sie lebt und verkündet, ist selbst eine Offenbarung.

1. Der Plan Gottes für die Welt – Schöpfung und Erlösung

Die Theologie ist ein Instrument der Verkündigung des Evangeliums für die Gegenwart. Sie hat daher eine prophetische Aufgabe. Sie arbeitet den Sinn und die Bedeutung biblischer Botschaft für die Menschen in der Gegenwart heraus. Denn sie spricht über ihre Probleme aus der Sicht des Evangeliums und vom Evangelium auf dem Boden ihrer Probleme. Sie analysiert, interpretiert und realisiert auch selbst den Plan Gottes für die heutige Gesellschaft. Um das Evangelium in diesem Sinn verstehen und vertreten zu können, sind an ihm zwei Aspekte besonders herauszustellen, nämlich sein zeitlicher Charakter: es ist Kerygma, es betrifft Vergangenheit, Gegenwart und Zukunft und besitzt daher Existenzgehalt – sowie seine Polarität: es umfaßt das subjektive und objektive Sein des Lebens, es hat absoluten Wert. Die Theologie der Befreiung macht diese Hauptaspekte des Evangeliums zu ihrem zentralen Thema: Es ist vorrangig eine Botschaft für die Armen. Es ist ein Projekt ihrer Befreiung, der Plan Gottes für die neue Ordnung der gegenwärtigen und zukünftigen Welt. – Die Armen haben ein Recht auf diese Analyse. Sie vertreten, wo immer sie die Sache des Evangeliums annehmen, ihre eigene Sache und sind Trägerinnen und Träger, Prophetinnen und Propheten des Planes Gottes für die Neuordnung der Welt.

Gustav Gutiérrez spricht daher von einem Recht der Armen auf Theologie. Er sagt: «Ein Volk von Armen hat ein elementares Recht darauf zu denken. Denken ist eine Ausdrucksform des Willens zu existieren. ‹Die Schwarzen stellen fest, daß sie existieren›, beginnt ein berühmter Text über die schwarze Theologie, der 1969 unter der Verantwortung der schwarzen Kirchen in den USA veröffentlicht wurde. Die Sprache ist vielleicht hart. Aber sie bringt die wichtigste Forderung derer zum Ausdruck, die James H. Cone als der Hauptvertreter der schwarzen Befreiungstheologie die Opfer der Geschichte nennt: die Anerkennung ihrer Existenz, einer Existenz, die für die herrschenden Klassen beunruhigend und subversiv ist. Das Recht zu denken, das einem ausgebeuteten und christlichen Volk zukommt, schließt auch die theologische Reflexion mit ein. Der Glaube des Armen an Gott den Befreier strebt aus sich selbst heraus danach, sich seiner selbst klar zu werden. Klassisch heißt es: *Fides quaerens intellectum.* [. . .] Es geht um das Recht des Armen, sich der Bibel wieder zu bemächtigen und dafür einzutreten, daß die Herren über die Güter dieser Welt aufhören, auch die Herren über das Wort des Herrn zu sein. [. . .] Unter diesem Gesichtspunkt gehört das

Theologietreiben, wenn es aus der Perspektive – und vor allem – zugunsten der ausgebeuteten Klassen, verachteten Rassen und verstoßenen Kulturen geschieht, zur Ausübung ihres Rechtes auf Befreiung. Denn man darf nicht vergessen, daß Denken immer auch eine Art Verfügung über Macht in der Geschichte bedeutet; nur eine Art, gewiß, die aber immerhin ein realer Beitrag zur Macht ist, deren es bedarf, um die Geschichte zu verändern, um das alte Unterdrückungssystem niederzureißen und eine menschliche und gerechte Gesellschaft aufzubauen. Über den Glauben, aus dem man im Kampf lebt, nachzudenken, ist eine Bedingung dafür, um aus der Sicht der Armen Gott als Befreier verkünden zu können. Deshalb bemühen die im Befreiungsprozeß engagierten christlichen Gemeinden sich seit einiger Zeit um einen Glaubensdiskurs, der ihre eigenen Erfahrungen widerspiegelt und dessen erstes geschichtliches Subjekt sie selbst sind. [. . .] Theologie sprießt aus der Rückseite der Geschichte! Wer darauf verzichtet zu denken, wie uns manche Leute öffentlich raten wollen, gibt sich selbst auf, verrät die Glaubensvitalität eines Volkes, das für seine Befreiung im Kampf liegt, und schaufelt ein Loch, in das rasch ein Gedankengut mit anderen Kategorien, Anliegen und Interessen einströmt. Aus diesen Gründen glauben wir, Theologietreiben als Ausdruck eines Rechtes betrachten zu müssen, das die ‹Verdammten der Erde› auf freies Denken haben»[24].

In diesem Kampf vertritt die Offenbarung den Standpunkt der Armen, denn sie ist das Projekt jener Ordnung des Lebens, in der alles neu sein wird. Die Ersten werden die Letzten und die Letzten werden die Ersten sein. Die Offenbarung bringt den Armen die Befreiung. Dieser Prozeß umfaßt Schöpfung und Erlösung. Denn Welt ist keine ewige Naturordnung, sondern Tatsache der Existenz. Sie besteht aus dem Werden und Vergehen von Existenz in der Geschichte. Erlösung macht die Welt zu dem, was sie ursprünglich war und endgültig werden soll, nämlich zur Existenz in Gott. Sie ist daher Neuschöpfung, das Projekt eines neuen Himmels und einer neuen Erde in einem ganz veränderten neuen Sein. Alte und neue Ordnung, geschaffene und ungeschaffene Natur begegnen und durchdringen sich in den Kämpfen der Geschichte. Die Geburt des neuen Menschen und einer neuen Welt ist der Sinn und die Bedeutung von Sein und Zeit. Sie ist der Anbruch einer endgültigen Befreiung. Die Theologie dieses Projekts hat daher eine polare Struktur. Sie erörtert Schöpfung und Erlösung im Lichte des Planes Gottes mit der Welt. Dieser Plan ist das zentrale Thema ihrer Exegese, ihrer Dogmatik und ihrer Pastoral.

a) Die biblische Botschaft – der Bericht von der Geburt des neuen Menschen

Befreiung ist der Plan Gottes mit der Welt, Theologie der Befreiung ist die Erörterung dieses Planes. Sie erklärt, worin er besteht und was er bedeutet: Er ist das Evangelium von Schöpfung und Erlösung der Welt sowie das Prinzip ihrer Umgestaltung auf dem Boden des Evangeliums. Der Plan ist Gott selbst im Ereignis dieser Befreiung der Welt. Die Bibel gibt Zeugnis von der Geschichte Gottes mit den Menschen. Sie ist der große Bericht von der Umgestaltung des Lebens in Leben, Tod und Auferstehung Jesu und von der Geburt des neuen Menschen im Glauben an ihn. Jeder, der ihm nachfolgt, wird zu einer neuen Schöpfung. Jeder Mann und jede Frau, die in die Welt kommen, sind aufgefordert, ihm nachzufolgen. Denn Schöpfung und Erlösung durchdringen sich in ihm. Der große Plan Gottes mit der Welt ist der Entwurf ihrer Geschichte in Schöpfung und Erlösung. Höhepunkt dieser Geschichte ist Christus, er ist die Offenbarung dieses Planes und der Bringer des Evangeliums vom neuen Himmel und von der neuen Erde in seiner Person. Denn Schöpfung und Erlösung sind für das biblische Projekt der Geschichte grundlegend und von Anfang an mit ihm verbunden. Schöpfung der Natur ist eine Tat der Erlösung in der Begegnung Gottes mit ihr. Er befreit die Schöpfung aus dem Nichts, und Erlösung ist die Tat der Neugestaltung alles Geschaffenen durch Gott. Er befreit es von seiner Verfallenheit an die eigene Natur und gibt ihr eine endgültige Existenz im Projekt einer universalen Kommunikation mit ihm. Daher sagt Gustavo Gutiérrez: «Biblischer Glaube ist vor allem ein Glaube an einen Gott, der sich in geschichtlichen Ereignissen offenbart und erlösend in die Geschichte eingreift. Deshalb beschreibt die Bibel die Schöpfungstat auch nicht als eine Vorstufe zum Erlösungswerk, sondern als Bestandteil des Heilsprozesses [. . .]. Gott hat die Schöpfung nicht nur im Anfang geschaffen, er hat ihr auch ein Ziel gesetzt. Gott schafft die Menschen, damit sie seine Kinder werden. Mehr noch: Die Schöpfung erscheint als erste Heilstat [. . .]. Die Erschaffung der Welt eröffnet die Geschichte, das Unternehmen des Menschen und das Heilswerk Jahwes»[25]. Es gibt daher eine Idiomenkommunikation[26] zwischen Schöpfungs- und Erlösungsprädikaten in der biblischen Erörterung des Handelns Gottes. «Die ‹große Urflut› umschlingt die Welt, und aus ihr erhebt sich das Geschaffene. Zugleich ist sie aber auch das Rote Meer, das die Israeliten zu durchschreiten hatten, als sie ihren Exodus begannen. Schöpfung und Befreiung aus Ägypten sind eine einzige Erlösungstat»[27]. – Der Ausdruck «schaffen» – bara – meint das vorgeschichtliche und das geschichtliche Handeln Gottes. Er meint die Entstehung der Welt bei der Schöpfung und die Entstehung des Volkes Israel durch Berufung und Verheißung. «Das geschichtliche Eingreifen Jahwes zugunsten seines Volkes wird als Schöpfungstat verstanden [. . .]. Der Gott, der Israel befreit, ist der Schöpfer der Welt»[28].

Die Schöpfung ist die erste Erlösungstat Gottes und die Erlösung eine zweite Schöpfungstat. Sie sind Pole eines einzigen Projekts der Existenz von allem überhaupt in Christus. «Die Geschichte Israels ist eine Neuschöpfung. Denn Gott, der aus dem Chaos einen Kosmos schafft, ist derselbe, der Israel aus der Entfremdung in die Freiheit führt [. . .]. Die Erlösungstat Christi als Grundlage einer jeden Existenz wird gleichfalls als Neuschöpfung verstanden und im Kontext der Schöpfung dargestellt [. . .]. Das Werk Christi ist eine Neuschöpfung. In diesem Sinn spricht Paulus von einer ‹neuen Schöpfung in Christus›»[29]. Es gibt eine Idiomenkommunikation zwischen Naturgegebenheiten und Geschichtsereignissen, zwischen der profanen und sakralen Umschreibung von Wirklichkeit in der Bibel. Sie erfaßt weltgeschichtliche Vorgänge heilsgeschichtlich und macht die Heilsgeschichte in der Weltgeschichte zu einem Thema. Sie spricht weltlich von Gott und geistlich von der Welt. Nach der Bibel ist der Kampf für eine gerechte Gesellschaft ein geistliches Problem, und das geistliche Leben ist ein Kampf um Heiligkeit und Gerechtigkeit in der Welt, denn Gott selbst umfaßt beides. Ohne sich auf beides zu berufen, kann man von ihm nicht sprechen. Denn er selbst ist die Heiligkeit und Gerechtigkeit der vollkommenen Gesellschaft einer zukünftigen Welt. Daher kann Gustavo Gutiérrez vom Kampf um diese Gesellschaft wirklich sagen, daß er «im eigentlichen Sinn Bestandteil der Heilsgeschichte»[30] ist. Denn Geistliches und Weltliches sind in ihr verbunden. Sie ist die wahre Geschichtlichkeit aller irdischen Existenz. Der geheime Sinn biblischer Verheißung besteht nicht in etwas Geistigem, «das das Zeitliche nur entwerten und wie ein lästiges Hindernis beseitigen würde, sondern in der Vollendung, die das Geschichtliche erfaßt und verändert. Mehr noch: Nur *im* geschichtlichen, zeitlichen und irdischen Ereignis können wir uns der künftigen letztgültigen Vollendung öffnen»[31]. Dies gilt auch von der Armut. Sie ist eine weltliche und geistliche Herausforderung, meint einen Zustand, die Entwurzelung, Entmündigung und Entrechtung von Menschen in der heutigen Gesellschaft, und zugleich die Auseinandersetzung mit diesem Zustand. Sie ist wegen der Entschiedenheit, Opferbereitschaft und Hoffnung, mit der sie geführt werden muß, ein geistliches Problem, das Problem einer geistlichen Haltung im weltlichen Kampf, der Bereitschaft, sich mit den weltlichen Gründen der Armut zu befassen und sich im Geiste der Verheißungen Christi mit den Armen zu solidarisieren, um ihre Not mit zu überwinden. Dieser Einsatz ist schöpferisch und erlösend; denn er verändert die Situation im Sinne der Betroffenen. Er ist auf das Not - wendige in ihrem Leben ausgerichtet, nicht auf das Überflüssige. Er bringt etwas hervor, was Erlösung geschehen läßt. Befreiung ist Neuschöpfung aus geistlicher Armut.

b) Das Projekt heutiger Dogmatik und Pastoral – eine Neuschöpfung

Das zentrale Thema einer jeden Theologie der Befreiung ist Gott selbst; denn er selbst ist die tiefste Wahrheit vom Menschen und das letzte Geheimnis seiner Existenz. Diese ist von Gott her zu betrachten, denn die Existenz des Menschen ist eine umfassende Aufgabe. Sie ist das Projekt der Begegnung Gottes mit dem Menschen in der Welt. Wo er den Sinn des eigenen Lebens treffen will, muß er dieses Projekt verwirklichen, und wo er es verwirklicht, wird er selbst zur neuen Schöpfung, verändert die Gesellschaft im Sinne Gottes und arbeitet mit am Aufbau einer neuen Welt. Er lebt und verkündet ihre Befreiung.

Auf dieser Grundlage fordert Gustavo Gutiérrez von der Theologie eine gesellschaftliche Konkretisierung ihrer anthropologischen Wende; denn er sagt, daß sie «mehr und mehr auf eine Reflexion über die anthropologischen Aspekte der Offenbarung hin orientiert ist. Aber das offenbarende Wort ist nicht nur Rede über Gott und *über* den Menschen, sondern auch *menschgewordenes* Wort. Wenn das Menschliche durch das göttliche Wort erhellt ist, dann deshalb, weil das Wort durch die menschliche Geschichte zu uns gelangt»[32]. Die Rede von Gott ist daher eine geistliche und eine weltliche Aufgabe. Sie ist die Aufforderung an den Menschen, eine Aussage über die Existenz Gottes auf dem Boden des Projektes Gottes mit der Welt zu machen und hat daher prophetischen Charakter. Sie erklärt, daß Gott die Welt in der Erlösung befreit, daß Befeiung der Welt ihre Erlösung durch Gott bedeutet und die Erlösung der Welt selber die Befreiung ist. Diese Rede ist eine integrale Botschaft, und sie gibt Auskunft über die Menschwerdung Gottes und der Menschheit selber als dem lebendigen Tempel Gottes. Daher sagt Gustavo Gutiérrez: «Der menschgewordene Gott ist nicht ‹geistiger›, wohl aber näher und gleichzeitig universaler und sichtbarer und berührt die Menschen im Zentrum ihrer Existenz. Seitdem Gott Mensch geworden ist, sind die Menschheit, jeder Mensch in ihr und die gesamte Geschichte lebendiger Tempel Gottes. Das ‹Profane› als das, was sich außerhalb des Tempels befindet, existiert nicht mehr»[33].

Man kann Gott daher überall begegnen. Er ist im kirchlichen und im gesellschaftlichen Leben da, denn er ist Schöpfer und Erlöser, und so sagt Gustavo Gutiérrez: «Die verschiedenen Modelle der Gegenwart Gottes bedingen die Art und Weise unserer Begegnung mit ihm. Wenn die Menschheit und in ihr jeder Mensch lebendiger Tempel Gottes ist, dann begegnen wir Gott, wenn wir mit den Menschen in Kontakt treten und uns im geschichtlichen Werden der Menschheit engagieren»[34]. Gotteserkenntnis hat also sozialen Charakter. Sie ist das Wissen von der polaren Wirklichkeit Gottes in Schöpfung und Erlösung und ist praktizierte Gerechtigkeit. In Menschen, denen wir die Nächsten sind, begegnet uns der wahre Christus. Die Mitarbeit am Aufbau einer neuen Gesellschaft ist ein Beitrag zum Aufbau des Reiches Gottes. Es gibt kein geistliches Leben ohne politische Auswirkungen und keine Politik ohne einen geistlichen Sinn. Man kann Gott daher auch in der Politik begegnen, denn «Gottesliebe ist Liebe zu Gott in uns und kann nicht existieren außerhalb unserer menschlichen Fähigkeiten zu lieben, eine gerechtere und brüderlichere Welt zu schaffen [...]. Liebe ist einem Ausspruch Pius' XII. zufolge ‹politische Liebe›. Tatsächlich nimmt zu essen oder trinken geben heute die Gestalt einer politischen Initiative an und bedeutet Veränderung einer Gesellschaft, deren Struktur grundsätzlich einige wenige bevorzugt, die sich den Mehrwert aus der Arbeit der anderen aneignen [...]. Mit Bloch befinden wir uns im Bereich der Chancen des potentiellen Seins und können damit Geschichte in revolutionären Begriffen denken»[35]. Denn Befreiung ist ein schöpferischer Vorgang. Sie ist die Heiligkeit und Gerechtigkeit Gottes selbst in der Gesellschaft, ist das Projekt des geistlichen Lebens, in dem Theologie, Anthropologie und Soziologie sich wechselseitig befruchten und ihre Synthese ein Instrument der Erneuerung des Denkens, Wollens und Handelns aller Menschen ist. In ihrem Mittelpunkt steht daher Gott als Gott. In seiner Person sind die Gegensätze von Transzendenz und Immanenz, von Vertikalität und Horizontalität, von Sakralität und Profanität, von Jenseits und Diesseits, von Himmel und Erde überwunden. Denn er ist der Gott des Himmels dieser Erde, der Transzendenz ihrer Immanenz, ihr Schöpfer und ihr Erlöser. Man kann daher von ihm nicht sprechen, ohne an die Erde zu denken. Aber man kann auch die Transzendenz der Erde nicht denken, ohne von Gott selbst zu sprechen. Denn seine Gegenwart ist die Zukunft der Erde. Gott selbst ist der Inbegriff ihrer Existenz.

Die Theologie der Befreiung hat einen prophetischen Begriff von Gott, einen schöpferischen Begriff vom Menschen und einen revolutionären Begriff der Gesellschaft. Sie inspiriert den Menschen zur Tätigkeit im Sinne Gottes. Sie lehrt ihn, sich und andere ernst zu nehmen. Der Mensch nämlich wird zum Menschen, wenn er anderen Menschen begegnet. Denn Gott ist die

Heiligkeit und Gerechtigkeit unter den Menschen. Die Liebe zu Gott und die Liebe zu den Menschen sind in der Liebe zu Gott verbunden. Menschen haben jedoch eine öffentliche Stellung, sind nicht nur Privatpersonen, sondern auch das Subjekt von Rechten und Pflichten, sind gesellschaftliche Wesen. Sie müssen die Ordnung von Staat und Gesellschaft mitverantworten und können die Regeln des Zusammenlebens, die sie vorfinden, entwickeln und verändern. Das prophetische Reden von Gott ist daher eine gesellschaftliche Herausforderung. Es betrifft den Menschen als integrale Existenz. Die Theologie der Befreiung stellt sich dieser Aufgabe, indem sie sagt: Wie können der Christ und die Christin zu den Armen sagen, daß Gott sie liebt und in der eigenen Person selbst die Liebe zu ihnen ist? Und sie antwortet: Von Gott sprechen heißt, von den Armen sagen, daß sie individuell und sozial die Partnerinnen und Partner Gottes sind und daher den Auftrag haben, im Sinne Gottes die Gesellschaft schöpferisch und konstruktiv mitzugestalten und mitzuverändern.[36] Sie sind das Subjekt ihrer Geschichte und verkörpern seine Option. Ihre Befreiung ist das zentrale Thema des Planes Gottes mit der Welt.

Die Theologie der Befreiung überwindet den Extrinsezismus im Begriff von Gott, den Naturalismus im Begriff vom Menschen und den Institutionalismus im Begriff von der Gesellschaft. Sie ist mit dieser Leistung exemplarisch. Der sachliche Rang ihres Beitrags zur Erörterung von Problemen der Theologie muß daher auch von jenen ernst genommen werden, die bestimmte politische Standpunkte in ihr bekämpfen. Denn im anderen Fall müßten sich diese Kritiker jenen Vorwurf gefallen lassen, den sie ihren Gegnern machen, nämlich den Vorwurf einer Politisierung der Theologie. – Die Abkehr vom Extrinsezismus ist die Grundlage jeder Menschwerdung in Dogmatik und Pastoral.

2. Die Not der Armen – eine Herausforderung Gottes Heiligkeit und Gerechtigkeit in der Gesellschaft

Menschen sind das Subjekt und das Objekt der Gesellschaft, sie können über die Ordnung verfügen, die sie vorgibt, aber sie sind ihr auch unterworfen. Diese Ordnung ist für sie Aufgabe und Vorgabe zugleich sowie eine Tatsache ihrer Existenz. Das subjektive Verhalten zu dieser Ordnung ist für sie selbst wesentlich. Denn sie besteht nicht nur aus natürlichen Vorgaben, sondern entwickelt sich. Man kann sie einführen und abschaffen, kann sie einhalten und übertreten. Sie wird von den Subjekten, die ihr untergeben sind, getragen. Der oberste Maßstab der Verpflichtung auf sie ist das Gemeinwohl; denn die Ordnung verleiht dem Gemeinwohl Geltung. Sie ist das Mittel zur Herstellung und Durchsetzung der Gerechtigkeit. Die Rechte und Pflichten der einzelnen haben in ihr objektiven Sinn, und sie selbst hat subjektive Bedeutung. Jede/r soll erhalten, was ihr/ihm zusteht, und niemand soll von ihren Gütern ausgeschlossen sein. Man ist ihr verpflichtet und wird von ihr getragen. Sie ist die materielle, geistige und rechtliche Basis menschlicher Existenz. Die Ordnung, nach der sich das Zusammenleben in einer Gesellschaft regelt, macht die Anliegen ihrer Mitglieder einklagbar und verfolgt dadurch einen subjektiven Zweck. Sie ist die Institution einer Gesellschaft von Subjekten.

Christen und Christinnen, die von Gott sagen, daß er Gott ist, müssen von den Menschen sagen, daß sie Partnerinnen und Partner Gottes sind und eine gesellschaftliche Verantwortung füreinander tragen. Soziale Kategorien sind grundlegend in diesem Sprechen von Gott, denn Gott ist Vater und Mutter. Er/sie überwindet den Gegensatz von Transzendenz und Immanenz, von Subjektivität und Objektivität allen Daseins überhaupt in seiner Person. Er befreit die Menschen aus der Gefangenschaft ihrer Verdinglichung in der Gesellschaft. Gott macht sie zu Brüdern und Schwestern und die Gesellschaft zu einem echten Lebensraum. Die Armen und die Ausweglosigkeit ihrer Situation haben Vorrang in seinen Plänen. Sie sind der Ruf nach Heiligkeit und Gerechtigkeit in der Gesellschaft und die Auffassung, nach diesen Prinzipien ihr Zusammenleben neu zu ordnen. Gesellschaftliche Kategorien können daher von theologischer Bedeutung sein, und theologische Kategorien haben einen gesellschaftlichen Horizont. Die Bibel ist voll von Beispielen dieser Idiomenkommunikation. Sie spricht vom Bund Gottes mit dem Volk Gottes, vom Reich Gottes, von der Versammlung des Volkes Gottes in der Kirche, aber auch von der Gerechtigkeit, Armut und Liebe Gottes. Die Theologie der Befreiung beruft sich auf diese Tradition des Sprechens und führt sie weiter. Heiligkeit und Gerechtigkeit sind die grundlegenden Prinzipien ihres Begriffs von Gott. Daher sagt Gustavo Gutiérrez: «Der biblische Gerechtigkeitsbegriff umfaßt das Verhältnis sowohl zum Armen als auch zu Gott. Nur so bedeutet Gerechtigkeit auch so viel wie Heiligkeit. [. . .] Bundestreue heißt Einsatz für Recht und Gerechtigkeit. Das ist wahre Heiligkeit»[37].

Die Verbindung von Sakralität – Heiligkeit – und Profanität – Gerechtigkeit – in Gott und Mensch ist das Grundprinzip aller Theologie und Anthropologie der Bibel. Sie ist das tiefste Prinzip der biblischen Offenbarung und das tiefste Prinzip aller Theologie der Befreiung. Wer heilig ist, muß gerecht handeln. Wer nicht gerecht ist, kann auch nicht heilig sein. Denn Gott selbst tritt ein für die Würde des Menschen. Er hat sie ihm gegeben in der Schöpfung und sie wiederhergestellt in der Erlösung. Wer sie verletzt, indem er Unrecht tut, dennoch aber den Namen Gottes im Munde führt, der entweiht den Namen Gottes (Ez 36). Wer seine Gaben zum Altar bringt und sich dort erinnert, daß ein Bruder oder eine Schwester etwas gegen ihn hat, der lasse die Gaben vor dem Altar, gehe hin und versöhne sich mit seinem Bruder oder seiner Schwester und komme erst dann wieder zurück und opfere seine Gaben (Mt 5,23).

Sakralität und Profanität sind daher im Namen Gottes selbst verbunden. Seine Heiligkeit kann sich ohne seine Gerechtigkeit nicht als Heiligkeit erweisen, und Gerechtigkeit kann ohne Heiligkeit keine Gerechtigkeit sein. Weltliches und geistliches Verhalten sind in der Geschichte des Menschen mit Gott daher *gleich* wichtig. In dieser Geschichte ist beides grundsätzlich von beidem her zu bestimmen. Geistliches Verhalten gibt dem Kampf um die Gerechtigkeit überhaupt erst eine Chance, und weltliches Verhalten ist der Ort, an dem sich die Heiligkeit im

Ursprung realisiert. Erst beide zusammen rechtfertigen das Handeln Gottes und des Menschen.

Die Bibel stellt eine Verbindung zwischen rechtem Handeln und echtem Erkennen her. Auf sie verweist Gustavo Gutiérrez: «Das Alte Testament ist unmißverständlich in der Betonung der engen Verbindung zwischen Gott und dem Nächsten; denn sie konstituiert die Eigenart des Gottes der Bibel. Wer den Nächsten verachtet (Prov 14, 21), einen bescheidenen und armen Taglöhner ausbeutet oder den vereinbarten Lohn nicht zur festgesetzten Zeit zahlt, beleidigt Gott selbst [...]. Umgekehrt heißt Gott erkennen, d. h. Gott lieben, dem Armen und Gedemütigten Gerechtigkeit widerfahren lassen. [...] Wo Recht und Gerechtigkeit walten, da kennt man Jahwe. Wo sie fehlen, da ist er abwesend [...]. Gotteserkenntnis – wie in biblischer Terminologie Liebe zu Jahwe bezeichnet wird – *ist* Einsatz für gerechte Verhältnisse unter den Menschen und Anerkennung der Rechte der Armen. Den Gott der biblischen Offenbarung erkennt man, indem man zwischenmenschliche Gerechtigkeit praktiziert»[38]. Das rechte Handeln besitzt Erkenntniswert. Es ist ein Standpunkt von Theologie als Theologie, denn es macht weltliche Probleme zu einer geistlichen Herausforderung und geistliche Rede zu einem weltlichen Thema. Es ist der Inbegriff allen Sprechens von der Welt als Schöpfung und Erlösung Gottes. Daher ist die soziale Frage aus politischen, ethischen und dogmatischen Gründen ein Problem der Theologie. Im Umgang mit ihm entwickelt oder verliert sie die Fähigkeit, von Gott als Gott zu sprechen. Denn Theologie ist ein Problem des Seins, und nicht nur des Bewußtseins. Sie ist ein Standpunkt der Liebe und Gerechtigkeit und nicht nur der Mündigkeit des Menschen. Denn Gott selbst, von dem sie zu berichten und über den sie Aussagen zu machen hat, ist «die historische Macht der Armen»[39]. Das Sprechen von ihm hat kerygmatischen Wert, und es ist ein wirklicher Standpunkt in der Gesellschaft, ist Anklage und Verheißung, Protest und Ermutigung, Ankündigung von Widerstand und Botschaft der Befreiung. Daher erklärt Gustavo Gutiérrez, das Thema, das er behandelt, sei nicht «die Frage, wie man in einer mündigen Welt von Gott sprechen könne. Das war das Problem für die fortschrittliche Theologie. Der Gesprächspartner der

Theologie der Befreiung ist der ‹*Nichtmensch*›, das heißt alle, die in der gegenwärtigen Gesellschaftsordnung nicht als Menschen gelten: ausgebeutete Klassen, marginalisierte Rassen und verachtete Kulturen. Unsere Frage besteht vielmehr darin, wie man einem Nichtmenschen sagen könne, Gott sei Liebe und die Liebe Gottes mache uns alle zu Brüdern und Schwestern. Glaubenserfahrung und Glaubensreflexion, die an diesem Punkt ansetzen, haben es nicht nur mit religiösen Dingen zu tun, wie eine Artikulation, die bei der Kritik des Ungläubigen einsteigt. In diesem Kontext verläuft der ‹garstig breite Graben› nicht in erster Linie zwischen Gläubigen und Ungläubigen, sondern zwischen Unterdrückern und Unterdrückten. Unter den Unterdrückern gibt es solche, die ‹sich Christen nennen lassen›, wie Bartolomé de las Casas sagen würde. Im Gegensatz zu der Ebene, auf der der moderne Mensch seine Kritik an der Religion hat und das religiöse Element Menschen voneinander trennt, die unter denselben Lebensbedingungen und in derselben gesellschaftlichen Welt zu Hause sind, teilen hier Unterdrücker und Unterdrückte denselben Glauben. In wirtschaftlichen, gesellschaftlichen und politischen Dingen jedoch sind sie gespalten, mehr noch: beuten die einen die anderen aus. Der Widerspruch liegt auf der Hand. Eine Differenzierung zwischen einer Ebene des Glaubens und einer Ebene der geschichtlichen Realitäten, auf der man seinen Glauben lebt, hält nicht der geringsten Überprüfung im Licht des Wortes Gottes stand»[40].

Gott ist die Gerechtigkeit unter den Menschen. Wer an ihn glaubt, muß die Menschen lieben. Wer ihn liebt, kann auch an sie glauben. Die Fähigkeit, sie selbst zu werden durch Glaube an Gott und Liebe zu sich oder durch Liebe zu Gott und den Glauben an sich, rechtfertigt ihre Existenz. Sie können daher zu Gott finden, indem sie ihren Brüdern und Schwestern dienen. Aber sie können auch zu ihren Brüdern und Schwestern finden, indem sie Gott dienen, weil Gott der Gott dieser Brüder und Schwestern ist und er seine eigene Existenz im Eintreten für sie erweist, denn er ist die Macht der Armen. Er stellt ihre ursprünglichen Rechte wieder her und heiligt, indem er um ihrer selbst willen für sie eintritt, ihre Existenz. Heiligkeit ist die ursprüngliche Integrität der Schöpfung, und wer sie achtet, handelt gerecht. Die Theologie der Befreiung ergänzt den bisherigen Fragehorizont evangelischer und katholischer Rechtfertigungslehre durch einen entscheidenden biblischen Tatbestand, nämlich die Nächstenliebe. Sie überwindet bei der Erörterung dieser Liebe den herkömmlichen Instrumentalismus im Begriff von ihr als einer bloßen Werkgerechtigkeit oder einer bloß assistentialistischen Gebotserfüllung. Menschliche Existenz wird gerechtfertigt durch Glaube an Gott – so verkündet der Protestantismus. Menschliche Existenz wird gerechtfertigt durch Liebe zu Gott, die mit dem Glauben an ihn beginnt – so erklärt das Tridentinum. Der Glaube an Gott ist aber der Glaube, daß Gott die Liebe ist. Die Liebe zu Gott und die Liebe zum Nächsten sind im Glauben an Gott einander gleich. Daher gilt: Die Liebe zum Nächsten rechtfertigt den Menschen. Sie ist eine Liebe, die ihn befreit. Der Glaube an Gott ist die Botschaft von dieser Befreiung.

Im konfessionellen Streit war die Nächstenliebe bisher kein zentrales Thema. Sie ist ein vergessenes Thema der Rechtfertigungstheologie beider Konfessionen, aber sie hat dennoch ihre Tradition in Europa, speziell auch im Europa des 16. Jahrhunderts. Ihr Hauptvertreter war Bartolomé de Las Casas, ein Zeitgenosse Luthers und des Tridentinum. Er ist Zeuge einer Theologie Europas, die in Europa vergessen wurde, in Lateinamerika jedoch heute zur Geltung kommt. Gustavo Gutiérrez verweist mit großem Nachdruck auf Las Casas. Nach diesem «besteht eine Verbindung zwischen dem Heil – der großen Sorge seines ganzen Lebens und dem letzten Motiv seiner missionarischen Anstrengung – und der Schaffung sozialer Gerechtigkeit. Dieser Bezug ist für ihn so grundlegend, daß er die Rangordnung der Probleme, mit denen es die Missionare hergebrachterweise zu tun hatten, wenigstens in zwei Punkten umkehrt. Zunächst weist er darauf hin, daß die Spanier durch ihr Verhalten gegenüber den Indianern ihr Heil selbst aufs Spiel setzen. Wenn sie nicht aufhören – so Las Casas – mit ihrem Rauben, Plündern und Ausbeuten der Indianer, dann werden sie mit Sicherheit verdammt werden, ‹weil niemand gerettet werden kann, der nicht die Gerechtigkeit beachtet›. Die Rettung der ‹Gläubigen›, das heißt, derer, die sich als Christen ausgeben, sei problematischer als das Heil der ‹Ungläubigen›. Sodann hat Bartolomé de Las Casas den prophetisch tiefen Blick dafür, daß der Indianer weniger ein Ungläubiger als vielmehr ein Armer im Sinne des Evangeliums ist. Deshalb schreibt er in einem Brief an den Kaiser, wenn der Tod und die Vernichtung der Indianer Bedingungen dafür wären, daß sie Christen werden könnten, dann wäre es besser, daß ‹sie niemals Christen würden›. Mit anderen Worten: Besser ist ‹ein ungläubiger, aber lebender Indianer›, als ein ‹christlicher, aber toter Indianer›»[41].

Die Existenz der Armen ist Christus, er selber spricht aus ihnen. Sie sind nicht ein Objekt, sondern das Subjekt der Heilsgeschichte. Nicht ihre Unterdrückung und Entrechtung, sondern ihre Befreiung und ihr Leben rechtfertigen den Missionar. Dieser ist ihr Anwalt zur Anerkennung und Durchsetzung ihres Rechts auf Menschenwürde und nicht verlängerter Arm des europäischen Kolonialismus, der sie versklavt und zum bloßen Objekt der eigenen Kriegs-, Revolutions- und auch Kulturgeschichte herabwürdigt. Die Indios haben vielmehr ihre eigene Geschichte, ihre eigene Würde und ihre eigene Kultur. Der Glaube an Gott ist die Botschaft seiner Liebe zu ihnen, eine Botschaft, die sie nicht unterdrückt und vor der sie sich nicht fürchten müssen, sondern die sie befreit. Dieser Glaube rechtfertigt ihre Existenz und die Existenz des Missionars. Las Casas verkündete den Glauben aus der Sicht «der gegeißelten Christusse in den indischen Ländern» und hat behauptet, daß sie die Sicht von Christus selbst ist. Auf Las Casas kann und muß sich die Befreiungstheologie berufen. Er ist ihr Gewährsmann in der Tradition Europas – und sie beruft sich auf ihn. Daher sagt Gustavo Gutiérrez: «Christus spricht zu uns aus dem Mund der Indianer. Schon im Bericht von seiner Bekehrung läßt er diese Überzeugung anklingen und wiederholt sie später viele Male. ‹Ich lasse in den indischen Ländern – schreibt er – Jesus Christus, unseren Gott, zurück: gegeißelt, gequält und gekreuzigt, und zwar nicht nur einmal, sondern millionenfach›»[42]. Die lateinamerikanische Theologie verdankt sich nicht der politischen Theologie Europas mit ihrer Universalhermeneutik, sondern dieser Rechtfertigungslehre. Auf ihrer Grundlage kann sie überhaupt nur Theologie der Befreiung sein. Denn Liebe zu den Menschen rechtfertigt deren Existenz. Liebe ist ein Politikum, denn sie steht für die

Unterdrückten. Sie klagt bei den Unterdrückern die Abschaffung der Unterdrückung ein. Daher spricht Gustavo Gutiérrez von einer Heiligkeit der Politik solcher Liebe. Er sagt, die Liebe zur Gerechtigkeit ist «die Heiligkeit der Revolution»[43]. Denn die Liebe verändert die Qualität des Zusammenlebens in der Gesellschaft. Sie macht die Subjektivität zum Maßstab der Bewertung objektiver Verhältnisse und erhebt den Anspruch, nach diesem Maßstab Institutionen zu verändern, zu entwickeln und zu gestalten. Ihr Versprechen von Gemeinschaft ist die Utopie einer jeden Gesellschaft.

Liebe kann jedoch gefährlich sein, denn sie tritt für die Entrechteten ein und wendet sich gegen die Interessen der Mächte des Hasses und der Gewalt. Sie steht für Gerechtigkeit und will daher Solidarität mit den Unterdrückten. Sie klagt die Großgrundbesitzer an wegen der Vertreibung von Landarbeitern und die Regierungen wegen der Mißstände im Gesundheitswesen, im Bildungswesen, bei der Rechtsprechung, bei der Strafverfolgung, und überhaupt der Menschenrechtsverletzungen durch staatliche und gesellschaftliche Institutionen. Menschen, die wegen dieser Anklage Verfolgung leiden und den Tod erdulden müssen, stehen für die Gerechtigkeit Gottes selbst. Sie haben den Glauben an diese Gerechtigkeit bis in den Tod durch Wort und Tat bezeugt. Sie sind die Märtyrer einer Kirche des Volkes Gottes. Die soziale Herausforderung in Lateinamerika hat daher ganz andere Dimensionen, als mancher Gläubige in Europa meint. Sie ist die Herausforderung Gottes selber. Die Hilfswerke der Kirchen in Europa sind daher kein moralisches Feigenblatt und auch keine Almoseninstitution, sondern ihre Rechtfertigung als Kirche in der heutigen Welt. Sie haben einen politischen Auftrag, denn jeder Einsatz der Armen ist Kampf um Heiligkeit und Gerechtigkeit unter den Menschen.

3. Die Gleichheit von Gottes- und Nächstenliebe
Befreiung und Rechtfertigung

Immer leben die Menschen in Gesellschaft von anderen Menschen, diese Ordnung gehört zu ihrem Sein als Menschen und prägt ihre Existenz. Sie ist eine Rangordnung – durch sie wird festgelegt, wer sie sind, welche Stellung sie besitzen und welche Funktion sie ausüben. Denn sie sind Mann und Frau, Erwachsener und Kind, Großgrundbesitzer und Landarbeiter, Regierungsmitglied und Gefängnisinsasse, Vorgesetzter und Untergebener. Die Mitglieder einer Familie, eines Stammes, eines Volkes, einer Nation, eines Kontinents, einer Kultur, einer Rasse, einer Epoche, haben je ihren eigenen sozialen Rang. Diese natürliche Ungleichheit der Ordnung des Seins ist in der Geschichte mit Ungerechtigkeit verbunden. Diese verletzt die Würde der Person und zerstört die materiellen, geistigen und institutionellen Grundlagen ihrer Existenz. Wer nichts hat, bekommt auch nichts. Entwurzelung, Entmündigung und Entrechtung sind das geschichtliche Resultat der Ungleichheit natürlicher Ordnung.

Wird Nächstenliebe zu einem Prinzip der Ordnung, dann verändert sie diese Situation, weil sie eine Umwertung der Werte ist. Sie stellt die Person über die Hierarchie natürlicher Wesen. Wo sie zur Geltung kommt, ist die Person nicht um dieser Hierarchie willen, sondern die Natur um der Person willen da. Die Liebe überwindet das Untergeordnetsein des Untergeordneten und rechtfertigt es in seiner unverwechselbaren und einmaligen Bedeutung. Zugleich überwindet sie aber das Übergeordnetsein des Übergeordneten und gibt seiner Existenz einen von seiner Überordnung verschiedenen Sinn. Es ist die Existenz der Nächstenliebe selbst und die höchste Instanz der Überwindung aller Hierarchien – einschließlich der eigenen – auf der Grundlage dieses Prinzips. Daher ist zwischen der Naturordnung und der Existenzordnung des Seins zu unterscheiden. Die Naturordnung gibt den Einzelwesen ihre Stellung vor. Die Existenzordnung macht die Einzelwesen zur Grundlage des Entwurfs der Ordnung selbst und läßt sie diese Ordnung selbst gestalten. In der Naturordnung ist die Existenzordnung daher eine Revolution, denn sie ist eine neue Ordnung. Sie ist eine Ordnung, in der die Ersten die Letzten und die Letzten die Ersten sind. In ihr wird alles zum Prinzip des Aufbaus einer Welt des personalen Lebens. Sie ist Prinzip der Existenz von Gemeinschaft.

Eine Liebe, die jemanden rechtfertigt, ist eine Liebe, die ihn befreit. Sie befreit ihn von seinen Minderwertigkeitsgefühlen und seiner Verzweiflung, von seiner Unterlegenheit und Zurückgebliebenheit, von seinem Mißtrauen, von seinem Verlust an Eigenständigkeit und von seinem Verrat. Sie befähigt ihn zur Anerkennung des Personalen, des Eigenwerts von allem überhaupt und Gottes selbst. Denn sie ist eine Anerkennung, die verwandelt, ist die absolute Existenz des Seins. Die Rechtfertigung des Menschen durch den Glauben an diese Liebe ist eine Befreiung, denn sie verwandelt seine Existenz. Sie ist ein Prozeß der Transformation des inneren und äußeren Lebens im Vorgriff auf seine Vollendung. Sie ist die Religion der Hoffnung auf die Ankunft des Reiches Gottes.

Im Evangelium der Bauern von Solentiname erörtert Ernesto Cardenal die biblische Grundlage dieses Projekts der Rechtfertigung. Denn Liebe befreit. Sie verwandelt den Menschen und macht ihn zu einem Subjekt der Zuwendung Gottes. Jemand, der einen anderen Menschen liebt, handelt wie Gott und wird ihm dadurch gleich. In der Liebe Gottes zum Menschen und in der Liebe des Menschen zu seinem Mitmenschen ist die Nächstenliebe das Prinzip der Gleichheit zwischen Gott und dem Menschen. Denn wer den Nächsten liebt, verhält sich wie Gott selbst, und wer Gott liebt, liebt den Gott der Nächstenliebe, ja, er oder sie liebt die Liebe selbst. Sie lieben die Liebe, eine Liebe, die Gott selbst ist. Daher sagt Jesus: das erste Gebot ist die Liebe zu Gott, und das zweite Gebot ist die Liebe zum Nächsten. Aber das zweite Gebot ist dem ersten gleich (Mk 12,28–34). Denn Gott ist die Liebe selbst (1 Joh 4,8). Wo immer sie die Beziehung der Menschen untereinander bestimmt, ist er selbst diese Beziehung. Er gebietet die Nächstenliebe, und er ist sie auch selbst. Überall, wo die Liebe ist, ist er, und überall, wo Gott ist, ist die Liebe. Gottes- und Nächstenliebe besitzen trotz der Verschiedenheit von Gott und Mensch das gleiche Wesen. Gott ist entweder die Liebe oder nicht Gott. Daher sagt Ernesto Cardenal von Gott: «Und er will, daß das Volk ihm treu bleibe und nicht den Göttern anderer Gesellschaften glaube, die keinerlei Befreiung darstellen. Das heißt also, Gott lieben bedeutet, die Befreiung lieben und die Gerechtigkeit und das, was das gleiche bedeutet: den Nächsten. So heißt Gott lieben, die Liebe lieben. Und darum ist es logisch, daß das zweite Gebot dem ersten gleicht. Mir fällt auch dieser Satz auf: Gott ist ‹allein der Herr›. Das Gebot bezieht sich also auch darauf, keine anderen Götter, keine Götzen zu haben. Das Gebot sagt uns, daß es keinen anderen Gott außer der Liebe gibt. Und darum sollen wir ihn von ganzem Herzen, von ganzer Seele und mit allen unseren Kräften lieben. Und das zweite Gebot ist das gleiche, denn wenn es nicht das gleiche wäre, mit welcher Liebe sollte man dann den Nächsten lieben, wenn man Gott schon mit aller Liebe liebt, die man hat?»[44]

Gott selbst ist die Nächstenliebe. Daher sagt Ernesto Cardenal von ihm, daß er nicht nur die Liebe zu den Menschen, sondern auch «zwischen den Menschen ist. Er existiert zwar, aber nicht auf irgendeine andere Weise, getrennt von der Liebe zwischen den Menschen, wie man sich gemeinhin vorstellt. Es gibt ihn, aber unter uns existiert er nur auf diese Weise: als die Liebe zwischen uns»[45]. Wenn es also keine Gottesliebe ohne Nächstenliebe gibt, dann ist jede Gottesliebe ohne Nächstenliebe Götzendienst: «Christus sagt, das erste Gebot sei dem zweiten gleich. In Wirklichkeit *ist* es das zweite. Nicht anderen Göttern dienen bedeutet, den Nächsten lieben (es bedeutet, Gott läßt sich nur durch die Liebe zum Nächsten lieben). Und es ist ein Verrat am Denken Jesu, wenn man daraus zwei Gebote anstatt ein einziges machen will. Es handelt sich nicht darum, Gott *und* den Nächsten zu lieben, sondern darum, Gott und den Nächsten wie ein einziges Ding zu lieben»[46]. Denn Gott und der Nächste sind in Christus und dem Heiligen Geist eine einzige Person. Sie sind eine personale Einheit und in der Personalität ihrer Beziehung einander gleich. Diese Partnerschaftlichkeit ist aber keine natürliche Gleichheit zwischen Gott und Mensch. Sie kann überhaupt nur durch Gott selbst existieren. Setzt man sie voraus, dann läßt sich mit Ernesto Cardenal indessen von einem Primat der Nächstenliebe sprechen; denn Nächstenliebe ist Gottesliebe, sofern Gottesliebe überhaupt geschichtlich zählt. Er sagt: «Wenn also die Liebe zu Gott ohne die Liebe zum Nächsten keine Liebe zu Gott ist, aber umgekehrt die Liebe zum Nächsten ohne die Liebe zu Gott doch Liebe zu Gott, so ist das einzige, was zählt, die Liebe zum Nächsten»[47]. Es gibt folglich eine Option für die Nächstenliebe in der Gottesliebe. Diese Option hebt die Gottesliebe nicht auf, sondern ist ihre Bestätigung, denn Gottesliebe inkarniert sich in der Nächstenliebe. Sie kann geschichtlich nicht ohne die Menschen existieren, die sie verkörpern, daher ist in der Nächstenliebe die Gottesliebe als Gottesliebe inkarniert. Diese ist der umfassende, auf die ganze Welt und alle Menschen bezogene Horizont von Mensch und Welt. Sie besagt, daß Gott selbst ihre Vollendung ist und überhaupt in ihrer Vollendung existiert. Er ist beides oder keines. Tertium non datur! Es gibt keine Alternative.

II.
JESUS UND SEIN PROJEKT – DAS REICH GOTTES DIE CHRISTOLOGIE DER BEFREIUNG

Die Kirche in Lateinamerika hat eine Option für die Armen getroffen, daher ist sie fähig, die Botschaft von der Nächstenliebe Gottes zu verkünden. Diese Liebe ist seine Heiligkeit und Gerechtigkeit. Sie rechtfertigt die Armen und ihre Stellung vor Gott, denn sie ist seine Existenz. Jesus Christus verkündet die Liebe Gottes zu den Menschen, die Botschaft vom Reich Gottes. Er predigt und verwirklicht in seinen Worten und Taten durch Tod und Auferstehung die Nächstenliebe Gottes. Er ruft die Menschen auf, Gott und den Nächsten gleich zu lieben, und erfüllt diese Forderung selbst, und er ist die Rechtfertigung der Menschen und ihr Befreier. In dieser Christologie der Existenz Jesu steht seine Person für eine Sache, nämlich für das Reich Gottes. Jesus verkündet dieses Reich, nennt Gott seinen Vater, die Menschen seine Brüder und Schwestern – denn sie sind die Kinder des Vaters – und ihre brüderliche und schwesterliche Verbundenheit in der eschatologischen Gemeinschaft des Vaters sein Reich. Denn Gott selbst ist die Heiligkeit und Gerechtigkeit einer neuen, vollkommenen Gesellschaft, in der die Liebe verwirklicht ist, ist selbst die Utopie der neuen Welt.[48] Jesus nimmt diese Zukunft in seinen Worten und Taten vorweg. Er ist das Reich Gottes in Person, denn er ist ganz von ihm gefordert und widmet ihm sein ganzes Leben. Er steht ganz in seinem Dienst und gibt ihm seinen personalen Charakter. Wer um das Reich Gottes betet, wer von der Hoffnung lebt, daß es bald kommt, und um seine Gegenwart kämpft, tut dies in seinem Namen, und wer Jesus nachfolgt, muß eintreten für das Reich Gottes und seine Gerechtigkeit verkünden. Der Glaube an die Botschaft Jesu ist ein Glaube an Jesus, den Bringer dieser Botschaft. Denn er hat sie gelebt und gelehrt; er ist sie auch in Person. Leben, Tod und Auferstehung Jesu sind das Zeugnis für ihre Wahrheit, für ihre bleibende Bedeutung und für ihren weltverändernden Sinn.

Die Botschaft Jesu ist der Schlüssel zur Begegnung mit seiner Person, und die Person Jesu ist der Schlüssel zur Verwirklichung seiner Botschaft. Die Christologie dieser Botschaft macht fähig, den Gegensatz von Jesus-Glauben und Christus-Glauben, der so vorherrschend und bestimmend für die Christologie Europas ist, im Glauben an Jesus Christus selber zu überwinden; denn Gott und Mensch sind in seiner Person gleich. Denn Christus ist die Person des Gottes, der Mensch geworden ist, um die Botschaft von dieser Gleichheit zu bringen, und er ist zugleich die Person des Menschen, der diese Botschaft hat, für sie gestorben ist, in seiner Auferstehung vollendet hat und daher Gott selbst ist. Glaube an Jesus ist daher Gottesglaube, und der Glaube an Gott ein Glaube an Jesus als dem Menschen Gottes. Denn er ist Christus, ist das Haupt der Schöpfung, seine Person umfaßt Himmel und Erde. Seine Worte und Taten sind Zeichen einer neuen Schöpfung und die Revolution allen Denkens und Handelns der Menschen in ihren Beziehungen zu sich, in ihren Beziehungen zu anderen Menschen und in ihren Beziehungen zu Gott. Daher besitzt die Nachfolge Jesu einen immanenten und einen transzendenten Pol. Sie ist Verkündigung der Botschaft vom Reich Gottes im Glauben an die Auferstehung, aber auch Leben aus der Botschaft von der Auferstehung im Glauben an das Reich Gottes. Sie ist ein Kreuzweg der Gerechtigkeit und Auferstehung. Der Glaube an ihn besteht aus irdischem Kampf und himmlischer Berufung. Er ist die Erde selbst als Angeld des ewigen Lebens, die Existenz in Gott durch Christus.

Die lateinamerikanische Christologie erarbeitet diese Polarität. Sie ist Glaube an die Auferstehung der Gerechtigkeit Jesu in der Nachfolge Jesu; sie ist die Christologie dieser Nachfolge in Lateinamerika und eine Christologie der Befreiung dieses Kontinents von den Sünden jener, die ihn unterdrücken. Sie ist eine Christologie von Menschen, die nicht nur an der Unterdrückung leiden, sondern auch gegen sie kämpfen. Tod und Auferstehung Jesu sind eine Rechtfertigung des Glaubens an diesen Kampf, denn sie sind eine Botschaft der Gerechtigkeit für einen Menschen, der wegen des Unrechts stirbt.

Daher ist die lateinamerikanische Christologie ein Entwurf der Existenz Jesu – an den «Crossroads of America», wie die englische Übersetzung der Christologie Jon Sobrinos besagt, «an den Wegkreuzungen Amerikas».[49]

1. Der neue Ansatz und seine Schwerpunkte: Die Worte und Taten des irdischen Jesus

Die lateinamerikanische Theologie sagt von Jesus, daß er der Befreier ist. Sie stellt seine Worte und Taten, seinen Tod und seine Auferstehung und überhaupt seine ganze Person in den Kontext der Existenzfrage des Menschen. Sie behauptet, das Reich Gottes ist der Plan Gottes für die Existenz des Menschen, das Projekt seiner Befreiung. Jesus hat das Reich Gottes verkündet und in seiner Person vorweggenommen. Der Titel «Befreier» bezeichnet daher wie jeder christologische Hoheitstitel[50] einen objektiven Sachverhalt, nämlich seine Reich-Gottes-Verkündigung. Er ist ein Titel für seine Person als einer Existenz in der heutigen Gesellschaft aus der Perspektive dieser Verkündigung, denn sie betrifft das soziale, individuelle und religiöse Sein des Menschen. Christliche Existenz ist der Auftrag, im Sinne Christi und seiner Botschaft dieses Sein zu beeinflussen und zu verändern, nämlich das physische Sein – die Existenz des Menschen in der Gesellschaft –, das psychische Sein – die Existenz des Menschen als individuelle Person –, und das religiöse Sein – die übernatürliche Existenz des Menschen. Der Titel «Befreier» kennzeichnet die Existenz Jesu in der Bibel und in der heutigen Gesellschaft.

Daher steht die Christologie der Befreiung vor einem exegetischen und einem dogmatisch-pastoralen Problem. Sie muß zeigen, inwiefern ihr Titel für Jesus zutreffend ist, da er selber ihn ja gar nicht verwendet, und inwiefern er sich auf die Situation des Menschen in der Gesellschaft bezieht und daher brauchbar ist für eine Dogmatik der Pastoral. Mit dem Problem seiner Anwendbarkeit auf Jesus hat sich vor allem Jon Sobrino befaßt. Seine «Cristología desde américa latina» ist eine Christologie des Reiches Gottes. Er sagt: «daß Theologie der Befreiung als ‹Theologie› zutiefst christologisch ist; sofern sie sich mit ‹Befreiung› beschäftigt, ist ihr umfassender theologischer Begriff ‹das Reich

Gottes›. [...] Es ist genau hier, daß Christologie zu wirken beginnt. Wir müssen nicht nur versuchen, Jesus in Begriffen des Reiches Gottes zu verstehen. Wir müssen auch versuchen, das Reich Gottes in Begriffen Jesu zu verstehen. Ohne das Reich wäre Jesus kaum mehr denn ein abstraktes Studienobjekt; ohne Jesus hingegen wäre das Reich eine bloß partielle Realität. Die christologische Konzentration der Befreiungstheologie ist daher in ihrer Natur dialektisch. Sie darf zwar nicht versuchen, aus der Christologie die ganze Wirklichkeit abzuleiten, aber auf der anderen Seite ist diese ‹ganze Wirklichkeit› nicht real oder wahrhaft verstanden ohne Christologie.»[51] Das Reich Gottes befreit. Jesus steht «im Dienst des Reiches Gottes».[52] Er ist, indem er es in Wort und Tat verkündet, der Befreier. Dieser Hoheitstitel meint den zentralen Sachverhalt des Lebens Jesu, nämlich die Reich-Gottes-Verkündigung. Er bringt sie biblisch und dogmatisch zur Geltung; denn er unterbreitet ihre christologische Relevanz. Der Hoheitstitel «Befreier» ist anwendbar auf Jesus. Aber er steht auch im Kontext heutiger Pastoral. Denn er ist brauchbar für Aussagen über Jesus als einer gegenwärtigen Existenz, über Jesus als einer Existenz der heutigen Welt.

Unter einem sozio-historisch-pastoralen Gesichtspunkt erörtert vor allem Leonardo Boff diesen Titel, denn Befreiung ist das Gegenteil von Unterdrückung. Wer jene fordert, muß gegen diese kämpfen. «Von Jesus Christus als dem Befreier sprechen geht nur unter einer bestimmten Voraussetzung. Befreiung steht in einem umgekehrten Verhältnis zur Unterdrückung. Wer Jesus Christus als Befreier verehrt und verkündet, denkt und lebt den christologischen Glauben aus einem gesellschaftlich-geschichtlichen Kontext von Unterdrückung und Herrschaft. Es geht ihm also um einen Glauben, dem daran liegt, die Bedeutung all der Themen zu erfassen, die eine strukturelle Veränderung einer bestehenden soziohistorischen Situation beinhalten. Der Glaube erarbeitet in analytischem Vorgehen diese Relevanz und produziert eine Christologie, die in dem Thema ‹Jesus Christus, der Befreier› ihren Mittelpunkt hat. Ihrerseits impliziert so eine Christologie ein bestimmtes politisches und soziales Engagement, das der Unterdrückungssituation ein Ende setzen will.»[53] Jesus verkündet das Reich Gottes und seine Befreiung. Diese

Botschaft hat eschatologischen Charakter, sie verweist auf die Zukunft, aber sie nimmt die Zukunft auch in der Gegenwart bereits vorweg. Damit ist sie eine reale Utopie. Sie «beinhaltet eine Revolution in der Art, zu denken und zu handeln»[54], ist «eine Revolution in der Welt des Menschen»[55].

Die Christologie der Befreiung erfaßt die gegenwärtige Bedeutung des irdischen Jesus, denn seine Vergangenheit erschöpft sich nicht in bloßer Historizität. Sie ist die Vergangenheit der Gegenwart und Zukunft. Wer sich an ihn erinnert und auf ihn setzt, wird neu geboren. Wo die Gottesliebe sich in der Nächstenliebe ereignet, ist das Reich Gottes angebrochen; jenes Reich, in dem Gott selbst die Heiligkeit und Gerechtigkeit unter den Menschen ist und von dem Jesus sagt, daß es die gesellschaftliche Ordnung verändert. Die Letzten nämlich werden in ihm die Ersten und die Ersten werden in ihm die Letzten sein. Der Hoheitstitel «Befreier» nimmt Bezug auf diese Veränderung durch das Reich Gottes. Er ist die Erinnerung an jene Zukunft, die Jesus bereits vorweggenommen hat und mit der er die Gegenwart der ganzen Menschheit richtungsweisend durchdringt. Der Glaube an diesen Jesus rechnet mit Veränderungen in der Gesellschaft und bewirkt sie auch. Das Bekenntnis zu ihm kann und muß über gesellschaftliche Kategorien verfügen, die eben diesen objektiven Sinn in seiner Botschaft erfassen. Dazu gehören Begriffe wie Utopie, Revolution, Politik, Befreiung und Unterdrückung. Sie haben Gewicht für den Glauben an die irdische Existenz Jesu, für das Bekenntnis zu ihm als einer Herausforderung der irdischen Gesellschaft. Sie sind ein notwendiges Mittel zur Weitergabe dieser Offenbarung. Wie es Bekenntnisse zu Jesus gibt, die sagen, er ist Christus, oder, er ist auferstanden, oder, er ist das Alpha und Omega der Geschichte, so kann und muß es auch das Bekenntnis geben, das von ihm sagt, er ist der Befreier. – Dieses Bekenntnis zielt auf einen theologischen, anthropologischen und soziologischen Sachverhalt. Die lateinamerikanische Christologie eröffnet mit ihm den Horizont für die Reflexion auf Jesus als einer Existenz in der heutigen Gesellschaft und auf diese Gesellschaft als einen Ort der Begegnung mit Jesus. Die Gesellschaft selbst kann der Ort für seine Offenbarung sein.

a) Jesu Dienst am Reich Gottes

Es gibt in der Bibel Aussagen von und Aussagen über Jesus. Die Aussagen, die er selber macht, betreffen das Reich Gottes, denn Jesus hat es angekündigt und vorweggenommen. Er ist das Reich Gottes in Person. Die Aussagen über ihn betreffen weniger dieses Reich, als vielmehr seine eigene Person. In ihnen wendet man sich Jesus zu aus der Perspektive des Glaubens an ihn. Diese Haltung ist greifbar in den Hoheitstiteln Jesu. Denn sie bekennen von ihm, daß er Christus ist, der Menschensohn, der vom Himmel kommt, der Davidsohn, die Erfüllung aller Verheißungen der Schrift, der Sohn Gottes. Die lateinamerikanische Christologie entspringt dieser Aussagenkonstellation der Bibel. Sie ist ein Bekenntnis zu Jesus auf dem Fundament der Sache, die er vertreten hat und der er dient, dem Reich Gottes. Dieses Reich ist die Befreiung; denn es verändert die Ordnung des Lebens, es ist ein neuer Entwurf der Existenz des Menschen, es ist der Plan Gottes mit der Welt.

Jesus steht im Dienst des Reiches Gottes. Es ist der Schlüssel zu seiner Person, ist das, woran er geglaubt, worum er gebetet hat, wofür er gelebt und was er verkündet hat, und es ist der Inbegriff seiner Worte und Taten. Es ist der Sinn und die Bedeutung seiner Existenz. Daher sagt Jon Sobrino: «Die Theologie der Befreiung hat die Gestalt des historischen Jesus in der Theologie wieder zur Geltung gebracht. [...] Sie geht davon aus, daß wir in und durch eine wirkliche Historisierung Jesu die tiefste Wirklichkeit seiner Existenz als Sohn entdecken und damit die tiefste Wirklichkeit all derer, die ‹er sich nicht geschämt hat, Brüder ... zu nennen› (Hebr 2,11). Nach meiner Auffassung besteht ein konkreter und erfolgreicher Weg, die wahre Historizität Jesus zurückzugewinnen, in der Reflexion auf etwas, das im allgemeinen übersehen wird und dennoch einen der tiefsten Wesenszüge Jesu als Person verkörpert: nämlich seinen Glauben. So erklärt auch Boff: ‹Jesus war ein außergewöhnlicher Glaubender und hatte Glauben. Glaube war seine tatsächliche Art der Existenz› [...] Es ist hier unser Ziel, den geschichtlichen Jesus in Begriffen ‹der Geschichte Jesu›, oder spezifischer in Begriffen ‹der Geschichte des Glaubens Jesu› vorzustellen»[56]. Denn was jemand sagt und tut, läßt erkennen, wer der oder die ist, und niemals kann man über die Person von jemand etwas sagen, dessen oder deren Worte man nicht hört und auf dessen oder deren Taten man nicht schaut, und in ihren Worten und Taten ist jede Person ihre eigene Offenbarung. Daher verweist Jon Sobrino zu Recht auf die Worte und Taten Jesu. Denn «beide, seine Wunder und seine Verzeihung von Sünden sind vor allem Zeichen der Ankunft des Reiches Gottes. Sie sind Zeichen der Befreiung und nur in diesem Kontext können sie hilfreich sein, Licht zu werfen auf die Person Jesu»[57]. Das Reich Gottes ist der hermeneutische Schlüssel zum Verständnis seiner Person. Es ist deren Offenbarung. Niemand kann Jesus begegnen, der oder die nicht über diesen Schlüssel verfügt. Aber wer ihn hat, dem ist Jesus begegnet. Jesus, der Arme des Reiches Gottes, hat ihm selbst den Schlüssel gegeben, denn Jesus erklärt ihm durch Wort und Tat, wer in das Reich Gottes kommt, worin es besteht und was sich mit ihm verändert. Jesus zeigt, wie man ihn selbst verstehen kann. Er teilt die Geheimnisse des Reiches Gottes mit und gibt sie jedem und jeder, der oder die ihm nachfolgt, zu erkennen: Es ist eine Tatsache einer jeden Existenz.

Jesus hat nicht seine eigene Person verkündet, sondern das Reich Gottes. Aber dieses Reich ist eine geistige und eine materielle Größe. Es umfaßt das Jenseits und das Diesseits. Es ist die Herrschaft Gottes in der diesseitigen Welt. Es ist eine Heiligkeit und Gerechtigkeit unter den Menschen. Es ist jene Tat der Nächstenliebe Gottes, mit der er sein eigenes Verhältnis zu den Menschen regelt und ihr geschwisterliches Zusammenleben zu einem Ort der Offenbarung seiner Liebe macht. Wo sich Menschen in dieser Liebe versammeln, ist Gott selbst unter ihnen existent. Die Reich-Gottes-Botschaft eröffnet durch ihre Immanenz den Weg zu Jesus. Die Begegnung mit seinen Brüdern und Schwestern ist das Prinzip der Begegnung mit ihm. Wer die Brüder und Schwestern nicht liebt, hat keine Gemeinschaft mit Jesus und kann sich auch nicht zu ihm bekennen. Daher sagt Jon Sobrino: Ein wichtiger Aspekt der Botschaft Jesu «wird oft nicht genügend beachtet und ist die Wurzel vieler Mißverständnisse über das Christentum. Es ist die Tatsache, daß Jesus nicht einfach über ‹Gott› redete, sondern über ‹das Reich Gottes›. [...] Die Erwähnung des Reiches Gottes unterstreicht, daß Gott sich nicht direkt bekannt macht als der, der er ist; statt dessen offenbart er sich in bestimmten Situationen; ‹Gott existiert› bedeutet, daß Gott ‹handelt› oder ‹herrscht›. Das ‹Herrschen› Gottes ist Teil seiner wahren Realität»[58].

Die Horizontalität brüderlicher und schwesterlicher Gemeinschaft unter den Menschen und die Vertikalität der Transzendenz, die sie umfaßt, bedingen einander im Reich Gottes. Denn es ist das Projekt der Gleichheit von Gottes- und Nächstenliebe. Es ist eine Ordnung, in der Menschen deshalb eine Gemeinschaft von Brüdern und Schwestern bilden, weil Gott ihr Vater ist, und weil sie die Söhne und Töchter dieses Vaters sind. Sie sind die Erben seines Reichs, denn Gott ist nicht nur ihr Vater, sondern auch ihre Mutter; nicht nur ihr Bruder, sondern auch ihre Schwester. Zum Wesen ihrer Existenz gehört die Polarität von Sohnschaft bzw. Tochterschaft gegenüber Gott und Brüderlichkeit bzw. Schwesterlichkeit untereinander. Jon Sobrino schreibt über die Gewichtung dieser Pole: «Erstens, Menschen orientieren sich an Gott vertikal, d. h. an der Größe der göttlichen Sohnschaft. Zweitens, es muß Gemeinschaft und Versöhnung zwischen den Menschen sein, d. h. Brüderlichkeit. Und da Gott nicht zu trennen ist von seiner ‹Herrschaft›, sind beide Merkmale unlösbar verbunden als jene erstrangigen Wirklichkeiten, die sowohl unsere Beziehung zu Gott verkörpern, wie auch die Beziehung Gottes zu uns. Beide Merkmale sind im Ansatz theologisch. Sie gehören zu Gott selbst als Gott. Brüderlichkeit ist keine bloß ethische Forderung, die aus unserem dogmatischen Gottesverständnis folgt. Brüderlichkeit ohne Sohnschaft kann tatsächlich im Atheismus enden; aber Sohnschaft ohne Brüderlichkeit endet lediglich im Theismus, nicht in dem Gott, den Jesus vor Augen hat. Das Wesen Gottes, wie es im Begriff des Reiches Gottes verkörpert ist, gestattet keine Wahl zwischen seinen zwei Merkmalen; beide sind von gleicher erstrangiger Bedeutung»[59]. Diese Polarität des Handelns Gottes in der Welt bestimmt auch das Handeln Jesu selbst. Er selbst gibt Auskunft über das, was er tut, und er tut das, wovon er sagt, daß er es tun muß. Denn er ist gekommen, Arme zu befreien und Sünder zu bekehren. Indem er jedoch tut, was er tut, kann er zu ihnen sagen, was er sagt: das Reich Gottes ist nahe, Gerechtigkeit und

Heiligkeit werden aufgerichtet unter euch. Durch seine Tätigkeit wird die Liebe Gottes zu den Menschen geoffenbart. Sie ist das Geheimnis seiner Person. Daher sagt Jon Sobrino: «Es ist wert, festgestellt zu werden, daß Jesu Haltung nicht nur das Ergebnis seines ethischen Bewußtseins oder seines hellen Gemeinsinns ist. Es entspringt der tiefsten Tiefe seines Seins, der Wirklichkeit desjenigen, den er Vater nennt. Und wie kann er Vater sein, wenn er nicht eine Gemeinschaft von Brüdern und Schwestern erschafft? Dies ist der letzte theologische Grund, warum Jesus ‹die Verkündigung Gottes› mit ‹der Verwirklichung des Reiches Gottes in der Praxis› identifiziert»[60].

Die Gleichheit von Gottesliebe und Nächstenliebe ist die Ur-Tatsache im Reich Gottes. Wer sie nicht anerkennt und gegen sie verstößt, kann es nicht betreten und ist von ihm ausgeschlossen, denn er lebt in der Sünde. Diese weigert sich, das Hauptgebot des Reiches Gottes zu erfüllen, Gott in der Nächstenliebe zu lieben und diese Liebe als Herrschaft Gottes anzunehmen; denn Gott selbst ist diese Liebe. Durch sie ist Gott die Heiligkeit und Gerechtigkeit unter den Menschen, ihre Rechtfertigung und ihre Befreiung. Die Sünde ist der Kampf gegen das Reich Gottes. Wer in ihr lebt, weigert sich, die Herrschaft Gottes in der Nächstenliebe anzuerkennen. Die Sünde ist das Reich des Teufels. «Sünde hat daher zwei Dimensionen für Jesus. Die personale Dimension war eine Weigerung, die Zukunft des Gottes anzunehmen, der sich in Gnade naht. Die soziale Dimension war eine Weigerung, diese zukünftige Realität in unserem Leben hier und heute vorwegzunehmen. Das zweifache Gebot der Liebe zu Gott und zum Nächsten ist klar begründet in der Logik des Reiches. Sünde wird nicht länger betrachtet als Handlung gegen Gott, sondern als Handlung gegen das Reich Gottes. Göttliche Sohnschaft ist zerbrochen, weil die menschliche Brüderlichkeit zerbrochen ist»[61]. Wer in der Nachfolge Jesu steht, muß die Realitätsvergessenheit in seinem oder ihrem Glauben an Gott überwinden. Denn Jesu Botschaft ist eine soziale Offenbarung. Sie verändert das Zusammenleben in Staat und Gesellschaft und ist die wahre Gerechtigkeit unter ihren Mitgliedern.

b) Der Mensch Jesus

Die Christologie der Befreiung entdeckt, daß Heilsgeschichte fest an das Heil in der Geschichte gebunden ist. Das Heil besitzt jenseits von Sein und Zeit keine Existenz, es ereignet sich in historischen Begebenheiten. Aus diesem Grund erklärt Ignacio Ellacuría: «Unsere neue Christologie muß der Geschichte des Jesus aus Fleisch und Blut ihr volles Gewicht als Offenbarung geben. Heute wäre es absolut lächerlich, eine Christologie zu versuchen, in der nicht die historische Wirklichkeit des Lebens Jesu eine entscheidende Rolle spielt. Die ‹Geheimnisse des Lebens Jesu›, die früher einmal peripher als Teil der Aszetik behandelt wurden, müssen ihre volle Bedeutung erhalten, vorausgesetzt natürlich, daß wir exegetisch und historisch erforschen, was das Leben Jesu in Wirklichkeit war. Wir müssen uns auf einen Logos der Geschichte zu bewegen, ohne den jeder andere Logos spekulativ und idealistisch bleiben wird»[62].

Dieser Logos der Geschichte des Lebens Jesu indes ist das Reich Gottes. Es ist sein Auftrag und sein Schicksal. Denn alles, was Jesus sagt und tut, ankündigt und einlöst, wird über ihn ausgesagt und mit ihm gemacht, von ihm erwartet und durch ihn erreicht. Er ist Subjekt und Objekt seiner Botschaft. Sie beflügelt seinen Geist, ermutigt ihn zu großen Taten und läßt ihn die Öffentlichkeit suchen und eine große Auseinandersetzung mit den Pharisäern führen. Sie ist die große Entdeckung seines Lebens, der Schatz, der tief vergraben war, den er aber nun gefunden hat, und um dessentwillen er alles einsetzt, nur um ihn wirklich zu besitzen. Aber diese Botschaft nimmt ihn auch in die Pflicht, denn er kann nicht über sie verfügen, sondern steht in ihrem Dienst. Sie ist sein Schicksal. Jesus stößt mit dem zentralen Begriff seiner Botschaft, dem Reich Gottes, bei seinen Zuhörerinnen und Zuhörern auf ein Vorverständnis, das größte Hoffnungen und Befürchtungen umfaßt. Denn Reich Gottes steht für die Sehnsucht der Völker nach einer neuen Welt, in der es weder das Böse noch den Tod mehr gibt. Auf diese politische Utopie, die große Erwartungen enthüllt, aber auch einen großen Erwartungsdruck erzeugt, ist die Botschaft Jesu eine Antwort. Daher sagt Leonardo Boff: «Christus begann nicht damit, daß er sich selbst predigte, sondern das Reich Gottes. Aber was bedeutet

Reich Gottes, das ja eindeutig den Kern seiner Botschaft ausmacht? Für die Zeitgenossen Jesu klang das Wort ganz anders als in den Ohren moderner Gläubiger, für die Reich Gottes das andere Leben, der Himmel, die Dimension nach dem Tode ist. Reich Gottes – der Begriff findet sich 122mal in den Evangelien und 90mal im Munde Jesu – bedeutet für die Hörer Jesu die Erfüllung einer Hoffnung: daß am Ende der Welt alle Entfremdung von den Menschen genommen und alles physische und moralische Mißgeschick, Tod, Haß, Spaltung und Schmerz abgeschafft würden. Reich Gottes sei das Offenbarwerden der Souveränität und der Herrschaft Gottes über diese unheilvolle Welt, die sich in den Klauen satanischer Kräfte im Kampf gegen die Kräfte des Guten befände. Der Begriff besagt also: Gott ist der letzte Sinn dieser Welt; Gott wird in Kürze eingreifen und die gesamte Schöpfung in ihren Grundlagen wieder gesund machen; Gott wird einen neuen Himmel und eine neue Erde schaffen. Diese Utopie, nach der sich alle Völker sehnen, ist der Inhalt der Predigt Jesu. Jesus verkündet, das alles sei keine Utopie mehr, sei Wirklichkeit, für die Gott selbst Sorge trägt»[63].

Das Reich Gottes erfüllt die Sehnsucht der Völker, aber es übertrifft sie auch. Es ist unendlich mehr, als die größten Völker in ihren kühnsten Träumen je erahnen konnten. Es ist etwas Neues, Unerwartetes und gar nicht Für-möglich-Gehaltenes auf der Erde, nämlich jene Heiligkeit und Gerechtigkeit unter ihren Bewohnerinnen und Bewohnern, die Gott selbst ist. Die Liebe des Menschen zu seinen Mitmenschen ist jene Liebe, mit der Gott im Reich Gottes die Menschen liebt. Sie ist eine Befreiung. Jesus selbst steht in ihrem Dienst. Er kann nicht über sie verfügen, aber sie wird in seiner Person zu einem historischen Ereignis. Denn Jesu Botschaft vom Reich Gottes ist eine soziale, anthropologische und theologische Revolution. Sie ist ein Aufruf zur Befreiung (der Armen), zur Bekehrung (der Reichen) und zur Erneuerung der Existenz des Menschen überhaupt in der Rechtfertigung durch Gott. Diese Botschaft «beinhaltet eine Revolution in der Art, zu denken und zu handeln. Das Reich Gottes betrifft zunächst Personen. Sie müssen sich bekehren. Bekehrung heißt: seine Art, zu denken und zu handeln, im Sinne Gottes ändern, also sich innerlich revolutionieren. Deshalb beginnt Jesus seine Predigt: ‹Kehret um! Denn das Himmelreich ist nahe!› (Mt 3,2; 4,17). Sich bekehren besteht nicht in Frömmigkeitsübungen, sondern in einer neuen Existenzweise angesichts Gottes und angesichts der Neuheit, die Jesus ansagt. Umkehr bedeutet stets einen Bruch [...]. Allerdings will diese Wende in der Denkens- und Handelnsweise gesund sein: Sie will den Menschen in eine Krise führen, damit er sich für die neue Ordnung, die schon unter uns gegenwärtig ist, das heißt für Jesus Christus selbst (Lk 17,21), entscheidet»[64].

Das Modell und der Inbegriff dieses neuen Menschseins ist Jesus Christus selbst. «Er selbst tritt uns bereits als der neue Mensch und als die neue Schöpfung entgegen, die mit sich selbst und mit Gott versöhnt ist. Seine Worte und Taten zeigen uns jemanden, der von allen Komplikationen befreit ist, welche die Menschen und die Geschichte der Sünde geschaffen haben»[65]. Er ist ein Mensch von außerordentlichem Gespür für andere Menschen, besitzt schöpferische Phantasie und große Originalität und malt die Welt weder schlechter noch besser, als sie ist. Ebensowenig moralisiert er sofort. Mit außerordentlich sicherem Gespür betrachtet er die Wirklichkeit; er hat die Fähigkeit, jedes Ding an der ihm gebührenden Stelle zu sehen und an den richtigen Ort einzuordnen. Zu diesem guten Gespür kommt noch das Vermögen hinzu, den Menschen größer und reicher zu sehen, als seine konkrete kulturelle Umgebung es tut. In ihm wurde offenbar, was im Menschen an Göttlichem und was in Gott an Menschlichem steckt»[66]. Er ist Prophet und Lehrer. Genauso wie die anderen Propheten und Lehrer hat er den Mut zu etwas vollständig Neuem. Er denkt nicht im vorgefertigten Schema; denn er stellt die bestehende Ordnung kraft seiner Phantasie und Spontanität in Frage. «Das Wort ‹Gehorsam› (einschließlich seiner Derivate), das uns 87mal im Neuen Testament begegnet, findet sich – so weit wir sehen – nicht ein einziges Mal im Munde Christi»[67]. Er hat Mut und steht zu sich selbst. «Er ist jemand, der laut *ich* sagt, ohne sich mit anderen, von außen kommenden Autoritäten abzusichern. Aber das Neue, das er verkündet, ist nicht etwas, das den Menschen absolut unbekannt wäre, sondern das, was das gesunde Empfinden sagt und was durch die von Menschen geschaffenen religiösen, moralischen und kulturellen

Komplikationen verloren gegangen war. Christus ist gekommen, die Neuheit dessen, was der Mensch, der ja nach dem Bild und Gleichnis des Vaters geschaffen wurde, an Uraltem und Unverwechselbarem hat, aufzudecken»[68].

Jesus hat Selbstvertrauen und ist fähig, den Dingen auf den Grund zu gehen und alles tiefer zu erfassen als irgendwer in seiner Umgebung. Die Liebe macht ihn nicht blind, sondern schöpferisch. Sie ist eine befreiende Kraft. Er wird bewußter, entscheidender und offener durch sie, denn sie verändert alles. Jesus baut auf sie die neue Ordnung. Institutionen sind um der Menschen willen da, nicht der Mensch um der Institutionen willen. Diese neue Situation führt zu neuen Entwicklungen. «Die Grundlagen der alten Ordnung werden erschüttert werden: ‹Die Letzten werden die Ersten sein› (Mk 10,31), die Kleinen werden groß (Mt 18,4) und die Einfältigen werden die Lehrer sein (Mt 5,5), die Kranken werden geheilt werden, die Tauben werden hören (Mt 11,5), und die Gefangenen werden befreit werden (Lk 4,18). [... Denn] Reich Gottes ist nicht nur etwas Geistiges [...]. Reich Gottes ist vielmehr die Gesamtwirklichkeit dieser materiellen geistigen und menschlichen Welt, die Gott nunmehr in seine Ordnung hineingenommen hat»[69]. Diese neue Welt ist aber keine schlechthin andere Welt. Sie ist vielmehr die alte, zu einem neuen Kosmos umgestaltete Welt, die Welt der Gesellschaft des neuen Menschen. Christus ist selbst schon dieser Mensch: «Er ist der neue Mensch, das schon gegenwärtige, wenn auch unter dem Schleier der Schwachheit noch verborgene Reich. Zu Christus ja sagen ist unerläßliche Bedingung für die Teilnahme an der neuen Ordnung, die Gott errichten wird (Lk 12, 8-9). Damit es zu dieser Veränderung kommen kann, die von der Sünde wie von den persönlichen und kosmischen Folgen der Sünde ebenso wie von allen anderen Entfremdungen befreit, die wir in der Schöpfung spüren und erleiden, fordert Christus zwei grundsätzliche Dinge: Umkehr der Person und Neustrukturierung der Welt, in der die Person lebt»[70]. Das Reich Gottes verändert das Denken und Handeln der einzelnen Menschen und dadurch die Struktur der Gesellschaft.

2. Die Befreiung – ein Kreuzweg der Gerechtigkeit und Auferstehung

Das Reich Gottes ist die Urtatsache des Lebens Jesu. Er bringt es in allem, was er tut, zur Geltung. Seine Worte und Taten, durch die er es ankündigt und vorwegnimmt, sind Zeichen der Heiligkeit und Gerechtigkeit Gottes in der Gesellschaft. Wer es aufgreift und weitergibt, wird zu einem Boten oder einer Botin der Befreiung. Jesu Dienst am Reich Gottes ist aber auch die Ursache eines tödlichen Konflikts. Es ist der Fehdehandschuh an seine Gegner; denn es widerlegt und überwindet ihre Auffassung von Gott, Mensch und Gesellschaft. Jesu Gegner meinen, *Gott* sei das Jenseits der Welt, könne aber nicht ihre Heiligkeit und Gerechtigkeit selbst werden. Sie meinen, die *Menschen* seien Geschöpfe Gottes, aber nicht seine Kinder, die er ruft, das Leben endgültig mit ihm zu teilen. Sie meinen außerdem, die *Gesellschaft* sei ein Instrument der Herrschaft des Menschen über den Menschen – und nicht ein Entwurf des Zusammenlebens der Menschen selbst nach Maßgabe einer Gerechtigkeit, die befreit. Dieser Konflikt endet für Jesus tödlich. Seine Gegner verurteilen ihn, weil er der Mensch ist, der Menschen als Kinder Gottes betrachtet, weil er sagt, daß Menschen nicht für die Gesellschaft da sind, sondern die Gesellschaft für die Menschen –, und schließlich weil er Gott seinen Vater nennt und sich damit selbst zum Sohn Gottes macht. Der Tod Jesu ist die Konsequenz dieses Konflikts. Aber das Reich Gottes, dem Jesus gedient hat und dem er treu geblieben ist bis zu seinem Tod am Kreuz, verändert alles. Es ist die Revolution der Einstellung des Menschen zu Gott, zu sich selbst und zu den Mitmenschen, aber auch zur Sünde, die es vergibt, und zum Tod, den es selbst überwindet. Jesus hat den Konflikt mit seinen Feinden wirklich ausgetragen und dadurch verwandelt. Das Zeichen des Sieges, den er in der äußersten Niederlage feiert, ist die Auferstehung. Durch sie wird einem Grundgesetz der neuen Ordnung im Reich Gottes zur Geltung verholfen. Ein Letzter ist jetzt der Erste. Jemand, der seine Nächsten geliebt hat bis in den Tod, ist bestätigt. Er ist zur Quelle aller Rechtfertigung geworden.

Christologie der Befreiung ist eine Christologie des Todes und der Auferstehung Jesu im Horizont seiner Botschaft vom Reich Gottes. Der Glaube an seine Person ist ein Bekenntnis zur Nachfolge auf dem Kreuzweg seines Lebens. Denn Gerechtigkeit wird auferstehen und überwindet den Tod. Der Glaube an die Auferstehung ist ein Bekenntnis zu dieser Gerechtigkeit und ihrer den Tod verändernden Kraft. Sie ist das Signal endgültigen Lebens.

a) Das Kreuz – die historische Konsequenz des Lebens Jesu und das hermeneutische Prinzip der Auferstehung

Personen tragen für ihre Worte und Taten Verantwortung. Sie sind jemand, indem sie zu dem werden, was sie sind. Sie sind nicht nur durch ihre Natur jemand, sondern vor allem durch ihre Geschichte, Handlungen, Entscheidungen, Äußerungen, die Übernahme von Aufgaben und die Treue in der Erfüllung von Pflichten, die man hat, sind daher ein Schlüssel zur Begegnung mit Personen. Wer sie sind, zeigt sich an ihrem Verhalten. Diese Betrachtung des Personseins ist maßgebend für die Christologie der Befreiung, dennn sie ist eine Christologie des Standpunkts, den Jesus in der Auseinandersetzung mit seinen Gegnern vertritt, eine Christologie des Konflikts um den Sinn und die Bedeutung seiner Botschaft. Denn Jesus wird zu dem, was er ist, im Kampf um das, was er verkündet, das Reich Gottes. Er wird dadurch zu dem Menschen, an dem sich das Gute vom Bösen scheidet. Jesus macht Gott zu einer Existenz in der Geschichte und die Zwischenmenschlichkeit zu einer Herausforderung dieser Existenz. In Jesu Leben wird die Existenz Gottes erst überhaupt zu einem personalen Ereignis.

Aus diesem Grund betont Sobrino die theolgische Bedeutung des Konflikts, den Jesus mit seinen Gegnern auszutragen hatte. «In seinem grundsätzlichen Standpunkt, seiner Predigt und seiner Anklage hat Jesus die Frage nach der authentischen Realität Gottes gestellt. Er hat die Frage jedoch nicht auf eigene Faust von außen herangetragen. Sie entsprang dem widersprüchlichen Charakter der Situation, in der er lebte. Jesus wirft denen, die die Macht haben, vor, daß sie im Namen einer falschen Gottheit mit dem wahren Gott willkürlich umgehen, und diese Manipulation erhält die konkrete Form der Macht und ihres Gebrauchs. Die Träger der religiösen und politischen Macht versuchen, die Sündigkeit der Situation im Namen der Gottheit zu verschleiern. Jesus ist konfrontiert mit einer widersprüchlichen Situation, die letztlich in die Wahl zwischen zwei Gottheiten mündet: zwischen einem Gott, der eine unterdrückende Macht ausübt, und einem Gott, der Befreiung anbietet und bewirkt»[71]. Am Kreuz Jesu verdichtet sich dieser Konflikt. Das Kreuz ist die historische Konsequenz der Auseinandersetzung um seine Botschaft von der Existenz Gottes und zugleich die Extremsituation des Glaubens an sie. Denn es zwingt, die Frage nach Gott in Begriffen der Existenz des Menschen selbst zu stellen. Wer ist Gott als Gott derer, die Jesus richten? Wer ist Gott als Gott Jesu in der Auseinandersetzung mit diesen Richtern? Inwiefern rechtfertigt das Kreuz den Glauben an die Liebe Gottes zu Jesus und an den Menschen als dem Kind der Gottesliebe?

Die Christologie der Befreiung ist daher Theodizee. Sie muß Antwort auf die Frage nach der Existenz des Menschen in Gott und Gott als einem Gott der Existenz des Menschen geben. Das Kreuz Jesu ist der Konflikt um diese Existenz. Man kann es ohne die Auseinandersetzung um sie nicht verstehen. Der Konflikt ist da. Aber er geht weiter und wird sich noch verschärfen; denn er ist die Auseinandersetzung um ein alternatives Projekt von Existenz, das Projekt einer neuen Existenz von Gott, Mensch und Welt, nämlich ihrer Existenz in Christus. Daher erklärt Sobrino: «Theologie der Befreiung konkretisiert Theodizee. Zuerst wird der Sinn der Geschichte nicht so sehr durch Naturkatastrophen in Frage gestellt als durch Katastrophen, die die menschliche Freiheit auslöst, wenn sie Gesellschaft in unterdrückerischer Art organisiert. Theodizee wird so *historisiert*. Dann aber wendet lateinamerikanische Theologie Theodizee in Anthropodizee, in die Frage nach Rechtfertigung der Menschen eher als nach der Rechtfertigung Gottes, so, wie dies in den sechziger Jahren des säkularisierten Europa und Nordamerika geschah. Die Frage ist nicht so sehr, wie finden wir einen gnädigen Gott (Luther), als vielmehr, wie finden wir einen gnädigen Menschen (J. Robinson). Zuletzt, und das ist besonders bedeutsam, wird die Möglichkeit eines rechtfertigenden Gottes nicht in

Spekulation über eine denkbare logische Erklärung gefunden, die Gott mit dem Leid der Geschichte versöhnt. Sie wird gefunden in einer neuen Realisierung des Kreuzes Jesu, so daß wir sehen, ob diese wirklich den Grund gibt für eine neue Auferstehung»[72].

Eine Theologie, die sich als Anthropodizee versteht, ist eine Theologie historischer Konkretisierung des Rechtfertigungsgeschehens. In ihr ist der bevorzugte Ort einer jeden Rede von Gott nicht die Natur oder die Geschichte als Totalität, sondern das wirkliche Kreuz der Unterdrückten: «Es ist der Ort, an dem wir etwas völlig anderes finden als eine ‹natürliche› Auffassung von Gott. Unterdrückte Personen sind die Vermittler Gottes, weil sie das normale Selbstinteresse niederreißen, mit dem sich Menschen anderen Menschen nähern. Rein durch ihr Vorhandensein stellen die Unterdrückten die in Frage, die sich ihnen nähern, indem sie deren ‹Menschsein› herausfordern; und dieses radikale Fragen, was es bedeutet, Mensch zu sein, dient als historische Vermittlung unseres Fragens, was es bedeutet ‹Gott zu sein›. Das ist der Grund, warum diejenigen, die sich den Unterdrückten nähern, das wirkliche Empfinden haben, daß sie es sind, die evangelisiert und bekehrt werden, vielmehr als diejenigen, denen sie bemüht sind, Dienste zu erweisen. [. . .] Zu Gott gehen, heißt zu den Armen gehen. Die Überraschung, die Menschen spüren, wenn sie vom Menschensohn hören, daß er Fleisch geworden ist in den Armen, ist die Überraschung, die wir fühlen müssen, um die Gottheit Gottes am Kreuze zu erfassen. Ohne solches ‹Staunen› gibt es keine Gotteserkenntnis, gibt es nur unsere Manipulation Gottes. Wenn aber dieses Staunen bleibt und an den Unterdrückten Dienst geleistet wird, dann stehen wir ‹bei Gott in seiner Stunde des Leids›. Aus ihm wächst eine Gotteserkenntnis, die nicht ‹natural›, sondern ‹connatural› ist; sie ist eine Erkenntnis, die geboren wurde aus der Gemeinschaft der Trauer und des Leidens mit der anderen Person»[73]. Das Kreuz Jesu ist die Gemeinschaft Gottes mit den Armen. Das Kreuz Gottes ist die Gemeinschaft des Sohnes Gottes mit den Armen. Das Kreuz, das ihnen auferlegt ist und gegen das sie kämpfen, ist die Not, die aus dieser Liebe Gottes erwächst; diese ist das Prinzip der Befreiung.

Am Kreuz Jesu geschieht die Rechtfertigung von Gott und Mensch in der Liebe Gottes zum Menschen, des Menschen zu Gott und des Menschen zum Menschen als einer Existenz in Gott. Das Kreuz ist die Offenbarung dieser Liebe und benennt ihren konkreten Ort, denn «es lädt uns ein zur Teilnahme an einem Prozeß, in dem wir Heilsgeschichte aktuell erfahren können. [. . .] Unsere Erkenntnis Gottes und Jesu als des Sohnes ist letztlich eine connaturale Erkenntnis, eine Erkenntnis, die eher auf dem Mit-leiden im Prozeß des Gottesgeschehens selbst beruht als in einem Geschehen außerhalb von ihm. Der Sohn offenbart sich uns als der Sohn, insofern wir ihm auf seinem Weg folgen. Der Vater selbst offenbart sich uns als Vater, sofern wir die Nachfolge Jesu als offenen Weg erfahren, der Geschichte nach vorn bewegt, eine Zukunft eröffnet und Hoffnungen nährt trotz Sünde und historischer Ungerechtigkeit. Aus dieser Erfahrung kommt es, daß wir fühlen: Liebe ist der letzte Sinn von Existenz, und eine unzerstörbare Hoffnung entsteht in uns – eine Hoffnung gegen Hoffnung, weil sie aus dem Leiden entspringt»[74]. Das Kreuz ist für die Liebe Gottes zum Menschen der Ernstfall. Es ist das Kreuz, das Gott selbst trägt, der Preis, den er für die Liebe zum Menschen zahlt. Die Nachfolge Jesu auf dem Kreuzweg dieser Liebe ist aber auch ein Kreuz für die Menschen selbst, denn sie ist ein personaler Weg. Sie ist ein Weg der Orientierung der eigenen Existenz an Gott als Gott. Es gibt sie nicht unabhängig von einer wirklichen Begegnung mit den Armen. Das Kreuz ihrer Existenz ist das Kreuz des Gottes der Liebe. Wer es freiwillig übernimmt, wird daher fähig, ihm selbst zu begegnen und leistet dadurch seinen Beitrag zur Befreiung der Armen.

Dieses Kreuz ist das hermeneutische Prinzip auch allen Glaubens an die Auferstehung Jesu; denn es ist der Kern seines vergangenen Lebens. Es ist das Reich Gottes unter den Bedingungen des Kampfes um seine Verwirklichung und daher Zeichen einer Auferstehung, die sich schon hier und jetzt ereignet. Aus diesem Kreuz wird die Gegenwart und Zukunft des Reiches Gottes geboren. Es bestätigt Jesus und es bestätigt die Menschen, die ihm nachfolgen und die sich auf ihn berufen. Es ist Inbegriff ihrer wahren Zukunft. Deshalb sagt Sobrino: «Das Kreuz ist nicht das letzte Wort über Jesus, weil Gott ihn auferweckt hat von den Toten. Aber auch die Auferstehung ist nicht das letzte Wort über die Geschichte, weil Gott noch nicht ‹alles in allem› ist. Christliche Existenz in der Geschichte bezieht ihr Leben aus der Dialektik von Jesu Kreuz und Auferstehung. Diese übersetzt sie in einen Glauben gegen Unglauben, in eine Hoffnung gegen Hoffnung, in eine Liebe gegen Entfremdung»[75]. Auferstehung ist das Symbol des Kampfes, der die Welt grundlegend verändert und nicht die unendliche Fortführung der Geschichte überhaupt. Denn sie ist die Realität der Zukunft eines Versprechens. Sie ist daher eine noch unvollendete Realität. Sie ist der Prozeß des Lebens selbst, insofern er endgültig ist und wirklich rettet. Sie ist die Liebe, die ihr Kreuz nicht nur trägt, sondern auch überwindet und zu einem Zeichen eigentlicher Vollendung macht. Sie ist Revolution.

Um auszudrücken, was Auferstehung ist, bedarf es der Begriffe des Versprechens und der Sendung, der Utopie und einer endgültigen Zukunft. Sie ist diese Zukunft, ist Anbruch jener Zukunft, die hier und jetzt befreit. Aus diesem Grund erklärt Sobrino: «Das hermeneutische Prinzip für das Verständnis der Auferstehung Jesu ist hier die Realisierung einer Hoffnung, die utopisch ist, die alle Ebenen des personalen und geschichtlichen Lebens umfaßt, die aber keinesfalls naiv ist, weil sie Fleisch und Blut angenommen hat in der Not und dem Leiden der Menschen»[76]. Die Auferstehung ist die Existenz der Liebe am Kreuz des Leidens. Sie trägt es, und sie überwindet es. Denn sie ist der Sinn und die Bedeutung dieses Zeichens.

b) Die Nachfolge Jesu – der Entwurf des Christseins in der Gegenwart

Der Glaube an den auferstandenen Christus besteht in der Nachfolge des getöteten Jesus. Sie ist die Gegenwart einer Vergangenheit und hat daher einen vergangenen und gegenwärtigen Pol. Er hat «zwei Augen: das eine blickt auf die Vergangenheit zurück, in die das Ereignis der Erlösung hereingebrochen ist, und das andere richtet sich auf die Gegenwart, in der sich die Erlösung verwirklicht»[77]. Tod und Auferstehung sind die äußersten Pole der Existenz. Sie sind die Vergangenheit und die

Zukunft allen Lebens. Wo es diese Vergangenheit und diese Zukunft wirklich hat, wo diese Zukunft die Zukunft seiner eigentlichen Vergangenheit ist und die Vergangenheit die Vergangenheit seiner eigentlichen Zukunft, da ist es reine Gegenwart. Es besitzt die Fülle der Existenz. Daher sind Tod und Auferstehung die Pole der eigentlichen Gegenwart Jesu. Sie sind die Geburt Jesu in der heutigen Zeit. Wegen dieser Gegenwart Jesu können die Menschen der Gegenwart aber auch umgekehrt in Jesus neu geboren werden. Er ist der Christus ihrer Gegenwart, ihre eigentliche Existenz. Wer im Kampf um die Gerechtigkeit, für die er gelebt hat, stirbt, wird das Leben haben, muß um die Gerechtigkeit kämpfen – denn es ist die Fülle gegenwärtiger Zeit. Tod und Auferstehung sind die Struktur des Lebens als österliche Existenz. Sie sind das Prinzip der Transformation von Himmel und Erde. Wer den Himmel liebt, muß die Erde verwandeln, und wer für die Erde einsteht, muß an den Himmel glauben. Denn österliche Existenz ist der Kampf um die Befreiung des Himmels und der Erde. Wer an Jesus glaubt, geht den Weg dieses Kampfes. Er ist die Aufgabe seines und ihres Lebens. Wer ihn geht, glaubt an Jesus; denn er und sie gehen den Weg seiner Nachfolge und finden zum wirklichen Leben.

Tod und Auferstehung sind die Pole der Existenz Jesu. Sie sind Eckdaten im Prozeß seines Lebens. Sie sind die Herkunft und Zukunft des Lebens ein und derselben Person. Sie sind Aussagen über das Leben und seinen jeweiligen Zustand, die auf dem Boden seines Personseins – idiomenkommunikativ – ausgetauscht werden können. Es gibt die Auferstehung von jemand, der gestorben war, und es gibt den Tod des Auferstandenen. Die Nachfolge Jesu besitzt diese Struktur von Existenz. Wer an die Auferstehung glaubt, muß den Kreuzweg der Gerechtigkeit gehen. Wer um die Gerechtigkeit kämpft, geht den Kreuzweg der Auferstehung. Beide Wege sind der Weg Jesu in der Gegenwart und die Wege seiner eigentlichen Existenz. Dazu sagt Leonardo Boff: «Das Leiden des mystischen Christus heute im Leben derer, die für die Sache der Gerechtigkeit zu Opfern werden, hat die gleiche Struktur wie die Passion des historischen Jesus. Viele werden wie Jesus verfolgt und getötet, wenn sie für die Rechte der Kleinen und für Gerechtigkeit gegenüber den

Armen eintreten und damit in Treue gegenüber Gott handeln, der den Einsatz des Lebens für diese Ziele verlangt, die über dem Leben stehen, weil sie die Ziele Gottes und seines Reiches sind. Alle diese Menschen ziehen die Ehre eines gewaltsamen Todes dem Genuß einer verfluchten Freiheit vor, wie es ein christlicher Märtyrer des 3. Jahrhunderts ausgedrückt hat. Die Auferstehung des Gekreuzigten zeigt, daß das Opfer des Lebens aus Liebe zu den Erniedrigten und Beleidigten nicht sinnlos ist; es bedeutet, an der Fülle des Lebens und dem endgültigen Sieg der Gerechtigkeit Anteil zu haben. Der Gekreuzigte ist der Lebendige. Die heute Gekreuzigten werden leben»[78].

Tod und Auferstehung sind die Struktur der Existenz von Menschen in der Nachfolge Jesu, denn Gerechtigkeit hat ihren Preis. Wer für sie lebt, muß in Konflikt geraten mit der Ungerechtigkeit und ihren Vertretern. Er wird an das Kreuz des Widerstandes um der Gerechtigkeit willen geschlagen, aber Gerechtigkeit ist mehr als dieses Kreuz. Sie kann es ertragen und wird es überwinden, denn sie ist die Legitimation des Gekreuzigten und die Verurteilung des Kreuzes. Sie ist das Leben der Kämpfer, die es tragen, und der Tod für die Unterdrücker, die es verhängen. Die Niederlage der Gekreuzigten wird zu einem Sieg, und ihr Sieg wird in der Niederlage errungen. Sie verändert die Unterdrücker und die Unterdrückten. Der Sieg dieser Gerechtigkeit ist Auferstehung. Leonardo Boff schreibt in diesem Zusammenhang: «Jesus trägt das Kreuz noch immer. Jede Befreiung und jeder wirkliche Zuwachs an Recht und Gerechtigkeit verlangen ihren Preis. Die gegenwärtige Verfassung der Welt und die Formen, in denen sich diese organisiert, widersprechen dem Geschichtsplan Gottes, der darin besteht, sein Reich zu errichten, in dem alle seine freien und gehorsamen Kinder sein und alle als wahre Brüder und Schwestern miteinander leben werden. Das Reich Gottes in der Welt wird gegen das Reich der Sünde, des Egoismus und der Armut aufgebaut, die Gott nicht will, weil sie das Ergebnis ungerechter gesellschaftlicher Beziehungen ist. [...] Macht legitimiert sich nur dann, wenn sie für die Gerechtigkeit eintritt. Die Mächtigen können Gewalt anwenden, um sich zu verteidigen; sie schaffen Kreuze für diejenigen, die unermüdlich kämpfen für eine weniger in Arme und Reiche aufgeteilte Welt; in ihnen kreuzigen sie die Propheten einer größeren Gerechtigkeit, die Vorkämpfer der Sache der Armen und die Armen selbst. Die Berechtigung ihrer Sache wird nicht anerkannt. Ihr Streben nach Menschlichkeit und Brüderlichkeit wird als Subversion und Anstiftung zur Gewalt diffamiert. Sie alle vergegenwärtigen Jesus auf seinem langen Weg durch die Geschichte, das Kreuz auf den Schultern»[79].

Das Leiden auf diesem Weg ist ehrenvoll, es heiligt alle Menschen, die ihn gehen, und gibt ihrem Leben Würde. Sie sind Träger und Trägerinnen, Anstifter und Anstifterinnen, Propheten und Prophetinnen der Erlösung. In diesem Sinn schreibt Leonardo Boff: «Es gibt ein Kreuz, das dem Würde verleiht, der an ihm gekreuzigt wird: das Kreuz, das im Kampf gegen das Fortdauern des Kreuzes auf den geschundenen Schultern der Erniedrigten und Verhöhnten unseres Volkes erlitten wird. Ein solches Kreuz war das Kreuz Jesu Christi, nicht das Kreuz eines Subversiven (Lk 23,2) oder irgendeines Revolutionärs, sondern eines Propheten, der sich mit der Sache Gottes identifizierte, die in der Sache der Mit-Füßen-Getretenen dieser Welt konkrete Gestalt angenommen hat. Gewiß quält dieses Kreuz den Körper, noch gewisser aber ist die Tatsache, daß der Mensch durch das Kreuz wächst. Es wird erlösend wie das Kreuz Christi. Dieser Mensch wird befreiend wie der Befreier Jesus Christus»[80]. Das Kreuz der Liebe zum Menschen rechtfertigt den Menschen. Es übersteigt sein Leben und seinen Tod und gibt dem Menschsein Würde. Denn es ist Zeugnis für ein Leben, das stärker ist als der Tod, und für einen Tod, der Leben nicht verschlingt, sondern schafft und selbst verkörpert. Es ist der Preis für ein Leben in Gerechtigkeit und Auferstehung. Das Kreuz Jesu hat einen geschichtlichen Sinn. Es ist das Zeichen einer Umwertung aller Werte, hat das Höchste im Niedrigsten zur Geltung gebracht und das Niedrigste in ein Höchstes verwandelt. Es steht für den Sieg des Reiches Gottes in der heutigen Welt. Daher sagt Leonardo Boff: «Das Leben auf der Erde ist nicht der größte Wert. Es gibt Dinge, für die es sich lohnt, das Leben hinzugeben. Auf diese Art zu sterben ist ein höchster Wert. Es gibt ein Leben, das nicht vom Tod verschlungen werden kann, das Leben, das es akzeptiert, für Gott zu sterben, für den Nächsten und für die gerechte

Sache der Armen. Die Auferstehung offenbart die ganze Kraft dieses geopferten Lebens. Es wurde nicht besiegt, sondern in die höchste Fülle des göttlichen Lebens hineingenommen. Die Auferstehung stellt die Verwirklichung dessen dar, was Reich Gottes bedeutet. Jesu Projekt ist nicht gescheitert, es ist nicht bloßes Versprechen oder reine Prophetie geblieben: es hat sich im Gekreuzigten verwirklicht. Darum ist er jetzt der Lebendige, der die Schlüssel zum Tod und zur Unterwelt in Händen hat»[81].

Die Existenz des Menschen hat eine österliche Struktur. Sie ist eine Existenz des Todes und der Auferstehung. Beide sind die Struktur ihres Seins, denn ohne Auferstehung hat ihr Tod keinen Sinn und ohne Tod ihre Auferstehung keine Bedeutung. Beide sind in der Geschichte aufeinander bezogen. Sie sind die äußersten Pole von Leben überhaupt, das Wesen ihrer Existenz überhaupt. Deswegen nennt Leonardo Boff das österliche Geheimnis der menschlichen Existenz einen Prozeß. Er sagt: «Leiden (Krise), Tod und Auferstehung sind eine Einheit und stellen zusammen das österliche Geheimnis dar. Es sind Momente eines einzigen Prozesses, Pole einer einzigen Struktur. Diese Einheit zu zerstören hieße die Einzigartigkeit Jesu Christi zu verlieren. Wenn wir nur das Kreuz ohne die Auferstehung verkünden, werden wir am Ende den Schmerz verherrlichen und die Tränen ungetrocknet lassen. Wenn wir die Auferstehung ohne das Kreuz predigen, verfallen wir in eine verstiegene Ideologie des Lebens und vergessen die, die gelitten haben und gestorben sind. Verkünden wir also die Einheit des österlichen Geheimnisses: jener, der verachtet und gekreuzigt wurde, er war es auch, der erhöht und aus dem Tode auferweckt wurde. Die Auferstehung hat nur einen Sinn vor dem Hintergrund von Jesu Kampf für das Leben und den lebendigen Gott. Und der Tod am Kreuz ist nur verständlich als Verurteilung von seiten derer, die sich dem Lebensprojekt des Gottesreiches widersetzen. Jesu Ostergeheimnis enthüllt den Weg des Triumphs: Angebot des Gottesreiches, Notwendigkeit der Bekehrung, Ablehnung durch die Juden, Krise Jesu, Kreuzigung durch die Juden, Auferweckung Jesu durch Gott»[82]. Die Nachfolge Jesu ist ein solcher Weg. Sie ist ein Kreuzweg der Gerechtigkeit und der Auferstehung, ist die österliche Existenz des Menschen im Kampf um das Reich Gottes in der Geschichte. Sie hat theologisches, anthropologisches und soziologisches Gewicht, denn ihr Thema ist die Geburt des neuen Menschen, des neuen Himmels und der neuen Erde.

3 Glaube und Politik – Schlüsselperspektiven des Evangeliums

Die Jüngerinnen und Jünger folgen Jesus; sie müssen ihn nicht nur hören, sondern auch verstehen. Seine Botschaft stellt sie vor ein hermeneutisches Problem. Das zentrale Thema dieser Botschaft ist das Reich Gottes. Sie besteht terminologisch aus zwei Begriffen, Reich und Gott. Reich ist eine politische und Gott eine theologische Kategorie.[83] Daher sind Politik und Glaube die Schlüsselperspektiven einer Christologie des Lebens Jesu.

Neben Sobrino, Ellacuría und Boff hat vor allem Juan Luis Segundo den Verständniswert dieser Perspektiven erörtert. Sein christologisches Hauptwerk trägt den Gesamttitel: «Der Mensch von heute vor Jesus aus Nazareth»[84]. Es hat zwei Schwerpunkte, nämlich die Erörterung zum Thema «Der historische Jesus der Synoptiker»[85] und zum Thema «Die humanistische Christologie des Paulus»[86]. Segundo stellt die These auf, daß es einen politischen und einen anthropologischen Schlüssel des Verstehens der Reich-Gottes-Botschaft gibt. Des politischen Schlüssels bedient sich Jesus selber, des anthropologischen Paulus.[87] Jesus verkündet das Reich Gottes den Armen, Paulus jedoch verkündet ihnen Jesus, den Gekreuzigten und Auferstandenen. Das Evangelium von Gott und Christus hat eine politische und eine anthropologische Dimension. Es ist die Botschaft von der Existenz Gottes in der Welt, und von der Existenz der Welt in Gott. Es ist die Botschaft von der Existenz von Welt und Gott in Christus.

a) Jesus und die Politik

Das Reich Gottes bedeutet für die verschiedenen Gruppen der Bevölkerung ganz Verschiedenes. Es ist für die Armen Befreiung und für die Reichen Bekehrung, es ist daher von einem öffentlichen Interesse und Grund für einen öffentlichen Konflikt. Jesus bedient sich des Bedeutungsunterschiedes in seiner Botschaft, um Männern und Frauen zu erklären, was sie geschichtlich ist, nämlich eine neue Beziehung unter den Menschen und zu Gott. Denn Gott selbst ist die Heiligkeit und Gerechtigkeit jener Beziehung, die sie untereinander haben. Das Reich Gottes übersteigt die Geschichte und ereignet sich zugleich in ihr. Es ist durch seine Imperative, durch seine Verheißungen, mit denen es Entwicklungen anstößt, aber auch durch Beziehungen, in denen es sich verkörpert, in der Geschichte selber schon gegenwärtig.

Juan Segundo nennt die spezifische Bedeutung des Reiches Gottes für unterschiedliche Gruppen der Bevölkerung den «politischen Schlüssel» zu ihm: Die spezifische Bedeutung ist dasjenige, wodurch man das Reich Gottes als in der Geschichte selbst Gegenwärtiges versteht. Sie ist sein prophetischer Kern, und in der Tat verkündet Jesus das Reich Gottes den Armen. Für sie hat es ein spezifisches Gewicht. Der enge Zusammenhang zwischen dem Reich Gottes und den Armen in der Botschaft Jesu vom Reich Gottes wird in den Seligpreisungen der Bergpredigt deutlich: Selig sind die Armen, denn ihnen gehört das Reich Gottes. Es «kommt für sie, um sie glücklich zu machen, um sie von Armut, Bedrängnis und Hunger zu befreien. Die Lukasfassung, die näher zum Original steht, und seine redaktionelle Arbeit machen noch klarer, warum das Kommen des Reiches nur für die Armen eine gute Nachricht ist. Seine Fassung merkt noch dazu an, daß diese Nachricht nur für die schlecht sein kann, die vom Reich mit Reichtum und Gütern beladen angetroffen werden (Lk 6,24f.). Nur die Bekehrung (zur Sache der Armen), eine Umwertung in den Werten, könnte logischerweise das Kommen des Reiches zu einem Anlaß der Freude machen, zu einer guten Nachricht»[88]. Jesus bedient sich politischer Begriffe. Der Ausdruck ‹Evangelium› oder ‹gute Nachricht› ist selbstverständlich in sich neutral. Er ist mehr wie ein Gefäß, das durch seine Inhalte eine spezifische Bedeutung erhält; in diesem Fall von den anderen zwei Ausdrücken (‹der Arme› und ‹Reich›). Er ist auch politisch, oder wird politisch, sofern er eine positive Beziehung zwischen zwei Ausdrücken anzeigt, die auf eine politische Struktur hindeuten. Er vermeldet, daß das Reich etwas Nützliches und Segen-bringendes besonders für die Armen ist»[89].

Für sie ist das Evangelium eine gute Nachricht. Sie sind die Empfängerinnen und Empfänger, und sie sind zugleich die Trägerinnen und Träger des Heiles. Ihnen wird es um ihrer selbst willen verkündet. Sie gehören nicht nur zum objektiven Inhalt der Botschaft vom Reich, sondern sie sind auch deren Subjekte. Sie geben dieser Botschaft das Profil und sind in der Öffentlichkeit die am wenigsten bestechliche Interpretationsinstanz. Jede Auslegung, die sie nicht zu einem Eckdatum des Verstehens macht, ist eine Verfälschung. Daher sagt Juan Segundo: «Das Reich Gottes wird nicht jedem verkündet. Es wird nicht für alle ‹proklamiert›. Der Grund dafür liegt nicht in einer willkürlichen Entscheidung Jesu. Der Grund ist vielmehr das Wesen des Reiches Gottes selbst. Er besteht nicht so sehr darin, daß Jesus Gräben aufgerissen hat und so bei den einen Gehör fand und bei den anderen nicht, obwohl er fähig war, auf dieser Linie signifikante Unterscheidungen zu treffen (vgl. Mk 4,10-12 Parr.). Viel bedeutender ist die Tatsache, daß das Reich Gottes selbst nicht wahllos als gute Nachricht, als Botschaft verkündet werden kann. Das Reich ist bestimmten Gruppen vorbehalten. Es ist ihr Reich. Ihnen gehört es. Nur für sie ist es ein Grund zur Freude. Und nach Jesus verläuft die Grenzlinie vom Wohl und dem Weh des Reiches Gottes zwischen den Armen und den Reichen»[90]. Den Armen bringt seine Ankunft große Freude; denn es ist für sie bestimmt, ihnen gehört seine Verheißung. Unter den Reichen jedoch verbreitet es Schrecken; denn sie sind von ihm zwar angesprochen, aber sie müssen sich erst noch zu ihm bekehren. Im Falle, daß sie sich weigern, arm zu werden, droht ihnen von seiner Verheißung ein Fluch.

Die Botschaft Jesu ist ein Maßstab für die Reichen, sie enthält ein religiöses und ein politisches Kriterium. Jesus mißt das religiöse Verhalten an der Liebe zu den Armen und das politische Verhalten an seiner Religion. Es steht für den wahren oder für einen falschen Gott. Daher ist Religion in diesem Sinn eine Herausforderung für die Politik, und die Politik selbst auch Religion. Jesus weckt politische Hoffnungen; denn er ist ein Prophet. Er weckt politischen Verdacht; deshalb wird er bespitzelt und verfolgt, angeklagt, verurteilt und getötet. Aber Jesus macht auch selbst Politik. Die Befreiung, die er vorwegnimmt, ist eine wirkliche Bekehrung, und die Bekehrung, zu der er aufruft, die Vorwegnahme der umfassenden Befreiung. Denn er begnügt sich nicht mit dem Antagonismus von arm und reich. «Die befreiende, konfliktbereite Strategie Jesu schafft schließlich eine dritte Gruppe, seine Jünger. Jesus bringt sie zusammen, ‹damit sie bei ihm sind und von ihm ausgesandt werden zur Predigt› (Mk 3,14) der gleichen Botschaft, die Jesus verkündet über das Kommen des Reichs»[91]. Auf der Grundlage einer Hermeneutik des Konflikts zwischen den Armen und den Reichen um diese Botschaft verkünden die Jünger und Jüngerinnen Jesu Bekehrung durch Befreiung. «Diese Bekehrung bedeutet Abschied von der unterdrückenden Sicherheit der Buchstaben des Gesetzes und Hinwendung zur befreienden Unsicherheit zur Option für die Armen im Angesicht von Gottes eigenem Wort. Nur das Übereinstimmen mit den Armen und ihrem Interesse wird die Herzen öffnen für eine korrekte Interpretation des Namens Gott, des Gesetzes, der Propheten und schließlich Jesu selbst. [...] Und ich möchte hinzufügen: je theologischer wir sind, um so mehr werden wir die politische Funktion jener Theologie entdecken, die die Gleichnisse attackieren»[92].

Jesus predigt den Konflikt der Bekehrung. Er kündigt nicht bloß eine Zukunft an, die nahe bevorsteht, sondern er will mehr. In der Auseinandersetzung um seine eigene Person ist diese Zukunft bereits gegenwärtig. Sie ist ein Kampf um die Bekehrung der Reichen durch die Befreiung der Armen. Jesus löst den Kampf durch seine Botschaft aus und will den historischen Antagonismus sozialer Gruppierungen der menschlichen Gesellschaft in den Dienst des Reiches Gottes stellen. Die Menschen und der Widerspruch, in dem sie leben, sind ein Instrument der Geschichte Gottes mit den Menschen. Gesellschaftliche Gegensätze und ihre Bewältigung sind ein Mittel auf dem Weg zu einer Bekehrung, die befreit. «Der Standpunkt Jesu gegenüber dem Konflikt entgegengesetzter Interessen in der Gesellschaft seiner Zeit und seines Landes ist nicht der eines Menschen, der sich über sie erhebt oder sie transzendiert. Weit gefehlt! Die (eschatologische) Versöhnung, nach der seine Botschaft sucht, wird eine Demaskierung und Akzentuierung dieses Konflikts und seiner verborgenen Mechanismen zur Folge haben, mit dem Ziel, seine Opfer zu bewußten und aktiven Subjekten im Kampf zu machen. Und Jesus – der vollkommene Mensch – hat dieses Ziel innerhalb der Grenzen allen menschlichen Unterfangens erreicht, wie sein Tod aus politischen Gründen beweist. Diese Gründe verdunkeln oder trüben keineswegs seine religiöse Botschaft, seine radikale Offenbarung des Herzens Gottes. Im Gegenteil, sie geben uns den Schlüssel zum Verständnis seiner revolutionären Botschaft über diesen Gott an die Hand und das Kriterium, um den entscheidenden Charakter dieser Offenbarung wirklich zu ermessen»[93].

b) Die Politik und der Glaube an Jesus

Das Reich Gottes bringt Konflikte, denn es ist Befreiung und Bekehrung. Es macht den gesellschaftlichen Antagonismus zwischen Armen und Reichen zu einem Instrument der Begegnung Gottes mit den Menschen. Es ist eine Befreiung, zu der sich die Reichen bekehren – es ist eine Bekehrung der Reichen, die sich durch die Befreiung der Armen ereignet. Es ist die Zukunft Gottes selbst in der menschlichen Gesellschaft. Glaube und Politik sind der Schlüssel zu diesem Reich. Der Gott, von dem es kündet, ist ein Gott, der eintritt für die Armen. Er selber ist ihre Verheißung. – Aber nicht nur Glaube und Politik sind ein Schlüssel zum Verständnis der Botschaft Jesu, sondern auch die Person Jesu. Sie ist der Schlüssel zu deren anthropologischem Verständnis und eröffnet nicht nur den Sinn und die Bedeutung des Arm-seins und Reich-seins, sondern des Mensch-seins überhaupt in der Geschichte. Jesus ist der Christus des Reiches Gottes. Er ist der Schlüssel zur Existenz des Menschen als einem Sein vor Gott.

Dieses anthropologischen Schlüssels bedient sich die Christologie des Paulus. Segundo nennt sie eine humanistische Christologie, denn Paulus «hält offensichtlich nur an zwei spezifischen Begebenheiten fest: an Jesu Tod und Auferstehung. Paulus zitiert nicht seine Worte und wiederholt nicht seine Lehren. Verschwunden sind die Schlüsselbegriffe, die Jesus verwendet hat, um sich, die eigene Sendung, und die unmittelbaren Adressaten dieser Sendung zu bezeichnen: den Menschensohn, das Reich Gottes, die Armen usw»[94]. Paulus verlagert den Schwerpunkt der

Botschaft Jesu von Gott auf Jesus selbst. Er kennt die Tradition dieser Botschaft und steht auf ihrem Boden, denn er wurde vielleicht auf seinen Reisen von zwei Verfassern synoptischer Evangelien, Markus und Lukas, begleitet. Außerdem sind in den Gemeinden, an die er schreibt, schon Evangelienberichte verbreitet: sie sind die Basis der kirchlichen Katechese.

Paulus setzt einen neuen Schwerpunkt im Glauben an Gott. Der jesuanische Schlüssel zu diesem Glauben sind die Armen, der paulinische Schlüssel hingegen ist Jesus selbst; denn Jesus verändert durch seinen Tod und in seiner Auferstehung die Situation der Menschen. An ihm hat sich die Seligpreisung der Armen des Reiches Gottes schon hier und jetzt erfüllt. Er ist der neue Mensch, der Mensch als das vollkommene Ebenbild Gottes, der zweite Adam. Damit tritt das Arm-sein in den Hintergrund, aber das Menschsein der Armen wird hervorgehoben. Daher spricht Segundo von einem anthropologischen Schlüssel zur Botschaft Jesu. Paulus stellt ihren christologisch-humanitären Charakter in den Vordergrund. Dieses neue hermeneutische Prinzip ist «sicherlich nicht der politische Schlüssel, der uns bei den synoptischen Evangelien so dienlich war, und konnte es nicht sein. Der Ausdruck ‹Reich› ist verschwunden und damit die zentrale Stellung ‹der Armen›. Der Ausdruck ‹Sünder› dient nicht länger mehr als ideologisches Etikett einer speziellen sozialen Gruppe; deshalb verschwindet in den Paulusbriefen der unerwartet positive oder günstige Sinn dieses Ausdrucks in der Botschaft Jesu. Das bedeutet weder Schlechtes für unseren Gebrauch des politischen Schlüssels in der Synoptikerauslegung, noch bedeutet es, daß Paulus ein Christentum nach eigenen Kriterien erfunden hat. Aber es zeigt an, daß er sich eines anderen Schlüssels bediente, einer anderen Garnitur von geistigen und literarischen Instrumenten, um die gleiche Botschaft aufzugreifen und sie einer anderen Öffentlichkeit mitzuteilen. Was ist dieser neue Schlüssel? Ich denke, dies wird klar genug bei einem Blick auf die Personifikation der Mächte des Konflikts, die eine ‹Inszenierung› des Paulus in einem guten Sinn des Wortes ist. Er erklärt im Kontext dieser Mächte die einzigartige Stellung Jesu, des Christus, und seine Bedeutung für den Menschen. Was personifiziert Paulus? Er personifiziert die Mächte, die signifikant in jedes menschliche Leben eingreifen, die Mächte, die jeder Mensch entdeckt, wenn er sich mit den Tiefen seiner Existenz befaßt, ohne Rücksicht auf äußere Umstände oder religiösen Hintergrund. Ausdrücke wie Sünde, Gnade, Rechtfertigung, Gesetz, innerer Mensch usw. zwingen uns, den anthropologischen oder existentialen Schlüssel bei Paulus zu erproben. Wenn ein spezifischer Begriff des Menschseins den Namen Humanismus verdient, dann könnten die Leser dieses Bandes seinen Titel gerechtfertigt sehen: ‹die humanistische Christologie des Paulus›»[95].

Die Briefe des Paulus erweitern den Horizont des Glaubens an Gott und Jesus. Sie machen die Begegnung mit Jesus zur Grundlage der Erörterung des Konflikts um seine Botschaft und machen nicht wie die synoptischen Evangelien diesen Konflikt zur Grundlage der Aussagen über seine Person. Die Begegnung mit Jesus ist mehr als dieser Konflikt. Sie überwindet den Gegensatz von arm und reich, niedrig und hoch, leiblich und geistig, jüdisch und heidnisch, Erde und Himmel, Mensch und Gott. Sie rechtfertigt den Menschen; denn sie ist seine Existenz vor Gott. Tod und Auferstehung nehmen in der Gegenwart jene Zukunft vorweg, die Jesus den Armen verheißen hat, die Gerechtigkeit und Heiligkeit des Reiches Gottes. Wer Jesus nachfolgt, geht den Weg dieser Verheißung. Er ist befähigt, sie zu leben und zu verkünden, ist berufen, sein Apostel zu sein. Politik und Anthropologie sind in dieser Nachfolge die zwei notwendigen Schwerpunkte der gleichen Sendung. Denn Anthropologie verändert Politik, indem sie ihre Grenzen sprengt. Es gibt nicht nur Juden und Heiden allein, sondern auch ihre Einheit in Christus. Veränderung von Politik durch Anthropologie ist jedoch eine Herausforderung für die Politik. Sie kann sich gegen diesen Wandel stellen und ihn auch verhindern. Daher gerät Paulus ebenso wie Jesus in Konflikt mit den Mächten und Gewalten im Staat. Er hat sein Bekenntnis zu Christus mit dem Tod bezahlt. Der politische Schwerpunkt in der Botschaft Jesu hat einen anthropologischen Kern. Denn sie bringt die Befreiung der Armen und die Bekehrung der Reichen. Sie verheißt einen neuen Himmel und eine neue Erde für die Kinder Gottes. Der anthropologische Schwerpunkt in der Botschaft des

Paulus von Jesus, dem gestorbenen und auferstandenen Christus, aber hat einen politischen Kern. Denn sie ist eine Kriegserklärung an den Tod und seine alles beherrschende Macht. Sie steht für den Menschen und gegen seine Beherrschung durch das Gesetz. Sie steht gegen seine Versklavung durch die Sünde in ihrer vielfältigen Gestalt und für den Glauben an seine Auferstehung in Christus. Sie verkündet, daß Gnade unendlich mehr ist als die Schuld. Die Befreiung ist ein Akt, durch den man sich zum Person-sein bekehrt, und die Bekehrung ein Vorgang, der Personen von Unterdrückung in der Gesellschaft befreit. Sie ist der Entschluß zum eigenen Leben, sie ist aber auch Anerkennung der Eigenständigkeit des fremden Lebens. Sie ist Bekenntnis zur Eigenständigkeit gemeinsamen Lebens in Christus und Gott. Sie ist daher jene Unendlichkeit, die befreit.

4. Personalisation und Sozialisation als idiomenkommunikatives Programm. Eine Überlegung zu den Grundlagen der erneuerten Christologie

Existenz ist Sein in der Welt und hat polaren Charakter. Sie ist ein Subjekt, dem man objektiv begegnet, und ein Objekt, das Subjektivität besitzt, sie ist das Subjekt in der Welt von Objekten.[96] Aussagen über die Existenz Gottes haben daher notwendig eine polare Struktur. Sie besagen, daß Gott der Gott einer Welt von Subjekt-Objekt-Beziehungen ist. Er ist das Absolute dieser Welt, man kann ihm daher geschichtlich begegnen. Er ist Existenz in der Welt der Beziehung des Menschen zu anderen Menschen, in der Welt humaner, kultureller, politischer und wirtschaftlicher Prozesse. Er hat eine soziale Existenz und ist der Gott des Reiches Gottes und daher der Befreier.

Die Verwendung von Prädikaten für Gott als Gott ist ein idiomenkommunikatives Problem; denn sie betrifft die Austauschbarkeit von natürlichen und übernatürlichen, endlichen und unendlichen Prädikaten. Befreier ist jemand, der in der Endlichkeit handelt, Gott jedoch ist jemand, der alles Endliche übersteigt. Sein Reich ist nicht von dieser Welt, aber es ist in dieser Welt, es ist ein übernatürliches Handeln an der Schöpfung.

Daher stellt sich die Frage nach der Einheit von Überweltlichem und Innerweltlichem in Gott und in der Welt. Das Modell einer jeden Antwort auf diese Frage ist Jesus selber; denn er steht für Gott unter den Menschen und für die Menschen als der Welt vor Gott. Seine Existenz umfaßt daher zwei Naturen – sie ist Gott und Mensch in einer Person.

Die klassische Christologie hat mit ihrem Programm der Idiomenkommunikation dieses Person-sein prädikativ gefaßt und damit die Beziehung von Gott und Mensch in der Welt modellhaft erschlossen. Die zwei Hauptregeln lauten: «1. Die Eigentümlichkeiten der beiden Naturen können von ein und demselben Subjekt ausgesagt werden. 2. Die Gemeinsamkeit der Eigentümlichkeiten besteht im Subjekt (principium quod), nicht in den Naturen als solchen (principium quo). Dementsprechend können die Attribute nicht zwischen den Naturen als solchen getauscht werden, wohl aber zwischen Personnamen, die die Person zunächst nach der einen der beiden Naturen bezeichnen»[97]. Diese Regeln gestatten es und verlangen auch, vom irdischen Jesus zu sagen: er ist die (zweite) Person Gottes, und von dieser (zweiten) Person (Gottes) zu sagen: sie ist der irdische Jesus. Man kann und muß daher behaupten: der unendliche Gott ist eine endliche Existenz; denn er wurde in Raum und Zeit geboren, hat in der Antike gelebt und ist am Kreuz gestorben. Er ist nicht nur Schöpfer, sondern auch Geschöpf und muß daher Endlichkeit von sich behaupten. Umgekehrt besitzt der Mensch Jesus durch seine erste Natur eine überirdische Existenz. Er kann Prädikate der Existenz von Gott als Gott für sich in Anspruch nehmen. Er ist die (zweite) Person Gottes und daher Schöpfer, Erlöser und ewige Weisheit.

Die klassische Christologie erläutert mit ihrem Programm der Austauschbarkeit von endlichen und unendlichen Prädikaten den biblischen Sprachgebrauch. Denn Jesus trägt den Gottestitel Herr, Jahwe, und ist Richter der Lebenden und Toten. Zugleich kann aber Gott, der Herr, auch Eigenschaften der menschlichen Natur besitzen. Er hat Freunde und Freundinnen, er empfindet Trauer, ist zornig und wandelt unter den Menschen. Er ist ihr Vater, aber kann es auch noch werden. Die Namen Gottes haben kraft ihres geschichtlichen Sinns idiomenkommunikative Bedeutung. Sie sind Namen für Gott als den Schöpfer des Himmels und der Erde.

Die Christologie der Befreiung ist eine epochale Weiterführung dieses klassischen Programms. Sie arbeitet mit politisch-sozialen Prädikaten. Das Modell und oberste Kriterium ihrer Verwendbarkeit ist jedoch auch für sie die Person Jesu. Im Unterschied zur klassischen Christologie indes faßt sie die menschliche Natur Jesu nicht nur metaphysisch-abstrakt im Sinne der Leib-Seele-Beschaffenheit, sondern geschichtlich-konkret im Sinne der kontextuellen Beschaffenheit dieser Natur. Die Menschen haben eine soziale Natur und existieren in der Gesellschaft anderer Menschen. Daher betreffen Aussagen über Gott und Mensch notwendig die Gesellschaft, ebenso betreffen Aussagen über Gott und Gesellschaft notwendig den Menschen als Menschen, und Aussagen über Mensch und Gesellschaft betreffen notwendig Gott. Gott selbst besitzt eine soziale Existenz. Er ist die Befreiung. Und in der Tat haben die Aussagen Jesu über das Reich Gottes diesen idiomenkommunikativen Sinn. Sie sind ein theologisches, anthropologisches und soziologisches Programm, denn Gott ist eine Person des Jenseits und des Diesseits der Welt. Der jenseitige Gott besitzt eine diesseitige Existenz. Sie ist das Diesseits der Jenseitigkeit von Gott als Gott. Daher umfaßt seine Person Geschichtliches und Übergeschichtliches, Zeitliches und Ewiges, Relatives und Absolutes. Von ihr gilt beides, sie ist die Geschichtlichkeit des Übergeschichtlichen selber und die Ewigkeit des Zeitlichen. Sie ist das Absolute, sofern es Relativität besitzt, und das Relative, sofern es das Absolute verkörpert. In ihr sind Endliches und Unendliches gleich unersetzlich, denn sie ist jenes Endliche, das die Unendlichkeit umfaßt. Sie ist jenes Unendliche, das die Endlichkeit verwirklicht. Es gibt ihr einen letzten Sinn und eine absolute Bedeutung.

Von Gott müssen nach der Maßgabe idiomenkommunikativer Reglements soziale Aussagen gemacht werden können, und diese Aussagen müssen nach gleicher Maßgabe Aussagen sein von Gott als Gott. Genau dieser Maßgabe folgt jedoch die lateinamerikanische Theologie in ihren Aussagen von Gott, er selbst ist das Projekt einer neuen Gesellschaft. Ihre personalen Qualitäten wie Freundschaft, Liebe, Gerechtigkeit, stehen für ihn selbst, denn sie sind Eigenschaften von Gott als Gott und tragen daher seinen Namen. Er ist die Existenz dieser Gesellschaft. Die lateinamerikanische Theologie verfügt über beide Aussageformen der Idiomenkommunikation. Ihre Vertreter sagen von Gott, er ist «die Liebe und die Gerechtigkeit unter den Menschen»[98], und vom Reich Gottes, es ist «eine gerechte Gesellschaft«, der «perfekte[n] Kommunismus auf der Erde», die «perfekte Gesellschaft»[99]. Irdische Prädikate können Eigenschaften Gottes sein. Prädikate, die ihm zukommen, sollen zu einer Eigenschaft des neuen Menschseins werden. P. Casaldáliga schreibt in einem Gedicht zum Thema Verwechslungen:

«Verwechslungen

Wo du Gesetz sagst,
Sage ich Gott.
Wo du Friede,
Gerechtigkeit,
Liebe sagst,
Sage ich Gott!

Wo du Gott sagst,
Sage ich Freiheit,
Gerechtigkeit,
Liebe»[100]

Personalisation und Sozialisation sind im Horizont des Personseins Gottes selbst zu denken, denn sie sind eine inkarnatorische Aufgabe. In der sozialen Herausforderung bewährt sich personaler Glaube. Diesseitige und jenseitige Prädikationen sind im Subjekt, für das sie gelten, austauschbar. Daher betreffen seine Aussagen über Gott als Gott die Situation, in der es sich selbst befindet, und seine Aussagen über diese Situation Gott als Gott, vorausgesetzt, Gott ist Jahwe und die Situation ein personales Thema. Eine naturalistische Auffassung vom Menschen, eine instrumentalistische Auffassung von der Gesellschaft und eine geschichtslose Auffassung von Gott stehen im Widerspruch zu den Voraussetzungen idiomenkommunikativ entfalteter Theologie. Genannte Auffassungen können weder dem klassischen noch dem modernen Programm solcher Theologie entsprechen. Denn irdische und überirdische Gerechtigkeit sind nie identisch, aber sie sind in der Geschichte aufeinander bezogen. Eine Gemeinschaft, die sich in irdischer Gerechtigkeit übt, wird zu einem Zeichen der überirdischen Gerechtigkeit. Ihre Mitglieder sind das Sakrament des Reiches Gottes.

Die Regeln der Idiomenkommunikation haben metaphysische und historische Gültigkeit. Der Schlüssel zur Geschichte von Welt und Gesellschaft überhaupt ist die Person Jesu. Die Christologie der Befreiung bedient sich dieses Schlüssels. Der europäische Supranaturalismus und seine Falschheit sind ein Phänomen des Niedergangs der klassischen Tradition Europas und müssen sie daher mißverstehen. Die Christologie der Befreiung greift die klassische Tradition auf und führt sie im Lichte des Zweiten Vatikanum weiter. Dieses sagt, daß Personalisation und Sozialisation die Prinzipien der Erziehung des Menschen in der Gesellschaft sind. Es sagt, daß Inkarnation nicht nur im Menschen Jesus, sondern auch in der Menschheit überhaupt geschieht und daß seine Person der Schlüssel zur ganzen Menschheitsgeschichte ist, denn in ihr sind Himmel und Erde verbunden. Sie ist die Person der Existenz des Alls. Die lateinamerikanische Christologie ist die Anwendung der Christologie des Konzils auf Lateinamerika. Sie hat epochalen Charakter, steht in der klassischen Tradition europäischer Christologien, genügt deren Regeln, und ist das Modell des Entwurfs von Pastoral und Dogmatik überhaupt in der heutigen Welt.

III.
Gemeinschaft und Kirche
Die Ekklesiologie der Befreiung

Jesus verkündet das Reich Gottes. Die Kirche geht in der Nachfolge Jesu den Weg dieser Verkündigung und ist das wirksame Zeichen der Gegenwart des Reiches Gottes in der Zeit. Die Worte und Taten ihrer Mitglieder stehen für die Befreiung und Bekehrung von Menschen der heutigen Welt. Das zentrale Thema aller Verkündigung des Reiches Gottes sind die Armen. Sie sind das Objekt und Subjekt seiner Verheißung. Niemand kann Jesus begegnen, der nicht auf sie hört und keine Gemeinschaft mit ihnen hat. Die Armen sind aus diesem Grund die zentrale Instanz der Christologie und Ekklesiologie des Reiches Gottes. Wer sie bestiehlt, ausgrenzt und entwürdigt, kann nicht in das Reich Gottes kommen. Die soziale Frage ist daher ein ekklesiologisches Problem. Die Kirche muß sich mit dieser Frage auseinandersetzen, denn sie ist gesandt, das Reich Gottes den Armen zu verkünden. Sie kann ohne diese Schwerpunktsetzung ihrem eigenen Auftrag nicht entsprechen, weil sie eine Kirche ist, die dadurch zur Kirche wird, daß sie diesen Auftrag erfüllt.

Die lateinamerikanische Kirche macht die Reich-Gottes-Botschaft Jesu zum obersten Maßstab ihres Kircheseins und erkennt den ekklesialen Charakter der sozialen Frage an. Sie ist nicht nur Kirche. Sie kann daher von einer Auferstehung der wahren Kirche sprechen[101], von einer Ekklesio-genesis der Kirche in der Kirche der Armen.[102] Denn sie ist das Sakrament der Begegnung Gottes mit den Armen.

1. Die Auferstehung der wahren Kirche in einer Kirche der Armen

Das Reich Gottes ist mehr als die Kirche. Es ist ein Projekt von Mensch-sein überhaupt, nämlich seine Existenz in Gott und

Christus. Die Kirche verkündet dieses Projekt und steht in seinem Dienst. Sie muß den Kreuzweg der Gerechtigkeit und Auferstehung gehen, in den es führt und den es auch verkörpert. Das Projekt des Reiches Gottes ist eine Verheißung für die Armen. Es ruft unweigerlich den erbitterten Widerstand jener Reichen hervor, die sich nicht zu ihm bekehren wollen und seine Träger und Trägerinnen mit großer Unerbittlichkeit bis in den Tod verfolgen.

Die Kirche in Lateinamerika geht den Weg dieses Konflikts, denn sie lebt in der Nachfolge Jesu und verkündet das Reich Gottes. Sie nimmt die Not der Liebe jenes Gottes auf sich, dessen Offenbarung für die Reichen ein Aufruf zur Bekehrung und für die Armen die Befreiung ist. Sie geht den Kreuzweg der wahren Kirche, aber sie ist auch ihre Auferstehung von Kirche selbst in einer Kirche der Armen.

a) Kirche und wahre Kirche

Das Reich Gottes umfaßt den ganzen Menschen – es erschöpft sich nicht im Geistigen, sondern erwächst aus der Einheit von Geist und Fleisch. Es verändert die Beziehung der Menschen zu sich selbst und zu anderen Menschen und überwindet die Spaltung des Lebens in einen inneren und äußeren, gegenwärtigen und zukünftigen, geistlichen und weltlichen, himmlischen und irdischen Bereich. Denn es meint die äußere Wirklichkeit, sofern sie Inneres zum Tragen bringt; die Zukunft, sofern sie Gegenwart verändert und in ihr greifbar wird; das Weltliche als geistliche Herausforderung und das Geistliche als Tatsache in der Welt; den Himmel, in dem sich die Erde vollendet, und die Erde, deren Aufgabe es ist, selbst Himmel zu werden. Dieses Projekt von integraler Existenz ist Angebot und Aufforderung zugleich. Es ist ein Weg, der gewiesen ist und den man geht, ein Vorschlag, der angenommen werden muß und zu dem man sich bekehrt, es ist der Plan Gottes mit der Welt. Die Botschaft von diesem Plan ist eine frohe Botschaft besonders für die Armen. Er gibt ihnen Kraft zum Widerstand gegen das Unrecht und führt sie den Weg der Zuversicht, der Anerkennung ihrer Menschenwürde, der Gerechtigkeit und der Liebe, der Gemeinschaftlichkeit und Teilhabe, der Umgestaltung und Erneuerung allen

Lebens. Der Plan Gottes für die Welt ist ihre humane und soziale Befreiung der Armen.

Zwischen der Kirche und dem Reich Gottes besteht in der Person des Armen ein struktureller Zusammenhang. Das Eintreten der Kirche für sein Recht auf Würde, Leben und Eigentum schafft den Raum für jene Beziehung unter den Menschen, die Gott selbst ist, nämlich Liebe und Gerechtigkeit, Versöhnung und Frieden. Der Arme ist Testfall und Prüfungsinstanz ihrer eigenen Bekehrung zum Reich Gottes. Indem sie für seine Rechte eintritt, verkündet sie das Reich Gottes, und je entschiedener sie es herausstellt, desto glaubwürdiger tritt sie für den Armen ein. Ihre Bekehrung ist ein Mittel seiner Befreiung, und seine Befreiung ist die Basis ihrer Bekehrung. Der strukturelle Zusammenhang zwischen den Armen und dem Reich Gottes bedeutet, daß Kirche entweder Kirche der Armen oder überhaupt nicht Kirche ist, denn erst die Gemeinschaft mit ihnen macht sie selbst zur Gemeinschaft. Sie ist das Zeichen der vorrangigen Verbundenheit Gottes mit den Armen.

Die Armen sind das Objekt und Subjekt der Verkündigung des Reiches Gottes und nicht nur Gegenstand karitativer Tätigkeit, sie sind dazu berufen, Kirche und Welt zu evangelisieren. In dem Buch mit dem programmatischen Titel: «Bekehrung der Kirche zum Reich Gottes – um es in der Geschichte zu leben und zu verkünden», schreibt Ignacio Ellacuría über die Kirche: «Nur vom Reich her, so wie es durch Jesus verkündet wurde, kann man verstehen, was die Kirche sein muß, kann man verstehen, warum sie eine Kirche der Armen zu sein hat, wenn sie mit ihrer Mission wachsen und wenn sie heilig, vollkommen und makellos sein will, nach dem Bild und Gleichnis Jesu selbst»[103]. Denn Jesus hat den Armen das Reich Gottes verkündet. Wer den Weg dieser Verkündigung geht, lebt und denkt in Übereinstimmung mit ihm. Sie sind dadurch eine wirkliche Gemeinschaft. Die Kirche Lateinamerikas geht den Weg Jesu; denn sie verkündet den Armen das Reich Gottes. Sie ist die Kirche der Armen.

In der Ekklesiologie des Reiches Gottes wird die Kirche zu einem wirklichen Objekt der Verkündigung. Sie evangelisiert nicht nur andere, sondern auch sich selbst, und wird dadurch evangelisiert, daß Menschen innerhalb und außerhalb von ihr sie an ihre geistliche und politische Aufgabe erinnern, für das Reich Gottes einzutreten und es zu verkörpern. Das zentrale Stichwort dieser Ekklesiologie ist der Begriff einer «Kirche der Armen». Er besagt, daß Kirche aus der Verkündigung des Reiches Gottes hervorgeht und daß sie diese Verkündigung nicht nur bringt, sondern auch empfängt. Ihre politisch-soziale Schwerpunktsetzung in der Pastoral hat daher einen dogmatischen Sinn, denn sie gehört zu ihrem Wesen. Ignacio Ellacuría stellt diesen Ur-sprung besonders heraus und behauptet den ekklesialen Charakter der sozialen Frage, denn er sagt: «Die Bezeichnung ‹Kirche der Armen› ist im Sinne einer dogmatischen Formel zu verstehen, die neben jene vom ‹mystischen Leib› und ähnliche gestellt werden kann. Sie drückt nicht etwas nur Akzidentielles oder nur zur Vervollkommnung der Kirche Gehörendes, sondern etwas für sie Wesenhaftes und Konstitutives aus, dessen Fehlen bedeutet, daß Kirche aufhören müßte, Kirche Christi zu sein, wenn sie aufhört, die Kirche der Armen zu sein. [. . .] Der letzte Grund dieser Behauptungen ist der, daß in der Kirche das Reich Gottes das schlechthin Absolute ist; die Kirche ist dem Reich untergeordnet, und nicht das Reich der Kirche; die Armen sind aber auf vielfache Art ein Wesensbestandteil des Reiches Gottes und erfreuen sich in ihm eines Vorranges und eines besonderen Gewichts, sofern sie auf unersetzliche Art den christlichen Gott, die Bestimmung der Menschheit und den Weg der Bekehrung greifbar machen. Daher ist mit größtem Nachdruck hervorzuheben und zu unterstreichen: Die Hinwendung zu den Armen als dem Ort von Theologie ist direkt und unmittelbar nicht der Versuch einer Belebung der Pastoral oder gar von Theologie als intellektueller Praxis. Es handelt sich vielmehr um einen Dienst an der Sache des Glaubens, die eine Sache der Armen ist; es handelt sich um die Funktion und daher um die Sache des Reiches Gottes, sofern das Reich Gottes die Sache der Armen und die Sache Gottes strukturell verbindet; die Wege Gottes und die Wege der Armen dieser Erde sind unauflöslich miteinander verbunden»[104]. Im Begriff einer Kirche der Armen wird die herkömmliche Unterscheidung von Kirche überhaupt und wahrer Kirche herausgestellt, aber sie verliert ihren apologetischen Sinn. Der Anspruch, wahre Kirche zu sein, entspringt nicht der negativen Absicht, sich einer anderen Kirche gegenüber abzugrenzen und Angriffe abzuwehren, sondern ist der vorwärtsgerichtete Versuch, dem Anspruch von Kirche überhaupt gerecht zu werden und ihrem Auftrag zu genügen.

Jon Sobrino nennt die Kirche der Armen das strukturelle Mittel der Kirche, sie selbst zu werden.[105] Er nennt sie das Antlitz Christi in der heutigen Welt. Sie feiert Auferstehung in den Herzen der Menschen, zu denen sie gesendet ist und die zu ihr gehören. Sie ist nicht nur vorhanden, sondern auch eine Aufgabe, und sie ist die Gemeinschaft der Heiligen einer gegenwärtigen und zukünftigen Welt. Die Merkmale der Kirche – Einheit, Heiligkeit, Apostolizität und Katholizität – hören im Umgang mit den Armen auf, ein bloßes Etikett zu sein, sie sind eine wirkliche Aufgabe. Die Mitglieder der Kirche haben sich ihr zu stellen und lassen so erkennen, ob sie wirklich Kirche sind. Sie dienen der *Einheit,* wenn sie für die Menschen eintreten, die zu ihr gehören, und wenn sie die Anwälte ihrer berechtigten Forderungen sind. *Heiligkeit* leuchtet unter ihnen auf, wenn sie für die Befreiung arbeiten und gegen das Unrecht kämpfen, um es zu verwandeln und das Leiden und den Tod zu einem Kreuzweg der Auferstehung machen. Ihre *Katholizität* läßt sie zum Sakrament der Einheit aller Menschen in Gott und Christus werden. Sie haben die Aufgabe, das Evangelium zu leben und zu verkünden. Sie predigen die Bekehrung und werden von ihm auch selbst bekehrt. Eine Evangelisierung, die zur Evangelisierung der Kirche selbst führt und aus ihr hervorgeht, trägt das Merkmal der *Apostolizität.* Es gibt eine Auferstehung von Kirche überhaupt in der Kirche der Armen. Christus selbst zeigt ihr diesen Weg. Er schenkt ihr die Freude der Begegnung mit sich in den Armen und läßt sie Maßnahmen ergreifen, die zu einer neuen Gestalt von Kirche führen und zur Begegnung mit ihm selbst als einer Existenz in der heutigen Welt. Er lehrt sie, daß Mt 25 das Fundament einer jeden Ekklesiologie der Zukunft ist: Die wahre Kirche ist der Nächste, an dem sie sich ausrichtet und zu dem sie sich bekennt.

b) Die Notwendigkeit des Konflikts in der Kirche

Das Reich Gottes übersteigt die Menschen, und es ist zugleich mitten unter ihnen, es vollendet sie, aber es ist auch ihr Gericht.

Die Kirche verkündet dieses Reich. Es ist gegenwärtig in den Worten und Taten ihrer Mitglieder, aber es übersteigt sie auch. Es ist der letzte Maßstab von allem, was sie tun und lassen, bekennen und verschweigen, sind oder sein wollen. Auch die Kirche ist ihm unterworfen. Sie muß vor ihm bestehen und wird an ihm gemessen, daher ist die Kritik an ihr notwendig. Die Kirche ist kritisierbar und auch der Kritik bedürftig, denn sie kann sich verbessern und ist korrekturfähig. Sie hat sich in der Vergangenheit oft korrigieren müssen und sie muß auch in der Zukunft korrigiert sein wollen, denn sie geht den Weg der Umkehr zu Gott. Die Kritik an ihr hat jedoch für sie selber Folgen, nämlich den Konflikt.

Jon Sobrino spricht von «zwei Folgen: die eine betrifft die Kirche im ganzen; die andere betrifft ihre institutionelle Struktur. Die Kirche als ganze ist nicht identifizierbar mit dem Reich Gottes. Sie ist daher offen für Kritik [sie ist ihr möglicher Gegenstand]; darüber hinaus unterwirft das Reich Gottes jedoch alle geschaffene Wirklichkeit dem Gericht. Daher muß die Kirche kritisiert werden. [. . .] Die größte strukturelle Versuchung für die Kirche besteht in ihrem relationalen Charakter. Denn erstens, der Kirche ist die Tradition des Reiches Gottes und die Forderung, es zu verwirklichen, anvertraut; zweitens, sie ist nicht selbst das Reich Gottes. Beide Faktoren bringen die Kirche in eine Situation der ‹Konkupiszenz›, das heißt, sie hat den Wunsch, identisch mit dem zu sein, auf das sie tatsächlich nur hinweisen kann und muß, und dem sie zu dienen hat, nämlich dem Reich Gottes. In der Konsequenz davon ist die Möglichkeit des Konflikts allgegenwärtig; und wenn eine spezielle Situation klar die Verschiedenheit und den Abstand von Kirche und Reich Gottes zeigt, bricht der Konflikt aus – und er muß spontan ausbrechen. Die Entdeckung, daß das Reich Gottes die letzte Wirklichkeit ist, hat eine elementare Wahrheit ans Licht gebracht: die Kirche ist selbst in ihrem innersten Wesen nicht absolut, und deshalb ist ihre Struktur kritisierbar. Wenn die Kirche nicht absolut ist, dann sind es auch ihre Strukturen nicht. Jede dieser Strukturen hat eine im Prinzip positive Bedeutung für den gesamten Körper der Kirche. Bei einer letzten Analyse jedoch spricht eine andere Instanz das Urteil, über die Hierarchie ebenso wie über die Gläubigen. Die Struktur der Kirche ist nicht schon von sich aus heilschaffend. Und irgendjemand kann in der Kirche aufstehen, um sie an diese Wahrheit zu erinnern – irgendjemand in der Hierarchie oder unter den Gläubigen. Wenn in der Kirche die Verschiedenheit von Kirche und Reich Gottes in Rechnung gestellt wird, dann mag ein christlicher Konflikt entstehen. Es gibt im Prinzip keinen institutionellen Mechanismus in der Kirche, diese Art des Protestes zu ersticken, vorausgesetzt, die Kritik wird nicht geübt um des eigenen Egoismus willen, sondern um des Reiches Gottes willen. All dies ist keine Auskunft darüber, wie ein Konflikt behandelt werden muß, wer das Recht und die Pflicht hat, ihn zu entfachen, und wie er zu lösen ist. Der entscheidende Punkt ist hier, wenn die Kirche etwas Relationales und nichts Absolutes ist, dann hört sie auf, unberührbar zu sein, dann ist sie kritisierbar»[106].

Der Grund des Konfliktes in der Kirche ist ihre Botschaft; denn auf sie ist die Kirche verpflichtet, an ihr wird sie gemessen, sie ist ihr unterworfen und muß ihr auch genügen. Die Kirche ist anhand dieses Maßstabs kritisierbar; denn sie hat sich nach ihm zu richten. Ihre Weigerung, nicht zwischen sich und dem Reich Gottes zu unterscheiden, der Schein jeder Verwechslung mit ihm und jeder Versuch sich selbst statt das Reich Gottes zu predigen, bringt den Konflikt hervor. Wenn die Kirche sich bewußt oder unbewußt an die erste Stelle setzt, wird der Konflikt unvermeidlich; denn sie wird daran erinnert, daß eben diese Identifikation von Kirche und Reich Gottes «ihre erste und fundamentale Sünde ist»[107]. Kritiker und Kritikerinnen legen den Finger auf die Wunde des Personenkults in der Kirche, verweisen auf ihre Überschätzung der eigenen Institution, auf ihren Versuch zu leugnen, daß ihre historische Erscheinungsform immer auch im Widerspruch zum Reich Gottes steht und sie daher gezwungen ist, sich zu korrigieren und Fortschritte der Verkündigung zu machen. Oberster Maßstab der Regelung des Konflikts in der Kirche ist die Botschaft der Kirche. Diese bezieht sich nicht nur auf die Unendlichkeit des Jenseits, vor dem jeder und jede zur Rechenschaft gezogen wird am Ende der Zeit: Sie umfaßt Unendliches und Endliches, Jenseits und Diesseits, umfaßt alles, was je gewesen ist und irgendwann sein wird, sie ist das Projekt der Gleichheit von Gottes- und Nächstenliebe, dessen Verwirklichung rechtfertigt. Dieses Projekt will in der Gegenwart und unter ihren Bedingungen auch verwirklicht sein.

«Die Schlüsselfrage, die der heutigen Kirche zu stellen ist und die allem Konflikt mit ihr zugrunde liegt, ist die: Will die Kirche nur über Christus reden oder will sie tun, was Jesus getan hat, und auf diese Art erklären, daß er Christus ist? Offenbar sind das nicht einander ausschließende Alternativen, und sie sind es auch nicht historisch, da in der Kirche immer etwas von beidem da gewesen ist. Aber die Betonung ist in beiden Fällen unterschiedlich und so entsteht ein Konflikt. Wenn sich das Interesse mehr auf die erste Alternative ausrichtet, dann wird die historische Situation so betrachtet, daß in ihr die Botschaft verständlich wird; aber wenn das Interesse mehr an der zweiten besteht, dann muß die historische Situation erlitten werden, so daß nur die Predigt von ihrem Inhalt her zur Realität gemacht werden kann. Wir haben hier in der theoretischen und praktischen Konzeption der kirchlichen Sendung die tiefste Wurzel der Spaltung und des heutigen Konflikts in der Kirche. Heute sind Einheit und Spaltung der Christen verwurzelt in einer verschiedenen Sicht ihrer Mission: ist sie eine Sache des Redens oder des Handelns?»[108] Tatsächlich ist das Reich Gottes, wo immer und von wem es auch verkündet wird, eine Tatsache der Befreiung. Es ist der Einsatz für die Zukunft jener Menschen, die keine Zukunft haben, für die Armen. Eine Kirche, die sich zu ihm entschließt und eine Option für die Armen getroffen hat, kann unbeschwert und mit großer Offenheit von sich selbst sprechen, denn sie verkündet das Evangelium vom Reich Gottes. Ihr ganzheitlicher Dienst an den Armen ist das Zeichen seiner Gegenwart, der Beginn des umfassenden Wandels der Situation ihres Unterdrücktseins und der Kampf für ihre Befreiung.

Der Konflikt um die Option wird heute auf allen Ebenen der Kirche ausgefochten. Er prägt ihre Existenz, denn ihre Verkündigung ist eine politische Tat, und ihre Anklage des Mißbrauchs von Politik ist die Tat einer gezielten Verkündigung. Ihr politisch-sozialer Dienst hat dogmatisches Gewicht, denn er macht die kirchliche Botschaft in der Öffentlichkeit greifbar und läßt die Öffentlichkeit selbst zur Trägerin dieser Botschaft werden.

Daher sind Konflikte unvermeidlich, aber auch wünschenswert; denn sie machen den Sinn und die Bedeutung des Kirche-seins offenbar. Sie sind ein Dienst der Befreiung, ein Ruf zur Bekehrung und die Kampfansage gegen alle Entwürdigung, Entrechtung und Unterdrückung. Daher sagt Jon Sobrino: «Solange die Kirche nicht entdeckt hat, daß das Reich Gottes die letzte Wirklichkeit ist, daß es Gericht mit sich bringt, und daß Jesu Handlungsweise die Bemühung ist, es in Wort und Tat zu verwirklichen, wird der Konflikt in ihr unerwünscht erscheinen. Dann wird auch die tiefste Ursache von Spaltung und Konflikt nicht zum Vorschein kommen, obwohl sie allgegenwärtig ist. Ein spezieller Begriff des christlichen Glaubens enthält kraft innerer Logik eine spezielle konkrete Option. Deshalb ist es so gefährlich, naiv [die Formel von L. Trujillo] zu wiederholen: ‹die wesentliche Einheit der Kirche muß klar die Einheit im Glauben sein.› Diese Behauptung ist formal korrekt; aber sie löst nicht das Problem, sondern sie verschärft es nur. Wenn der christliche Glaube ein Glaube an den größeren Gott und an den gekreuzigten Gott ist, wenn er die Nachfolge Jesu inmitten von Konflikten der Geschichte um die Verwirklichung des Reiches Gottes meint, und wenn diese Nachfolge Gefahren und Verfolgungen bringt und zu einer konkreten Wahl zwischen Unterdrückern und Unterdrückten zwingt, dann ist der Glaube selbst die Quelle der Spaltung, und nicht der Charakter des einzelnen Individuums. Glaube selbst hat die Aufgabe, Einheit in der Kirche zu schaffen; es ist wahr, daß wir für diese Einheit kämpfen müssen; es ist auch sicher , daß der Einzelne in der Kirche bereit sein muß, persönliche Wünsche für das Wohl der Kirche zu opfern. Aber keine dieser Wahrheiten rechtfertigt es, dem inneren Wohlbefinden der Kirche einen Vorzug gegenüber ihrer Mission zu geben, die sie auch dann auszuführen hat, wenn dies inneren Konflikt bedeutet»[109].

Die Einheit der Kirche entspringt dem Einsatz ihrer Mitglieder für das Reich Gottes. Sie ist nicht immer schon vorhanden, sondern eine Aufgabe, die Aufgabe ihrer Gläubigen. Der Konflikt, der um sie nach dem Konzil entstanden ist und in Lateinamerika besonders heftig ausgetragen wird, hat prinzipiellen Charakter. Er beschränkt sich nicht auf die Animosität von Charismatikern gegenüber dem Amt, der Laien gegenüber den Klerikern, der Armen gegenüber den Reichen. Er betrifft vielmehr den Glauben der Kirche selbst, ihren Glauben, sofern er eine Praxis der Nachfolge Jesu und die Weitergabe seiner Botschaft vom Reich Gottes ist. Dieser Konflikt ist für die Kirche unvermeidlich und wünschenswert. Er verläuft keineswegs entlang von Standesunterschieden und jeweiligen Gruppeninteressen, wird unter den Priestern ebenso ausgefochten wie unter den Laien, unter den Bischöfen ebenso wie selbst im Vatikan, und er betrifft die Kirche auf allen ihren Ebenen. Denn in ihm hat das Reich Gottes seinen historischen Ort. Der Konflikt ist ein historisches Prinzip seiner Verwirklichung.

c) Der neue Typ von Kirchenverfolgung – die Verfolgung der erneuerten Kirche

Die Kirche ist das Zeichen der Gegenwart des Reiches Gottes, denn sie tritt für die Armen ein und ruft die Reichen zur Bekehrung auf. Sie verkündet ihnen das Gericht. Diese politisch-dogmatische Option ist jedoch eine Quelle des Konflikts zwischen Staat und Kirche in Lateinamerika; denn sie rührt an das Unrecht der Jahrhunderte und an seine Hinterlassenschaft – die Strukturen der Gewalt. Sie steht im erklärten Widerspruch zur Ideologie der nationalen Sicherheit eines Staates, der seine Bevölkerung im Zustand der Unterentwicklung, Entmündigung und Rechtlosigkeit beläßt, ja diesen Zustand sogar noch verschlimmert. Der Konflikt zwischen Staat und Kirche wegen der himmelschreienden Ungerechtigkeit im Staat wird jedoch von seiten des Staates gewaltsam ausgetragen. Der Staat verfolgt jene Mitglieder der Kirche, die für die politisch-pastorale Option der Kirche eintreten. Er unterdrückt die Kirche der Armen. Diese Unterdrückung «findet unleugbar überall in Lateinamerika statt, wo zahllose normale Christen, Ordensleute, Priester und Bischöfe verleumdet, angegriffen, mißhandelt, gefoltert, verbannt und getötet werden. Verlautbarungen vieler Bischöfe und Bischofskonferenzen in den letzten Jahren haben auf diese Geschehnisse hingewiesen und sie als Angriff auf die Sendung der Kirche gedeutet. Sie erklären, die tiefste Wirklichkeit der Kirche, nämlich ihre Sendung, werde bekämpft, selbst wenn es auf dem Papier Gesetze gibt, die die Kirche als eine Institution respektieren»[110].

Die Unterdrückung beschränkt sich nicht auf Übergriffe privater Personen, sondern hat System. Sie hat ihre Institutionen: gedungene Mörder, bestochene Polizisten, gekaufte Richter, Todesschwadronen, Machtmißbrauch durch Militär und Regierung. Sie wird planmäßig durchgeführt und verfolgt das Ziel, jene Mitglieder der Kirche anzugreifen, einzuschüchtern und auch umzubringen, die für ihren politisch-dogmatischen Auftrag stehen. Betroffen sind Angehörige des Verbandes der katholischen Jugend, der Organisation für Gerechtigkeit und Frieden, Ordensangehörige, Priester und Bischöfe. Ein Plan der Regierung Banzer gegen die bolivianische Kirche aus dem Jahre 1975 schlägt u.a. folgende Maßnahmen vor: «Der Angriff darf sich nicht gegen die Kirche als Institution richten, vor allem nicht gegen die Bischöfe als Gesamtheit, sondern muß sich auf den progressivsten Teil der Kirche konzentrieren. Der Hauptvertreter dieser Richtung ist Erzbischof Manrique. Er muß auf persönliche Weise angegriffen werden. Die Bemühungen müssen dahin gehen, ihn von der Hierarchie abzusondern und in Konflikte mit dem einheimischen Klerus zu bringen. [...] Einige Orden wie die Dominikaner, die Oblaten und die Jesuiten sowie deren Beziehung zu Radio Fides, Radio Pio XII, ‹Indicep› usw., bedürfen einer besonders scharfen Beobachtung. Desgleichen muß auch deren religiöse Tätigkeit im Hochland, in den Baumwollplantagen und Bergwerksminen überwacht werden. [...] Der CIA hat beschlossen, sich über die Mittelsmänner Freddy Vargas und Alfredo Arce direkt in die Angelegenheit einzuschalten. Er hat umfassendes Informationsmaterial über einige, besonders über nordamerikanische Priester zugesagt. [...] Die Ablösung des bisherigen Chefs des Geheimdienstes ist darauf zurückzuführen, daß dieser nicht bereit war, in einem derart massiven Kampf gegen die Kirche vorzugehen. Sein Nachfolger, Major Vacaflor, ist ein sehr harter Mann mit einem Hang zum Sadismus, der bereits selbst an einigen Folterungen teilgenommen hat. Er ist entschlossen, den Plan der Regierung ohne Umschweife zu verwirklichen»[111].

Die Maßnahmen dieses Plans sind ein neuer Typ der Kirchenverfolgung, denn sie richten sich nicht gegen die Kirche insgesamt, sondern gegen ihren politisch-dogmatischen Auftrag. Sie betreffen nicht ihre Mitglieder insgesamt, sondern ausschließlich jene, die sich diesem Auftrag verpflichtet wissen und ihn verwirklichen. Die Verantwortlichen der Kirchenverfolgung in Lateinamerika gehören selbst zur Kirche, sie sind Träger eines Kampfes gegen die Kirche der Armen im Namen des Staates. Dennoch ist dieser Kampf eine wirkliche Verfolgung; denn er zielt nicht auf Privilegien der Kirche, er besteht auch nicht aus Maßnahmen gegen mißliebige Einzelpersonen, sondern er richtet sich gegen ihre Sendung überhaupt. Er soll verhindern, daß ihre Mitglieder das Reich Gottes leben und verkünden, seine Ablehnung anklagen und selber ein Zeichen seiner Gegenwart in Staat und Gesellschaft sind. Die Kirche nämlich hat den Auftrag «eine brüderliche Gesellschaft, das Reich Gottes in seinem Anfangsstadium zu erschaffen, das heißt, eine Gesellschaft, in der Gott Vater genannt werden kann, weil die Menschen wirklich Brüder und Schwestern sind. Die Sendung der Kirche ist untergraben, wenn das Werk und die Reflexion ihrer Gemeinschaften unmöglich gemacht sind, wenn sie nicht mehr länger Versammlungen sein können, die vom Wort Gottes gebildet werden, in der Absicht auf dieses Wort zu antworten.»[112] Diese Botschaft aber sagt, daß Staaten um der Menschen willen da sind und nicht die Menschen um der Staaten willen. Daher muß die Kirche Menschenrechtsverletzungen eines Staates anklagen und den Staatsabsolutismus selber verurteilen. Tatsächlich aber mißbraucht der Staat die Religion, um diesen Absolutismus zu rechtfertigen, er mißbraucht ihre Begriffe, ihre Symbole und Einrichtungen. Ein wichtiger Grund der Kirchenverfolgung neueren Typs ist die Weigerung der Kirche, ihre eigene Sendung zu verraten und eine falsche Religion anzuerkennen.

Denn «lateinamerikanische Regierungen und die wirtschaftliche Macht, die sie repräsentieren, nennen ihre Länder offiziell oder inoffiziell ‹katholisch›, selbst wenn andere christliche Gemeinschaften darin zugelassen sind. Die Mitglieder der Regierung haben ein Interesse daran, bei religiösen Feiern aufzutreten, um sich zu diesem ‹Katholizismus› öffentlich und symbolisch zu bekennen. In diesen Ländern wird großer Nachdruck gelegt auf die Verwendung streng religiöser Begrifflichkeiten wie ‹Gott›, ‹der Allmächtige›, ‹der höchste Schöpfer›, oder auf Symbole religiösen Ursprungs wie ‹Vaterland› und ‹Freiheit›. Bedeutend daran ist die Absicht, dem Volk ein Gespür für ein religiöses Absolutes zu geben, weil dieses gleiche Gespür auf anderes Absolutes wie Privateigentum, Staat usw., folgerichtig übertragen werden kann. Das Volk muß ein Gespür für dieses Absolute haben, wenn der Staat seine unberechtigte Gewaltherrschaft aufrechterhalten soll. Daher schützt der Staat den Gebrauch von religiösen Symbolen, die er manipulieren kann; er fördert und unterstützt alles, was mit Religion zu tun hat und ihm zugleich hilft, ein kritikloses Empfinden für das Absolute aufrechtzuerhalten (viele Elemente der Volksreligion, bestimmte protestantische Sekten, bestimmte Erscheinungen im Katholizismus wie die Pfingstbewegung mit ihrem Rückzug aus der Geschichte). Dazu kommen Verfassungsgarantien für Religionsfreiheit, im Prinzip die Freiheit katholischer Erziehungseinrichtungen, die Anstellung von Militärpfarrern, einschließlich ihrer militärischen Beförderung bis zum Rang eines Leutnants oder sogar eines Generals. [...] In der Kirche Lateinamerikas gibt es etwas Neues. Laßt mich das Wichtigste davon beschreiben. Gerade seit Medellín ist eine Bewegung entstanden, in der Absolutes und dessen Symbole mit wachsender Klarheit historisch ausgedrückt werden, speziell durch die menschliche Person und noch konkreter, durch die Unterdrückten. Das Absolute, das ‹Gott› ist, wird übersetzt in ein anderes Absolutes, ‹das Reich Gottes›, das Gott einschließt, aber auch das Reich der Gerechtigkeit als ein Absolutes einschließt und erfaßt. Wenn Christen ernstlich für dieses Reich oder das Reich Gottes arbeiten, werden sie verfolgt.»[113] Die lateinamerikanische Kirche erleidet diese Verfolgung und ist zu einer Kirche der Märtyrer geworden. Zwischen 1968 und 1978 wurden allein 850 Priester ermordet.[114] Die Zahl der getöteten Laien ist um ein Vielfaches höher. Das gewaltsame Sterben hat viele Gesichter: es ereignet sich durch «Unfälle» ebenso wie in regelrechten Exekutionen, durch einfaches Verschwinden wie durch geplanten Mord. Vom Tod sagt Bischof Casaldáliga er «ist hier sozusagen zu einem Familienmitglied geworden. Abgesehen davon, daß ich ihn selbst gespürt habe, haben ihn mir auch viele angekündigt. [. . .] Und tatsächlich wäre er hier das Logischste von der Welt»[115].

Oscar Romero, der Erzbischof von San Salvador, dessen Todestag der Gedenktag aller lateinamerikanischen Märtyrer ist, war sich dieser Gefahr ebenfalls bewußt und hat auf die Hoffnung verwiesen, die ihn diese Gefahr bestehen ließ. Er sagt dazu kurz vor seinem Tod: «Ich bin oft mit dem Tod bedroht worden. Ich muß Ihnen sagen, als Christ glaube ich nicht an den Tod ohne Auferstehung: Wenn sie mich töten, werde ich im Volk von El Salvador wieder auferstehen. Ich sage das ohne jeden Stolz, vielmehr mit der größten Demut. Als Hirte bin ich durch Gottes Auftrag verpflichtet, mein Leben für die zu geben, die ich liebe, das sind alle Salvadorianer, auch diejenigen, die darauf aus sind, mich umzubringen. Sollten die Drohungen sich erfüllen, so will ich Gott schon jetzt mein Blut anbieten für die Erlösung und Auferstehung von El Salvador. Das Martyrium ist eine Gnade Gottes, die ich nicht zu verdienen glaube. Wenn Gott jedoch das Opfer meines Lebens annimmt, dann soll mein Blut das Samenkorn der Freiheit sein und das Zeichen dafür, daß die Hoffnung bald Wirklichkeit sein wird. Mein Tod sei, wenn er von Gott angenommen wird, für die Befreiung meines Volkes, und er sei ein Zeugnis der Hoffnung auf die Zukunft. Sie können sagen, wenn sie mich doch letztlich töten werden, daß ich jenen, die es tun, verzeihe und sie segne. Ja, gebe Gott, daß diese Leute einsehen, wie sie ihre Zeit verlieren: Ein Bischof wird sterben, doch die Kirche Gottes, das ist das Volk, wird niemals zugrunde gehen»[116].

2. Die Basisgemeinden – Sakrament des Volkes Gottes

Befreiung erkämpfen; Bekehrung erleben; Konflikte bestehen; Verfolgung ertragen; den Tod erleiden; die Auferstehung bezeugen; Wege zum neuen Himmel und zur neuen Erde finden – dies sind Aufgaben von Christ-sein überhaupt. Sie begegnen überall im Leben und sind daher ebenso ein Thema des persönlichen

Gesprächs wie der großen Auseinandersetzung in der Öffentlichkeit von Kirche und Staat.

Ein zentraler Ort der Einübung in diese Aufgabe sind die Basisgemeinden. Sie sind die Keimzellen der Nachfolge Jesu. Ihre Mitglieder denken und leben, erörtern und vollziehen seine Botschaft im Horizont eigener Lebenserfahrung und machen diese Erfahrung zum Ansatz der Weitergabe seiner Botschaft. Basisgemeinden sind der Erfahrungsraum der Gegenwärtigkeit des Reiches Gottes, in ihnen hört die Theologie auf das Volk und wird das Volk zum Lehrer der Theologie. Es nimmt jene brüderliche und schwesterliche Gesellschaft vorweg, in der Gott Vater genannt werden kann, weil die Menschen wirklich Brüder und Schwestern sind. Sie sind Kirche vor Ort an der Basis des Volkes. Sie sind die Kirche eines Volkes, das sich auf dem Weg zu Christus befindet und dadurch erst noch selbst Kirche wird. Basisgemeinden sind das große Ereignis der Pastoral in den lateinamerikanischen Diözesen. Der Episkopat fördert und verteidigt sie. Medellín nennt sie die «Kernzelle kirchlicher Strukturierung»[117]. Sie sind die Quelle der Erneuerung von Theologie und Exegese[118], der Hauptbeitrag Lateinamerikas zur Ekklesiologie der Gesamtkirche[119].

a) Die Kirche an der Basis des Volkes

Armut wird von Armen und Reichen unterschiedlich erfahren, denn Arme sind ihr Opfer, Reiche hingegen ihr Herr. Arme sind von ihr gefährdet und in ihrer Existenz betroffen, Reiche hingegen können über sie verfügen und beuten sie zu ihren Gunsten aus. Nachteile oder gar eine Gefährdung der Existenz müssen sie von ihr nicht befürchten. Die Kirche Lateinamerikas hat sich entschlossen, die Erfahrung der Armen mit der Armut zu teilen, und betrachtet Armut aus der Perspektive dieser Erfahrung. Armut zerstört die Existenz der Betroffenen, daher müssen sie sich vor ihr schützen. Sie haben die Aufgabe, zu überleben, in ihrer Würde als Mensch respektiert zu werden und ihre Rechte als Bürgerinnen und Bürger einzuklagen und durchzusetzen. Armut ist eine Tatsache ihrer Existenz.

Mit der Option für die Armen erfaßt die lateinamerikanische Kirche diese Tatsache und überwindet damit zwei andere falsche

Standpunkte, die in der Kirche weit verbreitet sind; nämlich zum einen den Standpunkt einer Option für die Reichen, demzufolge Reichtum und Armut kein Problem der Existenz des Menschen, sondern nur seiner ökonomischen Lage ist, zum anderen den Standpunkt einer Option für die Optionslosigkeit in der Frage nach arm und reich, weil die Kirche überhaupt keinen sozialen Ort besitzt und über der Geschichte, jenseits des Gegensatzes von arm und reich zu stehen hat. Die Option der Kirche für die Armen ist jedoch eine kirchliche Entscheidung. In ihr entdeckt die Kirche nicht nur die Armen, sondern auch sich selbst neu. Sie wird in ganz neuer Weise auf die Botschaft Jesu vom Reich Gottes aufmerksam, sie erörtert die Worte und Taten des historischen Lebens Jesu, aber auch die Begebenheiten seines Lebens, seinen Tod und seine Auferstehung im Licht dieser Botschaft und erfaßt den Glauben an seine Person als Bekenntnis zu dieser Botschaft, die sie weitergibt bis an das Ende der Zeit.

Das Hauptergebnis der Neuentdeckung von Kirche in Lateinamerika sind die Basisgemeinden. Sie erfüllen den Auftrag der Kirche an der Basis des Volkes, denn in ihnen ist das Volk nicht nur Objekt, sondern auch Subjekt der Verkündigung. Es beginnt selbst zu evangelisieren. Auf dem nationalen Treffen der mexikanischen Basisgemeinden vom 6. bis 9. Februar 1986 in Oaxaca wird daher festgestellt: «Es ist die Sendung der Kirche, zu evangelisieren: das Reich Gottes, das Reich der Gerechtigkeit und Brüderlichkeit zu verkündigen und gegenwärtig zu machen. So entdeckt sie die Zeichen seiner Gegenwart – durch den Glauben –, und feiert in den Sakramenten und im Marsch des Volkes seine Bemühungen und historischen Taten als Vorwegnahme der Fülle des Reiches Gottes. Das Reich, das kraft des Werkes, der Verkündigung, des Todes und der Auferstehung des Retters Jesus Christus eine Garantie der Verwirklichung besitzt»[120]. Basisgemeinden fallen nicht vom Himmel, sie entspringen auch nicht der spontanen Begeisterung von christlichen Gruppierungen, die sich vordrängen wollen. Sie verweisen zwar auf das große Bedürfnis nach wirklicher Gemeinschaft in der Kirche, aber sind mehr als dieses Bedürfnis. Sie sind die Neuentdeckung der Kirche in Lateinamerika, die Entdeckung, daß Kirche die Botschaft Jesu vom Reich Gottes auch selbst verkündet und evangelisiert. Wo immer sie dies tut, entsteht sie erst überhaupt und wird sie neu geboren. Sie erneuert sich an ihrem Ursprung, nämlich an der Person des historischen Jesus und seinem Lebenswerk.

Basisgemeinden sind die Kirche dieser Erneuerung. Sie sind nicht das Ergebnis von Bedürfnis und Begeisterung, sondern Zeuginnen ursprünglichen christlichen Lebens und christlicher Theologie, denn sie tun, was sie sagen, und verweisen mit dem, was sie sagen, auf das, was sie tun. Sie verkünden das Reich Gottes vor Ort und machen es zum Thema der Gegend, in der sie wohnen, und der Geschichte des Lebens, das sie selbst führen. Sie sind eine Gemeinschaft der Verkündigung dieses Reiches und daher selbst Kirche. Sie sind Volk, das zu seiner Gemeinschaft in Christus findet, und das zur Kirche wird. Sie sind die Kirche der Gemeinschaft des Volkes in Gott und Christus. Dieser Basisvorgang der Bildung von Gemeinschaft in der Kirche ist etwas Grundlegendes für die Kirche; denn er zeigt, daß sie bis in die Wurzeln des individuellen und sozialen Lebens reicht und daß sie sich an diesem Ursprung immer wieder selbst erneuert. Sie sind in ihren Mitgliedern immer wieder neu geboren durch Gott und Christus im Heiligen Geist, daher sind Basisgemeinden Zeuginnen und Trägerinnen ursprünglichster Theologie. Das Treffen in Oaxaca hatte diese Theologie speziell zum Gegenstand seiner Erörterung. Das Thema war «Basisgemeinde und Theologie»[121]. Nach den Ausführungen der Beteiligten gibt es in der Ekklesiologie der Basisgemeinden vier Grundeigenschaften, durch die sich diese Gemeinden konstituieren und die unverzichtbar sind für ihren Bestand, nämlich die personale, soziale, ekklesiale und eschatologische Wirklichkeit des Reiches Gottes.[122]

Die Basisgemeinde ist eine *personale* Wirklichkeit. Dadurch wird Gott ein Thema zwischenmenschlicher Begegnung, und diese Begegnung wird ein Thema des Sprechens von Gott als Gott. Zur Ungezwungenheit und Spontaneität des Zusammentreffens gehört der Wille, die Person der Beteiligten anzuerkennen und durch Achtung, Hilfeleistung und gemeinsamer Bewältigung von Aufgaben zu entwickeln und zu fördern. Dieser Wille ist eine Bekehrung. Wer sich entschließt, Person zu sein und zu werden in dieser wechselseitigen Begegnung, muß für die

Sache der Armen eintreten und ihr dienen können. Er muß bereit sein, für sie Opfer zu bringen. Lehrer müssen auf Schüler hören können und Schüler dürfen nicht nur auf Lehrer hören wollen, sondern müssen selbst auch Lehrer sein. Ihre Perspektive hat institutionelles Gewicht, und alles Institutionelle muß vor dem Kriterium personaler Wichtigkeit bestehen. Aus diesem Grund haben Frauen in den Basisgemeinden eine besondere Bedeutung. Sie sind die Unterdrückten der Unterdrückten und daher in spezieller Weise dazu berufen, Befreiung zu verkünden und ihre Lehrerinnen zu sein. Das zweite Hauptmerkmal der Basisgemeinden ist ihr *sozialer* Schwerpunkt. Denn in der Hierarchie gesellschaftlicher Ordnungen steht die Ordnung über dem Menschen und nicht der Mensch über der Ordnung. Dies hat die fortschreitende Entmenschlichung von Hierarchie zur Folge: Menschen werden zu einem Spielball der Apparate. Im Reich Gottes gelten die umgekehrten Regeln, da ist Gott selbst die Liebe unter den Menschen. Er selber ist die Heiligkeit und Gerechtigkeit des Lebens in der Gesellschaft. Basisgemeinden stehen daher für die Humanisierung der sozialen Verhältnisse. Sie vertreten die Option für die Armen vor Ort und erfassen die Armut aus der Perspektive des mühevollen Lebens der Betroffenen. Dadurch werden sie zur Instanz der Kritik am Klassenkampf der Reichen gegen die Armen und an einer Kirche, die die Armen im Stich läßt, weil sie keine Option für sie trifft. Basisgemeinden sind die Stimmen der Armen, sie sind die Anwältinnen für ihre Befreiung und eine Institution der Gerechtigkeit im Staat. Aus diesem Einsatz erwächst das dritte Hauptmerkmal von Basisgemeinden, nämlich ihre Fähigkeit, Kirche zu sein, ihre *Ekklesiologie.* Sie sind das priesterliche, prophetische und königliche Volk Gottes. Ihre Mitglieder bekleiden und verwalten die Ämter Christi. Angehörige von Basisgemeinden erfüllen diese Aufgabe oft unter Einsatz ihres eigenen Lebens, in ihnen wird das Volk zur Kirche und die Kirche zum Volk. Sie sind die Stimme der Armen im Staat und werden dadurch zur wahren Kirche. Das vierte Hauptmerkmal ist die *eschatologische* Dimension ihrer Tätigkeit, denn die Basisgemeinden gehen den Weg einer großen Hoffnung. Sie sind ein Zeichen der Gegenwart und Zukunft Gottes unter den Menschen heute, antizipieren Ausstehendes, den neuen Himmel und die neue Erde, die neue Schöpfung überhaupt, und sie sind die Trägerinnen der Menschheitsutopie in Christus. Sie stehen im Dienst der Befreiung, aber verweisen darüber hinaus auf eine umfassende Befreiung; diese ist den Armen verheißen, ruft die Reichen zur Bekehrung auf und ist Gott selbst, dessen Geist eine Revolution der Hierarchien bringt und alle Heiligkeit in Gerechtigkeit vollendet.

Basisgemeinden sind die strukturelle Antwort der Kirche in Lateinamerika auf die strukturelle Ungerechtigkeit der heutigen Welt, sie überwinden den ekklesiastischen und den säkularistischen Dualismus. Die Armen, zu denen sie gehören und aus deren Erfahrung sie sprechen, sind die Schlüssel zur Neuordnung des kirchlichen und weltlichen Lebens.

b) Das Volk erneuert die Kirche

Es gibt eine sehr verschiedene Sicht der Armut. Die Sicht der Reichen ist ganz anders als die Sicht der Armen, denn von den Reichen her gesehen ist Armut die Unfähigkeit, Güter zu besitzen und mit ihnen umzugehen. Daher sind die Armen das hilfsbedürftige Objekt karitativer Zuwendung, durch die diese Not zwar gemildert, aber nicht behoben wird. Es gibt für sie zwar Gnade, aber kein Recht, sie können daher auch niemals selber diese Situation verändern und Träger ihrer eigenen Geschichte sein. Von den Armen her gesehen ist Armut keine naturgegebene Unfähigkeit, sondern ein Unrecht. Sie ist nicht durch Mildtätigkeit, sondern durch Gesetze zu beheben. Es gibt zwar freiwillige Untersützung und karitative Fürsorge, aber es gibt auch das Recht auf Land, auf Erwerb von Eigentum, auf Bildung, auf freie Meinungsäußerung, auf menschenwürdiges Leben in Staat und Gesellschaft. Arme sind nicht nur Objekt der Zuwendung, sondern auch Subjekt der Befreiung, sie müssen ihre Situation selbst verändern, und müssen Träger und Trägerinnen ihrer eigenen Geschichte werden.

Die Kirche hat ihre Zuwendung zu den Armen früher stets aus der Sicht der Reichen und nicht der Armen definiert. In den Basisgemeinden hat sie diesen Standpunkt jedoch verändert und die alte Betrachtungsweise korrigiert. Sie ist zu einer Kirche geworden, die auf den Schrei des Volkes hört und seine Anwältin gegenüber Ausbeutung und Unterdrückung wird. Sie ist die Stimme des Volkes Gottes in Lateinamerika.

Vom 19. bis 23. Juli 1978 hat in Joao Pessoa, der Hauptstadt des nordostbrasilianischen Bundesstaates Paraiba, das dritte nationale und interekklesiale Treffen der brasilianischen Basisgemeinden stattgefunden. Das Thema lautete: «Kirche – ein Volk, das sich befreit». Leonardo Boff schreibt anläßlich dieses Treffens: «Die größte Neuigkeit, die es in letzter Zeit in der Kirche gab, ist die, daß Kirche ausgerechnet an der untersten Basis der gesellschaftlichen Struktur neu entsteht. Arme treffen sich, um gemeinsam das Wort Gottes zu besprechen. Aber sie schlagen nicht nur die Bibel auf, sondern auch das Buch des Lebens und vergleichen das eine mit dem anderen. Gemeinsam helfen sie sich und verteidigen sich gegenseitig. Die guten Früchte dieses Versuchs, die Kirche neu- und wiederzuentdecken, kann man schon allenthalben bewundern»[123].

Denn aus der Kirche wird eine Kirche von Menschen, die selbst Kirche sind und daher in ihrem Namen sprechen. Diese Menschen haben ein eigenes Urteil und eine eigene Meinung. Sie können selber darlegen, worunter sie zu leiden haben, wie sie wirtschaftlich, politisch, kulturell und religiös ausgebeutet werden, wie sie um die Gerechtigkeit kämpfen und ihren Anspruch auf Teilnahme und Mitbestimmung durchsetzen wollen. Aber sie haben auch Grund zur Kritik, denn sie müssen – mit einer gewissen Bitterkeit – feststellen: «Die traditionelle Kirche weiß nicht, daß sie weder das Reich Gottes noch die Gesellschaft ist, und sie ist sich dessen nicht bewußt, daß sie es nicht weiß»[124]. Denn sie hat entweder eine falsche Option oder überhaupt keine und ist oft nicht bereit, sich der Basisgemeinschaft zu bedienen, um sich und die Gesellschaft, in der sie lebt, von Grund auf zu erneuern. Diese Basisgemeinden sind die Trägerinnen eines neuen Bewußtseins von Kirche, nämlich der Kirche als einer Institution der Verkündigung des Reiches Gottes. Die Kirche ist beauftragt, das große Geschichtsprojekt Gottes festzuhalten und in die Tat umzusetzen. Daher erklären die Teilnehmer des Treffens von Joao Pessoa in der Einleitung zu ihrem Abschlußdokument: «Wir möchten mitteilen, daß wir unser Engagement Tag für Tag aus dem Evangelium Jesu Christi speisen. Wir setzen das

Evangelium, das wir im Glauben der Kirche empfangen haben, auf unsere Weise in die Tat um, und zwar dadurch, daß wir unsere unterdrückten Brüder und Schwestern lieben. Jeden Tag aufs neue beginnen wir wieder damit, die Welt in Richtung auf das Reich der Gerechtigkeit zu verändern. Mittel und Weg dazu sind sowohl das persönliche Engagement eines jeden einzelnen von uns als auch der Kampf der Gemeinschaft der ganzen Kirche, damit wir alle lebendige Zeugen für den Bund werden, den der Herr mit seinem Volk geschlossen hat»[125].

Basisgemeinden sind der Ort, an dem sich die Kirche der Aufgabe stellt, Kirche zu werden und dadurch zu sein. Sie überwindet ein übertriebenes Sicherheitsdenken und geht selber Risiken ein. Sie hört auf, den Methodenpluralismus in der Pastoral zu fürchten, der Zusammenarbeit unter ihren verschiedenen Trägern und Trägerinnen erforderlich macht und eine Verabsolutierung von Einzelmaßnahmen verbietet. Basisgemeinden sind ein bewegliches Gebilde. Sie entstehen vor Ort, müssen angeregt und gefördert werden und können auch wieder verschwinden. Sie haben keinen ausschließlichen, sondern exemplarischen Charakter. Sie sind ein Vorbild für neue Gründungen, konkurrieren nicht untereinander und eignen sich nicht zur Ausübung von Herrschaft. Sie stehen im Dienst des Volkes Gottes, sind Instrument der Bildung seiner Gemeinschaft und helfen mit, die verbreitete Sprachlosigkeit im Denken, Wollen und Tun ihrer Mitglieder zu überwinden. Großstadtbezirke, Landgemeinden, Mittelklassebevölkerung, Indinanersiedlungen sind der Ort, an dem sie bestehen, sich unterschiedlich entwickeln und jeweils ihren Schwerpunkt haben. Personale Erneuerung durch soziale Verpflichtung und religiöse Orientierung sind jedoch Grundgegebenheiten, aus denen überall Kirche erwächst und durch die sie zum Aufbau der Gesellschaft beiträgt – als Kirche und zur Verwirklichung von Kirche als einer Institution der heutigen Welt.[126] Sie sind das Instrument zum Kirche-sein der Kirche im Geist und auf dem Boden des Zweiten Vatikanischen Konzils.

c) Das Sakrament der Befreiung

Die Kirche steht in der Nachfolge Jesu und hat daher den Auftrag, seine Botschaft vom Reich Gottes zu leben und zu verkünden. Indem sie ihn erfüllt, wird sie zu einem wirksamen Zeichen, zu einem Zeichen der Wirksamkeit Gottes in der heutigen Welt. Ihr Hauptinstrument in Lateinamerika sind die Basisgemeinden. Sie sind der Weg, auf dem sich die Kirche jenen Bevölkerungsschichten institutionell öffnet und zuwendet, die vorrangig die Empfänger der Botschaft vom Reich Gottes sind, den Armen. Ihr Handeln verweist auf eine Transzendenz, die dieses Handeln unendlich übersteigt. Sie sind nicht selbst die umfassende Befreiung, sondern deren Zeichen, ein Sakrament wirksamer Verkündigung des Reiches Gottes in der heutigen Gesellschaft.[127] Daher sind Basisgemeinden Kirche an der Basis. Sie sind eine Kirche, die sich vor Ort den sozialen Herausforderungen stellt und fähig ist, historisch wirksam die Botschaft Jesu zu verkünden. Sie zeigen der Basis einen Weg, Kirche zu werden, und geben der Kirche die Chance, Basis zu sein. Im Prozeß dieser Identitätsbildung gewinnen beide: Das Volk wird fähig, im Namen der Kirche zu sprechen, und die Kirche tritt im Namen des ganzen Volkes auf. Sie verteidigt seine Rechte und steht für das Gemeinwohl, aber sie öffnet ihm auch den Blick für seine große Zukunft, für das Reich Gottes, für die Befreiung.

Die Basisgemeinden sind das Zeichen, daß schon in der Kirche selber jene Veränderung im Gange ist, auf die sie die Menschheit vorbereitet und die sie ihr prophezeit. Sie tut, was sie sagt, und verkündet nichts, was sie nicht auch selbst tut. Ihr Tun ist für jeden Mann und jede Frau das Zeichen, daß Transzendenz die immanenten Gesetze des Lebens aufbricht, indem sie es entwickelt, verändert, erneuert und zu seiner wahren Bestimmung bringt. Wo immer das geschieht, wird Immanentes transparent. Es verweist auf den endgültigen Zustand der Dinge und nimmt ihn vorweg. Es ist sein Zeichen, denn Immanenz und Transzendenz stehen sich im Leben nicht unverbunden gegenüber. Das Leben selber ist vielmehr der Ort, an dem sie einander begegnen. Es macht beide in dieser Begegnung transparent, ist Ort der Transparenz von Transzendenz und Immanenz. Wo immer diese wechselseitige Verbundenheit in seinen Äußerungen zum Tragen kommt, sind diese ein wahres Zeichen seiner Transzendenz. Sie sind Zeichen der in ihr wirklich enthaltenen, von ihr versprochenen und mit ihr tatsächlich gegebenen Befreiung. Basisgemeinden leben Kirche vor Ort, aber sie sind zugleich ein Großereignis von Kirche überhaupt. Sie sind das Grundsakrament der Kirche des Volkes Gottes auf dem Weg in seine Befreiung. In ihnen wird die Kirche zu dem, was das Konzil von ihr behauptet, nämlich zum Sakrament wechselseitiger Verbundenheit von Gott und Mensch in Christus[128]. Sie sind ein «Sakrament des Heiligen Geistes»[129], eine Gemeinschaft zur Durchführung des Planes Gottes mit der Gegenwart und daher ein «historisches Sakrament der Befreiung»[130] sowie das «Volk der Apokalypse»[131]. Sie sind das Geheimnis der Kirche, sofern sie Mitarbeiterin ist am Aufbau einer neuen Gesellschaft, einer Gesellschaft im Sinne des Reiches Gottes. Daher sind sie aber auch das Geheimnis dieser Gesellschaft selber. Sie sind das Sakrament eines neuen Himmels und einer neuen Erde, Sakrament ihrer Erneuerung in Christus. Die Entmündigten, Unterdrückten, Beraubten, Vertriebenen und zu Tode Gepeinigten dürfen Hoffnung schöpfen. Denn Gott, der jenseitige, ist ein diesseitiger, er ist ihre Befreiung.

IV. Die Fundamentaltheologie und der Streit um Befreiung und Bekehrung auf der Ebene des Lehramts

Ein oberster Maßstab der Bewertung lateinamerikanischer Theologie ist das Zweite Vatikanische Konzil. Es besitzt höchste lehramtliche Autorität und hat grundlegende Aussagen zu den Themen gemacht, die diese Theologie vorrangig erörtert. Dazu gehören die Themen Kirche und Volk Gottes, Dogmatik und Pastoral, Offenbarung und Tradition, Evangelisierung. – Wer behauptet, der Volk-Gottes-Begriff sei kein Grundbegriff von Kirche überhaupt, sondern eine Kategorie ihrer Anpassung an die politische und soziale Wirklichkeit der Gegenwart, wer des weiteren behauptet, Pastoral – im Sinne des Konzils – betreffe nicht die Dogmatik, und das Konzil hätte mit seiner Lehre von der Berufung keine eigene, neue dogmatische Aussage gemacht, oder wer behauptet, die Offenbarung selbst wäre nicht mehr als die Tradition und die Tradition sei nicht durch neues Wissen von der Offenbarung weiter zu entfalten, oder wer schließlich behauptet, Evangelisierung sei bloße moralische Aufrüstung, befindet sich entweder im Zustand schuldhafter Unkenntnis des Konzils, oder er stellt diese Behauptungen wider besseres Wissen auf, dann ist er ein Lügner, oder er kennt das Konzil und weist es zurück, dann beschreitet er den Weg der Häresie.[132]

Das päpstliche Lehramt hat diese weit verbreiteten und schwerwiegenden Abweichungen von der authentischen Lehre des Konzils bisher nicht geahndet. Diese Lehre aber besitzt für die Bewertung der lateinamerikanischen Theologie eine Schlüsselfunktion. Niemand ist berechtigt, sie zu bekämpfen, dessen Gegnerschaft Geist und Buchstaben des Konzils verletzt. In der Tat aber hat die lateinamerikanische Theologie seine Lehre aufgegriffen und schöpferisch durchgeführt, denn ihre Vertreter erklären, daß Kirche nicht nur Kirche ist, sondern auch noch Kirche wird, und daß das Volk Gottes im einzelnen und insgesamt die Aufgabe hat, selbst Kirche zu sein. Sie erklären, die

Pastoral an den Armen sei die Praxis des Glaubens an die Berufung der Armen als Träger der Botschaft von Gott und Christus auch in der Kirche selbst. Sie erklären: die Botschaft Jesu vom Reich Gottes ist die Offenbarung Gottes für die Armen. Evangelisierung ist nicht moralische Aufrüstung, sondern Bekehrung und Befreiung. Daher betrifft der Streit um die lateinamerikanische Theologie das Konzil selbst. Denn es spricht von den Armen, und seine Botschaft von der Berufung des Menschen ist eine Botschaft, die einen speziellen Sinn und vorrangige Bedeutung für die Armen hat.

Das Zweite Vatikanische Konzil ist faktisch und prinzipiell das kirchliche Fundament der lateinamerikanischen Theologie, denn es enthält selbst wichtige Aussagen über die Armen.[133] Der Begriff einer «Kirche der Armen» wurde von Johannes XXIII. geprägt.[134] Eine Gruppe von Bischöfen hat sich bereits auf dem Konzil als diese Kirche verstanden,[135] und Kardinal Lercaro aus Bologna hat zum Thema Kirche und Armut vielbeachtete Erklärungen abgegeben.[136] Über die Faktizität dieser Erörterung hinaus hat die Lehre des Konzils von der Berufung des Menschen für eine Theologie der Armen prinzipielles Gewicht. Denn sie ist das Fundament, auf dem politische und anthropologische Probleme in der Theologie behandelt werden können und das die Theologie ermächtigt, ein politischer und zugleich humaner Standpunkt zu sein. Daher ist der Streit um die lateinamerikanische Theologie eine fundamentaltheologische Herausforderung – eine Herausforderung, die die Grundlagen der Theologie selbst betrifft. Er ist nicht vordergründig politisch, sondern grundsätzlich theologisch zu führen und betrifft den Ort von Theologie in der Kirche ebenso wie die Theologie als Standpunkt von Kirche in der Gesellschaft. Die Magna Charta dieses Standpunkts ist das Konzil, es ist ein oberster Maßstab einer jeden Theologie der Befreiung und Bekehrung in Lateinamerika und Europa. Der Streit um sie muß gerade auf der Ebene des Lehramts das Konzil zur Geltung bringen und kann erst dadurch weiterführend sein.

1. Die römischen Verlautbarungen

Der Streit in der Kirche um die lateinamerikanische Theologie hat eine politischen und einen theologischen Schwerpunkt. Politisch wird gegen sie der Kommunismusvorwurf erhoben,[137] theologisch hat sie sich des Häresieverdachts zu erwehren.[138] Die römischen Verlautbarungen über die Theologie der Befreiung greifen diese Einwände auf und machen geltend, daß es eine Vielzahl von Theologien dieser Richtung gibt. Sie besitze keine innere Konsistenz, daher könne nicht im Singular, sondern müsse im Plural von ihr gesprochen werden. Auf einige ihrer Vertreter treffe der Kommunismusvorwurf in Einheit mit dem Häresieverdacht tatsächlich zu. Sie sei unbeschadet ihrer Nützlichkeit vor Ort im Sinne des Pluralismus für die Kirche insgesamt eine Gefahr und insofern zu bekämpfen. Dieser Standpunkt wird in der «Instruktion über einige Aspekte der ‹Theologie der Befreiung›» grundgelegt[139], in der Erklärung über Freiheit und Befreiung nicht widerrufen, sondern bestätigt,[140] und in der Auseinandersetzung mit den Theologen angewandt.[141] Die Pastoralkonstitution des Konzils zählt bislang nicht zu den Prinzipien, über die die Glaubenskongregation verfügt und mit denen sie die Befreiungstheologie beurteilt. «Gaudium et spes» muß jedoch in dieser Auseinandersetzung eingeklagt werden, denn es ist für Kirche und Theologie fundamental.

a) Die Instruktion über einige Aspekte der «Theologie der Befreiung» vom 6. 8. 1984

Stellungnahmen des Lehramts haben dogmatische und politische Qualität, sie enthalten Glaubensfeststellungen und sind ein Mittel, die Meinung der Kirche zu Fragen des kirchlichen und gesellschaftlichen Lebens amtlich zu erklären. Sie machen Standpunkte transparent und argumentativ einklagbar. Eine solche Qualität besitzt auch die Instruktion vom 6. 8. 1984. Sie behandelt Fragen der Politik und der Theologie und ist ein Dokument der Anerkennung einer legitimen Sehnsucht unter den Völkern nach Befreiung durch die Kirche, aber kein Dokument ihrer Solidarität mit diesen Völkern in der Theologie. Sie macht drei wichtige Aussagen zum Streit um eine solche Theologie. Sie erklärt:

1. «Die Sehnsucht nach Befreiung kann, in sich betrachtet, im Herzen und im Geist der Christen nur ein starkes und brüderliches Echo finden.» (III,1) Sie ist «eines der wichtigsten Zeichen der Zeit». (I,1) Es gibt eine «vorrangige Option für die Armen [...] und für die Jugendlichen» (VI,6) in der Kirche. Diese will «auf der ganzen Welt Kirche der Armen sein». (XI,5)

2. Der «Ausdruck ‹Befreiungstheologie› [ist] für sich genommen ein vollgültiger Ausdruck: Er bezeichnet dann eine theologische Reflexion, die sich mit dem biblischen Thema der Befreiung, der Freiheit und ihren drängenden praktischen Konsequenzen befaßt». (III,4) Damit wird gesagt, «daß es eine authentische ‹Theologie der Befreiung› gibt, die im recht verstandenen Wort Gottes verwurzelt ist». (VI,7)

3. «Von einem beschreibenden Standpunkt aus gesehen muß man von den Befreiungstheologien sprechen; denn dieser Begriff umfaßt nicht nur verschiedene, sondern häufig auch miteinander unvereinbare theologische Positionen». (VI,8) Die vorliegende Verlautbarung befaßt sich ausschließlich mit diesem pluralen Phänomen. In ihr, so erklären ihre Verfasser, «wird nur von solchen Ausformungen dieser Gedankenrichtung die Rede sein, die unter dem Namen ‹Befreiungstheologie› eine Deutung des Glaubensinhaltes und der christlichen Existenz vorlegen, die in Wirklichkeit ganz neu ist und schwerwiegend vom Glauben der Kirche abweicht, mehr noch, die dessen praktische Leugnung bedeutet». (VI,9) Dieser Richtung wird unterstellt, daß sie «Unkritische Anleihen bei der marxistischen Ideologie» macht und in ihrer Neuinterpretation des Christentums «einer vom Rationalismus geprägten biblischen Hermeneutik» verfällt. (VI,10)

Die Instruktion erklärt, daß es eine authentische Theologie der Befreiung gibt, aber sie kann diese Authentizität jener Theologie der Befreiung, mit der sie sich tatsächlich auseinandersetzt, nicht bescheinigen. Sie hat daher einen inkonsistenten Begriff von ihrem eigenen Thema, enthält widersprüchliche Umschreibungen ihres Gegenstandes und ist gezwungen, das Wort «Theologie der Befreiung» bald mit positiven, bald mit negativen Inhalten zu füllen. Sie verwendet es auch immer nur in Anführungszeichen – apostrophiert. Diese schon in sich erstaunliche Tatsache der inkonsistenten Verwendung des Begriffs von Theologie in einem Dokument über Theologie wird durch einen weiteren Umstand noch erstaunlicher; denn unter der Nr. 3 des Kapitels III sagt die Instruktion von der Befreiungstheologie, daß sie gar keine Theologie ist, sondern eine Ideenbewegung. Sie erklärt folgendes: «Der Ausdruck ‹Befreiungstheologie› bezeichnet zunächst eine besondere, das Engagement für die Gerechtigkeit weckende Betroffenheit zugunsten der Armen und der Opfer der Unterdrückung. Von diesem Ansatz aus kann man verschiedene, oft miteinander unvereinbare Weisen unterschieden, die Bedeutung der christlichen Armut aufzufassen sowie die Art des Einsatzes für die Gerechtigkeit, die sie verlangt. Wie jede Ideenbewegung nehmen auch die ‹Befreiungstheologien› unterschiedliche theologische Positionen ein; ihre lehrmäßigen Grenzen sind nicht genau abgesteckt».

Es gibt nach Auskunft der Instruktion keine Bestimmtheit dieser Theologien von sich her als Theologien: sie können das Gegenteil von sich nicht ausschließen und sich daher auch nicht rechtfertigen. Sie sind im besten Fall eine Idee, im schlimmsten Fall eine Ideologie und in gar keinem Fall ein neuer, eigener und in seiner Neuheit und Eigenständigkeit definierbarer Standpunkt des Glaubens selbst und damit auch nicht der Theologie. Diese erstaunliche Beschreibung findet in der durchgängigen Apostrophierung des Begriffs «Theologie der Befreiung» ihren sichtbaren Ausdruck, und in der Tat sind die Anführungszeichen der Schlüssel zur gesamten Instruktion. Denn sie nimmt nicht diese Theologie selbst zur Kenntnis und umgeht das Authentische an ihr, die «fides quaerens intellectum», ein Bekenntnis der Armen zur eigenen Existenz vor Gott und Christus, ihr Recht, in Kirche und Staat selbst zu existieren.[142] Die Instruktion gibt zu, daß sie sich mit dieser Theologie an sich gar nicht befaßt und daß sie ihre Authentizität auch keineswegs bestreitet. Sie befaßt sich mit den Befreiungstheologi*en* – im Plural –, und versteht darunter eine Gedankenrichtung, die unter dem Namen «Befreiungstheologie» verschiedene, einander widersprechende Positionen vereint, die aber eine ganz neue Deutung des Glaubensinhalts vorlegt, vom Glauben abweicht und seine Leugnung bedeutet. Sie ist der Versuch, «das Evangelium vom Heil auf ein irdisches Evangelium zu reduzieren».(VI,5) Auch diese «Befreiungstheologien» stehen in Anführungszeichen (IX,10.12; X,5; XI,1.15.17). Mit Recht; denn sie werden nicht mit dem zitiert, was sie selbst behaupten, sondern in dem, was Gegner ihnen vorwerfen. Sie selbst weisen ja diese Vorwürfe zurück.[143] Sie haben auch nie behauptet, daß sie Neues im Sinne eigener Erfindung unterbreiten, einander widersprechen oder ein irdisches Evangelium verkünden. Sondern im Gegenteil sind sie die, die um des Himmelreiches willen Verfolgung ertragen und getötet werden.[144]

Die Instruktion spricht zu Recht von den Befreiungstheologien in Anführungszeichen; denn sie befaßt sich nicht mit ihnen selbst, sondern ausschließlich mit dem, was deren Gegner über sie behaupten. Dazu gehört der Begriff einer «sogenannten Theologie der Befreiung», die keine einheitliche Größe sei, sondern aus vielen Strömungen bestehe, die sich beträchtlich widersprächen.[145] Dazu gehört das Schema der Gliederung: es gebe eine «angemessene» Theologie dieser Richtung[146] und eine politisch-ideologische Strömung, mit der ein «Dialog höchst schwierig, ja unmöglich» sei.[147] Dazu gehört deren ausschließlich negative Qualifizierung, wobei gleichzeitig behauptet wird, daß sie eine reine Beschreibung sei,[148] dazu gehört der Vorwurf, es gebe in ihr einen Reduktionismus, der sich der marxistischen Analyse verdankt, zu der sie Zuflucht nimmt.[149] Es wird außerdem behauptet, daß sie die katholische Soziallehre zugunsten des Klassenkampfes «lächerlich» macht[150] und daß sie eine Ideologie der Christen für den Sozialismus sei.[151] Die Instruktion setzt die Richtigkeit dieser Vorwürfe voraus und hält unkritisch an ihnen fest. Sie kann die Frage nach der authentischen Befreiungstheologie auf dieser Grundlage selbstverständlich gar nicht stellen, denn sie stellt auch die Frage der Authentizität der gegen sie erhobenen Vorwürfe nicht. Umso weniger kann sie die Frage nach der Authentizität jener Theologien erörtern, gegen die diese Vorwürfe erhoben sind. Dennoch ist die Authentizitätsfrage auch im Rahmen der Instruktion unumgänglich, denn auch sie klagt die Reichen an und spricht sich für die Armen aus. (I,6) Sie erklärt: «Die Kirche, die auf der ganzen Welt Kirche der Armen sein will, ist entschlossen, den wichtigen Kampf für die Wahrheit und für die Gerechtigkeit zu führen, und dies im Licht der Seligpreisungen, vorab der Seligpreisung der vor Gott Armen». (XI,5)

Die Instruktion spricht sich für den Kampf aus, aber verurteilt die Kämpfer. Dennoch unterstreicht sie die Kampfbereitschaft der Kirche; denn sie erklärt: «Die Warnung vor den schweren Abweichungen, die in manchen ‹Befreiungstheologien› enthalten sind, darf keinesfalls als eine auch nur indirekte Gutheißung derer verstanden werden, die zur Fortdauer des Elends der Völker beitragen, die davon profitieren, die sich daran beteiligen oder die dieses Elend unberührt läßt». (XI,1) Die Instruktion bescheinigt diesen Theologien auch Verdienste wenn sie erklärt: «Die ‹Befreiungstheologien› haben zwar das Verdienst, die großen Texte der Propheten und des Evangeliums über die Verteidigung der Armen wieder aufgewertet zu haben, doch verwechseln sie darüber hinaus in verderblicher Weise den Armen der Schrift mit dem Proletariat von Marx». (IX,10)

Anführungszeichen ersetzen keine Theologie. Man soll nicht den Teufel mit dem Beelzebub vertreiben; denn so schlimm der Teufel des Immanentismus ist, der Geistliches mit Weltlichem verwechselt und sich darin erschöpfen läßt – der Beelzebub des Extrinsezismus, der sie trennt, ist ebenso verhängnisvoll und trügerisch. Die Instruktion kämpft gegen den «historizistischen Immanentismus». (IX,3) Sie erklärt, manche gehen so weit, «Gott selbst mit der Geschichte zu identifizieren und den Glauben als ‹Treue zur Geschichte› zu definieren, womit eine Treue gemeint ist, die in der politischen Praxis engagiert ist, wie sie der Vorstellung von der Entwicklung der Menschheit entspricht, die als ein rein zeitlicher Messianismus aufgefaßt wird». (IX,4) Sie beklagt, daß folglich «Glaube, Hoffnung und Liebe einen neuen Inhalt» erhalten: «Sie bedeuten ‹Treue zur Geschichte›, ‹Vertrauen in die Zukunft› und ‹Entscheidung für die Armen›. Das heißt, sie werden in ihrer theologischen Wirklichkeit geleugnet». (IX,5) Daraus ergibt sich: «Eine radikale Politisierung der Glaubensaussagen und der theologischen Urteile ist die unvermeidliche Folge dieser neuen Auffassung». (IX,6) Die Instruktion unterstellt Meinungen, die niemand vertritt, und will den nicht vorhandenen Beleg durch Schlußfolgerungen ersetzen, die niemand zieht. Immanentistische Theologie ist nicht identisch mit einer Theologie der Immanenz, historizistische Theologie ist nicht identisch mit einer Theologie der Geschichte, politische Theologie ist nicht identisch mit einer Theologie der Politik.[152] Die Instruktion befaßt sich mit Immanentismus, Historizismus und Politisierung der Theologie, aber nicht mit einer Theologie der Immanenz, des geschichtlichen Lebens und der Politik. Sie befaßt sich mit der Befreiungstheologie in Anführungszeichen, aber nicht mit ihrem authentischen Gehalt. Daher bringt sie die Unterscheidung von Immanentismus und Immanenz, von Historizismus und Historizität, von Politisierung und Politik, von bloßer Faktizität und wirklicher Geschichte nicht zur Geltung. Die Armen sind jedoch ein Problem von Politik und Theologie, denn sie haben Rechte in der Gesellschaft und sind eine vorrangige Existenz des Evangeliums Jesu. Daher besitzt jede Theologie der Armen politisches Gewicht, und jede Politik der Menschenrechtsverletzungen an den Armen ist eine Herausforderung der Theologie. Von ihr gilt, was das Zweite Vatikanum in der Pastoralkonstitution über das Bürgertum in zwei Gemeinwesen sagt: «Die Wahrheit verfehlen die, die im Bewußtsein, hier keine bleibende Stätte zu haben, sondern die künftige zu suchen, darum meinen, sie könnten ihre irdischen Pflichten vernachlässigen, und so verkennen, daß sie, nach Maßgabe der jedem zuteil gewordenen Berufung, gerade *durch den Glauben selbst* um so mehr zu deren Erfüllung verpflichtet sind. Im selben Grade aber irren die, die umgekehrt meinen, so im irdischen Tun und Treiben aufgehen zu können, als hätte das darum gar nichts mit dem religiösen Leben zu tun, weil dieses nach ihrer Meinung in bloßen Kultakten und in der Erfüllung gewisser moralischer Pflichten besteht. Diese Spaltung bei vielen zwischen dem Glauben, den man bekennt, und dem täglichen Leben gehört zu den schweren Verirrungen unserer Zeit». (GS 43)[153] Die Theologie ist verantwortlich gegenüber den Armen in der Politik, und die Armen sind das Subjekt der Theologie.

Die Instruktion übergeht das Zweite Vatikanum. Sie weist zwar darauf hin, daß es «die Fragen der Gerechtigkeit und der Freiheit in seiner Pastoralkonstitution Gaudium et spes angesprochen» habe (V.3). Sie läßt aber seinen dogmatischen Standpunkt außer Betracht, obwohl sie den Immanentismusvorwurf erhebt und das Konzil sich über Immanentismus und Extrinsezismus klarstellend und richtungweisend geäußert hat. Es besitzt in der Auseinandersetzung mit den Vorwürfen der Instruktion jedoch ein höchstes Gewicht, denn es überwindet den Immanentismus im Begriff der Existenz. Es erklärt, der Mensch ist kraft seiner immanenten Beschaffenheit ein transzendentes Wesen und das Evangelium Jesu betrifft wegen seines transzendenten Charakters die Immanenz des Menschen: «Wer Christus, dem vollkommenen Menschen, folgt, wird auch selbst mehr Mensch». (GS 41) Dieser Standpunkt ist grundlegend und weiterführend in der Auseinandersetzung mit dem Marxismus; denn er gestattet es ihr, zwischen politischer Praxis und Politisierung der Praxis, zwischen Theorie und Propaganda, zwischen der Auffassung des Menschen von sich und dem Menschen selbst zu unterscheiden.

Die Instruktion erklärt zum Problem des Umfeldes marxistischer Terminologien: «In diesem Rahmen sind gewisse Sprachformeln keineswegs neutral, sondern bewahren jene Bedeutung, die sie in der ursprünglichen marxistischen Doktrin erhalten haben. So verhält es sich zum Beispiel mit dem Ausdruck ‹Klassenkampf›. Dieser bleibt durchdrungen von der Interpretation, die ihm Marx gegeben hat; er sollte deshalb nicht für gleichbedeutend mit dem empirisch verstandenen Ausdruck ‹zugespitzter Sozialkonflikt› gehalten werden. Wer ähnliche Formeln benutzt und dabei behauptet, nur gewisse Elemente der marxistischen Analyse beizubehalten, während er letztere als Ganzes zurückweise, schafft im Denken seiner Leser zumindest eine tiefe Zweideutigkeit». (VII,8) Begriffe haben ohne Zweifel einen hermeneutischen Aspekt und den Aspekt des Sprachspiels, in dem sie vorkommen, aber es gibt auch den Aspekt des Sachverhalts, den sie bezeichnen. Gerade im Begriff Klassenkampf muß dieser Aspekt im Vordergrund stehen; denn er ist nicht nur eine politische Formel, sondern ein Begriff der empirischen Sozialwissenschaften[154] und der katholischen Soziallehre[155]. Er kommt auch in der Umgangssprache vor und kann aus dem Sprachschatz nicht einfach gestrichen werden. Außerdem gilt: Quod nimis probat, nihil probat. Ohne die Übernahme fremder Kategorien gibt es keinen Dialog.

Der Sachverhalt, den Kategorien erfassen, ist ein hinreichendes, aber auch ein notwendiges Kriterium ihrer Verwendung. Die Armen im Sinne der Schrift und das Proletariat im Sinne von Marx sind keineswegs dasselbe. Aber jene Armen können zu diesem Proletariat gehören, nämlich im Fall, daß ihre Armut das Ergebnis kapitalistischer Ausbeutung ist. Der Hinweis auf diesen strukturellen Tatbestand widerspricht – wenn er tatsächlich vorliegt – nicht der Schrift, sondern gibt die Möglichkeit, Tatsachen der Politik auf dem Boden der Schrift zu erörtern. Sie sind ein geistliches und zugleich politisches Problem der Gegenwart. Die Instruktion ermutigt nicht, diesen Weg zu gehen, aber sie verbietet ihn auch nicht, denn sie ist im Sinne des Konzils und nach Maßgabe der authentischen Befreiungstheologie zu interpretieren.

b) Die Instruktion über die christliche Freiheit und die Befreiung vom 22. 3. 1986

Die Aufgabe und die Absicht des Lehramts bestehen nicht darin, Themen erschöpfend zu behandeln. Es gibt vielmehr seinen Standpunkt wieder, setzt eigene Schwerpunkte, steckt den Rahmen ab, der es ihm gestattet, sich den Problemen des kirchlichen Lebens zu stellen, eine Richtung für ihre Lösung anzugeben, aber auch offen und dialogfähig zu sein in der Auseinandersetzung mit alternativen Stellungnahmen, die eine wirkliche Bedeutung auch für den besitzen können, der sich von ihnen abgrenzt und sich ihnen verweigert. Dokumente des Lehramts sind eng und nicht weit auszulegen. Sie enthalten Klarstellungen, aber ersetzen nicht eine weiterführende Beschäftigung mit ihrem Thema in der Theologie.

Die Instruktion über Freiheit und Befreiung weist selbst auf diese Regeln hin. Sie stellt Lehrgehalte klar, und beschränkt sich auf gewisse Aspekte, die vorrangig sind. Sie hebt die «organische Beziehung» hervor, die sie mit der Instruktion über die «Theologie der Befreiung» verbindet (Nr. 2), und betont, daß sie bestimmte Schwerpunkte setzt und keine Vollständigkeit bei ihren Ausführungen erstrebt. Auf diese Begrenzung weist sie ausdrücklich hin; denn sie erklärt: «Das vorliegende Dokument hat, ohne Anspruch auf Vollständigkeit, einige Richtungen aufgezeigt, wo tiefgreifende Reformen dringlich notwendig sind. Die vorrangige Aufgabe, die den Erfolg aller anderen bedingt, ist erzieherischer Natur. Die Liebe, die den Einsatz leitet, muß fortan zu neuen Formen der Solidarität führen». (Nr. 99) Daher befaßt sich diese zweite Instruktion nicht mehr nur – wie die erste – mit den Vorwürfen gegen die Befreiungstheologie, sondern hebt einige positive Aspekte an ihr hervor: Nächstenliebe, sofern sie nicht nur karitative Einstellung, sondern Wille zur Gerechtigkeit ist (Nr. 57); das Reich Gottes, sofern man es von der irdischen Wirklichkeit zwar unterscheiden muß, aber nicht trennen darf (Nr. 60–62); die vorrangige Liebe zu den Armen, deren besondere Zeugen die Basisgemeinden sind (Nr. 66–70); die soziale Sünde, sofern sie eine wirkliche Sünde ist und die Verbesserung von gesellschaftlichen Strukturen erforderlich macht (Nr. 75); die Unterscheidung von übernatürlicher Heilsordnung und zeitlicher Ordnung des menschlichen Lebens im Plane Gottes, der alles in Christus zusammenfaßt (Nr. 80); die «Wahrheit des Heilsgeheimnisses ist am Werk im Heute der Geschichte, um die erlöste Menschheit zur Vollkommenheit des Reiches Gottes zu führen, das den notwendigen Anstrengungen zur Befreiung im wirtschaftlichen, sozialen und politischen Bereich ihre wahre Bedeutung gibt und sie davor bewahrt, in neue Abhängigkeiten zu fallen» (Nr. 99); und nicht zuletzt die Theologie der Freiheit und der Befreiung, von der gesagt wird, daß sie eine echte Forderung ist für unsere Zeit (Nr. 98).

Dennoch bleiben die Probleme. Der friedliche Ton des Wortlauts der Instruktion und ihr versöhnlich stimmender Befund können nicht die Tatsache verdecken, daß weiterhin ein grundsätzlicher Konflikt besteht. Denn auch die zweite Instruktion enthält Anweisungen zur Sprachregelung der Theologie, die diese nicht einfach übergehen darf, die sie aber auch nicht übernehmen kann, ohne sich selbst aufzugeben. Dazu gehört eine besondere Nachsicht gegenüber den Reichen. Es wird gesagt, mit der vorrangigen Option für die Armen sei niemand anderer ausgeschlossen, und es wird hinzugefügt: «Das ist der Grund, warum die Kirche diese Option nicht mit Hilfe von einengenden soziologischen und ideologischen Kategorien zum Ausdruck bringen darf; sie würden aus dieser vorrangigen Zuwendung eine parteiische Wahl konfliktbetonter Art machen». (Nr. 68) Dazu gehört weiterhin der Begriff des Klassenkampfes, der nicht im Sinn vorhandener Gewalt der Reichen gegen die Armen, sondern im Sinn einer Aufforderung zur Gewalt der Armen gegen die Reichen verstanden wird. (Nr. 77) Er ist ein propagandistischer, kein analytischer Begriff. Die Nr. 34 verfährt auf diese Art auch mit dem Begriff der Kreativität. Er wird nicht geschichtlich, sondern ontisch verstanden und dadurch zu einem Konkurrenzbegriff des Handelns Gottes. Die Instruktion sagt allen Ernstes über die Berufung des Menschen, die Erde zu gestalten: «Doch ist das menschliche Handeln nicht ‹kreativ›». Diese Bemerkungen zum Gebrauch von Kategorien sind ein Randthema der Instruktion und nicht ihr Mittelpunkt. Aber sie verweisen auf die tieferen Probleme, denn zentrales Thema einer jeden Theologie der Befreiung ist nicht die Freiheit, sondern die Befreiung. Sie ist die Praxis des Glaubens an den Gott der Offenbarung selbst, sein Plan mit den Menschen in Kirche und Gesellschaft und umfaßt daher Himmel und Erde, das übernatürliche und natürliche Leben, Gott und die Welt. Sie ist ein dogmatischer Standpunkt.

Das zentrale Thema der Instruktion ist jedoch die Freiheit, zu ihr ist jeder Mensch berufen. Er findet sie, indem er den Willen Gottes tut und seinen Vorschriften gehorcht. Daher steht die Befreiung im Dienst der Freiheit. Befreiung ist «die Gesamtheit der Vorgänge, die darauf abzielen, die Bedingungen zu schaffen und zu garantieren, welche für die Verwirklichung einer wahrhaft menschlichen Freiheit erforderlich sind». (Nr. 31) Sie ist eine politische Aufgabe, kein dogmatischer Standpunkt. Aus dieser unterschiedlichen Auffassung von Freiheit und Befreiung erwachsen Unterschiede in der Auffassung von Nächstenliebe, Nachfolge Jesu und kirchlicher Sendung. Für die Instruktion ist die Nächstenliebe eine Folge der Gottesliebe, ein Gebot Gottes, dem man gehorchen soll. Für die Theologie der Befreiung ist sie hingegen die Wirklichkeit der Gottesliebe selbst. – Die Instruktion spricht vom Triumph des auferstandenen Christus, der alle Menschen von der Sünde befreit und die Freiheit der Kinder Gottes dadurch errungen hat. Die Theologie der Befreiung spricht hingegen vom Kreuzweg der Gerechtigkeit und Auferstehung des irdischen Jesus, den im Auftrag Jesu auch die Jünger und Jüngerinnen gehen, um in Freiheit die ganzheitliche Befreiung zu verwirklichen. Sie ist die Fülle der Offenbarung. – Die Instruktion spricht von einer vorrangigen Liebe zu den Armen in der Kirche, die auch die Reichen umfaßt. Die Theologie der Befreiung spricht von einer Kirche der Armen, in der sich die Reichen bekehren müssen, um das Reich Gottes zu verwirklichen. – Die Instruktion spricht von einer Bedrohung der Freiheit durch die Befreiung in der Neuzeit. Für die Theologen der Befreiung ist die Freiheit hingegen ein Akt der Befreiung. Sie ist der eigene Entschluß, äußere und innere Unterdrückung zu überwinden. Denn Befreiung ist ein Projekt der Existenz des neuen Menschen in einer neuen Gesellschaft. Sie ist Zukunft und Kreativität, die schöpferische Utopie von der Revolution des Lebens überhaupt im Reich Gottes. Sie umfaßt Geist und Materie, Kirche und Gesellschaft, die innere und äußere Welt, sie befähigt, den Auftrag Gottes zu verwirklichen. Lehramt und Theologie stehen in der Auseinandersetzung um Freiheit und Befreiung vor der Frage nach ihrem eigenen pastoralen und dogmatischen Wesen. Ist die Lehre eine Botschaft der Befreiung? Hat die Theologie jene Freiheit, die sie braucht, um diese Lehre zu verkünden? Der Konflikt um diese Fragen ist ein schöpferischer Prozeß, dem sich die Kirche stellen muß und den sie auch erleidet, um den Entwurf ihrer eigenen Zukunft in der Gegenwart zu ermöglichen. Dieser Konflikt ist für die Kirche eine Hoffnung.

c) Die Verlautbarung über das Buch «Kirche: Charisma und Macht» vom 11. 3. 1985 – das Sprachregelungsproblem

Neue Theologien entdecken und verstehen die Überlieferung neu. Sie erschließen der Vergangenheit die Gegenwart einer Zukunft, haben eine schöpferische Einstellung zu ihr und pflegen mit ihr einen geschichtlich wirksamen Umgang. Tradition ist keine Weitergabe toter Formeln, sondern – um mit Novalis zu sprechen – «rückwärtsgewandte Prophetie». Sie ist «Erinnerung an die Zukunft». Daher finden neue Theologien auch zu einer neuen Sprache. Ihre Begriffe sind die Botschaft von der Existenz eines Vergangenen, das Zukunft erschließt. Sie haben prophetischen Charakter. Die Theologie der Befreiung ist in einer eminenten Weise schöpferisch, weil sie einen äußerst kreativen Umgang mit der Tradition pflegt. Ihr Leben und ihre Lehre sind prophetisch. Das Lehramt jedoch bedient sich der Amtssprache, die geprägt ist von scholastischer Terminologie und in der neueren Zeit von den Auseinandersetzungen mit dem Modernismus. Zentrale Begriffe und zugleich Reizworte sind Relativismus, Immanentismus, Historizismus, Säkularismus.

Die Verlautbarung der Kongregation für die Glaubenslehre über das Buch «Kirche: Charisma und Macht»[156] von Leonardo Boff orientiert sich an dieser Sprachregelung. Sie hat vier Teile, nämlich die Einzigkeit der Kirche, die Wahrheit ihrer Dogmen, die Kritik an ihrer Macht und an ihrer Autorität. Sie enthält folgende Klarstellungen über Universalität und Relativität:

Erstens, sie bezichtigt Boff des Relativismus in der Ekklesiologie. Die berühmte Aussage des Konzils in der Nr. 8 von «Lumen gentium» über die Subsistenz der Kirche Christi in der katholischen Kirche ist keine Relativierung ihres Anspruchs, die einzig wahre Kirche zu sein; sie bescheinigt anderen Kirchen wahre Kirchlichkeit, aber spricht ihnen nicht den Titel der einzig wahren Kirche zu. Das Recht, ihn zu führen, ist faktischer und prinzipieller Natur. Der Begriff «real existierende Vermittlung» der Kirche Christi in der katholischen Kirche sei relativistisch, weil er besagt, daß «sie nicht den Anspruch erheben darf, sie allein sei mit der Kirche Christi identisch, da diese auch in anderen christlichen Kirchen subsistieren kann»[157]. Die Kongregation spricht daher von einem «relativierenden Kirchenverständnis» und einem «ekklesiologischen Relativismus»[158]; in den anderen christlichen Kirchen subsistiert die Kirche Christi faktisch, aber nicht in prinzipieller Form. Der Begriff Sakrament, der für das Verständnis von «real existierende Vermittlung» bei Leonardo Boff grundlegend ist, wird zur Interpretation seines Standpunktes nicht herangezogen. Das Konzil behandelt den Anspruch auf das einzig wahre Kirche-sein dogmatisch-pastoral. Was die Kirche ist, kann und muß sie erst noch werden.[159] Sie ist sie selbst, indem sie ihren Auftrag faktisch und prinzipiell erfüllt; daher ist der Gegensatz von Absolutheit und Relativität ein Scheinproblem. Die juristische Engführung des Anspruchs, die wahre Kirche zu sein, wird vom Konzil ausgeschlossen.

Zweitens erhebt die Kongregation den Vorwurf des Relativismus im Begriff von Dogma, das mit Dogmatismus nicht verwechselt werden darf.[160] Der Vorwurf ist in der Sache nicht zutreffend, aber der Unterscheidung selbst stimme ich zu. Dogmen enthalten eine Wahrheit sensu positivo, non exclusivo. Es schließt weder die Entdeckung neuer Wahrheiten, noch den Fortschritt im Verständnis alter Wahrheiten aus. Seine Relativität ist so wenig Argument für den Relativismus, wie seine Verbindlichkeit und Endgültigkeit ein Argument für einen Dogmatismus ist. Das Konzil hält in der Offenbarungskonstitution fest, daß es einen dogmatischen Fortschritt gibt. Jedoch behauptet es diesen Fortschritt nicht nur, sondern es vollzieht ihn auch selbst. Seine Lehre von der Berufung des Menschen durch Gott ist ein Dogma.[161] – Die Theologie der Befreiung kann und muß sich dieser Sprachregelung anschließen. Ihre Lehre der Gleichheit von Gottes- und Nächstenliebe ist ein Dogma der Befreiung. Die Nachfolge Jesu auf dem Kreuzweg der Gerechtigkeit und Auferstehung ist ein grundlegender dogmatischer Sachverhalt. Das Gleiche gilt vom Glauben an Jesus Christus, den Befreier. Dieser Titel erfaßt eine bleibende und immer gültige Wahrheit.

Drittens hat die Kongregation Einwände gegenüber einer Kritik, die Theologie und Soziologie nicht genügend unterscheidet.[162] Man soll mit ihr den geistlichen Auftrag und die unableitbare, unverwechselbare, eigenständige Sendung der Kirche nicht dadurch herabmindern, daß man Kirche in das Schema «Produktion und Konsum» preßt und auf diese Weise die Gemeinschaft des Glaubens auf ein rein soziologisches Phänomen verkürzt.[163] Sprachregelungsfragen sind jedoch ein dogmatisches Problem, sie müssen nach Maßgabe des Reglements der Idiomenkommunikation erörtert werden.[164]

Viertens bestätigt die Kongregation das Recht auf prophetische Anklage kirchlicher Personen und Institutionen, fügt aber hinzu, sie müsse dem Aufbau der Kirche dienen, um legitim zu sein. Sie ist Kriterien unterworfen und untersteht dem Urteil der Hierarchie.[165] Die Theologie der Befreiung hat allen Grund zu dieser prophetischen Anklage. Sie dient mit ihrer Kritik dem

Auftrag der Kirche zu einer umfassenden Verwirklichung des Zweiten Vatikanischen Konzils. Dazu gehört auch die Kritik an der Glaubenskongregation.

d) Der Brief des Papstes an die brasilianische Bischofskonferenz vom 9. 4. 1986

Das Lehramt erkennt zentrale Aussagen der authentischen Befreiungstheologie an, aber es weigert sich, diese Aussagen von ihr selbst her zu verstehen. Es spricht über sie, aber nicht mit ihr. Das Lehramt führt mit den Theologen der Befreiung keinen Dialog. Daher geht auch die Anerkennung selbst nur sehr zögerlich vonstatten. Sie beginnt 1984 mit der Instruktion über die Theologie der Befreiung in Anführungszeichen; 1986 erreicht sie einen gewissen Höhepunkt mit der Instruktion über Freiheit und Befreiung, in der das Lehramt eine vorsichtig positive Stellungnahme abgibt; dennoch geht die Bestrafung einzelner Theologen weiter – sie wird ein Mittel zur Standortbestimmung in Einzelfragen.

Der Brief des Papstes an die brasilianische Bischofskonferenz setzt einen neuen Akzent. Papst Johannes Paul II. schreibt wörtlich, daß nach seiner Überzeugung «die Theologie der Befreiung nicht nur opportun ist, sondern nützlich und notwendig. Sie soll eine neue Etappe – in enger Verbindung mit den vorausgegangenen – jener theologischen Reflexion sein, die mit der apostolischen Überlieferung begann».[166] Die Bischöfe sollen darüber wachen, «daß jene korrekte und notwendige Theologie der Befreiung in Brasilien und Lateinamerika auf homogene und nicht auf heterogene Weise, in Verbindung mit der Theologie aller Zeiten, in vollkommener Treue zur Lehre der Kirche, unter sorgsamer Beachtung einer vorrangigen, nicht ausschließenden und nicht ausschließlichen Liebe zu den Armen verwirklicht wird».[167]

Der Papst überwindet auch eine Parallelisierung zwischen Freiheit und Befreiung nach Art des Supranaturalismus, denn zur Freiheit erziehen heißt auch, Maßnahmen der Befreiung ergreifen: «Erziehen zur Freiheit bedeutet, sich die Kriterien bewußt zu machen, ohne die diese Freiheit zu einer Schimäre würde, wenn nicht gar zu einem gefährlichen Abklatsch. Es bedeutet Hilfe bei der Rückeroberung der verlorenen Freiheit oder bei der heilenden Pflege der Freiheit, wenn sie verfälscht oder korrumpiert wurde. Als Erzieher im Glauben, so nennt uns das Zweite Vatikanische Konzil, liegt unsere Aufgabe auch darin, zur Freiheit zu erziehen».[168] Daher sind in der Befreiung praktisch und theoretisch Soteriologie und Politik aufeinander zu beziehen und nicht die eine «auf die andere zu reduzieren – indem praktisch eine die andere unterdrückt»[169]. Es ist die Pflicht der Bischöfe, «allen Menschen ohne jeden Unterschied das Geheimnis der Befreiung zu verkünden, die sich am Kreuz und in der Auferstehung Christi vollzieht. [...] Die Armen dieses Landes, die in Ihnen ihre Hirten sehen, die Armen dieses Kontinents verspüren als erste das dringende Bedürfnis nach diesem Evangelium der radikalen und ganzheitlichen Befreiung. Ihnen dies vorzuenthalten hieße sie betrügen und desillusionieren».[170]

Der Papst wünscht eine selbständige Theologie in der Kirche,[171] denn er denkt Kirche polar[172]: Sie ist Geheimnis und Auftrag.[173] Ihre Sendung geht von Gott aus und erfüllt sich in Gott, aber zugleich ist sie «ein Dienst am Menschen – am einzelnen und an der Gesellschaft – an seinen geistigen und zeitlichen Bedürfnissen, an seinen Grundrechten, an seinem Leben als Mensch und Bürger. Aus eben diesem Grund gehört es zur Sendung der Kirche, sich in bestimmter Weise mit den Fragen zu befassen, die den Menschen von der Wiege bis zum Grab berühren, mit sozialen und sozio-politischen Fragen also».[174] Die Theologie der Befreiung steht in diesem Kontext. Sie stellt sich den Existenzproblemen der Kirche in der heutigen Welt und ist daher nützlich und notwendig.

Vor dem Hintergrund der beiden Instruktionen hat diese Würdigung durch den Papst besonderes Gewicht. Hervorzuheben ist nicht nur die Tatsache der Anerkennung, sondern auch der ekklesiologische Rahmen, in dem sie erfolgt. Der Papst stützt sich auf das Zweite Vatikanum und seinen polaren Begriff der Kirche. Dieser gestattet und verlangt eine Theologie der Existenz von Kirche selbst in der heutigen Welt. Er umfaßt Geistliches und Weltliches, macht Geistliches zu einem weltlichen Thema und läßt Weltliches zu einem Ort der Auseinandersetzung um die Kirche selbst werden im Heiligen Geist.

Den Verlautbarungen der Glaubenskongregation fehlt jedoch dieser ekklesiologische Rahmen. Er ist weder ein Prinzip ihrer Sprachregelung, noch ihrer Urteilsfindung, noch ihrer Standortbestimmung in der Politik. Dieser Mangel ist eine der Hauptursachen ihres Konflikts mit Bischöfen und mit Theologen. Er wird greifbar im Gespräch, das Kardinal Ratzinger und Bischof Casaldáliga zu den Themen «Option für die Armen, Klassenkampf, persönliche und soziale Schuld, Eucharistie und Volk, Verehrung der kanonischen Märtyrer und Verehrung der Märtyrer des Reiches Gottes, soziale Revolution und Revolution im Sinn des Evangeliums» führten; da mußte sich der Bischof gegen den Reduktionismusvorwurf verwahren und umgekehrt vom Lehramt selbst Ganzheitlichkeit der Verkündigung fordern.[175] Der Bischof verweist auf die Zusammengehörigkeit aller drei vatikanischen Dokumente über die Theologie der Befreiung und auf die Korrekturbedürftigkeit des ersten: «‹Sie haben geschrieben, die zweite Instruktion des Papstes über die Befreiungstheologie korrigiere die erste.› [So Kardinal Ratzinger] Ich antwortete: ‹In der Tat, dem ist so. Sie korrigiert die erste, weil sie sie vervollständigt. Wenn der erste Text vollständig gewesen wäre, hätte es des zweiten nicht bedurft›»[176]. Ohne die ausdrückliche Anerkennung grundsätzlicher Standpunkte der Befreiungstheologie durch das Lehramt der Glaubenskongregation selbst wird eine Neuevangelisierung Europas, zu der der Papst aufgerufen hat, nicht stattfinden können. Denn Evangelisierung ist Befreiung und Umkehr. Sie ist ein Prozeß der Bekehrung derer, die evangelisieren.

2. Schwache und starke Theologie

Befreiung ist der Plan Gottes mit den Armen. Die Beraubten, Entmündigten und Unterdrückten sind in ihm die Bevorzugten, sie sind das Subjekt der Geschichte dieses Plans. Er ist für die Reichen der Aufruf zur Bekehrung, für die Armen jedoch die Botschaft der Befreiung. Der Streit um diese Vorrangigkeit ist eine Auseinandersetzung um das Konzil; denn er betrifft alle Aussagen, die es über Gott, Christus, die Kirche, die Kirche in der heutigen Welt und die Offenbarung selbst macht. Das Konzil ist ein neuer Standpunkt der Glaubensverkündigung, der behauptet, daß Glaube selbst eine Offenbarung ist: «Der Glaube erhellt nämlich alles in einem neuen Licht, enthüllt den göttlichen Ratschluß hinsichtlich der integralen Berufung des Menschen und orientiert daher den Geist auf wirklich humane Lösungen hin». (GS 11)

Die Glaubenskongregation hat die zentralen Aussagen des Konzils bisher nicht zur Grundlage des eigenen Lehramts gemacht. Dieser Mangel wirkt sich bei der Bestimmung politischer Schwerpunkte in Glaubensaussagen besonders nachteilig aus; denn sie erliegt allzuoft der Versuchung, das Politische am Glauben mit etwas bloß Politischem, das Geschichtliche mit nur Geschichtlichem, und das Revolutionäre im Sinn des Evangeliums mit dem Begriff des Revolutionären im Sinn des Marxismus zu verwechseln.[177] Sie ist wegen des in ihr nicht überwundenen antimodernistischen, supranaturalistischen Extrinsezismus dauernd in Gefahr, Anklagen ernst zu nehmen, die eine Verleumdung sind, und statt des Verleumders dessen Opfer zu verurteilen. Sie beschuldigt die Befreiungstheologen einer Hermeneutik, derer sich diese offensichtlich gar nicht bedienen und die sie auch selber ablehnen.[178] Die Unterscheidung von Befreiungstheologie in Anführungsstrichen und authentischer Befreiungstheologie enthält ein Verleumdungspotential, das – einmal freigesetzt – auch durch den Papst nicht mehr ausreichend eingeschränkt werden kann, der ausdrücklich sagt, daß Befreiungstheologie nützlich und notwendig ist.[179]

Von der Glaubenskongregation muß die ausdrückliche Anerkennung der Pastoralkonstitution des Zweiten Vatikanischen Konzils gefordert werden. Diese Anerkennung ist ihr Beitrag, der zur Verbesserung der Lage des Glaubens in der Gegenwart notwendig ist. Die Theologie der Befreiung besitzt Authentizität. Sie kann ihren Ort in der Kirche dogmatisch bestimmen und ist der Standpunkt des Zweiten Vatikanischen Konzils in Lateinamerika. Sie muß ihre Authentizität herausstellen und auch unterstreichen. Leonardo Boff sagt einmal: «Das Wichtigste ist nämlich nicht die Theologie der Befreiung, sondern die Befreiung»[180]. Oder an einer anderen Stelle: «Einer Sache bin ich sicher: Ich ziehe es immer vor, mit der Kirche meinen Weg zu gehen, als allein mit meiner Theologie zu gehen. Die Kirche bleibt, die Theologie vergeht. Die Kirche ist eine Realität des Glaubens, der ich von Grund auf angehöre. Die Theologie ist ein Konstrukt der Vernunft, das ich diskutiere»[181]. Aber, ist hinzuzufügen, auch Theologien überdauern. Sie sind auf dem Weg der Befreiung unentbehrlich und müssen ihre eigene Stärke einbringen, daher muß von ihnen Authentizität gefordert werden. Starke Theologie greift politische Fragen auf, schwache muß sie verschleiern. Starke weiß um die Vorrangigkeit der Armen und trifft eine Option für sie, schwache verschließt sich den Armen und bestreitet ihr Recht auf Befreiung. Theologie ist entweder Theologie der Befreiung oder keine Theologie.

3. Der Studienkreis Kirche und Befreiung

Das Konzil ist ein Bekenntnis zur Berufung des Menschen. Es verkündet den Glauben an seine Existenz und ruft die Menschen zur Verantwortung in Kirche und Gesellschaft auf. Jede und jeder soll das Subjekt der Geschichte ihres und seines Lebens in Gott und Christus sein. Diese Auffassung hat es auf der Ebene des Lehramts bisher nicht gegeben. Sie ist ein neuer dogmatischer Standpunkt der Kirche selbst. Sie verpflichtet die Christen zum Sprung nach vorn in der Verkündigung des Glaubens. Die Theologie der Befreiung hat diesen Sprung getan, denn sie verkündet, daß es Menschen gibt, die vorrangig zur Verkündigung des Evangeliums berufen sind, nämlich die Armen. Diese sind das vorrangige Subjekt des Glaubens an die Menschen überhaupt und haben daher den vorrangigen Auftrag, die Verantwortung in Kirche und Gesellschaft zu übernehmen. Denn sie sind das vorrangige Subjekt der Geschichte des Lebens in Gott und Christus. Ihre Berufung ist für die gesamte Menschheit exemplarisch. Das Konzil selbst bildet den Grund dieser Theologie. Es ist das Prinzip des Glaubens an die Berufung der Armen. Wer sich an diesem Glauben vergeht und die Befreiung verhindern will, steht im Widerspruch zum Konzil. Es ist die Grundlage, auf der die Befreiung verteidigt werden muß, aber der Glaube des Konzils hat viele Gegner. Eine wahre Fundgrube an Verleumdung und Verunglimpfung ist die Schriftenreihe des Studienkreises Kirche und Befreiung, zu deren Herausgebern die Kardinäle Hengsbach und Trujillo gehören.

Ich möchte einige Aussagen herausgreifen, die sie gegen die Theologie der Befreiung macht, die sich aber gegen das Konzil richtet und daher ein Tatbestand notwendiger Verurteilung durch die Kirche sind. Autoren dieser Reihe leugnen, daß gerechtes Handeln ein Prinzip der Botschaft Jesu ist und der Glaube an sie auf dieser Grundlage festgehalten werden muß. Sie leugnen auch, daß Christus selbst der Mittelpunkt und das Ziel aller Geschichte der Befreiung ist. Sie verwerfen den neuen Menschen und die neue Gesellschaft als Gegenstand christlichen Glaubens und verweigern sich allem Dialog mit dem Marxismus. Einige Aussagen stehen in indirektem Widerspruch zur Offenbarung selbst und zur Lehre des Konzils vom Glauben als einer Offenbarung. Dazu gehört folgende Behauptung Anton Rauschers über Offenbarung und Glaube: «Der Einsatz für Freiheit und Gerechtigkeit in der Welt ist eine wesentliche Konsequenz aus dem Evangelium, aber nicht ein konstitutives Element der Botschaft Jesu»[182]. In dieser Auslegung sind Subjekt und Objekt der Botschaft Jesu nicht identisch. Die Botschaft selbst ist keine Befreiung für diejenigen, die sie vertreten. Auf dieser Basis kann es das Reich Gottes ohne Jesus geben – ein klarer Verstoß gegen das Wesen des Christentums. – Roberto Poblete sagt ähnlich: «Wenn es auch absolut gültig ist, daß der Glaube zu einer historischen Praxis und daher zu konkreten Engagements hin führt, denen gegenüber der Glaube selbst seine ganze kritische Freiheit wahrt, ist es doch keineswegs gültig, die Reflexion über den Glauben von einer bestimmten historischen Praxis ausgehen zu lassen, vor allem, wenn die besagte Praxis sehr zweifelhaft ist»[183]. – Diese Aussage verstößt gegen die gesamte Pastoralkonstitution, die vom Glauben sagt, daß er eine Offenbarung ist; sie bestimmt das Bekenntnis zu ihm situativ. Der Glaube ist historische Existenz.

Ein anderer Autor, Günther Baadte, bestreitet, daß es möglich ist «eine volkstümlich-revolutionäre Pädagogik und Erfahrungen, die aus der ‹Praxis› der lateinamerikanischen Befreiungsbewegung hervorgegangen sind, mit der biblischen Botschaft zusammen zu sehen. Gutiérrez [so sagt er] geht dabei so weit, zu behaupten, daß der ‹Befreiungsprozeß› seinen Mittelpunkt im Erlösungswerk Christi finde. Damit, ich sage dies schon im Vorgriff, ist insofern ein folgenreicher Zusammenhang postuliert, als die vom Glauben her beanspruchte ‹Befreiung› zwingend auf ihr profanes Substrat verweist, und umgekehrt, die zum Teil marxistisch inspirierte Programmatik der Befreiungsbewegungen eine theologisch begründete Präferenz erhält. [. . .] Damit wird gewissermaßen die ‹Hermeneutik des Evangeliums› in die ‹Politik› verlegt, zugespitzt gesagt, auf ein gesellschaftsrelevantes Strategieproblem reduziert»[184]. Sieht man einmal von den Anführungszeichen ab, die zeigen, daß Baadte nicht analysiert, sondern unterstellt, so wird an seiner Aussage besonders der Widerspruch zur Pastoralkonstitution des Zweiten Vatikanums deutlich; denn diese bekennt in der Nr. 10 ausdrücklich den Glauben an Christus als Mittelpunkt und Ziel der gesamten Menschheitsgeschichte und sagt von dieser Lehre, daß sie das Geheimnis der Existenz des Menschen offenbart.

Wieder ein anderer Autor, Lothar Bossle, bezeichnet die Lehre des Konzils vom neuen Menschen in einer neuen Gesellschaft als anthropologischen Irrationalismus und vergleicht ihn mit bisherigen Versuchen, «einen neuen Menschen zu züchten, [die] in Europa kläglich gescheitert» sind.[185] Der Hauptgrund des Mißbrauchs von Glaube und Theologie in diesen Angriffen ist ein politischer, der Antikommunismus. Er ist das Fundament aller Beiträge, Lopez Trujillo nennt ihn den Hauptgrund seiner Feindschaften, und er sagt: Der Grund «liegt dort, wo es um die Anwendung oder Nicht-Anwendung der marxistischen Analyse geht. Dies ist der alles bestimmende Kernpunkt des Problems»[186].

Jedoch, quod nimis probat, nihil probat. Der Antikommunismus verstößt gegen das Zweite Vatikanum und gegen die Gerechtigkeit überhaupt, denn er verweigert jeden Dialog. Er reduziert den Irrenden auf seinen Irrtum und ist daher unchristlich. Standpunkte von Gegnern der Befreiungstheologie sind ein weites Feld zur Bearbeitung durch die Glaubenskongregation.

VIERTER ABSCHNITT

DIE FUNDAMENTALTHEOLOGIE

ORT UND PRINZIP DES NEUEN PROGRAMMS

In der Auseinandersetzung um Standpunkte, die die Kirche vertritt, ist das Konzil ein oberster Maßstab. Es besitzt formal und inhaltlich höchste Autorität; denn es ist bindend in einem amtlichen Sinn. Die Anerkennung oder Verwerfung seiner Dokumente sind ein echtes Kriterium von Kirchenzugehörigkeit. Wer sie ablehnt, lehnt die Kirche ab, und wer sie annimmt, nimmt die Kirche an. Sie sind ein Instrument zur Qualifikation von Standpunkten. Sie können mit den allgemeinsten Regeln des Kirchenrechts und der Dogmatik diesen formalen Anspruch geltend machen, aber sie besitzen auf inhaltlichem Gebiet ebenfalls höchste Autorität. Das Konzil hat zwei dogmatische Konstitutionen verfaßt und vertritt echte Standpunkte der Offenbarung.

Das Konzil legt selbst Wert auf die formale Qualität seiner Aussagen und gibt dazu auch eine Stellungnahme ab. Unter Hinweis auf die «allgemeinen, allseits bekannten Regeln» der Interpretation amtlicher Dokumente stellt es fest, daß es nur das als für die Kirche verbindliche Glaubens- und Sittenlehre definiert, «was es selbst deutlich als solche erklärt. Was aber das Konzil sonst vorlegt, müssen alle und jeder der Christgläubigen als Lehre des obersten kirchlichen Lehramtes annehmen und festhalten entsprechend der Absicht der Heiligen Synode selbst, wie sie nach den Grundsätzen der theologischen Interpretation aus dem behandelten Gegenstand oder aus der Aussageweise sich ergibt». (LG, Notificationes) Das Konzil ist sich über die eigene Absicht im klaren und legt Rechenschaft über sie ab. Es hat ein Programm, an dem es gemessen sein will und das es tatsächlich durchführt. Es trifft Feststellungen über den Charakter seiner Aussagen und über den von ihm behandelten Gegenstand, denn es stellt in der Fußnote zur Pastoralkonstitution ausdrücklich fest, daß es in der Dogmatik eine pastorale und in der Pastoral eine dogmatische Zielsetzung verfolgt. Das Konzil hat die

Absicht, Unwandelbares unter den Bedingungen der wandelbaren Lebensverhältnisse des Menschseins in der Gegenwart authentisch zu vertreten. (Vgl. GS, Anm. zum Titel) Daher gibt es diesem Dokument ausdrücklich den Namen Konstitution[1] und macht es neben der Liturgie-, Kirchen- und Offenbarungskonstitution zu einem Verfassungsdokument der katholischen Kirche.

Die Absicht des Konzils ist wirklich feststellbar. Es hat auf dem Boden einer ganzheitlichen Bestimmung von Dogmatik und Pastoral den Existenzgehalt des Glaubens erörtert. Diese Art der Zielsetzung ist neu. Das Konzil mißt den *Aussage*wert von *Aussagen* an ihrem Inhalt. Es stellt seine eigene Autorität in den Dienst dieser Wahrheit und stellt diese Wahrheit nicht umgekehrt in den Dienst seiner Autorität. Eine Behauptung wird nicht dadurch wahr, daß sie die Kirche bezeugt, sondern umgekehrt wird das Zeugnis der Kirche durch die Wahrheit seiner Behauptung wahr. Ihr Zeugnis bezieht aus dieser Wahrheit seine Autorität. Das Konzil beschreitet damit einen neuen Weg. Es vertritt neue Aussagen nicht herkömmlich, sondern herkömmliche Aussagen neu, denn es erörtert ihren Existenzgehalt. Es will nicht eine abgeleitete, sondern die ursprüngliche Bedeutung erfassen, und es setzt sie nicht voraus, sondern stellt sie ausdrücklich fest. Aussagen des Glaubens betreffen die menschliche Existenz. Das Sprechen von Gott ist eine Aussage über die Freiheit des Menschen, und umgekehrt ist das Sprechen von dieser Freiheit eine Aussage über Gott als Gott. Das Konzil stellt die ursprüngliche Autorität solcher Aussagen wieder her und gewinnt auf diesem Weg selbst eine ursprüngliche Autorität. Es ist Zeuge der ursprünglichen Offenbarung selbst. Es erklärt, interpretiert und vertritt ihre Wahrheit.

Die Apologetik des Konzils ist daher die grundlegende Aufgabe einer jeden Theologie, die sich Existenzproblemen stellt. Sie ist eine fundamentaltheologische Aufgabe und gehört zu den Unabdingbarkeiten einer jeden Theologie der Existenz des Menschen in Kirche und Gesellschaft. Das Konzil selbst ist eine echte Basis der Verteidigung dieser Theologie. Es ist eine Fundamentaltheologie ihrer zentralen Standpunkte, denn es erörtert den Existenzgehalt der Aussagen des Glaubens insgesamt und bringt ihn gegenüber der Gesellschaft ebenso wie gegenüber der Kirche selbst zur Geltung. Daher muß die Theologie des Konzils eine Apologetik heutiger Theologien sein, und sie ist deren Maßstab und Kriterium für die Kirche. Diese Apologetik ist Verteidigung des Konzils durch die Theologie und Verteidigung der Theologie auf dem Boden des Konzils. In der vorliegenden Arbeit mache ich den Versuch, diese doppelte Auseinandersetzung zu führen. Denn ich habe gezeigt, daß Theologie der Befreiung auf dem Boden des Zweiten Vatikanum steht, und daß der Streit um sie eine Aufforderung ist, dieses Konzil gegenüber seinen Gegnern zu verteidigen. Es ist ein neuer Standpunkt von Glaube selbst, die Basis eigentlicher Glaubensverkündigung in der Gegenwart, die sowohl die Existenz der Verkündiger als auch die der Adressaten der Verkündigung betrifft. Der Kampf um seine Standpunkte wird theologisch und politisch ausgefochten. Ich möchte in diesem letzten Abschnitt auf die Standpunkte des Zweiten Vatikanum als Prinzip der Standortbildung verweisen. Es ist der allgemeinste Rahmen und die notwendige Grundlage aller Auseinandersetzung um Fragen der Soziologie und Anthropologie in der heutigen Theologie. Ich möchte eine Fundamentaltheologie der Erörterung solcher Probleme auf dem Boden des Konzils umrißhaft entfalten. Das Konzil ist Ort und Prinzip des Programms der Standortbildung von Kirche selbst in der Gegenwart.

I.
Der neue Begriff von Pastoral und die Option für die Armen Ein neuer Standpunkt der Theologie

Das Konzil verändert das Leben und Denken der Kirche und führt sie den Weg der eigenen Bekehrung. Denn es will, daß sie nicht nur spricht, sondern auch hört, nicht nur weitergibt, sondern auch annimmt, nicht über den Menschen steht, sondern unter ihnen lebt, mit ihnen geht und ihre Anliegen vertritt. «Kraft des ihr anvertrauten Evangeliums verkündet also die Kirche die Rechte des Menschen, und sie anerkennt und schätzt die Dynamik der Gegenwart, die diese Rechte überall fördert». (GS 41) Dieser Wandel der Perspektive ist prinzipieller Natur. Er besagt, daß Kirche die Menschen nicht nur von sich her, sondern sich selbst von den Menschen her betrachtet. Sie ist die Gemeinschaft der Menschen in Christus, hat Teil an ihrer Freude und Trauer, an ihrer Hoffnung und Verzweiflung und ist Teil ihrer Geschichte. Sie lebt und verkündet den Glauben an die Berufung des Menschen. Wo immer sie ihn vertritt in Staat und Gesellschaft, aber auch gegenüber sich selbst, ist sie gerechtfertigt vor Christus und Gott.

Der Prozeß dieser Rechtfertigung stellt die Kirche vor theologische und politische Grundsatzprobleme. Sie steht in Gefahr, theologische Standpunkte – ihren Glauben – dem politischen Kalkül zu opfern und politische Standpunkte von der Theologie so zu trennen, daß beide unverbindlich sind. Opportunismus und Supranaturalismus sind die verwerflichen Gegenstandpunkte zur Glaubenslehre des Konzils. Die Fundamentaltheologie muß sich damit auseinandersetzen: sie hat die Aufgabe, das Programm des Konzils, den Wandel der Perspektive in der Betrachtung von Glaube, authentisch zu erörtern. Das Konzil ist Ort und Prinzip von Theologie überhaupt und darum muß sein Programm verteidigt und begründet werden. Verrat an diesem Programm ist Verrat an der Theologie. Diese kämpft in der Verteidigung des Konzils um die eigene Authentizität, sie erörtert den Glauben selbst aus einer neuen, ihm selber wesentlichen Perspektive. Wer sich blenden läßt von dem Scheinproblem, daß Glaube entweder amtlich ist oder perspektivisch, und daher seine Amtlichkeit perspektivenlos erklärt und seine Perspektivität zu einer bloßen Privatangelegenheit macht, die keinerlei amtliche Bedeutung hätte, verstößt gegen die Grundlagen von Glaube und Theologie: denn dem Glauben wird damit Geschichtlichkeit und der Theologie Authentizität bestritten, und die Existenz beider wird zerstört. Eigentliche Glaubensverkündigung ist perspektivisch. Sie erschöpft sich nicht in Aufrufen und Deklarationen und ist ein Standpunkt, der überzeugt. Diejenigen, die sie annehmen, können ihr von sich selbst her zustimmen und sie in der Perspektive des eigenen Lebens und Denkens bewerten und vertreten. Sie ist subjektiv und sie befreit.

Das Konzil geht diesen Weg. Seine Glaubensverkündigung ist eigentlich, denn es wendet sich an den einzelnen Menschen, an die ganze Menschheit und an die Kirche selbst, es bekennt sich zum Glauben an ihre Existenz. Auf diesem Weg erweitert das Konzil den Begriff von Pastoral und von Glaube überhaupt, denn es versteht unter Pastoral nicht mehr nur die herkömmliche Homiletik und Katechetik, sondern darüber hinaus die anthropologischen und soziologischen Inhalte ihrer Verkündigung sowie diese Verkündigung als Tätigkeit von Kirche selbst. Sie selbst hat mit allen Mitgliedern, die sie umfaßt, den Auftrag der Evangelisation. – Mit dem Begriff der Pastoral erweitert das Konzil auch den Begriff des Glaubens: Er ist ein Bekenntnis zur Berufung des Menschen und offenbart die letzte Wahrheit seiner Existenz, die Herkunft und Zukunft des Menschen in Christus und Gott.

Vor Ort in Lateinamerika ist die Theologie der Befreiung die Theologie dieser Standpunkte des Konzils. Sie wendet die neuen Begriffe von Pastoral und Glaube auf jene Menschen an, zu denen über neunzig Prozent der Bevölkerung dieses Kontinents zählen, den Armen. Denn diese sind die politischen Opfer der nationalen und internationalen Ordnung. Sie sind Träger unveräußerlicher Rechte als Menschen, als Bürgerinnen und Bürger, die sie national und international zur Geltung bringen können und müssen. Sie sind die vorrangigen Objekte und Subjekte eigentlicher Glaubensverkündigung der Kirche; denn zu ihnen war Jesus gesandt. Ihnen hat er vorrangig das Reich Gottes verheißen. Die vorrangige Option für sie ist daher prinzipiell legitimiert. Sie ist die allgemeinste und grundlegendste Perspektive von Glaube überhaupt. Die ganze Botschaft des Glaubens wird vorrangig in ihr gelebt und gedacht. Diese Botschaft ist entweder Botschaft der Armen oder kein Glaube – niemand kann dieser Alternative entrinnen. Daher ist auch die Kirche in Europa vor sie gestellt. Will sie den Glauben verkünden, dann muß sie diese Option treffen. Wo immer die Kirche sich für die Armen entscheidet, hat sie selbst den Vorteil: Ihr Verhalten wird in einem höchsten Sinne zugleich sachgerecht und personal. Sie erneuert ihr Leben und Denken und findet ihre eigene Sprache wieder. – Entzieht sie sich den Armen und meint, eine Entscheidung nicht treffen zu müssen oder überhaupt nicht zu können, dann kostet sie diese Verweigerung einen furchtbaren Preis: sie gibt sich selber auf. Sie wird mit Stummheit geschlagen wie Zacharias, weil sie selbst nicht mehr glaubt. Oder umgekehrt: Je mehr sie redet, umso weniger wird sie gehört, und je größer die Probleme des Glaubens sind, umso weniger hat sie zu sagen. Aus dieser Sicht müssen die Äußerungen römischer Autoritäten zur Theologie der Befreiung als ein Symptom betrachtet werden. Rom spricht mit gespaltener Zunge: Es erklärt, diese Theologie sei nützlich und notwendig, aber verfolgt zugleich ihre Vertreter. Es will Evangelisierung und bekämpft die Befreiung, es stellt sich hinter das Konzil, läßt aber seine Gegner schalten und walten. Diese Gespaltenheit macht die Standpunktfrage zu einem notwendigen Gegenstand der Auseinandersetzung. Sie ist das Problem der Glaubensverkündigung in Europa, denn Glaube kommt vom Hören. Kein Mensch aber kann auf etwas hören, das ihm nicht gesagt wird. Und wie kann jemand Autorität beanspruchen, der keine Autorität besitzt. Das Glaubensproblem in Europa ist daher ein Verkündigungsproblem, ist ein Problem des personalen Charakters und sachlichen Gehalts der Verkündigung. Sie bringt den Glauben nicht eigentlich zur Sprache und kann ihn daher auch nicht selbst vertreten. Niemand wird ihm gerecht, der sich nicht mit der Anthropologie und Soziologie dieses Glaubens befaßt. «Der Glaube erhellt nämlich alles mit einem neuen Licht, enthüllt den göttlichen Ratschluß hinsichtlich der integralen Berufung des Menschen und orientiert daher den Geist auf wirklich humane Lösungen hin». (GS 11)

Die Fundamentaltheologie ist der Ort, an dem sich die Theologie den eigenen Prinzipien stellt. Glaubensfragen sind ein Prinzipienproblem, denn sie sind Fragen nach der Legitimität und Autorität von Standpunkten, die jemand vertritt, und daher ein klassisches Thema dieser Disziplin. Anthropologie und Soziologie des Glaubens an die Berufung des Menschen haben dieses prinzipielle Gewicht. Sie müssen daher fundamentaltheologisch erörtert werden. Zwei Fragen stehen zur Klärung an: Die eine Frage ist, ob die Träger und Trägerinnen der Verkündigung dieses Glaubens sich grundsätzlich von den Menschen her verstehen müssen, an die sie sich wenden. Die andere Frage ist, ob soziale Probleme zum übernatürlichen Inhalt des Glaubens gehören oder nur sein natürliches Umfeld bilden und daher für ihn selbst keine Herausforderung sind. Sie sind in diesem Fall ein politisch-moralisches, kein dogmatisches Problem. Das Konzil behandelt beide Fragen und gibt auf sie eine klare Antwort. Sie ist prinzipiell zu verstehen. Der Schlüssel zu diesem Verständnis ist sein Begriff von Pastoral, der Geistliches und Weltliches zugleich umfaßt, sowie sein Begriff der Existenz, der ein zentraler Begriff wirklicher Glaubensverkündigung ist; denn Glaube offenbart die Wahrheit von der Existenz des Menschen in Christus und Gott, er hat anthropologisches und soziologisches Gewicht. Wer diese zentralen Gegebenheiten mißachtet, legt kein Zeugnis für den Glauben ab, und wird zu Recht von allen Menschen überhört.

Im Sinne des neuen Begriffs von Pastoral sind die Armen eine geistliche Herausforderung; ihre Not verletzt Menschenrechte und Menschenwürde. Die Kirche ist geistlich von dieser Not betroffen und steht selbst in ihr auf dem Spiel. Entmündigung, Entwürdigung und Unterdrückung sind der Ernstfall ihrer Glaubensverkündigung in der heutigen Welt und stellen sie vor die Frage nach ihrem Bekenntnis. Will sie es einlösen, oder ist sie dabei, es zu verraten? Die Kirche steht mit ihrer Antwort auf diese Frage vor einem Existenzproblem. Ihr geistlicher Dienst ist ein weltlicher Dienst, oder er ist überhaupt kein Dienst. Ihr weltlicher Dienst ist ein Dienst, den sie kraft ihres geistlichen Amtes leistet, oder er ist ein Dienst, den sie gar nicht übernimmt und nicht wirklich selbst leistet. Sie kann in diesem Fall zwar jemand anderen dazu beauftragen und ermahnen, aber sie steht nicht mir ihrer ganzen Autorität hinter ihm und bringt sie auch nicht in ihn ein. Sie riskiert sich nicht selbst und wird zu einem supranaturalistischen Gespenst auf der irdischen Bühne. Diese Polarität des weltlichen Auftrags geistlicher Sendung von Kirche betrifft die Kirche. Sie gehört zu ihrem Wesen und ist das zentrale Thema einer Fundamentaltheologie ihrer Existenz.

Die neueren Handbücher der Fundamentaltheologie erörtern den Grundlagencharakter dieser Polarität für die Theologie.[2] Keines von ihnen jedoch verfügt über den Begriff der Existenz, daher können sie zwar wesentliche Anliegen des Konzils einklagen, aber nicht zur Geltung bringen: Sie sind keine Fundamentaltheologie des Konzils.[3] Sie sind auch nicht fähig, einen fundamentaltheologischen Beitrag zur Auseinandersetzung um die Theologie der Befreiung zu leisten und sie auf dem Boden der Prinzipien von Theologie als Theologie entschieden zu verteidigen. Prinzipien sind in diesen Handbüchern die Hermeneutik und die Apologetik. Sie stellen die Frage nach dem Sinn des Glaubens – er ist verstehbar – sowie die Frage nach der Bedeutung seiner Aussagen für Menschen in der heutigen Welt – er ist einklagbar und vermittelbar.

Die Fundamentaltheologie befaßt sich mit den Prinzipien der Theologie und ist der Ort, an dem sich die Theologie auf ihre Prinzipien besinnt und Rechenschaft von ihnen gibt. Das Hauptproblem der Handbücher ist die Verwechslung dieses Ortes mit seinen Prinzipien. Sie können beides nicht mehr voneinander unterscheiden und die Prinzipien selbst nicht mehr aufeinander beziehen. Statt von der Hermeneutik als einem Prinzip der Theologie ist die Rede von einer hermeneutischen Fundamentaltheologie[4] und statt vom notwendigen Bezug der Theologie auf einen Kontext von einer kontextuellen Fundamentaltheologie[5]. Das neue Handbuch von Walter Kern, Hermann Josef Pottmeyer und Max Seckler leidet ebenfalls an diesem Mangel. Statt zu sagen, die Fundamentaltheologie ist der Ort, an dem sich die Theologie Rechenschaft davon gibt, wie sie den Glauben versteht – Hermeneutik – und was sie an ihm verteidigt – Apologetik – oder selbst vertritt – Analytik –, ist die Rede von einer integrativen Fundamentaltheologie[6]. Diese ist kein Ort, an dem jemand steht, sondern ein integrativer Oberbegriff, der vielerlei Aktivitäten umfaßt. Ihr Schwerpunkt liegt «in der kognitiven Einholung und vernunfthaften Rekonstruktion der die christliche Existenz konstituierenden Wirklichkeit und Wahrheit»[7].

Diese Fundamentaltheologie läßt die Grundfragen offen: Wen oder was verteidigt sie eigentlich? Wie versteht sie diese Verteidigung? Hat sie überhaupt einen Standpunkt, den sie vertritt und den zu verteidigen sich überhaupt lohnt? Sie leistet weder eine Analytik noch eine Hermeneutik noch erarbeitet sie eine Pragmatik der Theologie. Vernunfthafte Rekonstruktionen der Wirklichkeit erheben keinen Anspruch, ein «Standpunkt» zu sein. Sie treffen keine Option, zu der sich jemand verhält, für die sich jemand entscheidet oder die gar jemand selbst verkörpert. Sie sind kein denkbarer «Schwerpunkt» der Fundamentaltheologie. Das Konzil bietet keine Rekonstruktionen. Es vertritt wirkliche Auffassungen. Es ist der Standpunkt, daß Glaube den Plan Gottes von der Berufung des Menschen enthüllt und einen Beitrag zur humanen Lösung weltlicher Probleme leistet. Seine Botschaft hat daher theologischen, anthropologischen und soziologischen Charakter. Die Person, die ihn verteidigt – Apologetik –, muß etwas von dieser integralen Existenz verstehen, die er verkörpert – Hermeneutik. Sie hat zu erklären, wie sie ihn versteht, und zu begründen, warum sie ihn verteidigt.

Die Fundamentaltheologie ist Ort dieser Begründung. Sie bildet Standpunkte aus und rekonstruiert nicht Wirklichkeiten, sondern analysiert und verändert sie. Sie steht nicht über der Geschichte, sondern ist ein Ort in ihr und ist kraft ihrer Prinzipien Apologetik, Hermeneutik und Analytik humaner, christlicher und kirchlicher Existenz. Sie trifft Optionen; denn sie ist ein Standpunkt. Sie verteidigt das Mensch-sein der Armen, das Christ-sein der Christen, die für die Armen eintreten und Christus verkörpern, sowie das Kirche-sein dieser Kirche der Armen; denn sie ist die Fundamentaltheologie der Gemeinschaft des Volkes Gottes in Christus. Die Fundamentaltheologie des Konzils ist die Theologie der Verteidigung dieser humanen, christlichen und kirchlichen Existenz. Sie ist ein Standpunkt des Glaubens und der Politik.

Ich habe daher in den zurückliegenden Kapiteln meines Buches den Glauben des Konzils und den Standpunkt der Theologie dieses Glaubens in der Politik erörtert, die Theologie der Befreiung. Denn erstens macht das Konzil prinzipielle Aussagen über den Glauben selbst. Es ist das Programm seiner Perspektivität. Zweitens macht die Theologie der Befreiung prinzipielle Aussagen über das Recht der Armen auf Existenz in der Verkündigung dieses Glaubens. Sie lebt und denkt ihn aus deren Perspektive. Sie kann und muß sich auf das Konzil berufen; denn sie verkörpert sein Programm. Drittens ist Fundamentaltheologie die Wissenschaft von den Prinzipien der Theologie. Sie muß das Prinzipielle an Glaube und Theologie zur Kenntnis nehmen und sich von der eigenen Fragestellung her mit dem Glauben des Konzils und der Theologie der Befreiung beschäftigen. Aber sie kann und muß darüber hinaus eigene Gesichtspunkte zur Bewertung und Auseinandersetzung dieser Standpunkte beitragen. Dazu gehört die Feststellung, daß Standpunkte etwas Prinzipielles sind. Sie besitzen einen Inhalt, werden von jemand vertreten und sind für jemand von Belang. Ihre Aussagen müssen daher auf einer prinzipiellen Ebene behandelt werden: Sie können begründet verteidigt, aber auch abgelehnt werden. Eine solche Erörterung ist notwendig, denn es gibt Prinzipien von Glauben und Wissen, die generell zur Geltung kommen müssen und deren Berücksichtigung bestimmte Schwierigkeiten grundsätzlich behebt. Dazu gehört das Prinzip, daß Objekte Subjekte sind und daher weder instrumentalistisch noch objektivistisch mißverstanden werden dürfen.[8] Es wendet sich gegen jeden Phänomenalismus in der Theologie. Dazu gehört das Prinzip, daß Existenz eine Kategorie zur Feststellung des Tatsachengehalts von Aussagen ist.[9] Es betrifft ihre Autorität und ist gegen den subjektivistischen Mißbrauch der Hermeneutik gerichtet. Dazu gehört auch das Prinzip, daß Handlungen die Bedeutung von Aussagen zeigen[10], denn sie zeigen den Sinn, den jemand mit einer Behauptung verbindet, und das, was er mit ihr tatsächlich meint. Dieses pragmatische Prinzip macht die Wahrheit von Aussagen offenbar.

Für die Theologie der Befreiung ist das Leben mit den Armen vor Ort wesentlich, denn sie ist deren Stimme. Sie ist aus der Begegnung mit den Armen in Lateinamerika hervorgegangen. Daher stellt sie die Frage: Kann es in Europa eine Theologie dieser Armen geben und ist sie an den Universitäten und in den Kirchen überhaupt zu vertreten? Ich habe mir diese Frage gestellt und sie folgendermaßen beantwortet: Es muß eine Theologie der Armen in Europa geben, was ihr politischer Sinn auch immer ist. Denn *erstens* wird die lateinamerikanische Theologie von Europa aus bekämpft; daher muß sie in Europa auch verteidigt werden. *Zweitens* ist diese Theologie Theologie. Sie erhebt Anspruch auf Universalität und muß daher auch in Europa gelten. Wäre die Befreiung nicht erforderlich, so doch jedenfalls die Bekehrung. *Drittens* sind die Armen Grundperspektive der Aussagen von Theologie und Glaube überhaupt. Daher sind beide ohne sie nicht möglich. *Viertens* trägt Europa eine kulturelle, wirtschaftliche und politische Mitverantwortung für die Lage in Lateinamerika. Es hat auch große historische Schuld. *Fünftens* ist die Kirche Europas dem Konzil verpflichtet und an seiner Vorgabe zu messen. *Sechstens* muß das Reich Gottes in Europa neu verkündet werden. Dazu gehört eine Rück- und Neubesinnung auf seine Tradition. In ihr muß Falsches und Wahres anhand der Offenbarung selber unterschieden werden. Sie muß neu zu einem Maßstab gemacht werden.

Die Armen zwingen die Theologie über ihr Sein in Kirche und Gesellschaft nachzudenken. Sie zwingen sie zu Unbestechlichkeit und Entschiedenheit; wo es ihr gelingt, Stimme der Armen zu sein, wird sie unendlich von ihnen bereichert. Die Seinsfrage ist eine Grundfrage der Theologie in Europa. Dazu gehört die Frage nach dem Frau-Sein und Mann-Sein von Christinnen und Christen, aber auch dem Geschaffen-Sein der Natur und dem Berufen-Sein alles Geschaffenen. Das Sein steht vor dem Bewußtsein. Daher ist die Realität, und nicht die Idealität das Fundament der Theologie. Ich möchte diesen Standpunkt politisch und moralisch einklagen.

II.
Hindernisse auf dem Weg
Der Platonismus und die Notwendigkeit seiner Überwindung

Die Erneuerung des Lebens und des Denkens der Kirche auf dem Konzil entspringt dem Glauben selbst. Es verhält sich ganz neu zum Glauben, denn es erfaßt seine anthropologischen und soziologischen Perspektiven. Es erklärt, daß Glaube den Plan Gottes von der Berufung des Menschen erhellt und ein Standpunkt ist, der den Geist des Menschen stärkt, die persönlichen und gesellschaftlichen Probleme human zu lösen. Von diesen Problemen nennt es vor allem das Zusammenleben in der Familie, die Verschiedenartigkeit und die Förderung des Fortschritts in der Kultur, die Arbeitsverhältnisse in der modernen Wirtschaft, Krieg und Frieden in der nationalen und internationalen Politik. Wer den Glauben des Konzils annimmt und sich zu ihm bekehrt, erneuert sein eigenes persönliches Leben und Denken und wird dadurch befähigt und berufen, am Aufbau einer neuen Gesellschaft mitzuarbeiten und am Prozeß der Humanisierung von Staat und Kirche teilzunehmen. Der Glaube des Konzils ist daher ein politischer Standpunkt der Kirche selbst, der um die Vorrangigkeit einer Berufung der Armen weiß. Sie ist notwendig für ihn, denn er selber ist der Standpunkt ihrer Befreiung.[11]

Der Glaube zwingt zu einem neuen Verhalten ihm selbst gegenüber. Der Kirche und ihrer Tradition sind die humanen und sozialen Perspektiven, die er hat, nicht unbekannt. Spiritualität individueller Berufung und der besondere Dienst an Armen und Kranken wurden immer hoch geschätzt. Der Glaube des Konzils bringt sie in Erinnerung und kann auf sie verweisen, aber er gibt diesen Grundperspektiven christlichen Lebens und Denkens ein neues, ihnen von sich aus zustehendes politisch-theologisches Gewicht. Sie sind das Sein des Glaubens selber, das Grundprinzip seiner authentischen Verkündigung. Die Kirche muß und kann auf seiner Basis existieren. Er ist das Prinzip ihrer Erneuerung in der Gegenwart. Daher wird die Tradition vom

Konzil beibehalten und zugleich entscheidend korrigiert: Es überwindet den herkömmlichen Dualismus zwischen dem Spirituellen und Sozialen. Die Kirche ist in ihrer politischen Wirklichkeit eine geistliche Größe und in ihrer geistlichen Sendung politisch wirksam. Sie ist kraft ihrer Sendung, das Reich Gottes zu verkünden, ein politisch-geistliches Phänomen. Diese Korrektur betrifft vor allem jenen Begriff von Kirche, der in der politischen Auseinandersetzung mit dem Staat des 19. und 20. Jahrhunderts maßgebend war: Kirche als «societas perfecta»[12]. Er ist ein politischer Begriff, hat antiken Ursprung und begegnet in den politischen Schriften von Platon und Aristoteles[13]. Eine Kirche, die sich dieser Kategorie bedient, hat von sich eine politische Auffassung. Ich möchte diese Auffassung in einigen Besonderheiten charakterisieren und kritisieren. Die Basis der Auseinandersetzung mit ihr ist die Analyse des Platonismus bei Karl Popper, die Basis ihrer theologischen Qualifizierung ist das Zweite Vatikanum.

Für den Platonismus sind folgende Besonderheiten charakteristisch:

1. Der Begriff von Politik.

Er ist identisch mit dem Begriff der Herrschaft. Politik ist im Sinne dieses Begriffs der Politik die Kunst, Herrschaft über Menschen auszuüben. Sie meint Tätigkeiten des Staates, wie Gesetzgebung, Regierung, Rechtsprechung sowie die Staatsverfassung. Auf dem Boden dieses Begriffs der Politik gibt es keine Gewaltenteilung und keine Menschenrechte. Herrschaft ist Dienst an der Idee des Staates, nicht an seinen Bürgern[14] – schon gar nicht an seinen Bürgerinnen.

2. Der Begriff des Staates.

Maßstab des politischen Verhaltens ist die Gerechtigkeit. Ein vollkommener Staat ist ein Staat, in dem vollkommene Gerechtigkeit herrscht. Gerechtigkeit selber bedeutet bei Platon jedoch Ungleichheit, da er sagt: «*Gerecht ist, das dem Überlegenen Zuträgliche zu tun.*»[15] Oder auch: «Gleiche Behandlung Ungleicher muß Ungleichheit zeugen».[16] Und Aristoteles fordert: Gleichheit für Gleiche und Ungleichheit für Ungleiche![17] Daher ist der vollkommene Staat bei Platon ein Klassenstaat, ein Staat, in dem Ungleichheit absolut herrscht. Das Grundprinzip der

Ordnung dieses Staates ist die totale Klassentrennung. Platon sagt: «[. . .] wenn sich jede Klasse des Staates um ihre eigenen Angelegenheiten kümmert, die Geldverdiener, die Krieger wie auch die Wächter, dann ist dies Gerechtigkeit»[18]. Gleichheit zwischen den Bürgern bedeutet daher Ungerechtigkeit. «[. . .] sollte zum Beispiel ein Krieger in die Klasse der Wächter gelangen, ohne dessen würdig zu sein; [d.h. ohne die Interessen der Wächterklasse vertreten zu wollen] dann würde diese Veränderung und die heimliche Verschwörung, die zu ihr führt, das Verderben des Staates bedeuten»[19]. Zu seiner Vollkommenheit gehört folglich nicht nur die strenge Klassenteilung, sondern auch die Identifikation des Schicksals des Staates mit dem Schicksal der herrschenden Klasse, sie hat ein Alleinrecht auf Waffen und Ausbildung. Ungerechtigkeit ist der Verstoß gegen diese Ordnung. Sie ist eine Handlung gegen den Staat, nicht gegen den einzelnen; denn obwohl «ein einzelner eine ungerechte Handlung begehen kann, kann doch nur das Kollektiv unter ihr leiden»[20].

Ob es einen vollkommenen Staat geben kann, ist zweifelhaft. Wenn es ihn aber gibt, dann ist er sicher das genaue Gegenteil dessen, was Platon unter ihm versteht; denn Gerechtigkeit im Sinne der Gleichheit zwischen Herrschenden und Beherrschten ist in seinem Staat ausgeschlossen.

3. Der Begriff des politischen Führers.

Die herrschende Klasse eines Staates unterliegt dem Maßstab absoluter Gerechtigkeit. Sie muß nach Platon daher fähig sein, um die grundlegende Ungleichheit zwischen seinen Bürgern zu wissen, sie herauszustellen, wenn sie noch nicht vorhanden ist, und sie zu verteidigen, wenn sie angegriffen wird. Daher soll der politische Führer die Macht und das Recht haben, über der Verfassung zu stehen. Er ist im vollkommenen Staat zugleich König und Philosoph. Über solche Führer schreibt Platon: «Ob sie nun nach dem Gesetz oder gesetzlos über willige oder unwillige Untertanen regieren; [. . .] Und ob sie den Staat um seines Besten willen reinigen, indem sie einige seiner Bürger töten oder deportieren [. . .] – solange sie nach den Regeln der Wissenschaft und der Gerechtigkeit vorgehen, den Staat bewahren [. . .] und ihn besser machen, als er war, muß diese Regierungsform die einzig richtige genannt werden»[21]. Der vollkommene Staat ist daher nicht kritisierbar. Humanität kann es in ihm zwar geben; aber sie ist kein Recht. Freundschaft zwischen Freien und Sklaven ist möglich; aber sie hebt die Sklaverei nicht auf. Diese ist mit dem vollkommenen Staat vereinbar, ja sogar notwendig mit ihm gegeben, denn sie ist das äußerste Maß der Ungleichheit und daher eine Institution der Gerechtigkeit unter den Menschen. – Der Herrscher im vollkommenen Staat Platons ist ein guter Despot.

4. Der Begriff des einzelnen.

Zum vollkommenen Staat gehört die vollkommene Erziehung. Seine Herrscher müssen lernen, von der Gerechtigkeit zu wissen und sie zu üben. Ihre Ausbildung ist von den Regierenden zu überwachen, ihr Ziel besteht nicht in der Fähigkeit, Themen kritisch zu erörtern, sondern eine Doktrin zu übernehmen und sich ihr zu unterwerfen. Daher sagt Platon von den Schülern, daß sie «durch lange Gewohnheit völlig unfähig werden sollen, irgend etwas unabhängig von der Gemeinschaft zu tun»[22]. Platon verwechselt prinzipiell Individualismus und Egoismus; er behauptet: «Der Teil existiert um des Ganzen willen, aber das Ganze existiert nicht um des Teiles willen. [. . .] Du bist um des Ganzen willen geschaffen, nicht aber das Ganze um deinetwillen»[23]. Denn beide sind nicht einander gleich. Das Ganze wird nicht von den einzelnen getragen, daher müssen sie es auch nicht selbst vertreten, sondern sich ihm vielmehr unterwerfen. – Der Staat ist nicht um des einzelnen Menschen willen, sondern umgekehrt ist der einzelne Mensch um des Staates willen da. Jemand, der von den Letzten behauptet, daß sie die Ersten sind, und von den Ersten, daß sie die Letzten werden müssen, verlangt an den Maßstäben Platons gemessen Böses, denn er hebt die Ungleichheit auf und macht die einzelnen selbst zu einem Maßstab für das Ganze. Dieses wird daran gemessen, ob es sich zu den Ungleichen ungleich verhält. Platon verwirft jeden Altruismus. Nach ihm sind Frauen und Kinder Eigentum und, wie überhaupt alles Eigentum, Gemeinbesitz. Für ihn existiert ihre Individualität nicht, sie ist kein Maßstab des politischen Verhaltens. Im Gegenteil, Platon behauptet von seinem Staat: «es ist nichts unversucht geblieben, um überall und auf jede Weise alles aus unserem Leben zu tilgen, das privat und individuell ist»[24]. Weder die Selbstliebe noch die Nächstenliebe können bei Platon ein Maßstab des politischen Verhaltens sein. Für ihn sind beide ein Individualismus und daher böse. So schreibt Popper zu Recht: «Niemals war es einem Menschen ernster mit seiner Feindschaft gegen das Individuum. Und dieser Haß ist tief in dem fundamentalen Dualismus der platonischen Philosophie verwurzelt; Platon haßte das Individuum und seine Freiheit ebensosehr wie die wechselnden besonderen Erfahrungen und die Vielfalt der veränderlichen Welt wahrnehmbarer Dinge. Auf dem Gebiet der Politik ist das Individuum für Platon der Böse selbst»[25].

5. Politisches im Begriff der Religion.

Der vollkommene Staat ordnet die Angelegenheiten seiner Mitglieder. Ihre individuellen Rechte sind in diesem Staat aber kein Maßstab der Herrschaft. Davon ist auch die Religion nicht ausgenommen. Der vollkommene Staat verfolgt Leute, deren Ansichten über Gott von der staatlichen Meinung abweichen und bedroht sie mit dem Tod. Er kennt die «Nachtversammlung» von Behörden, die sich um Abweichler «zum Zweck der Zurechtweisung und Seelenrettung» kümmern.[26] Im vollkommenen Staat herrscht keine Religionsfreiheit, sondern die Inquisition. Sie zwingt das Individuum, die eigene Meinung der öffentlichen Meinung zu unterwerfen. Im Recht auf eigene Meinung ist die Ungleichheit ebenfalls absolut. Es gibt weder Religions- noch Meinungsfreiheit für die Bürger des vollkommenen Staats.

6. Der Dualismus von Inhalt und Form.

Staaten sind eine unvollkommene Erscheinung ihres vollkommenen Wesens und daher an ihm zu messen. Von ihm gilt jedoch, was von jedem Wesen gilt. Es ist unwandelbar, unzerstörbar und unvergänglich. «Dinge werden gezeugt, indem sie an der Form teilhaben, und sie verfallen, indem sie die Form verlieren»[27]. Daher ist die Wandlung der Dinge ein Anstoß, und die Geschichte ist Zeichen ihres Verfalls. «Platon lehrt, daß die Veränderung von Übel, die Ruhe aber göttlich ist»[28]. Alle Geschichte führt die Gegenwart in die Zukunft. Sie verändert unweigerlich das Alte; denn sie bringt Neues. Daraus erwächst den Vertretern dieses Idealismus das Problem, alles Neue entweder Altes sein zu lassen oder es als etwas Falsches zu betrachten.

Es steht prinzipiell unter Verdacht und ist Zeichen einer Verschwörung und des Verfalls.

Diese aufgeführten Besonderheiten des Platonismus prägen das politische Programm kirchlicher Autoritäten und einzelner Gruppierungen der Kirche, aber sie sind kein Programm der Kirche selbst. Sie sind die theoretische Basis für deren Entscheidungen und machen diese in der Praxis transparent. Sie bestimmen das politische Verhalten von Mitgliedern der Kirche; dieses Verhalten ist jedoch an dem, was Kirche selbst ist, zu messen. Grundlage dieser Qualifizierung ist das Zweite Vatikanum. Es überwindet den Platonismus in der Kirche; es hat einen positiven Begriff von den einzelnen in der Berufung des Menschen; es tritt ein für die Menschenrechte, insbesondere für die Religionsfreiheit; es streicht den Begriff der «societas perfecta» und nennt die Kirche «Gemeinschaft des Volkes Gottes»; es fordert Politik als Dienst am Gemeinwohl und nicht als Stabilisierung von Herrschaft; es faßt das Papsttum kollegial, nicht monarchisch; es überwindet den Dualismus von alt und neu in seinem Begriff der Pastoral. Es ist der Maßstab aller Auseinandersetzung mit dem Platonismus in der Kirche. Ich möchte den Erklärungswert der Maximen des platonischen Programms für einzelne Entscheidungen an dieser Stelle nicht vertiefen, obwohl es diesen Wert besitzt und ein Bedarf solcher Erklärung tatsächlich besteht. Platonisch ist der Politikbegriff in der Behauptung, Glaube sei nicht Herrschaft und daher auch keine Politik. Platonisch ist der Assistentialismus im Begriff des Armen. Platonisch ist der Autoritarismus im Amtsverständnis – alle Macht für die Behörden. Platonisch ist der Begriff des Neuen, sofern dieses keine eigene Kategorie ist, sondern als identisch mit dem Alten oder dem Schlechten gilt. Platonisch sind die Betonung der Ungleichheit statt der Gleichheit zwischen den Personen und das Unrecht, das sich daraus ergibt. Platonisch ist die Behauptung eines deutschen Generalvikars, der Priester trete mit der Priesterweihe seine Menschenwürde ab. Platonisch war die Inquisition. Platonisch war das Erziehungsziel Gewöhnung statt Bildung in den früheren Priesterseminarien.

Alle politischen Programme in der Kirche sind an ihrem politischen und kirchlichen Wert zu messen, daher unterliegen sie einer theologischen Qualifikation. Dies gilt auch für den Platonismus. Er hat politisch für die Kirche eine bestimmte Funktion. Er macht, da er Politik institutionell definiert, zwar die Unabhängigkeit vom Staat diesem gegenüber begründbar – die Not der Ungleichheit kann sich in den Willen, eigenständig zu sein, verwandeln –, aber er hat keine Begründung des Eigenwerts von Personen gegenüber dem institutionellen Zugriff des Staates oder der Kirche auf einzelne Personen. Daher kostet sein Programm die Kirche einen zu hohen Preis. Er verhindert eine prinzipielle Auseinandersetzung mit der Diktatur, da er den guten Tyrannen anerkennt, sowie zwischen Demokratie und Diktatur zwar einen graduellen, aber keinen prinzipiellen Unterschied macht. Er verhindert einen entschiedenen Einsatz für die Menschenrechte, da er die Institution der Sklaverei grundsätzlich anerkennt – und in der Tat hat die Kirche auch nie politisch gegen sie gekämpft. Er verhindert außerdem eine Begründung des Auftrags der Kirche von ihrer Sendung zu den Armen her, da es in ihm keinen Unterschied zwischen Staat und Gesellschaft gibt, da er die Armen in ihrem Anspruch, Subjekt der Politik zu sein, nicht anerkennt, und selbst unsozial und inhuman ist. Unter dem Gesichtspunkt der theologischen Qualifikation verdient der Platonismus gegenüber dem Marxismus keinen Vorzug, was niemand zu verwundern braucht; denn unannehmbar für das Christentum ist seine Auffassung von Institution und Individuum. Der Mensch ist nicht für das Gesetz, sondern das Gesetz ist für den Menschen da, und aus diesem Grund ist das Gesetz den Kriterien der Menschlichkeit des Menschen und seines Anspruchs, Subjekt der Politik zu sein, unterworfen.

Es muß einen wundern, daß in der Glaubenskongregation offensichtlich Probleme mit der qualitativen Bewertung des Zweiten Vatikanum bestehen, und daß seine Anerkennung als Maßstab für die Richtigkeit von Glaubensaussagen in Kirche und Theologie dort scheinbar umstritten ist. Aber es wundert einen wiederum auch nicht, denn kritisch betrachtet ist die Glaubenskongregation ein Produkt des Platonismus. Politische Interessen sind jedoch kein Maßstab des Glaubens, sondern Glaube ist Maßstab für die Bewertung dieser Interessen innerhalb und außerhalb der Kirche. Daher muß speziell von der Glaubenskongregation die Anerkennung des Glaubens an die Berufung des Menschen gefordert werden. Sein Standpunkt ist kein liberales Zugeständnis kirchlicher Autorität, sondern Prinzip von Kirche selbst und oberster Maßstab einer jeden Theologie. Er ist das Grundprinzip des Kampfes gegen den illegitimen Konservativismus in der Kirche. Die Treue zur Tradition erweist sich an der Verwirklichung des Glaubens an die Berufung des Menschen.

III.
Moral zwischen Pastoral und Dogmatik
Die Notwendigkeit einer Besinnung auf die neuen Grundlagen

Der Glaube des Konzils ist Bekenntnis und Programm, ist Bekenntnis zur integralen Berufung des Menschen in Gott und Christus und ist das Programm der Durchdringung von Dogmatik und Pastoral im Leben und Denken der Kirche. Das Bekenntnis ist Prinzip des Programms dieser Erneuerung der Kirche. Das Programm ist ihr Weg, das Bekenntnis in Theorie und Praxis einzulösen. Die größten politisch-ideologischen Hindernisse auf diesem Weg sind der Platonismus und der Liberalismus. Beide sind zu diesem Bekenntnis unfähig: der Platonismus, weil er nicht an den Menschen glaubt; der Liberalismus, weil er sich nicht zu diesem Glauben als Prinzip der Ordnung bekennt. Der Platonismus ist ein Institutionalismus und kann daher die Menschenrechte nicht prinzipiell denken. Er ist ein Hierarchismus und verwechselt daher sozialen Rang mit personaler Würde. Er ist auch ein Traditionalismus; denn er gibt nicht zu, daß Neues etwas Neues ist und zugleich etwas Gutes sein kann. Er verwechselt es mit etwas Altem oder etwas Schlechtem. Seine Vertreter erneuern etwas mit schlechtem Gewissen – auch wenn sie damit etwas Gutes tun. Sie halten das Alte mit gutem Gewissen fest – auch wenn es etwas Schlechtes ist. Diese Ideologie führt zu sehr eigenartigen Konsequenzen in der Sprachregelung. Neues wird dort, wo man sein Gutes erkennt, nicht als Neues, sondern als etwas Altes betrachtet. Wo jedoch zugegeben werden muß, daß es etwas Neues ist, wird es als etwas Schlechtes verdächtigt: es ist nicht «hoffähig» und wird diskriminiert. Der Liberalismus ist gegen die Undurchlässigkeit der Institutionen und antitraditionalistisch, aber nicht gegen das Standesdenken. Er kann die Berufung des Menschen ideell, aber nicht materiell denken. Für ihn sind die Menschenrechte keine politisch-soziale Herausforderung. Daher können Platoniker durchaus Liberale sein, und Liberale können sich des Platonismus bedienen, um

Ungleichheit zu rechtfertigen und den materiellen Aufbruch in Politik und Theologie institutionell zu bekämpfen. Der Marxismus ist kein Feind des Konzils, obwohl er bislang antikirchlich war und in der Kirche selbst keine Vertreter hatte. Er ist eine Herausforderung, die erst noch zu bestehen ist und ohne das Konzil nicht bestanden werden kann. Er ist antiplatonisch und antiliberal, aber er ist institutionalistisch, und er hat sich gegen die Menschenrechte schwer vergangen: diese sind für Platonismus, Liberalismus und Marxismus das Hauptproblem.

Die Kirche muß sich mit den politisch-ideologischen Gegnern ihres eigenen Glaubens innerhalb und außerhalb ihrer selbst auseinandersetzen. Diese stellen sie auch vor ein ethisches Problem, denn ihre neuen dogmatischen und pastoralen Standpunkte wollen eingelöst sein.[29] Der Schlüssel zum Handeln und Denken im Sinn des Konzils sind die Armen: sie sind die Marginalisierten des Platonismus, die Opfer des Liberalismus und das Kanonenfutter des Marxismus. Ihre Unterdrückung, Ausbeutung und Entrechtung steht in einem unüberbrückbaren Gegensatz zu allem, was integrale Berufung heißt. Dadurch wird die Kirche zu einer Entscheidung gezwungen, denn sie kann sich nicht den Armen verweigern und zugleich an die integrale Berufung der Armen glauben. Denn jene Verweigerung ist die praktische Verleugnung dieses Glaubens. Eine Option für die Armen läßt sich nicht platonisch treffen, denn sie ist eine Entscheidung des Glaubens. Sie verlangt persönliche Opfer und ist ein Kampf gegen alle, die von Unterdrückung, Ausbeutung und Entrechtung leben. Wer sie trifft, muß eigene Ansprüche dieser Herausforderung unterordnen und sich auf dem Gebiet der geistlichen Armut üben.

Das Licht Christi überstrahlt den Zauber Platons, es gestattet keine optionslose Neutralität zwischen Unterdrückern und Unterdrückten. Die Platoniker haben ein Glaubwürdigkeitsproblem: sie wollen über die Armen, aber nicht mit ihnen sprechen; sie wollen über sie herrschen, aber nicht für sie eintreten; sie wollen gegen die persönlichen Sünden kämpfen, aber institutionelle Sünden begehen; sie wollen Gerechtigkeit im Sinne Jesu und Gerechtigkeit im Sinne Platons identifizieren; sie raten der Gesellschaft, sich zu waschen, ohne sich naß zu machen. – Jeder

Platonismus ist ein Dualismus. Er zerstört daher die Kirche, denn er führt zu einem Dualismus von Amt und Volk, Seele und Leib, Kirche und Gesellschaft, Gott und Welt. Ethisch ist er ein Dualismus zwischen Worten und Taten; er betrifft das 8. Gebot.[30] Wer sich in der Kirche auf ihn einläßt, entfremdet sie ihren Mitgliedern und macht sie zu etwas, das sie nicht ist, das zu sein ihr Nietzsche aber vorwirft: zum Platonismus für das Volk.

Die Armen sind der sozialethische und individualethische Schlüssel zur Verwirklichung der Programmatik des Konzils. Niemand kann im Ernst behaupten, an die Würde des Menschen zu glauben, wenn er ihre Entwürdigung, Entrechtung und Unterdrückung prinzipiell hinnimmt und sich nicht wirklich dagegen stellt. Er wird unfähig, das Evangelium Jesu vom Reich Gottes zu verkünden. Daher sind die Armen eine prinzipielle Instanz in Kirche und Theologie. Sie sind eine Gruppierung in der Gesellschaft, die fundamentaltheologisch eingeklagt werden muß. Das Eingeständnis dieser Bedeutung ist grundlegend für den Realismus bei der Behandlung individualethischer Probleme. Sie muß sich an der Person jeder und jedes Armen bewähren. Wer für ihre Befreiung arbeitet, macht einen Schritt auf dem Weg seiner eigenen Bekehrung und leistet einen entscheidenden Beitrag zur Bekehrung aller der Personen und Institutionen, die entrechten, entmündigen und unterdrücken. Dieser Einsatz begründet und steigert die Glaubwürdigkeit auf einem Problemfeld, mit dem sich die Kirche seit dem Konzil mit Nachdruck befaßt, auf dem sie aber nicht das Konzil, sondern naturrechtliche Überlegungen herausstellt und zur Geltung bringen will.

Ich möchte hier nicht den Konflikt zwischen römischen und deutschen Moraltheologen zu Problemen der Sexualmoral erörtern. Dieser Konflikt betrifft jedoch zu viel Grundsätzliches in der Theologie, als daß ich ihn übergehen könnte. Er hat dogmatische und pastorale Gegebenheiten auf dem Gebiet der Moral und in ihren Handlungsanweisungen zum Thema. Dadurch wird eine Besinnung auf das Konzil erforderlich, das eine verbindliche Grundlage für diese Erörterung ist. Sie darf sich nicht im Streit zwischen einem Naturalismus, der keine personale Dimension, und einem Personalismus, der keine materialen Verbindlichkeiten hat, erschöpfen. Eine Besinnung auf die neuen Grundlagen, die notwendig ist, hat folgendes zu beachten:

1. Die Existenz des Menschen umfaßt Natur und Übernatur, daher kann die Natur als Natur durch die Entscheidung, in der sie verbindlich wird, eben nicht unabhängig von dieser Entscheidung eine jeweilige Ordnung der Existenz begründen. Die naturrechtliche Argumentation ist ohne die Geschichte der Person kein moralisches Argument. Normen liegen nicht nur zur Befolgung vor, sondern haben Sinn und Zweck. Sie müssen verantwortet und durch das Subjekt als einem Subjekt eingehalten werden können. Eine Argumentation, die Subjektivität durch Normativität ersetzt, ist daher ein Übel. Sie verfällt dem platonischen Subjekt-Objekt-Dualismus und begründet nicht die Normen, sondern verhindert ihre Annahme. Sie ist dogmatisch unzureichend, pastoral schädlich und kontraproduktiv.

2. Entscheidungen beziehen sich auf Tatsachen, aber sie lassen sich niemals aus Tatsachen deduzieren. Dies gilt auch für die sogenannten unabänderlichen Tatsachen, die Naturgesetze. Denn selbst im Fall, daß ihre Nichtbeachtung schädlich oder sogar tödlich ist, läßt sich ihre Beachtung weder aus dem Schaden als solchem, noch aus dem Tod als solchem ableiten, denn jemand kann gerade beides wollen. Daher muß ihm gegenüber als normativ begründet werden, daß er beides nicht wollen soll. Dieser Wille übersteigt das Gesetz. Er will das, was er will, um seiner selbst willen, und nicht um des Gesetzes willen, das er befolgt oder auch nicht befolgt. Normativität kann durch Tatsächlichkeit nicht begründet werden.

3. Auch Gesetzgeber sind dem Gewissen als Norm verpflichtet. Sie sind dem Gewissen derer verpflichtet, die unter die Gesetzgebung fallen. Das Gewissen derer, die einem Gesetz verpflichtet sind, ist ein Maßstab für die Normativität des Gesetzes. Gesetzgeber handeln gegen ihr Gewissen, wenn sie etwas verbindlich vorschreiben, was gar nicht verbindlich ist, daher ist jede Vorschrift auf ihren jeweiligen Verpflichtungscharakter zu überprüfen. Sie besitzt ihre eigene Normativität und kann für den einzelnen in konkreten Fällen unverbindlich sein.

4. Das An-sich-Schlechte liegt nicht in der Natur einer Handlung, sondern in der Entscheidung, durch die sich die

Natur des Handelns in einem bestimmten Sinn bedient. Schlecht ist nicht das Instrument, sondern der Instrumentalismus.

5. Wirklichkeit und Idealität sind prinzipiell zu unterscheiden. Intentionale Akte sind etwas ganz anderes als reale Akte. Die Absicht, etwas Gutes zu unterlassen oder es auch zu verhindern, ist etwas ganz anderes als die böse Tat. – Die Gleichsetzung von Intentionalität und Realität, Bewußtsein und Sein, hat das Konzil gerade in der Votumlehre überwunden. Sie zerstört alle Ethik und Moral.

6. Der Schlüssel zur Ethik der Reichen sind die Armen. Die ungeborenen und geborenen Kinder der Reichen sind durch die Reichen selber in ihren Existenzen ebenso gefährdet wie die Armen. Der Kampf gegen Marginalisierung, Entwürdigung und Entrechtung ist ein Kampf um die Existenz beider. – Die gegenseitige Aufrechnung von sozial- und individualethischer Verantwortung muß aufhören. Sie ist ein lebensgefährlicher Dualismus.

Der Gesamtbegriff von Glaube umfaßt alle Bereiche seiner Existenz. Er hat eine individuelle und soziale Existenz. Er ist ein Glaube an Gott und Christus, an die Erneuerung der Kirche und an eine neue Gesellschaft. Das Konzil verkündet diesen Glauben, die Theologie der Befreiung ist der Schlüssel zu seiner Verkündigung in Kirche und Gesellschaft, denn sie ruft die Reichen zur Bekehrung und kämpft für die Befreiung der Armen. Diese strukturelle Konstellation ist von der Kirche Europas erst noch zu entdecken und in ihrer Theologie erst noch zu erarbeiten. Sie ist eine fundamentaltheologische Herausforderung.

Haben wir die Kraft, das Abenteuer der Erneuerung von Kirche und Welt zu bestehen!

Anmerkungen

Erster Abschnitt: Lateinamerika und Europa. Verschiedene Orte der Theologie

1 P. Casaldáliga, *Nicaragua, Combate y Profeciá.* Madrid 1986, 16–17. Übersetzung vom Verfasser.
2 Zu seiner Person vgl. L. Boff, *Drama y poesia, lucha y canción,* ebd. 185–188; ders., *Unnachgiebigkeit für die Freiheit. Ein Bischof als Realsymbol,* in: Aus dem Tal der Tränen ins Gelobte Land. Düsseldorf 1982, 134–138; T. Cabestrero, *Mystik der Befreiung. Ein Portrait des Bischofs Pedro Casaldáliga in Brasilien.* Wuppertal 1981.
3 P. Casaldáliga, a.a.O., 22–25. Ü.v.V.
4 L. Boff, *Theología del cautiverio y de la liberación.* Madrid 1978, 36. Ü.v.V.
5 P. Casaldáliga, *En rebelde fidelidad, diario 1977/1983.* Bilbao 1983, 87. Ü.v.V.
6 In: T. Cabestrero, *Mystik der Befreiung.* Wuppertal 1981, 81.
7 E. Dussel, *Herrschaft und Befreiung.* Freiburg i. Ue. 1985, 148–151.
8 L. Boff, *Theología del cautiverio y de la liberación.* Madrid 1978, 35–36. Ü.v.V.
9 Aristoteles, Politik I, 5 (DTV-Ausg). Zürich [2]1976, 53–54.
10 Vgl. dazu E. Dussel, *Herrschaft und Befreiung.* Freiburg i. Ue. 1985, 63–77, bes. 70.
11 Vgl. ebd. sowie R. Schneider, *Las Casas vor Karl V.,* in: ders., Ges. Werke 3. Frankfurt 1978, 119–260; J. Höffner, *Kolonialismus und Evangelium.* Trier [2]1969; H.-J. Prien, *Die Geschichte des Christentums in Lateinamerika.* Göttingen 1978.
G. Gutiérrez hat eine Monographie über Las Casas angekündigt, die in Kürze erscheinen wird.
12 Zum «Begriff der zwei Systeme in einem Reich» und seiner Bedeutung für den Jesuitenstaat in Paraquay vgl. u.a. M. Clévenot, *«Gottes Reich auf Erden?»,* in: Concilium 22 (1986), 370–374.
13 Vgl. bes. H.-J. Prien, a.a.O., 177ff.
14 Vgl. D. Ribeiro, *Amerika und die Zivilisation. Die Ursachen der ungleichen Entwicklung der amerikanischen Völker.* Frankfurt 1985, 39.
15 F. H. Cardoso/E. Faletto, *Abhängigkeit und Entwicklung in Lateinamerika.* Frankfurt 1976, 210.
16 E. Dussel, *Historia de la iglesia en América Latina.* Barcelona 1972, 284. Zitiert nach H.-J. Prien, a.a.O., 19.
17 G. Gutiérrez, *Die historische Macht der Armen.* München 1984, 72.
18 P. Casaldáliga, *En rebelde fidelidad, diario 1977/1983,* a.a.O., 46. Ü.v.V.

Vgl. auch ders., *Die «gekreuzigten» Indios – ein Fall des anonymen, kollektiven Martyriums,* in: Concilium 19 (1983), 208–213.

19 E. Arns, *Menschen, Armut und Fortschritt,* in: Weltkirche 1 (1987), 18.

20 Vgl. dazu *Projeto «Brasil: Nunca Mais», Bd. III: Perfil dos Atingidos.* Petrópolis 1988.

21 C. Boff, *Theologie und Praxis.* München 1983, 270.

22 Ebd., 272.

23 Ebd., 273.

24 M. Heidegger ist für die lateinamerikanische Theologie ein wichtiger Autor. Er gibt ihr Gesichtspunkte und Stichworte: Armsein ist für die Armen ein Problem ihrer Existenz; denn es ist je ihres. Sie müssen sich zu ihm verhalten. Die Analyse des Armseins ist eine Daseinsanalyse. Das Sein, um das es in der Armut geht, sind die Armen selber. Es ist für sie Vorgegebenheit und Aufgabe. Sie haben die Aufgabe, es zu verändern. Indem sie dies tun und seine Möglichkeit ergreifen, werden sie sie selber. Sie werden zu einer eigentlichen Existenz. Zum Begriff einer Fundamentalanalyse des Daseins vgl. M. Heidegger, *Sein und Zeit.* Tübingen [12]1972, 41ff. Wichtig ist auch der Weltbegriff. Vgl. ebd., 231: «Was wurde durch die vorbereitende Analyse des Daseins gewonnen, und was ist gesucht? Gefunden haben wir die Grundverfassung des thematischen Seienden, das In-der-Welt-sein, dessen wesenhafte Strukturen in der Erschlossenheit zentrieren. Die Ganzheit dieses Strukturganzen enthüllte sich als Sorge. In ihr liegt das Sein des Daseins beschlossen. Die Analyse dieses Seins nahm zum Leitfaden, was vorgreifend als das Wesen des Daseins bestimmt wurde, die Existenz.»

Die lateinamerikanische Theologie erörtert die Armut am Leitfaden der Existenz des Armen. Sie erschließt die wesenhaften Strukturen dieser Existenz als Enteignung, Entmündigung und Entrechtung. Sie besitzt strukturellen und zugleich ganzheitlichen Charakter. Das Sein des Daseins der Armen ist die Sorge um ihre Existenz. Es ist das Prinzip einer jeden Theologie der Befreiung. Diese unterscheidet sich von Heidegger durch ihre Methode der Untersuchung. Das Verfahren ihrer Analyse des Daseins ist die Soziologie und nicht die philosophische Phänomenologie.

25 Dieser «genitivus objectivus» wird nicht genug beachtet. Man vgl. dazu den Originaltitel des Buches von C. Boff, *Teología e Prática – Teología do Politico e suas mediaçoes.* Pétropolis 1978. Die spanische Übersetzung hat den genetivus objectivus aufgegriffen. Vgl.: *Teología de lo Politico.* Salamanca 1980. Die deutsche Übersetzung beachtet ihn gar nicht und läßt ihn weg. Vgl. *Theologie und Praxis.* München 1983. Zur sachlichen Bedeutung des Titels der Originalausgabe *«Theologie der Politik»* vgl. E. Klinger, *Theologie im Horizont der Politik. Die Herausforderung Europas durch die lateinamerikanische Theologie,* in: Herausforderung. Die dritte Welt und die Christen Europas. Hrsg. von F. Castillo, H. Fries, E. Klinger u.a. Regensburg 1980.

26 *Die Evangelisierung Lateinamerikas in Gegenwart und Zukunft,* Nr. 521–524 (Stimmen der Weltkirche 8). Bonn 1979, 104–105.

27 Vgl. V. Zsifkovits, *Gemeinwohl,* in: Katholisches Soziallexikon. Hrsg. v. A. Klose, W. Mantl, V. Zsifkovits. Innsbruck [2]1980, 854–862. Dort wird dieser Grundbegriff katholischer Soziallehre im Anschluß an eine Definition von J. Messner genauer bestimmt. Es heißt dort: Gemeinwohl ist die

«allseitig verwirklichte Gerechtigkeit mit vorrangiger Erfüllung vitaler Lebensbedürfnisse für alle sowie mit bes. Berücksichtigung der Realisierungsbedingungen beider Anliegen.» Ebd., 856.

28 C. Boff, *Theologie und Praxis.* München 1983, 38–39.

29 Vgl. E. Cardenal, *Das Evangelium der Bauern von Solentiname.* Wuppertal 1976–1978.

30 Vgl. J. Ratzinger, *Zur Lage des Glaubens.* München 1985, 187.

31 *A new Inter-American Policy for the Eighties.* Prepared by The Committee of Santa Fe. A Summary Analysis of the «Santa Fe Document». [Manuskript ohne Ortsangabe] 1983, 3. Ü.v.V. Vgl. auch *The Banzer Plan,* in: W. J. O'Malley, The voice of blood. Five christian martyrs of our time. Und: *The Bolivian government's plan of action against the church,* in: Latinamerica Press 15. Mai 1975.

32 Vgl. L. Boff, *Kreuzweg der Gerechtigkeit.* Mainz 1980; ders., *Kreuzweg der Auferstehung.* Düsseldorf 1984.

33 C. Boff, *Theologie und Praxis.* München 1983, 36.

34 Ebd., 80.

35 Vgl. zu diesem sehr wichtigen Thema: J. I. González Faus u.a., *La justicia que brota de la fe.* Santander 1982; J. Sobrino, *Jesus en América Latina.* Santander 1982; L. Boff, *Theología desde el lugar del pobre.* Santander 1986.

36 Vgl. L. Boff, *Theologie der Befreiung – die hermeneutischen Voraussetzungen,* in: K. Rahner u.a. (Hrsg.), Befreiende Theologie. Stuttgart 1977, 50: «Theologie in einer Perspektive von Befreiung gründet ganz entschieden auf dem Glauben. Dieser ist ihr erstes Wort. Glaube ist dabei in seinem Ursprung eine Existenzweise und Grundhaltung, die auf keine andere ursprünglichere oder fundamentalere Gebärde zurückgeführt werden kann.»

37 Vgl. G. Gutiérrez, *Theologie der Befreiung.* München 1973, 232: «Der Glaube verheißt, daß menschliche Brüderlichkeit [...] eine konkrete Chance darstellt, daß unser Bemühen, diese Brüderlichkeit zu erwirken, nicht umsonst ist, daß Gott uns für sie berufen hat und er der Garant ihrer Verwirklichung ist [...]. Der Glaube offenbart uns den Sinn der Geschichte, die wir mit unseren Händen formen, indem er uns den Wert der Gemeinschaft mit Gott – d.h. der Erlösung – zu erkennen gibt [...]».

38 Vgl. hierzu besonders C. Boff, *Theologie und Praxis.* München 1983, 38f.: «‹Das Politische› und ‹die Politik› sind zu unterscheiden. ‹Das Politische› ist ganzheitlich gedacht und hat einen umfassenden Bezug. Es meint ideologische Richtungen, Systeme der sozialen Ordnung, Machtfaktoren und Organisationstypen der Gesellschaft, Politik hingegen besteht aus Maßnahmen. Sie ist Ausübung der Macht. Sie trifft Entscheidungen für Staat und Gesellschaft.»

39 Vgl. auch O. Maduro, *Die Christdemokratie und die befreiende Option für die Unterdrückten im lateinamerikanischen Katholizismus,* in: Concilium 23 (1987), 421–431, bes. 431: «Die Theologie der Befreiung ist also keine ‹politische Theologie›, sondern eine theologische Reflexion, von der aus *auch* die Politik kritisch analysiert wird.»

40 G. Gutiérrez, *Die historische Macht der Armen.* München 1984, 159.

41 S. Méndez Arceo, *Juan Pablo II. Insensible al Dolor de Nicaragua – Agredido por los Contras,* in: Secretariado Internacional Cristiano de Solidari-

dad con America Latina «Oscar A. Romero», Boletín internacional 4. Mexico 1986, 5. ü. v. V.

42 Urheber dieser Verwechslung sind R. Vekemans S.J., *Teología de la liberación y cristianos por el socialismo.* Bogotá 1976 – er wirft ihr eine Reduktion des Glaubens auf die politische Praxis vor (200), verbunden mit der Behauptung, sie lehne die katholische Soziallehre ab (30) und sei eine Ideologie des Christentums für den Sozialismus (3) –, sowie A. Lopez Trujillo, *Teología liberadora en América Latina.* Bogotá 1973. Er meint, der alles bestimmende Kernpunkt in der Auseinandersetzung mit dieser Theologie sei die marxistische Analyse. Vgl. dazu P. Rottländer (Hrsg.), *Theologie der Befreiung und Marxismus.* Münster 1986.

43 Vgl. U. v. Alemann, *Politikbegriffe,* in: D. Nohlen/R. O. Schultze (Hrsg.), Pipers Wörterbuch zur Politik. München 1985, 705–707.

44 Vgl. zu Politik und Ethik bei Aristoteles: J. Ritter, *Metaphysik und Politik.* Frankfurt 1969, bes. 106ff.

45 C. v. Clausewitz, *Vom Kriege.* Bonn [17]1966, 888–891. Er schreibt über die Einheit von Politik und Krieg: «Diese Einheit nun ist der Begriff, daß der Krieg nur ein Teil des politischen Verkehrs sei, also durchaus nichts Selbständiges. [. . .] Wir behaupten dagegen, der Krieg ist nichts als eine Fortsetzung des politischen Verkehrs mit Einmischung anderer Mittel. [. . .] Er [der Krieg] hat freilich seine eigene Grammatik, aber nicht seine eigene Logik [. . .] und wir können hier die Politik nur als Repräsentanten aller Interessen der ganzen Gesellschaft betrachten.»

46 Diese falsche Zuordnung ist weit verbreitet und liegt wie ein düsterer Schatten auf dieser Theologie. Er verdeckt ihren ureigenen Ansatz: das Handeln selbst als Ort gegenseitiger Durchdringung von Natur und Übernatur in der konkreten Existenz einzelner Menschen, ganzer Völker und speziell der Kirche selbst. Die Originalität und Legitimität dieser Auffassung wird systematisch fehlinterpretiert und mißverstanden. Man vgl. dazu K. Lehmann, *Methodologisch-hermeneutische Probleme der «Theologie der Befreiung»,* in: ders., Theologie der Befreiung. Einsiedeln 1977, 9–44. Zu Glaube als Praxis heißt es S. 21: «Damit ist nicht nur gemeint, daß der Glaube im biblischen Sinne sich in der Tat bewähren und fruchtbringend sein muß. Die authentische Solidarität mit dem Armen und Unterdrückten muß zugleich tätiger Einsatz der Befreiung werden. Die Theologie der Befreiung übernimmt hier weitgehend Erkenntnisse und Formulierungen der ‹Politischen Theologie› von J. B. Metz und der Theologie der Hoffnung von J. Moltmann, wobei deren Aussagen nicht selten vereinfacht und radikalisiert werden.»

An dieser Interpretation ist mehreres falsch. Denn erstens nimmt sie nicht zur Kenntnis, daß Handeln die Existenz von Glaube ist und ihn verkörpert; es ist seine geschichtliche Realität. Das Handeln von Personen je für sich – privat – und für andere in der Politik – öffentlich – ist durch sie zweitens im einen und im andern Fall zu verantworten: Es gibt kein politisches Handeln ohne Entscheidungen, für die Personen Rechenschaft geben müssen; es gibt auch kein Handeln einzelner Personen je für sich, das nicht politisch bedeutsam werden kann. Eine extrinsezistische und instrumentalistische Gegenüberstellung von Politik und Personalität ist falsch und unstatthaft. Drittens übernimmt die Theologie der Befreiung keineswegs «die Erkenntnisse und Formulierungen der ‹Politischen Theologie›», sondern führt mit ihr eine Auseinandersetzung. Sie ist aus ihrer eigenen Perspektive zu verstehen. Sie ist kein Produkt irgendeiner Ableitung oder Fremdbestimmung. Man sollte in Europa mit ihr und nicht nur über sie reden.

Zutreffend urteilt J. Comblin über K. Lehmann und die internationale Theologenkommission in: ders., *Kurze Geschichte der Theologie der Befreiung,* in: H.-J. Prien (Hrsg.), Lateinamerika. Gesellschaft – Kirche – Theologie, Bd. 2. Göttingen 1981, 31f. Die Vertreter dieser Theologie bestreiten, daß sie politische Theologen sind. Vgl. O. Maduro in Anm. 39 des Ersten Abschnitts dieser Arbeit. Eine unkritische Subsumption ihrer Entwürfe unter das Stichwort «politische Theologie» verstellt ihre Originalität, ihren gesamtheitlichen Anspruch, sowie ihre Eigenständigkeit und Neuheit als Theologie. Es gibt den Fehler einer beklagenswerten Fehleinschätzung auch bei anderen Autoren, er ist in Europa weit verbreitet. Vgl. H. Zwiefelhofer, *Politische Theologie,* in: Katholisches Soziallexikon. Hrsg. v. A. Klose, W. Mantl, V. Zsifkovits. Innsbruck [2]1980, 2195–2205; sowie F. G. Lawrence, *Political Theology,* in: The Encyclopedia of Religion. Hrsg. von M. Eliade u. a., Bd. 11. New York 1987, 404–408.

47 Vgl. G. Gutiérrez, *Theologie der Befreiung.* München [5]1980, 207ff., bes. 213: Er weist auf das Fehlen einer Situationsanalyse und den hiermit verbundenen Mangel an der «notwendigen Konkretheit», sowie auf die «Unkenntnis vom Erlebnis des Wunsches nach Befreiung», die Nichtverwertung der Sozialwissenschaften und auf das Problem der Wohlstandsgesellschaft in der politischen Theologie hin;

J. Sobrino, *Theologisches Erkennen in der europäischen und der lateinamerikanischen Theologie,* in: K. Rahner u. a. (Hrsg.), Befreiende Theologie. Stuttgart 1977, 123–143, bes. 129: Er nimmt Bezug auf J. Moltmann und sagt, daß man sich in Europa der Wirklichkeit mittels des Denkens nähert und nicht umgekehrt dem Denken mittels der Wirklichkeit;

C. Boff, *Theologie und Praxis.* München 1983, bes. 71: Er vermerkt ein Fehlen sozialanalytischer Vermittlung in der europäischen Theologie und sieht die Gefahr einer «semantische[n] Vermischung» zwischen sozialpolitischer Feststellung und theologischer Bewertung in der politischen Theologie;

P. Richard, *Ein kritischer Beitrag zur europäischen Theologie,* in: H.-J. Prien, Die Geschichte des Christentums in Lateinamerika. Göttingen 1978, 1034: Er sagt: «Die Theologie der Befreiung muß abgegrenzt werden gegen gewisse fortschrittliche europäische Theologien wie die Theologie der Revolution oder die politische Theologie, die die lateinamerikanische Theologie der Befreiung zu vereinnahmen oder zu entstellen suchen»;

E. Dussel, ebd. 1033, der sich gegen den Absolutheitsanspruch europäischer Theologien wendet; sowie ders., *Herrschaft und Befreiung.* Freiburg i. Ue. 1985, 120ff.: «Theologien der ‹Peripherie› und des ‹Zentrums›: Begegnung oder Konfrontation?»

48 Vgl. J. B. Metz, *Kirchliche Autorität im Anspruch der Freiheitsgeschichte,* in: ders./J. Moltmann/W. Oelmüller, Kirche im Prozeß der Aufklärung. Aspekte einer neuen «politischen Theologie». München/Mainz 1970, 53–91, bes. 53: «. . . der Versuch der kritischen Aufnahme und Fortführung des kirchlich und theologisch vielfach gesperrten und denunzierten Erbes dieser [der neuzeitlichen] unabgeschlossenen Freiheitsgeschichte». Vgl.

auch: ders., *«Wenn die Betreuten sich ändern». Unterwegs zu einer Basiskirche,* in: ders., Jenseits bürgerlicher Religion. Reden über die Zukunft des Christentums. München/Mainz 1980, 111–127, bes. 113: «Wir haben dann die Pflicht und die Chance, das Thema der Freiheit und der Mündigkeit der Christen gründlicher und radikaler und gegenüber dem bürgerlichen Individualismus auch solidarischer anzugehen, als das bisher in der Geschichte des Christentums geschah.»

49 Vgl. J. Moltmann, *Politische Theologie – Politische Ethik.* München 1984, 153f. Er sagt: «‹Politische Theologie› ist keine neue Dogmatik, sondern will fundamentaltheologisch das politische Bewußtsein jeder christlichen Theologie erwecken [. . .] Sie nimmt darum die funktionale Religionskritik der Neuzeit auf und drängt von der Orthodoxie des Glaubens zur Orthopraxie der Nachfolge Christi.»

Lateinamerikanische Theologie der Befreiung will jedoch Dogmatik sein. Ihre Vertreter legen große dogmatische Traktate vor. Man vgl. z. B. J. L. Segundo, *Theología abierta.* 3 Bde. Madrid 1983; sowie ders. *Dogma que libera.* Santander 1989. Politische Theologie ist jedoch Bewußtseinskritik. Vgl. J. B. Metz, *Ernesto Cardenal – ein produktives Ärgernis,* in: ders., Unterbrechungen. Theologisch-politische Perspektiven und Profile. Gütersloh 1981, 74–84, bes. 82: Die Basiskirche «unterwirft und beugt sich nämlich nicht einer vorgefaßten, anderweitig bereits in Geltung gesetzten Politik; sie ist vielmehr an der Entstehung eines neuen politischen Bewußtseins beteiligt, damit die uns unerbittlich abverlangte neue Identitätsbildung endlich in einem demokratischen Sinn politikfähig werde.»

Auch: *Christentum und Politik – jenseits bürgerlicher Religion,* in: ders., Jenseits bürgerlicher Religion. Reden über die Zukunft des Christentums. München/Mainz 1980, 94–110, bes. 104: «Perspektiven der Bergpredigt kommen plötzlich in ihrem politischen Bewußtsein und in ihrem politischen Urteil zur Geltung». Und 106: «Unter diesem Druck der armen Kirchen reift bei uns ein neues Bewußtsein, das auch politisch in Rechnung gestellt sein will. Dieses Bewußtsein zielt in ersten Umrissen auf eine freie, nachbürgerliche Gesellschaft mit einer neuen Weltwirtschaftsordnung.»

Und schließlich: ders., *Unterwegs zu einer nachidealistischen Theologie,* in: J. B. Bauer (Hrsg.), Entwürfe der Theologie. Graz 1985, 209–233, bes. 218: «Die Theologie, in der diese Erinnerung [die gefährliche Erinnerung] zur Sprache kommt, ist keine Theologie in reinen Systembegriffen, sondern eine Theologie in Subjektbegriffen mit einem praktischen Fundament. Diese Theologie führt den ‹Kampf um die Erinnerungen›, um das subjektbezogene Erinnerungswissen immer wieder in das öffentliche Bewußtsein ein.»

50 J. B. Metz, *Politische Theologie,* in: Sacramentum Mundi, Bd. 3. Freiburg 1969, 1234.

51 Die lateinamerikanische Theologie verwirft die Universalhermeneutik. Vgl. C. Boff, *Theologie und Praxis.* München 1983, 220ff. Er sagt über H. G. Gadamer, den Hauptgewährsmann dieser Methode: «Was man an dieser Aussage kritisieren kann, ist ihre Universalität, durch die sie sich von vornherein jeder analytischen Kritik entzieht. [. . .] Deshalb entspricht für uns die Hermeneutik nicht der Gesamtheit der (politischen) Theologie, obwohl sie immer ein wesentliches Stück jeder Theologie bleibt.» (222–224) Die Vertreter der Universalhermeneutik in der Theologie unterstellen

jedoch der lateinamerikanischen Theologie eben diese Hermeneutik. Dieser Vorwurf hat keine analytische Basis. Die, die ihn erheben, lassen auch sich gegenüber keine Kritik zu. Ja, es ist ihnen sogar unmöglich, Kritik als Grundlage einer jeden Hermeneutik selber zu betrachten.

Vgl. zur Auseinandersetzung mit der lateinamerikansichen Theologie als einer angeblichen Universalhermeneutik K. Lehmann, a. a. O., sowie J. Ratzinger, *Zur Lage des Glaubens.* München 1985, 179-203. Er sagt auf S. 186: «Theologie der Befreiung ist in dreifacher Hinsicht ein universales Phänomen: Sie will nicht einen neuen theologischen Traktat zu bestehenden anderen hinzufügen, etwa neue Aspekte der kirchlichen Sozialethik ausarbeiten. Sie versteht sich vielmehr als eine neue Hermeneutik des christlichen Glaubens [. .]». Und S. 187: «Da nun aber nach ihr alle Wirklichkeit politisch ist, ist auch Befreiung ein politischer Begriff [. . .]».

C. Boff wendet sich gegen eine maximalisierende Vorstellung des Politischen und zitiert E. Mounier: «Die Politik ist nicht alles, aber die Politik ist in allem». Vgl. ders., *Theologie und Praxis.* München 1983, 39, Anm. 13.

52 Zum notwendigen Begriff einer sozial-analytischen Vermittlung hingegen vgl. C. Boff, *Theologie und Praxis.* München 1983, 33-126.

53 L. Roos, *Befreiungstheologien und Katholische Soziallehre,* Heft II, (Kirche und Gesellschaft, Nr. 120, hrsg. von der Katholischen Sozialwissenschaftlichen Zentralstelle Mönchengladbach). Köln 1985, 8-9. Zur Auffassung der Befreiungstheologie selbst vgl. C. Boff, *Die Befreiung der Armen.* Freiburg i. Ue. 1986, 40-53: «Die kirchliche Soziallehre und die Theologie der Befreiung: Zwei entgegengesetzte Formen sozialer Praxis?»

54 Vgl. Nostra Aetate, Nr. 1; Lumen gentium, Nr. 25; Dei Verbum, Nr. 26 und Gaudium et spes, Nr. 41.

55 Die Indianerfrage ist so alt wie die Entdeckung des Kontinents. Sie besitzt jedoch gegenwärtig verschärfte Dringlichkeit. In manchen Ländern, wie in Uruguay sind die Indianer völlig ausgerottet. In anderen Ländern sind sie vom Untergang bedroht. Sie sind weder der modernen Militärtechnik noch den Erschließungsmethoden kapitalistischer Wirtschaftsplanung gewachsen. Daher schreibt H.-J. Prien, *Die Geschichte des Christentums in Lateinamerika.* Göttingen, 1978, 33: «Allgemein gesprochen scheint in Lateinamerika die ‹Endlösung› der Indianerfrage vor der Tür zu stehen, sei es in Form des Ethnozid, also der soziokulturellen Auslöschung, sei es in Form des Genozid, der physischen Auslöschung der Existenz der Indianer. Das wird ganz besonders deutlich bei der im Augenblick von allen Seiten vorangetriebenen Erschließung des Amazonasbeckens. Straßenbauvorhaben bringen den westlichen ‹Fortschritt› in bisher weitgehend unberührte Urwaldregionen. Und viele Völker im brasilianischen Amazonasgebiet, die Kampa in Peru, die Shuár (Jívaros) in Ekuador und die Cuiva in Kolumbien, um nur einige Beispiele zu nennen, müssen um ihre Existenz bangen.»

Die brasilianische Bischofskonferenz hat die Bedrohlichkeit dieser Entwicklung erkannt und tritt ganz entschieden für die Indianer ein. Sie fordert daher eine Verfassung, die festlegt, daß Brasilien ein Vielvölkerstaat ist; eine Landreform, nach der Landlose ein Recht auf Grundeigentum erhalten; sowie die Einstellung des Nordgrenzenprojekts, von dem befürchtet werden muß, daß es den Untergang der Amazonasindianer bringt. Der Rat für die Indianermission bei der brasilianischen Bischofskonferenz (Cimi) tritt für diese Ziele ein. Auf seinen Vorsitzenden, Bischof Kräutler aus Para, der sich in vielen Stellungnahmen gegen das Nordgrenzenprojekt ausgesprochen hat, wurde im Jahre 1987 ein Attentat verübt.

P. Casaldáliga nennt den Cimi die wichtigste Institution für die Pastoral der brasilianischen Kirche der letzten Jahre und die einzige wirkliche Hoffnung für die Indianer. Vgl. dazu: *La muerte que da sentido a mi credo.* Bilbao 1978, 69; sowie: ders., *Yo creo en la justicia y en la esperanza.* Bilbao 1977; ders., *Experiencia de Dios y pasión por el pueblo.* Santander 1983. Außerdem: P. Suess, *Cálice e Cuia, Cronicas de pastoral e política indigenista.* Petrópolis 1985; L. Proaño, *Freund der Indianer.* Freiburg i. Ue. 1986; sowie die Arbeiten über Indianerpastoral: A. Wagua, *Erfahrungen im Dialog zwischen dem Christentum und der einheimischen Religion der Kuna,* in: J. B. Metz und P. Rottländer (Hrsg.), Lateinamerika und Europa. Dialog der Theologen. München/Mainz 1988, 135-145.

56 Vgl. C. Boff, in: *Der Fall Boff.* Hrsg. v. d. Brasilianischen Bewegung für die Menschenrechte. Düsseldorf 1986, 94.

Das Handbuch für internationale Zusammenarbeit, Lieferung 215. Baden-Baden 1985, 6-13 und 45-50 macht über Brasilien folgende Angaben: a) Zahl der Gestorbenen im 1. Lebensjahr 1975/80: 82,4 je 1 000 Lebendgeborene. Im rückständigen Nordosten Brasiliens jedoch 400 je 1 000 Lebendgeborene. b) Analphabeten im Alter von 10 Jahren und älter: 25,4 % in 1980. Bei der Landbevölkerung jedoch 46,2 %. Nur etwa zwei Drittel der Kinder besuchen die Grundschule. Von diesen schließen, regional unterschiedlich, nur 20 % bis 35 % die Grundschule ab. c) Im Landesdurchschnitt beziehen 31,4 % der Arbeitnehmer den Mindestlohn von knapp 100 DM. In der Zwischenzeit hat sich die Situation noch dramatisch verschlechtert.

57 Vgl. dazu Bücher, die bereits im Titel diesen Ansatz betonen: L. Boff, *Aus dem Tal der Tränen ins Gelobte Land. Der Weg der Kirche mit den Unterdrückten.* Düsseldorf 1982, [3]1985; ders., *Und die Kirche ist Volk geworden.* Düsseldorf 1987; C. Boff, *Mit den Füßen am Boden. Theologie aus dem Leben des Volkes.* Düsseldorf 1986, C. Mesters, *Die Botschaft des leidenden Volkes.* Neukirchen – Vluyn 1982; u. a.

58 Sie wurde in Medellín 1968 getroffen und in Puebla 1979 bestätigt. Vgl. Dokumente von Medellín: *Die Kirche in der gegenwärtigen Umwandlung Lateinamerikas im Lichte des Konzils* (Adveniat, Dokumente-Projekte, 1–3). Essen 1970; *Die Evangelisierung Lateinamerikas in Gegenwart und Zukunft,* hrsg. v. d. Deutschen Bischofskonferenz. Bonn 1979; sowie die wichtigen Kommentare in: *Medellín, Reflexiones en el CELAM,* hrsg. v. d. Secretariado General del CELAM. Madrid 1977; sowie *Puebla,* hrsg. v. d. Equipo Seladoc. Salamanca 1981. Vgl. auch H.-J. Prien (Hrsg.), *Lateinamerika: Gesellschaft – Kirche – Theologie.* 2 Bde. Göttingen 1981; B. Schlegelberger u. a., *Von Medellín nach Puebla.* Düsseldorf 1980; sowie E. Klinger, *Politik und Theologie. Eine deutsche Stellungnahme zu Puebla,* in: Theologie und Glaube 71 (1981), 184-207.

59 L. Boff, *Aus dem Tal der Tränen ins Gelobte Land.* Düsseldorf 1982, 115-116.

60 Der Institutionalismus ist ein Instrumentalismus, denn er rechnet mit der vollständigen Planbarkeit menschlicher Lebensverhältnisse. Im Sinne dieser Richtung ist die Armut ein sozialtechnisches, kein politisches Problem.

Schließt die Kirche mit ihm einen Kompromiß und tritt sie unter seinen Bedingungen für die Armen ein, dann ist ihr Standpunkt der Assistentialismus. Vgl. K. Rahner *Institutionalismus,* in LThK, Bd. 5. Freiburg 1960, 714-715. Dort heißt es: «Institutionalismus in einem allgemeinen und theologischen Sinn [. . .] ist im abwertenden Sinn des Wortes dort gegeben, wo theoretisch oder praktisch die Meinung herrscht, es könnten die ‹Institutionen› für sich allein (d. h. die für die planende Vernunft des Menschen ganz überschaubaren und nach allgemeinen, in ihrer Erfüllung adäquat überprüfbaren Normen funktionierenden Einrichtungen) das menschliche Dasein und vor allem seine Heilsfindung garantieren.»

61 L. Boff, *Zeugen Gottes in der Welt,* Zürich 1985, 138.

62 Zu diesem Programm vgl.: Th. Merton, *Contemplation in a World of Action.* London 1971. Eine deutsche Teilübersetzung dieses Buches trägt den Titel: *Im Einklang mit sich und der Welt.* Zürich 1986; ders., *Gewaltlosigkeit. Eine Alternative.* Zürich 1986; ders., *New Seeds of Contemplation.* New York 1961. Die ganze lateinamerikanische Theolgie steht auf dem Boden dieses Programms. Man vgl. G. Gutiérrez, *Aus der eigenen Quelle trinken.* München 1986; sowie ders., *Hablar de Dios desde el sufrimento del inocente – una reflexión sobre el libro de Job.* Lima 1986; in deutscher Übersetzung: *Von Gott sprechen in Unrecht und Leid – Ijob.* München 1988.

63 Vgl. hierzu auch den Ausspruch Hélder Câmaras: «Ich bin überzeugt, wenn die große Liebe in unserer Zeit darin besteht, der Gerechtigkeit zum Durchbruch zu verhelfen, dann besteht die große Armut darin, die Folgen auf sich zu nehmen, die die Arbeit für die Gerechtigkeit nach sich zieht», in: ders., *Gott lebt in den Armen.* Olten 1986, 37. Dazu auch G. Gutiérrez, *Theologie der Befreiung.* München [5]1980, 268ff.

64 G. Gutiérrez, *Aus der eigenen Quelle trinken.* München 1986, 135.

65 F. Castillo, *Die Christen und der Marxismus,* in: P. Rottländer, *Theologie der Befreiung und Marxismus.* Münster 1986, 32-33.

66 L. und C. Boff, *Wie treibt man Theologie der Befreiung?* Düsseldorf 1986, 106.

67 Ebd.

68 F. J. Hinkelammert, *Die ideologischen Waffen des Todes.* Freiburg i. Ue. 1985, 208.

69 Ebd., 105.

70 Vgl. H. Assmann (Hrsg), *El Juego de los reformismos: frente a la revolución en Centroamérica.* San José (Costa Rica) 1981.

71 C. Boff, *Zum Gebauch des «Marxismus» in der Theologie;* in: P. Rottländer (Hrsg.), a.a.O., 37.

72 I. Ellacuría, *Theologie der Befreiung und Marxismus,* ebd., 97.

73 Ebd., 100.

74 Ebd., 101.

75 Ebd., 106.

76 Ebd., 107.

77 Davon sprechen Hélder Câmara, P. Casaldáliga, G. Gutiérrez, L. und C. Boff, H. Assmann, F. J. Hinkelammert u. a.

78 Kardinal A. López Trujillo sagt über diesen Vorwurf, er sei der «alles bestimmende Kernpunkt des Problems». Vgl. dazu P. Rottländer, a.a.O., 21, Anm. 1. Die Einwände gegen seine Verabsolutierung liegen jedoch auf

der Hand. Denn weder ist Politik ein Ersatz für Theologie noch Theologie ein Ersatz für Politik. Beide haben je für sich ihren eigenen Handlungs- und Aussagewert, daher kann ein politischer Gegensatz niemals der «alles bestimmende Kernpunkt» theologischer Auseinandersetzung sein. Ist er dies, dann hört die Theologie auf, Theologie zu bleiben. Sie wird zu einem bloßen Mittel der Politik, wird Ideologie. Dieser Vorwurf trifft alle Gegner der Befreiungstheologie. Sie tun, was sie ihr unterstellen. Sie machen Theologie zu einem Instrument ihrer Politik. Der Marxismusvorwurf war seit eh und je ein Hauptargument des Faschismus.

79 J. P. Miranda, *Communism in the Bible,* London 1982.

80 Ebd., 1-2. Ü.v.V.

81 Ebd., 2.

82 Ebd., 3.

83 Ebd., 4.

84 Ebd., 5.

85 Ebd., 6.

86 Vgl. auch die anderen Bücher von Miranda: *Marx and the Bible. A Critique of the Philosophy of Oppression.* Maryknoll N.Y. 1974; *El cristianismo de Marx.* Mexico 1978; *Marx against the Marxists. The Christian Humanism of Karl Marx.* London 1980.

87 Vgl. hierzu F. Castillo, *Die Christen und der Marxismus,* in: P. Rottländer, a.a.O., 23–36; sowie Frei Betto, *Nachtgespräche mit Fidel.* Freiburg i. Ue. 1986.

88 Vgl. zu diesem Begriff: A. N. Whitehead, *Abenteuer der Ideen.* Frankfurt 1971. Auf S. 451 heißt es: «Eine Zivilisation, die sich die Intensität ihres ersten Schwungs erhalten will, braucht mehr als Gelehrsamkeit. Sie braucht auch Abenteuer, nämlich die Suche nach neuen Formen der Vollkommenheit.»

89 Vgl. Dom Hélder Câmara, *Die Bekehrungen eines Bischofs.* Aufgezeichnet von J. de Broucker. Wuppertal 1978; sowie U. Eigenmann, *Politische Praxis des Glaubens.* Freiburg i. Ue. 1984.

90 Vgl. A. Lorscheider, *Die Neudefinition der Gestalt des Bischofs inmitten des armen und gläubigen Volkes,* in: W. Ernst u.a. (Hrsg.), Suche nach der Basis, Theologisches Jahrbuch 1986. Leipzig 1986, 237–240.

91 Ebd., 238–239.

92 Vgl. M. Lange und R. Iblacker, *Christenverfolgung in Südamerika.* Freiburg 1980. Man vgl. hierzu auch die Schriften des Bischofs Casaldáliga in Anm. 1, 5 und 55 des Ersten Abschnitts dieser Arbeit. Er nennt den Tod seinen ständigen Begleiter. Am 24. März, dem Todestag des Bischofs Romero, wird in ganz Lateinamerika der lateinamerikanischen Märtyrer gedacht. Vgl. die «Proclamação da carta de compromisso da Romaria dos Mártires da Caminhada. Ribeirâo Bonito, MT, 11 e 12 de outubro de 1986».

93 Vgl. J. Sobrino, *Oscar Arnulfo Romero. Märtyrer der Befreiung,* in: O. A. Romero, Die notwendige Revolution. München 1982, 7–60.

94 H. de Lubac, *Apologétique et théologie,* in: Nouvelle Revue Théologique 57 (1930), 377f. Ü.v.V.

95 Vgl. zu dieser grundlegenden Kategorie A. N. Whitehead, *Prozeß und Realität.* Frankfurt 1979, 63–64: Die Kategorien der Existenz; sowie M. Heidegger, *Sein und Zeit.* Tübingen [12]1972, 41–45. Existenz ist ein Begriff

des Seins von allem überhaupt, sofern es geschichtlich ist und polaren Charakter hat. Sie ist der Entwurf seiner Zukunft auf dem Boden von Gegenwart und Vergangenheit. Alles, was es gibt, ist Prozeß der Realisierung von Existenz.

96 Zum polaren Wesen einer jeden Existenz vgl. die grundlegenden Ausführungen Whiteheads, in: *Prozeß und Realität.* Frankfurt 1979, 310f.: über das sog. «reformierte subjektivistische Prinzip». Eine Erörterung dieses grundlegenden Prinzips findet sich bei R. L. Fetz, *Whitehead, Prozeßdenken und Substanzmetaphysik.* Freiburg 1981.

97 Diese Konstitution und ihr dogmatisches Programm sind von grundlegender Bedeutung für die lateinamerikanische Theologie. Vgl. dazu S. Galilea, *Lateinamerika in den Konferenzen von Medellín und Puebla: Beispiel für eine selektive und kreative Rezeption des Konzils,* in: H. J. Pottmeyer u.a., Die Rezeption des Zweiten Vatikanischen Konzils. Düsseldorf 1986, 85–103. Auf S. 90–91 sagt dieser Autor: «Das Konzil hatte eine bessere Beziehung zwischen dem Natürlichen und dem Übernatürlichen hergestellt und ermöglichte es so der Konferenz in Medellín, in derselben Linie eine Synthese von Geschichte und Erlösung, von menschlichen Aufgaben und christlichen Aufgaben zu erarbeiten. Wir sind der Ansicht, daß dies eines der Themen war, welches sich in der Zeit nach Medellín kreativ auswirkte und für die Pastoral und die entstehende ‹lateinamerikanische Theologie› von prinzipieller Bedeutung war; denn es wurde dann als Verhältnis zwischen Glauben und Gerechtigkeit und als Beziehung zwischen den menschlichen Befreiungen und der eschatologischen Befreiung Jesu Christi neu formuliert. [...] Dabei läßt sie sich einmal mehr von Gaudium et spes inspirieren, wobei sie allerdings diese allgemein anzuwendende Konzilsthematik kreativ übersetzt.»

98 Vgl. zu diesem neuen Ansatz und seiner speziellen Bedeutung für den Begriff der Person aus der Reihe Würzburger Studien zur Fundamentaltheologie, hrsg. v. E. Klinger, die Arbeiten von R. Bucher, *Nietzsches Mensch und Nietzsches Gott. Das Spätwerk als philosophisch-theologisches Programm.* Frankfurt 1986 und von J. Ri, *Wonhyo und das Christentum. Ilshim als personale Kategorie.* Frankfurt 1987.

99 Zu dem für die Fundamentaltheologie grundlegenden Begriff eines Ortes der Theologie vgl. E. Klinger, *Ekklesiologie der Neuzeit. Grundlegung bei Melchior Cano und Entwicklung bis zum Zweiten Vatikanischen Konzil.* Freiburg 1978, bes. 19–91. Die Einschränkung, die C. Boff in seinem 1978 erschienenen und 1983 deutsch veröffentlichten Buch: *Theologie und Praxis.* München 1983, 143–144, zu Cano gibt, muß sehr verwundern. Die Methodologie der Loci ist im Sinne Canos keineswegs «ein Suchen nach den ‹Orten› des Wissens» oder eine «Requisitenkammer der theologischen Hilfsmittel, um den Glauben, die Kirche und das kirchliche Lehramt zu rechtfertigen.» (144) Denn Orte sind nicht nur Fundstellen, sondern auch Grund der Existenz. Sie haben eine formale Funktion, sind Basis der Selbstfindung einer jeden Theologie und ihr Standpunkt in der Geschichte. Es gibt daher eine unbegrenzte Anzahl solcher Orte, die weder auf die Vergangenheit beschränkt noch in der Zukunft positiv abschließbar sind. Die Feststellung der Geschichtlichkeit einer jeden Position macht Canos Methodologie nicht einfach übertragbar, wohl aber exemplarisch. Sie ist die Grundlegung der Dogmatik als Geschichtstheologie. – Die historische

Qualifizierung der Loci von Cano durch C. Boff, bes. 144, Anm. 47, ist unhaltbar. Ihr systematischer Ansatz könnte indes für die gesamte lateinamerikanische Theologie insofern bedeutsam bleiben, als Lateinamerika im Verständnis seiner Theologien ein Ort der Theologie ist, ihre Dialektik ohne Bezugnahme auf diesen Ort daher notwendig unbestimmt bleibt. Gleiches gilt von den Standpunkten einer jeden Dogmatik. Cano war in seiner Zeit eine große Autorität. Im Indiorat Karls V. hat er Las Casas unterstützt.

100 C. Boff hebt in *Theologie und Praxis* an jeder Theologie drei prinzipielle Aspekte hervor, nämlich: die sozial-analytische Vermitteltheit ihrer Kategorien, Probleme und Aussagen; die Hermeneutik des Sinns ihrer Feststellungen; sowie eine Dialektik von Theorie und Praxis in ihren Thesen.

Diese prinzipiellen Gesichtspunkte haben ein fundamentales Gewicht. Sie sind grundlegend für die Erklärbarkeit, Verstehbarkeit und Durchführbarkeit einer jeden Theologie. Sie ermöglichen kraft ihres Charakters eine umfassende Erörterung ihres ganzen Programms.

101 Die Kategorie der Existenz ist für den Religionsbegriff und den Offenbarungsbegriff des Konzils grundlegend. Man vgl. Nostra aetate, Nr. 1 und Gaudium et spes, Nr. 41.

102 Viele neuere Fundamentaltheologien genügen diesem Anspruch nicht, denn in ihnen sind Methode und Programm des Konzils kein Fundament der Theologie. Neben einer bloßen Apologetik im herkömmlichen Sinn begegnen viele Pleonasmen. Man spricht von einer praktischen, hermeneutischen, kontextuellen Fundamentaltheologie, ohne zu sehen, daß Pragmatik, Hermeneutik und Analytik das Fundament der Theologie überhaupt sind. Die Frage ist: Wird in ihnen ein Standpunkt verteidigt? Vertreten sie den Standpunkt des Konzils?

Zweiter Abschnitt: Das Zweite Vatikanum und der Glaube an die Berufung des Menschen. Der pastorale Fortschritt – ein dogmatischer Fortschritt

1 Vgl. J. Höffner, *Soziallehre der Kirche oder Theologie der Befreiung?* (Der Vorsitzende der deutschen Bischofskonferenz 11) Bonn 1984; und ders., *Die katholische Kirche und die Befreiungstheologie,* in: Die Welt Nr. 244 vom 19. 10. 85, 17. K. Lehmann, *Theologie der Befreiung.* Einsiedeln 1977; F. Hengsbach/A. L. Trujillo (Hrsg.) unter Mitwirkung von L. Bossle/A. Rauscher/W. Weber, *Kirche und Befreiung.* Bd. 1ff. Aschaffenburg 1975ff.; R. Hofmann (Hrsg.), *Gottesreich und Revolution.* Münster 1987.

2 Zu nennen sind besonders die *Deutsche Tagespost* und der *Rheinische Merkur.* Vgl. dazu auch M. Bleistein, *Kirche im Prozeß gesellschaftlicher Kommunikation. Zum Konflikt um die Theologie der Befreiung in der deutschen Presse* (Diss. Würzburg 1987). St. Ottilien 1987.

3 Vgl. hierzu die Auseinandersetzung um Adveniat. Eine Dokumentation dieses Konflikts findet sich u. a. bei N. Greinacher, *Konflikt um die Theologie der Befreiung. Diskussion und Dokumentation.* Zürich 1985, 98ff.

4 Vgl. J. Ratzinger, *Zur Lage des Glaubens.* München 1985. Stellungnahmen dazu in: N. Greinacher, a. a. O., 145ff. S. a. J. L. Segundo, *Teología de la liberación. Respuesta al Cardenal Ratzinger.* Madrid 1985.

5 P. Hebblethwaite, *Johannes XXIII.* Zürich 1986, 376.

6 Ebd., 370–371.

7 Ebd., 392.

8 Ebd., 393.

9 Vgl. ebd., 413ff.: Der Kampf um das Konzil.

10 Vgl. K.-H. Fleckenstein, *Für die Kirche von morgen. Im Gespräch mit Kardinal Suenens.* München 1979, 50–52.

11 Vgl. *AAS* 54 (1962), 786–796.

12 Vgl. L. J. Suenens, *Aux origines du Concile Vatican II,* in: Nouvelle Revue Théologique 107(1985), 3–21. Vgl. dazu E. Klinger, *Das Zweite Vatikanische Konzil als ein Gesamtentwurf. Der Plan von Kardinal Suenens,* in: Die Kraft der Hoffnung. Bamberg 1986, 142–150.

13 Vgl. *Glaube im Prozeß,* hrsg. von E. Klinger/K. Wittstadt. Freiburg 1984, 33–50.

14 Vgl. P. Hebblethwaite, a. a. O., 544.

15 Ebd., 546. Der lateinische Text in den AAS verändert das italienische Original an wichtigen Stellen. AAS lassen nämlich die Aufforderung zum Sprung nach vorne einfach weg. Dies geht hervor aus dem synoptischen Vergleich zwischen italienischem und lateinischem Text bei: G. Alberigo u. a., *Fede, tradizione, profezia.* Brescia 1984, 239–283: Sinossi critica, besorgt von A. Melloni, bes. 268–269.

Hebblethwaite, a. a. O., 547, schreibt zu diesem befremdlichen Vorgang: «Als Papst Johannes diese unerhörten Änderungen Ende November 1962 entdeckte, war er zu klug, um den Herausgeber der *Acta Apostolicae Sedis* zu feuern. Er zitierte sich einfach selbst in wichtigen Reden in der unredigierten Originalversion.»

Vgl. neuerdings: L. Kaufmann/N. Klein, *Johannes XXIII. Prophetie im Vermächtnis.* Brig 1990. Dieses aufschlußreiche Buch ist erst nach Fertigstellung des Manuskripts erschienen und wird daher nicht weiter erwähnt.

16 Der Papst stellt in dieser Rede dem Konzil eine dogmatische Aufgabe. Er fordert es auf, in der Pastoral und in der Dogmatik einen Sprung nach vorn zu tun. Er will einen dogmatischen Fortschritt auf allen Gebieten der kirchlichen Lehre erzielen und bescheinigt ihm die gleiche dogmatische Autorität wie dem Tridentinum und dem Ersten Vatikanum. Paul VI. hat es später sogar mit dem Nizänum verglichen.

Aber seltsam! Diese eindeutige, klar dokumentierte und nicht zu bestreitende Zielsetzung wurde von allen möglichen Seiten immer wieder entstellt, bestritten und verschleiert. Ein Hauptgrund liegt in der herkömmlichen Trennung von Dogmatik und Pastoral. Selbst in dem so wichtigen Buch von Hebblethwaite dringt sie immer wieder durch (vgl. ebd., 382). Der Papst wäre mehr an der Katechese denn am Lehramt interessiert. Dieses käme von außen, jene von innen, obwohl der Verfasser zugeben muß, daß Johannes nie zwischen Katechese und Lehramt unterschieden hat (383). – Oder S. 398: Für ihn bedeute «pastoral», das Konzil «würde sich nicht hauptsächlich mit dogmatischen Fragen befassen». Oder S. 541: Die Eröffnungsrede sei «Inbegriff des schwer faßbaren ‹Geistes des Konzils›». Aber dieser Geist ist greifbar in seinen Buchstaben. – Die Trennung von Dogmatik und Pastoral ist daher unzulässig. Sie verdunkelt das Programm und macht es für eine institutionelle Verwendung unbrauchbar.

Auch G. Alberigo, der sich große Verdienste um die Veröffentlichung des ursprünglichen Wortlauts der Eröffnungsrede erworben hat und der als erster vielleicht ihre große Bedeutung erkannte, verfällt dieser Trennung. Er setzt die Unvereinbarkeit von Dogmatik – im Sinne freilich des herkömmlichen Bunkerdenkens – und Pastoral – im Sinne der Humanisierung dieses Denkens – voraus und nennt ihre Verbindung, die ja der Papst selbst leistet und fordert, eine «novità sconcertante» – eine verwirrende Neuheit. Gleichwohl ist die Durchdringung von Dogmatik und Pastoral das Prinzip des dogmatischen Fortschritts auf dem Konzil. – Vgl. G. Alberigo, *L'allocuzione ‹Gaudet Mater Ecclesia› di Giovanni XXIII (11 ottobre 1962). Formazione, contenuto e fortuna dell'allocuzione,* in: ders. u. a., Fede, tradizione, profezia. Brescia 1984, 185–222, bes. 213; sowie ders., *Dal bastone alla misericordia,* in: Cristianesimo nella Storia 2(1981), 487–521. Hauptverfechter einer prinzipiellen Trennung von Dogmatik und Pastoral auf dem Konzil selber war Erzbischof Lefebvre. Vgl. seine Interventionen in: *Ich klage das Konzil an!* Martigny 1976.

17 Vgl. im Text bei O. Müller (Hrsg.), *Vaticanum secundum,* Bd. I: Die erste Konzilsperiode. Leipzig 1963, 213.

18 Ebd.

19 Ebd., 215.

20 Ebd., 216–217.

21 Ebd., 216.

22 Ebd., 217.

23 Das Erste Vatikanum hat verlangt, daß jede neue Lehre in Sinn und Bedeutung mit den überlieferten Standpunkten übereinstimmen muß. Johannes XXIII. hat sich in der Eröffnungsrede auf diese Forderung nicht bezogen. Sie wurde in den lateinischen Text dieser Rede nachträglich aufgenommen, steht aber nicht im italienischen Original. Dennoch verfälscht sie nicht, wie Hebblethwaite andeutet (a. a. O., 547), deren Intention. Sie ist vielmehr eine Klarstellung. Denn ohne Zweifel hat das Zweite Vatikanum den gleichen dogmatischen Sinn und dieselbe institutionelle Bedeutung wie das Erste. Es besitzt gerade dort, wo es sich vom Ersten unterscheidet, die gleiche Autorität.

24 Vgl. O. Müller (Hrsg.), *Vaticanum secundum,* Bd I: Die erste Konzilsperiode. Leipzig 1963, 215–216.

25 Ebd., 217.

26 Ebd.

27 Ebd., 218.

28 Ebd.

29 Ebd.

30 Ebd., 219.

31 Ebd., 218.

32 Ebd., 215

33 Ebd., 217.

34 Der wichtige Begriff einer «doctrina promovenda» in der Überschrift des zweiten Teils der Rede (Vgl. G. Alberigo u. a. (Hrsg.), *Fede, tradizione, profezia,* a. a. O., 259 und 266), der vom lateinischen Text beibehalten ist,

fehlt eigenartigerweise in der deutschen Übersetzung. Vgl. O. Müller, a. a. O., 216.

35 Ebd., 217.

36 L.-J. Suenens, *Aux origines du Concile Vatican II,* in: Nouvelle Revue Théologique 107(1985), 3. Ü. v. V.

37 Vgl. *Acta Synodalia Sacrosancti Concilii Oecumenici Vaticani II,* Vol. I/4. Vatikan 1971, 222–227.

38 L.-J. Sueneus, *Aux origines du Concile Vatican II,* a. a. O., 12. Ü. v. V.

39 Ebd., 11.

40 Ebd., 16f.

41 Vgl. ebd., 11, die Überschrift.

42 Ebd., 13.

43 Ebd., 14.

44 Ebd., 13ff.

45 Ebd., 17–18.

46 Kardinal Suenens hat nach Rücksprache mit Johannes XXIII. den Gesamtplan des Konzils verfaßt. Daher trifft nicht zu, was Hebblethwaite behauptet, daß Montini, der spätere Paul VI., Verfasser des Planes sei. Hebblethwaite spricht zu Unrecht von «Montinis Plan, den Suenens unterstützte [...]. Und es gab keinen anderen.[...] Montinis Brief ist das mit Abstand wichtigste Dokument für das Verständnis nicht nur der ersten Sitzungsperiode, sondern des ganzen Vatikanischen Konzils». A. a. O., 559–560.

Kardinal Suenes veröffentlichte in dem schon zitierten Beitrag der *Nouvelle Revue Théologique* 107(1985), 18–21 neben dem eigenen Plan den Brief Montinis. Daraus geht seine Verfasserschaft hervor. Der Hinweis auf sie ist wichtig für die Interpretation des Konzils. Denn zwischen dem Konzil, wie er es nach dem Plan verstand, und der Auffassung, die Montini davon besaß, bestehen große Unterschiede. Sie betreffen u. a. das Papsttum (19), das Montini speziell verteidigen möchte, das nach dem Plan von Suenens jedoch auf dem Konzil selbst bestätigt wird und daher keine eigene Apologetik für sich braucht, sowie den polaren Begriff der Kirche; denn Montini greift die Unterscheidung von ecclesia ad intra und ad extra nicht auf. Zur ecclesia ad extra gehören bei ihm seltsamerweise auch die nichtkatholischen Kirchen.

Der Brief Montinis ist wichtig für sein eigenes Pontifikat als Paul VI. und für das Verständnis, das er von der Kirche und ihrem Konzil besaß, nicht für dessen ursprüngliche Planung selber. – Hinter dem Programm von Suenens steht die Autorität von Johannes XXIII., der in der Radioansprache vom 11. 9. 1962 den polaren Begriff von Kirche mit dem Hinweis auf die ecclesia ad intra und ad extra selbst aufgegriffen und vertreten hat. Vgl. *AAS* 54(1962), 678–685.

47 Vgl. die Festschrift zum 80. Geburtstag von Karl Rahner: E. Klinger/K. Wittstadt (Hrsg.), *Glaube im Prozeß.* Freiburg 1984, 33–50. Wichtig für die Erläuterung des historischen Hintergrundes ist der Beitrag von Y. Congar, ebd., 22–32.

48 Ebd., 35. Ü.v.V.

49 Ebd., 36.

50 Ebd., 34.

51 Ebd., 39.

52 Ebd., 42–43.

53 P. Hebblethwaite, a.a.O., 549.

54 Vor diesem Hintergrund vgl. auch den Beitrag von G. Alberigo, *Die Konstitution in Beziehung zur gesamten Lehre des Konzils,* in: G. Baraúna (Hrsg.), Die Kirche in der Welt von heute. Salzburg 1967, 49–76. Dieser Beitrag greift neben der Eröffnungsrede des Papstes die Unterscheidung von Kirche nach außen und nach innen aus der Radioansprache, sowie den Gesamtplan Suenens auf. Er trennt sie voneinander und behauptet, daß beide unverbunden sind. Er sagt, der Papst spreche von der Glaubensüberlieferung, die Konzeption des Gesamtplans jedoch betreffe lediglich die Tätigkeit der Kirche und sei daher nur für die Bestimmung «der konkreten und durch einen bestimmten Zeitpunkt umschriebenen Probleme» wichtig. Er besitze keinerlei dogmatisches Gewicht. Vgl. ebd., 56. Es ist daher nicht verwunderlich, daß Alberigo die Pastoralkonstitution und deren neuen Standpunkt nicht nur nicht würdigt, sondern verfehlt und geradezu herabsetzt; denn er sagt: «Es sind also im Entschluß des II. Vaticanums, ein die Beziehungen zwischen Kirche und Welt behandelndes Dokument herauszugeben, Mahnungen und Forderungen verschiedener Herkunft und Natur zusammengeflossen, die nicht immer eine flüssige und befriedigende Gestaltung gefunden haben; weithin gingen sie über eine bloße Nebeneinanderstellung nicht hinaus.» (Ebd., 57.) «Dieser Eindruck wird bestätigt und erhält stärkeres Gewicht durch den Umstand, daß praktisch der ganze Rest der im Konzil dargelegten Lehre unbeachtet bleibt [...]. Ich beziehe mich insbesondere auf ‹Sacrosanctum Concilium› (über die Liturgie), das darin ein einziges Mal und nur völlig am Rande und zufällig angeführt ist. Auch diese Angabe wirkt geradezu enthüllend für die geringe Sorgfalt, die die Verfasser der Konstitution gegenüber den bedeutungsvollsten Höhepunkten der Konzilslehre aufwandten [...]. Es scheint, man könne die Hauptschuld der Unterscheidung zwischen Kirche ‹ad intra› und Kirche ‹ad extra›, von der oben gesprochen wurde, anlasten.» (Ebd., 61–62)

Der Hauptgrund für dieses grandiose Fehlurteil liegt schon im Kommentar zur Eröffnungsrede. Dort nämlich findet sich bereits eine extrinsezistische Interpretation der Aufforderung des Papstes, die Pastoral als Wesensmoment lehramtlicher Verlautbarungen im strengen Sinne zu verstehen. Alberigo spricht dort von einer «verwirrende[n] Neuheit». (Vgl. oben, Anm. 16.) Dieser Extrinsezismus bricht in seiner Bewertung des Gesamtplans endgültig durch (Tätigkeiten sind für ihn etwas Punktuelles, nichts Prinzipielles) und endet schließlich bei der völligen Mißachtung der neuen Glaubensaussage der Pastoralkonstitution. Ihr erstes Kapitel wird bei ihm nirgendwo erwähnt. Seine extrinsezistische Betrachtungsweise unterschätzt die innere Geschlossenheit im Aufbau der Konstitution und verfehlt ihren authentischen Standpunkt, der sie zur Basis der Gesamtinterpretation des ganzen Zweiten Vatikanum macht. Sachgerechte Auslegung ist nicht zu ersetzen durch unsachlichen Kritizismus.

In der Tradition dieser unzutreffenden Beurteilung steht auch H. J. Pottmeyer, *Vor einer neuen Phase der Rezeption des Vaticanum II. Zwanzig Jahre Hermeneutik des Konzils,* in: H. J. Pottmeyer/G. Alberigo/J.-P. Jossua (Hrsg.), Die Rezeption des Zweiten Vatikanischen Konzils. Düsseldorf 1986, 47–65. Man vgl. 47: «Den Texten [des Konzils], auch solchen lehrhaften Charakters, fehlen die begriffliche Präzision, die Eindeutigkeit der Positionsbestimmung [. . .].» Oder 59: «Die Grenze des Konzils liegt darin, daß es ihm nicht gelungen ist und wohl auch nicht gelingen konnte, das Nebeneinander in eine neue Synthese zu binden.» Oder 64f.: «Diese Kritik [am Aggiornamento], die sich besonders auf die Pastoralkonstitution Gaudium et spes und deren Wirkung richtet, ist nicht ganz unberechtigt. Die Pastoralkonstitution hat in ihrem richtigen Bestreben, den Dialog mit der modernen Welt aufzunehmen, bisweilen übersehen, daß der Bedeutungsgehalt von Begriffen wie Gerechtigkeit, Fortschritt, Menschenwürde in christlichem und neuzeitlichem Verständnis nicht unbedingt deckungsgleich ist. [. . .] Dabei entstand die Gefahr, die Inhalte des Evangeliums von jener angenommenen Gemeinsamkeit der Ziele etwa mit Liberalen oder Marxisten her zu interpretieren und auf diese zu reduzieren.»

Diese Urteile sind ungerecht und falsch. Denn erstens spricht das Konzil in der Pastoralkonstitution nicht von Bestrebungen, sondern von seinem ureigenen neuen Standpunkt in seiner Einstellung zur modernen Welt. Zweitens ist dieser neue Standpunkt die Basis der Synthese des Konzils. Das, wovon Pottmeyer sagt, daß es nicht gelungen ist und gar nicht gelingen konnte, wird hier vollbracht. Drittens fehlen diesem Standpunkt weder die begriffliche Präzision, noch die Eindeutigkeit der Haltung. Er ist so scharf und klar, daß Verstöße in der heutigen Kirche gegen ihn leicht und unbezweifelbar zu beweisen sind. Viertens liegt ihr Hauptproblem nicht in einer mangelnden Abgrenzung von Liberalen und Marxisten, sondern in einem mangelnden Glauben an Gerechtigkeit, Fortschritt und Menschenwürde durch die heutige Kirche selbst in dem von ihr gemeinten Sinne. Sie verrät laufend ihre eigenen Beschlüsse.

Gott bewahre uns vor dem Historismus und Relativismus im Umgang mit den Standpunkten des Konzils.

55 Ch. Moeller, *LThK*, Erg.-Bd. 3. Freiburg 1968, 249.

56 Vgl. zu diesem Fortschritt vor allem meinen Aufsatz *Der Glaube des Konzils* in der Festschrift zum 80. Geburtstag von K. Rahner: E. Klinger/K. Wittstadt (Hrsg.), Glaube im Prozeß. Freiburg 1984, 615–626.

57 Zum Begriff des Laienamtes vgl. E. Klinger, *Das Amt des Laien in der Kirche,* in: E. Klinger/R. Zerfaß (Hrsg.), Die Kirche der Laien. Eine Weichenstellung des Konzils. Würzburg 1987, 67–85.

58 Zum Begriff der Evangelisierung vgl. E. Klinger, *Politik und Theologie. Eine deutsche Stellungnahme zu Puebla,* in: Theologie und Glaube 71(1981), 184–207; ders., *Der Glaube des Konzils. Ein dogmatischer Fortschritt.* in: ders./K. Wittstadt (Hrsg.), Glaube im Prozeß, a.a.O., 615–626; ders., *Die Kirche der Basisgemeinden. Der Mensch als Prinzip der Ekklesiologie,* in: ders./R. Zerfaß (Hrsg.), Die Basisgemeinden – ein Schritt auf dem Weg zur Kirche des Konzils. Würzburg 1984, 43–57.

59 Vgl. dazu H. Sauer, *Von den «Quellen der Offenbarung» zur «Offenbarung selbst». Zum theologischen Hintergrund der Auseinandersetzung um das Schema «Über die göttliche Offenbarung» beim II. Vatikanischen Konzil,* in: E. Klinger/K. Wittstadt (Hrsg.), Glaube im Prozeß, a.a.O., 514–545.

60 O. Müller (Hrsg.), *Vaticanum Secundum,* Bd. I. Leipzig 1963, 217.

61 Ebd., 218.

62 M. Heidegger, *Sein und Zeit.* Tübingen [12]1972, 329.

63 Ebd.
64 Vgl. dazu den Titel: A. Lorenzer, *Das Konzil der Buchhalter.* Frankfurt 1984.
65 Zum Verhältnis von Objektivität und Subjektivität im Begriff der Existenz vgl. A. N. Whitehead, *Prozeß und Realität.* Frankfurt 1979, 63–64.
66 Zu Sinn und Bedeutung der Existenz vgl. G. Frege, *Dialog mit Pünjer über Existenz,* in: ders., Schriften zur Logik und Sprachphilosophie (Meiners Philosophische Bibliothek 277). Hamburg 1971, 1–22; ders., *Ausführungen über Sinn und Bedeutung,* ebd., 25–34.
67 Vgl. W. Geppert, M. Lefebvre. Ankläger und Angeklagter Roms. Tübingen 1980, 21.
68 Vgl. dazu E. Klinger, *Der Laienkatholizismus – die Kirche der Laien. Das Problem der Rezeption des Konzils in Deutschland,* in: ders./R. Zerfaß (Hrsg.), Die Kirche der Laien. Eine Weichenstellung des Konzils. Würzburg 1987, 15–24.
69 Vgl. J. Ratzinger, *Zur Lage des Glaubens.* München 1985, 33 sowie 186–193. Gleiches gilt von seinen Aussagen über die Theologie der Befreiung. Sie sind teils willkürlich, teils generalisierend negativ, obwohl es doch unbestritten einen positiven Begriff dieser Theologie auch auf der lehramtlichen Ebene gibt.
70 Ebd., 38.

Dritter Abschnitt: Der Glaube des Konzils in Lateinamerika – Die Theologie der Befreiung

1 Vgl. Adveniat (Hrsg.), Dokumente von Medellín: *Die Kirche in der gegenwärtigen Umwandlung Lateinamerikas im Lichte des Konzils* (Dokumente/Projekte 1–3). Essen 1968, 15.
2 Ebd., 136–137.
3 Ebd., 11–12.
4 Ebd., 13.
5 Ebd., 143.
6 Sekretariat der Deutschen Bischofskonferenz (Hrsg.), *Die Evangelisierung Lateinamerikas in Gegenwart und Zukunft* (Stimmen der Weltkirche 8). Bonn 1979.
7 Ebd., 193ff.
8 Ebd., 13.
9 Ebd., 15ff.
10 Ebd., 41ff.
11 Ebd., 113ff.
12 Ebd., 191ff.
13 Ebd., 217ff.
14 Vgl. J. L. Segundo, *The historical Jesus of the synoptics.* Maryknoll N.Y. 1985, bes. 104–133.
15 L. Boff spricht von einer kreativen Rezeption des Zweiten Vatikanum. Vgl. die Festschrift zum 80. Geburtstag von K. Rahner: E. Klinger/K. Wittstadt (Hrsg.), *Glaube im Prozeß.* Freiburg 1984, 628–654.
16 Vgl. G. Gutiérrez, *Theologie der Befreiung.* München 1973.

17 Vgl. *Von der Heiligkeit der Revolution. Ein Gespräch mit Ernesto Cardenal in Solentiname.* Aufgezeichnet von A. Schwarzer de Ruiz/H. Schulz. Wuppertal 1972, 18.
18 Vgl. auch Frei Betto, *Nachtgespräche mit Fidel.* Freiburg i. Ue. 1986.
19 Vgl. u.a. *O. A. Romero, für die Armen ermordet. Wie der Erzbischof von San Salvador das Evangelium verkündet hat.* Freiburg 1982.
20 Vgl. die Reihe von J. L. Segundo, *A Theology for artisans of a new humanity.* Maryknoll N.Y. 1973ff.
21 Vgl. jetzt auch die Gesamtreihe: *Bibliothek Theologie der Befreiung,* die seit 1987 in Düsseldorf bei Patmos erscheint.
22 Vgl. E. Klinger, *Politik und Theologie. Eine deutsche Stellungnahme zu Puebla,* in: Theologie und Glaube 71(1981), 184–207.
23 G. Gutiérrez, *Theologie der Befreiung.* München 1973, 41–42.
24 Ders., *Die historische Macht der Armen.* München 1984, 72–74.
25 Ders., *Theologie der Befreiung.* München 1973, 141– 142.
26 Vgl. hierzu den dritten Abschnitt/II, 4 dieser Arbeit, S. 217–221. Die Idiomenkommunikation ist grundlegend für das Denken und Sprechen in der Theologie überhaupt, sie wurde von der Tradition aber nur in der Christologie erarbeitet. Eine umfassende Erörterung dieses Sich-Ausdrückens und Beschreibens muß jedoch gefordert werden. Die Natur-Übernatur-Problematik der Gegenwart ist ein idiomenkommunikatives Problem.
27 G. Gutiérrez, *Theologie der Befreiung.* München 1973, 143.
28 Ebd., 143–144.
29 Ebd., 146–147.
30 Ebd., 161.
31 Ebd., 158–159.
32 Ebd., 173.
33 Ebd., 178.
34 Ebd., 179.
35 Ebd., 185, 189 und 201.
36 Vgl. dazu auch ders., in: J. B. Metz/P. Rottländer (Hrsg.) *Lateinamerika und Europa. Dialog der Theologen* (Forum Politische Theologie 8). München 1988, 48ff.
37 Ders., *Die historische Macht der Armen.* München 1984, 15.
38 Ders., *Theologie der Befreiung.* München 1973, 179–180.
39 Dieser Titel des gleichnamigen Buches von G. Gutiérrez signalisiert ein theologisches Programm.
40 Ders., *Die historische Macht der Armen.* München 1984, 159.
41 Ebd., 161.
42 Ebd., 164.
43 Vgl. *Von der Heiligkeit der Revolution. Ein Gespräch mit Ernesto Cardenal in Solentiname.* Aufgezeichnet von A. Schwarzer de Ruiz/H. Schulz. Wuppertal 1972.
44 E. Cardenal, *Das Evangelium der Bauern von Solentiname,* Bd. 2, Wuppertal 1978, 307.
45 Ebd., 308.
46 Ebd., 312.
47 Ebd., Bd.1, Wuppertal 1976, 152.
48 Eine Realutopie ist keine «bloße» Utopie. Daher soll man sie nicht utopi-

stisch mißverstehen. Vgl. für die Phänomene des Utopischen: E. Bloch, *Das Prinzip Hoffnung*, Bd. I. Frankfurt 1959, 11.

49 Vgl. J. Sobrino, *Christología desde américa latina. Esbozo a partir del seguimiento del Jesús histórico.* México [2]1977; in der englischen Übersetzung: *Christology at the Crossroads. A. Latin American Approach.* London [3]1984. Im folgenden wird die Seitenzahl der englischen Ausgabe zitiert.

50 Diese Titel sind streng begrifflich zu fassen. Sie haben Sinn und Bedeutung. Sie sind der Begriff, den jemand vom Auftreten Jesu hat, kennzeichnen ihn und können dadurch für ihn auch zum Namen werden.

51 J. Sobrino, *Christology at the Crossroads.* London [3]1984, 37. Ü. v. V.

52 Ebd., 41 f.

53 L. Boff, *Jesus Christus, der Befreier.* Freiburg 1986, 21.

54 Ebd., 52.

55 Ebd., 57.

56 J. Sobrino, *Christology at the Crossroads.* London [3]1984, 79-80. Ü. v. V.

57 Ebd., 48.

58 Ebd., 41. 45.

59 Ebd., 45.

60 Ebd., 45–46.

61 Ebd., 52 f.

62 I. Ellacuría, *Freedom made flesh.* Maryknoll, N. Y. 1976, 26–27.

63 L. Boff, *Jesus Christus, der Befreier.* Freiburg 1986, 45.

64 Ebd., 52–53.

65 Ebd., 63.

66 Ebd.

67 Ebd., 71.

68 Ebd., 70.

69 Ebd., 47–48

70 Ebd., 52.

71 J. Sobrino, *Christology at the Crossroads.* London [3]1984, 203. Ü. v. V.

72 Ebd., 224.

73 Ebd., 223.

74 Ebd., 227.

75 Ebd., 229.

76 Ebd., 240.

77 L. Boff, *Kreuzweg der Gerechtigkeit.* Mainz 1980, 7–8.

78 Ebd., 9.

79 Ebd., 19–20.

80 Ebd., 20.

81 Ders., *Kreuzung der Auferstehung.* Düsseldorf 1984, 14.

82 Ebd., 14–15.

83 Jesus bediente sich in der Auseinandersetzung mit seinen Gegnern einer politischen Terminologie. Er ist für sie eine politische Herausforderung und wird von ihnen auch politisch verstanden. Er wird aus politischen Gründen zum Tode verurteilt. Seine Botschaft wurde in der gesamten Tradition von Eusebius bis Augustinus, vom Mittelalter bis zu Luther und überhaupt in der ganzen Neuzeit bis in die Gegenwart politisch erörtert. – Dem Reich Gottes politischen Charakter zu bestreiten, ist das gleiche, wie Jesus die menschliche Natur bestreiten, also klarer Monophysitismus. Die Trennung von Theologie und Politik, sieht man einmal davon ab, daß es

sie zu Lebzeiten Jesus gar nicht gegeben hat, entspringt einem falschen Begriff von Theologie und von Politik, einer Theologie, die sich im Jenseits verflüchtigt, und einer Politik, die sich im Diesseits erschöpft. Beides ist zu bekämpfen.

84 Vgl. J. L. Segundo, *El hombre de hoy ante Jesus de Nazaret,* 3 Bde. Madrid 1982; und in Englisch unter dem Titel: *Jesus of Nazareth yesterday und today,* 5 Bde. Maryknoll N. Y. 1982–1987.

85 Ebd., Bd. 2, *The historical Jesus of the synoptics.* Maryknoll N. Y. 1985.

86 Ebd., Bd. 3, *The humanist christology of Paul.* Maryknoll N. Y. 1986.

87 Ders., *The historical Jesus of the synoptics.* Maryknoll N. Y. 1985, 3–12: The «gospel of the cross» and its key.

88 Ebd., 87. Ü. v. V.

89 Ebd., 87–88.

90 Ebd., 90.

91 Ebd., 119.

92 Ebd., 131.

93 Ebd., 132-133.

94 Ders., *The humanist christology of Paul.* Maryknoll N. Y. 1986, 1. Ü. v. V.

95 Ebd., 9–10.

96 Zur Überwindung des Subjekt-Objekt-Dilemmas vgl. A. N. Whitehead, *Prozeß und Realität.* Frankfurt 1979, bes. 63–64; und M. Heidegger, *Sein und Zeit.* Tübingen [12]1972.

97 K. Forster, *Idiomenkommunikation,* in: LThK 5. Freiburg 1960, 608–609.

98 E. Cardenal, *Das Evangelium der Bauern von Solentiname,* Bd. 2. Wuppertal 1978, 152.

99 Ebd., 184–185.

100 P. Casaldáliga, *Fuego y ceniza al viento.* Santander 1984, 71. Ü. v. V.

101 J. Sobrino, *The true Church and the poor.* London 1985, 84ff. Ü. v. V.

102 L. Boff, *Und die Kirche ist Volk geworden. Ekklesiogenesis.* Düsseldorf 1987.

103 I. Ellacuría, *Conversión de la Iglesia al Reino de Dios.* Santander 1984, 8. Ü. v. V.

104 Ebd., 170–171.

105 J. Sobrino, *The true Church and the poor.* London 1985, bes. 98ff.

106 Ebd., 201–203.

107 Ebd., 204.

108 Ebd., 205.

109 Ebd., 210.

110 Ebd., 233–234.

111 Vgl. M. Lange/R. Iblacker, *Christenverfolgung in Südamerika.* Freiburg 1980, 32–33.

112 J. Sobrino, *The true Church and the poor.* London 1985, 242. Ü. v. V.

113 Ebd., 232f.

114 Vgl. M. Lange/R. Iblacker, *Christenverfolgung in Südamerika.* Freiburg 1980, 139.

115 P. Casaldáliga, in: T. Cabestrero, *Mystik der Befreiung.* Wuppertal 1981, 81.

116 O. Romero, *Die notwendige Revolution.* München 1982, 60.

117 Vgl. Adveniat (Hrsg.), Dokumente von Medellin. *Die Kirche in der gegen-*

wärtigen Umwandlung Lateinamerikas im Lichte des Konzils. Essen 1968, 143.

118 Man vgl. die Arbeiten von Carlos Mesters und das neu gegründete Institut für die Ausbildung von Leitern von Basisgemeinden in Belo Horizonte.

119 E. Klinger, *Politik und Theologie. Eine deutsche Stellungnahme zu Puebla,* in: Theologie und Glaube 71(1981), 184–207.

120 M. Zaragoza, *La CEB: Semilla que rejuevenece a la iglesia,* in: CEB y teología. Oaxaca 1986, 41. Ü. v. V.

121 Ebd., vgl. den Titel selbst.

122 Ebd., 42–43.

123 L. Boff, *Aus dem Tal der Tränen ins Gelobte Land.* Düsseldorf 1982, 106.

124 Ebd., 111

125 Ebd., 113

126 Vgl. *CEB y teología.* Oaxaca 1986. (Theologische Beiträge zum 12. nationalen Basisgemeindentreffen 5. – 9. 2. 1986 in Oaxaca, Mexiko.)

127 Zum Begriff des Sakraments vgl. L. Boff, *Die Kirche als Sakrament im Horizont der Welterfahrung.* Paderborn 1972. Und ders., *Kleine Sakramentenlehre.* Düsseldorf 1976.

128 Vgl. Lumen gentium, Nr. 1.

129 Vgl. L. Boff, *Kirche: Charisma und Macht.* Düsseldorf 1985. 260ff.

130 I. Ellacuría, *Conversion de la Iglesia al Reino de Dios.* Santander 1984, 179ff. Ü. v. V.

131 C. Boff, *Mit den Füßen am Boden.* Düsseldorf 1986, 97ff.

132 Vgl. E. Klinger, *Lefebvre – ein Häretiker:* KNA 45 (Bonn 1988).

133 Vgl. G. Gutiérrez, *Das Zweite Vatikanische Konzil und die Kirche Lateinamerikas* (Adveniat: Zeugnisse, Berichte, Kommentare 12). Essen 1986

134 «Gegenüber den unterentwickelten Ländern erweist sich die Kirche als das, was sie ist und sein will, die Kirche aller, vornehmlich die Kirche der Armen.» Johannes XXIII. in einer Rundfunkbotschaft an die Katholiken der Welt am 11. 9. 62, einen Monat vor der Eröffnung des Zweiten Vatikanischen Konzils: *Herderkorrespondenz* 17 (1962/63), 43-46, hier 45.

135 Vgl. *LThK*, Erg.-Bd. III. Freiburg 1968, 247.

136 Vgl. Kardinal Lercaro in seiner Intervention am Ende der ersten Sessio des Konzils, am 6. 12. 62. Vgl. *Herderkorrespondenz* 19 (1964/65), 420ff. (Auszüge).

137 Vgl. T. Cabestrero, *Mystik der Befreiung.* Wuppertal 1981, 23ff. sowie R. Vekemans, *Teología de la liberación y cristianos por el socialismo.* Bogotá 1976. Und F. Hengsbach/A. L. Trujillo (Hrsg.), *Kirche und Befreiung.* Aschaffenburg 1975.

138 J. Ratzinger, *Zur Lage des Glaubens.* München 1985, 179ff.

139 Vgl.: *Instruktion der Kongregation für die Glaubenslehre über einige Aspekte der «Theologie der Befreiung»* (Verlautbarungen des Apostolischen Stuhls 57). Bonn 1984.

140 Vgl. *Instruktion der Kongregation für die Glaubenslehre über die christliche Freiheit und die Befreiung* (Verlautbarungen des Apostolischen Stuhls 70). Bonn 1986.

141 Vgl. u. a. Brasilianische Bewegung für die Menschenrechte (Hrsg.), *Der Fall Boff.* Düsseldorf 1986.

142 Vgl. G. Gutiérrez, *Die historische Macht der Armen.* München 1984, 72.

143 Vgl. J. L. Segundo, *Respuesta al Cardenal Ratzinger* (Teología de la libera-

ción 7). Madrid 1985; R. Velasco, *Replica a Ratzinger.* Bilbao 1986; H.-J. Venetz/H. Vorgrimler (Hrsg.), *Das Lehramt der Kirche und der Schrei der Armen.* Freiburg i. Ue. 1985; sowie P. Rottländer (Hrsg.), *Theologie der Befreiung und Marxismus.* Münster 1986. Vgl. auch die Stellungnahmen von Leonardo Boff, in: *Kardinal J. Ratzinger – L. Boff, Dokumente eines Konfliktes um die Theologie der Befreiung* (Publik-Forum-Dokumentation). Frankfurt [2]1985, 20–93.

144 Zum Ereignis von Riobamba vgl. E. Dussel, *De Medellin a Puebla. Una deccada de sangre y esperanza 1968–1979.* Mexiko 1979, 376f.; und Instituto Diocesano de Pastoral de Riobamba (Hrsg.), *Leonidas Proaño. 25 Anos – Obispo de Riobamba (CEP).* Lima 1979, 191–194 und 207f.

145 Vgl. A. L. Trujillo. *Die Theologie der Befreiung in Lateinamerika. Erfolg und Mißerfolg.* in: F. Hengsbach/A. L. Trujillo, (Hrsg.), *Kirche und Befreiung.* Aschaffenburg 1975, 47.

146 Ebd., 64.

147 Ebd., 74.

148 Ebd., 53.

149 Ebd., 76ff.

150 Ebd., 81.

151 Vgl. zu dieser These: R. Vekemans, *Teología de la liberación y cristianos por el socialismo.* Bogotá 1976.

152 Vgl. den ersten Abschnitt dieser Arbeit.

153 Hervorhebung vom Verfasser.

154 Zur Verwendung des Begriffs «Klassenkampf» in der Sozialwissenschaft vgl. zusammenfassend A. Klönne, *Klasse,* in: D. Nohlen/R.-O. Schultze (Hrsg.), Pipers Wörterbuch zur Politik, München 1985, 422–424; sowie M. Weber, *Wirtschaft und Gesellschaft. Grundriß der verstehenden Soziologie.* 2. Halbband. Tübingen 1956, 531–540; V. Wright/M. C. Elmer, *General Sociology.* New York 1938, 398f; und T. Parsons, *Beiträge zur soziologischen Theorie.* Neuwied 1964, 214–220.

155 Zur Verwendung des Begriffs «Klassenkampf» in den päpstlichen Sozialenzykliken vgl. Leo XIII., Rerum novarum, Nr. 3: «Zur Hebung dieses Übels verbreiten die Sozialisten, indem sie die Besitzlosen gegen die Reichen aufstacheln, die Behauptung, der private Besitz müsse aufhören, um einer Gemeinschaft der Güter Platz zu machen, welche mittels der Vertreter der städtischen Gemeinwesen oder durch die Regierungen selbst einzuführen wäre. Sie wähnen, durch eine solche Übertragung allen Besitzes von den Individuen an die Gesamtheit die Mißstände heben zu können, es müßten nur einmal das Vermögen und dessen Vorteile gleichmäßig unter den Staatsangehörigen verteilt sein. Indessen dieses Programm ist weit entfernt, etwas zur Lösung der Frage beizutragen; es schädigt vielmehr die arbeitenden Klassen selbst.» Und Pius XI., Quadragesimo anno, Nr. 114: «Werden die Feindseligkeiten und der Haß gegenüber der anderen Klasse aufgegeben, so kann der verwerfliche Klassenkampf entgiftet werden und sich wandeln in ehrliche, vom Gerechtigkeitswillen getragene Auseinandersetzung zwischen den Klassen, die zwar noch nicht den allseits ersehnten sozialen Frieden bedeutet, aber doch als Ausgangspunkt dienen kann und soll, von dem aus man sich zur einträchtigen Zusammenarbeit der Stände emporarbeitet.» In: Bundesverband der KAB Deutschlands (Hrsg.), *Texte zur katholischen Soziallehre,* Bd. 1, Kevelaer 1975, 32f. und 132.

156 L. Boff, *Kirche: Charisma und Macht.* Düsseldorf 1985; sowie: *Verlautbarung der Kongregation für die Glaubenslehre über das Buch «Kirche: Charisma und Macht. Studien zu einer streitbaren Ekklesiologie» von P. Leonardo Boff OFM,* in: Brasilianische Bewegung für Menschenrechte (Hrsg.), Der Fall Boff. Düsseldorf 1986, 164ff.

157 L. Boff, *Kirche: Charisma und Macht.* Düsseldorf 1985, 140.

158 Vgl. *Der Fall Boff.* Düsseldorf 1986, 166f.

159 Vgl. den zweiten Abschnitt/III, 3 a) dieser Arbeit, S. 120–123.

160 Vgl. *Der Fall Boff,* Düsseldorf 1986, 167–168.

161 Vgl. zur Qualifizierung der Aussagen des Konzils die Erklärung der Theologischen Kommission vom 6. 3. 64, die der Konstitution Lumen gentium angefügt wurde. Siehe K. Rahner/H. Vorgrimler (Hrsg.), *Kleines Konzilskompendium.* Freiburg 1966, 197. Und dazu der Artikel von U. Betti, *Der theologische Verbindlichkeitsgrad der Konstitution,* in: G. Barnaúna (Hrsg.), De Ecclesia, Bd. I. Freiburg 1966, 186–194.

162 Vgl. *Der Fall Boff.* Düsseldorf 1986, 168–169.

163 Ebd., 169.

164 Vgl. den dritten Abschnitt/II, 4 dieser Arbeit, S. 217–221.

165 Vgl. *Der Fall Boff.* Düsseldorf 1986, 169–170.

166 *Der Brief des Papstes an die Brasilianische Bischofskonferenz,* in: Herderkorrespondenz 40 (1986), 280– 281.

167 Ebd., 281.

168 Ebd.

169 Ebd.

170 Ebd.

171 Vgl. *Papst Johannes Paul II. in Deutschland. Predigten und Ansprachen* [. . .], in: Deutsche Bischofskonferenz (Hrsg.), Verlautbarungen des Apostolischen Stuhls 25. Bonn 1980, 33.

172 Vgl. K. Wojtyla, *Quellen der Erneuerung. Studie zur Verwirklichung des Zweiten Vatikanischen Konzils.* Freiburg 1981, 103: «In der Bildung des Wissens um die Kirche als Gottesvolk muß man die Theologie mit der ‹Soziologie› zu verbinden wissen und die ‹Großtaten Gottes› vor Augen haben sowie die Rechte des menschlichen Daseins, das personal und sozial zugleich ist und vor allem persönlich und gemeinschaftlich.» Und 104: «Bei der Bildung des Wissens um die Kirche als Gottesvolk müssen wir beständig die ‹vertikale› Ausrichtung aufrechterhalten, die von der Transzendenz Gottes, von der Wirklichkeit der Schöpfung, des Heils und der Erlösung erfordert wird; und gleichzeitig müssen wir nach der ‹horizontalen› Richtung tendieren, auf den Menschen in der Welt hin, auf den Menschen hin, in dessen Natur das persönliche und das gemeinschaftliche Element einander tief durchdringen und ergänzen. Darum muß man in der Lehre des Zweiten Vatikanums den offensichtlichen Zusammenhang zwischen der Wirklichkeit des Gottesvolkes und der Berufung des Menschen als Person wahrnehmen, die auch Berufung in die Gemeinschaft ist.» Vgl. auch ebd., 38.

173 Vgl. *Der Brief des Papstes an die Brasilianische Bischofskonferenz,* in: Herderkorrespondenz 40 (1986), 278.

174 Ebd.

175 Vgl. P. Casaldáliga, *«Evangelischer» Aufstand im Vatikan. Aus meinem römischen Tagebuch,* in: Publik-Forum 21 (1988), 29ff.

176 Ebd., 31.
177 Ebd.
178 Vgl. dazu auch die ablehnende Bewertung des Buches: K. Lehmann und die Internationale Theologenkommission, Theologie der Befreiung. Einsiedeln 1977, durch die Betroffenen. «Es läßt sich feststellen, daß die Theologische Kommission nach dieser Episode wegen ihrer eher mittelmäßigen Arbeit, die niemanden befriedigte und nichts klärte, eher ihre Prestige eingebüßt hat.» J. Comblin, *Theologie der Befreiung in Lateinamerika;* in: H.-J. Prien (Hrsg.), Lateinamerika: Gesellschaft-Kirche-Theologie, Bd. 2. Göttingen 1981, 32.
179 Vgl. *Der Brief des Papstes an die Brasilianische Bischofskonferenz,* in: Herderkorrespondenz 40 (1986), 280.
180 Zitiert in: C. Boff, *Theologie und Praxis,* München 1983, 277.
181 L. Boff, in: Kardinal J. Ratzinger/L. Boff, *Dokumente eines Konfliktes um die Theologie der Befreiung. Das Buch «Kirche: Charisma und Macht» in der Diskussion* (Publik-Forum Dokumentation). Frankfurt ²1985, 92.
182 A. Rauscher, *Befreiung. Christliche und marxistische Interpretation,* in: F. Hengsbach/A. L. Trujillo, (Hrsg.), Kirche und Befreiung. Aschaffenburg 1975, 39.
183 R. Poblete, *Theologie der Befreiung und Politik,* in: F. Hengsbach/A. L. Trujillo (Hrsg.), Utopie der Befreiung. Aschaffenburg 1976, 15.
184 G. Baadte, *«Geschichte als Befreiungsprozeß» bei Gustavo Gutiérrez,* in: ebd., 65–66.
185 L. Bossle, *Der neue Mensch in einer neuen Gesellschaft – Eschatologie oder anthropologischer Irrationalismus,* in: ebd., 86.
186 Vgl. in P. Rottländer (Hrsg.), *Theologie der Befreiung und Marxismus.* Münster 1986, 21. Anm. 1.

Vierter Abschnitt: Die Fundamentaltheologie. Ort und Prinzip des neuen Programms

1 Vgl. Ch. Moeller, *Die Geschichte der Pastoralkonstitution,* in: LThK, Erg.-Bd. 3. Freiburg 1968, 277. Der Titel war umstritten. Statt «declaratio pastoralis» hat sich die Bezeichnung «constitutio pastoralis» durchgesetzt. Auch der interessante Kompromißvorschlag, den ersten Teil der Konstitution «constitutio» und den zweiten Teil «declaratio» zu nennen, wurde nicht angenommen.
2 In der traditionellen Fundamentaltheologie sind *die* Pole der Theologie Glaube und Vernunft: Der Glaube gibt von sich Rechenschaft und die Vernunft macht den Glauben selbst verantwortbar. Die neueren Handbücher der Fundamentaltheologie stellen diese Polarität heraus und erklären übereinstimmend, daß Glaube verteidigt werden muß gegenüber Angriffen und zugleich von sich selber her vertreten werden kann: er ist vernünftig. Daher besitzt jede Theologie zwei Prinzipien. Sie ist Apologetik und Hermeneutik. Keines der neueren Handbücher jedoch macht die apologetische Herausforderung, sofern sie diese überhaupt inhaltlich einbringen und nicht auf andere Disziplinen delegieren, zum Ansatz von Hermeneutik. Sie machen vielmehr umgekehrt den Sinn zum Grund von allem überhaupt

und apologetische Fragen zu einem bloßen Randproblem. Sie sind Universalhermeneutik.

Zu dieser geistesgeschichtlichen Einordnung der Fundamentaltheologie vgl. H. Fries, *Fundamentaltheologie.* Graz 1985, 13–14. «Apologetik bleibt eine immerwährende Dimension der Theologie, die um ihrer selbst willen auf die Begegnung und die schöpferische Auseinandersetzung mit dem Geist einer jeweiligen geschichtlichen Epoche angewiesen ist. Die Bezeichnung Fundamentaltheologie will zum Ausdruck bringen, daß die apologetische Aufgabe in einer umfassenden theologischen Überlegung integriert werden kann und soll: in der Selbstbesinnung der gläubigen Vernunft auf ihre Grundlagen und Voraussetzungen.»

Die Kritik von Helmut Peukert an der existentialen und transzendentalen Hermeneutik als Fundament der Theologie ist berechtigt. Vgl. ders., *Wissenschaftstheorie – Handlungstheorie – Fundamentale Theologie.* Düsseldorf 1976, 21ff. Peukert bleibt dieser Hermeneutik auf der theoretischen Ebene selber noch verhaftet und überwindet sie daher nicht; denn erstens meint er, daß Fundamentaltheologie und Dogmatik nicht zu unterscheiden sind. Er sagt, Fundamentaltheologie sei formale Dogmatik und Dogmatik materiale Fundamentaltheologie (ebd., 15). Die Prinzipienfrage taucht bei ihm daher gar nicht auf. Er kann sie auch, obwohl dies unerläßlich ist, der Dogmatik gar nicht stellen. Wodurch unterscheidet sich dann aber Dogmatik von Dogmatismus? Zweitens schreibt er über die fundamentale Theologie, nicht über die Fundamentaltheologie. Fundamentale Theologie ist immer Hermeneutik. Drittens unterschätzt und verwirft er den Realismus des analytischen Denkens (ebd., 118ff.). Die einzige Waffe gegen den Idealismus der Universalhermeneutik auf theoretischer Ebene steht ihm daher gar nicht zur Verfügung. Er vertritt den Standpunkt einer kommunikationstheoretischen Universalhermeneutik. Vgl. ders., in: E. Arens (Hrsg.), *Habermas und die Theologie.* Düsseldorf 1989, 62.

3 Die Handbücher nehmen auf das Konzil Bezug. Sie sind eine Fundamentaltheologie «nach dem Konzil». Dieses «nach» hat jedoch bei ihren Verfassern einen historischen, keinen theologischen Sinn. Das Konzil ist weder ein spezieller Ort noch ein Prinzip der Standpunktbildung ihrer Fundamentaltheologie. Hans Waldenfels spricht von einer Verpflichtung auf das Konzil, das vor zwanzig Jahren beendet wurde (vgl. ders., *Kontextuelle Fundamentaltheologie.* Paderborn 1985, 5). Hermann Josef Pottmeyer spricht von «Konsequenzen aus den seit dem II. Vatikanischen Konzil veränderten Rahmenbedingungen der theologischen Erkenntnislehre» (W. Kern/H. J. Pottmeyer/M. Seckler (Hrsg.), *Handbuch der Fundamentaltheologie,* Bd. 4, Freiburg 1988, 125).

4 Vgl. E. Biser, *Glaubensverständnis. Grundriß einer hermeneutischen Fundamentaltheologie.* Freiburg 1975.

5 Vgl. H. Waldenfels, *Kontextuelle Fundamentaltheologie.* Paderborn 1985.

6 M. Seckler, *Fundamentaltheologie: Aufgaben und Aufbau, Begriff und Namen,* in: W. Kern/H. J. Pottmeyer/M. Seckler (Hrsg.), Handbuch der Fundamentaltheologie, Bd. 4. Freiburg 1988, 450–514.

7 Ebd., 470. Das Konzil wird in seiner prinzipiellen Bedeutung nicht behandelt. Es kommt auch in seinen entscheidenden Aussagen nicht vor. Dieser Mangel führt zu Perspektivlosigkeit, materialen Ausfallerscheinungen und Fehlern in der Sache.

Wen oder was verteidigt eigentlich diese Theologie? Die materialen Ausfallerscheinungen sind beachtlich. Das Handbuch äußert sich nicht oder so gut wie nicht über die Befreiungstheologie und schon gar nicht über die Prozeßtheologie, obwohl diese Richtungen der Theologie die Prinzipienfrage stellen und die Fundamentaltheologie Wissenschaft von den Prinzipien der Theologie ist. Es gibt sachliche Fehler. Sie betreffen auch das Prinzipielle, und u. a. auch die Loci theologici von M. Cano. Hier ist vor allem der Historismusvorwurf zu erheben. M. Seckler, der sich mit den Loci auch in anderem Zusammenhang befaßt, nimmt den Unterschied von Ort und Prinzip in den Loci nicht wahr, denkt den Begriff der Autorität nicht prinzipiell und verwechselt ihn fortwährend mit Autoritarismus. Er ist auch historisch nicht ausreichend genau, da er A. Gardeil und mit ihm die gesamte französische Cano-Auslegung nicht zur Kenntnis nimmt, obwohl sie von prinzipieller Bedeutung ist. Daß er meinen Beitrag zur Cano-Auslegung mit dem von A. Lang verwechselt, dürfte zwar nicht vorkommen, ist aber vom historischen Mißverständnis her verständlich.

Zu einer Fundamentaltheologie, die Prinzipien der Theologie erörtert oder ihnen genügen will vgl. u. a. C. Boff, *Theologie und Praxis.* München 1983; G. Mazzillo, *La teologia come prassi di pace.* Molfetta 1988; sowie die von mir herausgegebene Reihe: *Würzburger Studien zur Fundamentaltheologie.* Frankfurt/Bern/New York 1986ff.

8 Vgl. vor allem A. N. Whitehead mit seinem Begriff des reformierten subjektivistischen Prinzips, in: *Prozeß und Realität.* Frankfurt 1979. 310ff.

9 Vgl. dazu G. Frege, *Dialog mit Pünjer über Existenz,* in: ders., Schriften zur Logik und Sprachphilosophie (Meiners Philosophische Bibliothek 277). Hamburg 1971, 1–22; sowie M. Heidegger, *Sein und Zeit.* Tübingen [12]1972, sofern der Begriff Existenz in diesem Werk ontologisch – nicht existentialistisch – verstanden werden kann.

10 Vgl. dazu vor allem Ch. S. Peirce, *Schriften II. Vom Pragmatismus zum Pragmatizismus,* hrsg. v. K.-O. Apel (Theorie Suhrkamp). Frankfurt 1970.

11 Ohne Zweifel sind einzelne Menschen, gesellschaftliche Bewegungen, Institutionen, historische Epochen ein Ort der Theologie. Das Werk von M. Cano über die Loci theologici, das klassische Buch der Fundamentaltheologie, hat daher auch weiterhin grundsätzliche Bedeutung. Es gestattet heute Fragen nach Theologie und Praxis, nach Theologie und Soziologie, nach Theologie und Politik prinzipiell zu stellen. Denn sie sind Standpunktfragen der Theologie. Die Theologie der Befreiung steht in der Tradition des Ansatzes der Loci theologici von M. Cano. Ihre korrekte Interpretation hat für die heutige Theologie große Bedeutung. Vgl. daher E. Klinger, *Ekklesiologie der Neuzeit.* Freiburg 1978.

12 Vgl. auch Y. Congar, *Le concile de Vatican II.* Paris 1984, 7–32.

13 Auf die Besonderheiten der Auffassungen von Platon und Aristoteles ist hier nicht einzugehen. Vgl. u. a. G. Bien, *Die Grundlegung der politischen Philosophie bei Aristoteles.* Freiburg 1973.

14 Zum Politikbegriff Platons vgl. *Der Staatsmann,* in: Sämtliche Werke, hrsg. von E. Loewenthal, Bd. II. Köln [6]1969, 770: «die freiwillige Herdenwartung aber über freiwillige zweibeinige Wesen als Staatskunst bezeichnend, wollen wir nun den, der diese Kunst und Besorgung ausübt, als den wahrhaften und wirklichen König und Staatsmann aufstellen.» Siehe weiter: O. Brunner u. a. (Hrsg.), *Geschichtliche Grundbegriffe, Historisches*

Lexikon zur politisch-sozialen Sprache in Deutschland, Bd. 4. Stuttgart 1978, 790–792.

15 Platon, *Der Staat* 340 D–341 D, in: Sämtliche Werke, hrsg. von E. Loewenthal, Bd. II. Köln [6]1969, 26. Die nachfolgenden Platon-Zitate werden zitiert nach K. R. Popper, *Der Zauber Platons.* München [3]1973. Sie sind anhand der Übersetzung von Loewenthal auf ihre Korrektheit überprüft.

16 Platon, Gesetze 757 A. Vgl. K. R. Popper, a. a. O., 139.

17 Aristoteles, *Politik* III, 9, 1, 1280 a. Übers. von E. Rolfes (Meiners Philosophische Bibliothek 7). Hamburg 1958, 93.

18 Platon, *Staat* 434 C. Vgl. K. R. Popper, a. a. O., 131.

19 Platon, *Staat* 434 B–C. Vgl. K. R. Popper, a. a. O., 131.

20 K. R. Popper, *Der Zauber Platons,* München [3]1973, 150.

21 Platon, *Der Staatsmann* 293 C–E. Vgl. K. R. Popper, a. a. O., 225.

22 Platon, *Gesetze* 942 C. Vgl. K. R. Popper, a. a. O., 184.

23 Platon, *Gesetze* 903 C. Vgl. K. R. Popper, a. a. O., 144.

24 Platon, *Gesetze* 942 A. Vgl. K. R. Popper, a. a. O., 147.

25 K. R. Popper, *Der Zauber Platons.* München [3]1973, 148.

26 Platon, *Gesetze* 909 A. Vgl. Sämtliche Werke, hrsg. von E. Loewenthal, Bd. III. Köln [6]1969, 584.

27 So die aristotelische Beschreibung von Platons Lehre: vgl. K. R. Popper, a. a. O., 65.

28 K. R. Popper, *Der Zauber Platons.* München [3]1973, 66.

29 Vgl. E. Klinger, *El concilio como tarea dogmatica. El nuevo concepto general de la fe,* in: A. González Montes (Hrsg.), Iglesia, Teología y Sociedad veinte años después del Segundo Concilio del Vaticano (Bibliotheca Salmanticensis 102). Salamanca 1988, 71–82.

30 In der Bibel ist diese Vorschrift kein Gebot für Kinder, sondern für Politiker.

Literaturverzeichnis

Alberigo, G., *Dal bastone alla misericordia,* in: Cristianesimo nella Storia 2 (1981) 487–521.
Alberigo, G., u.a., *Fede, tradizione, profezia.* Brescia 1984.
Alberigo, G., *Die Konstitution in Beziehung zur gesamten Lehre des Konzils,* in: G. Baraúna (Hrsg.), Die Kirche in der Welt von heute. Salzburg 1967, 49–76.
v. Alemann, U., *Politikbegriffe,* in: Nohlen, D./Schultze, R. O. (Hrsg.), Pipers Wörterbuch zur Politik. München 1985, 705–707.
Aristoteles, *Metaphysik,* 2 Bde. (Meiners Philos. Bibliothek 307–308). Hamburg 1978–1980.
Aristoteles, *Politik.* (DTV-Ausg.). Zürich ²1976.
Aristoteles, *Politik.* Übers. von E. Rolfes (Meiners Philosophische Bibliothek 7). Hamburg 1958.
Arens, E. (Hrsg.), *Habermas und die Theologie.* Düsseldorf 1989.
Arns, P. E., *Menschen, Armut und Fortschritt,* in: Weltkirche 1 (1987), 14–20.
Assmann, H., (Hrsg.), *El Juego de los reformismos frente a la revolución en Centroamérica.* San José (Costa Rica) 1981.

Baraúna, G. (Hrsg.), *De Ecclesia,* 2 Bde. Freiburg 1966.
Baraúna, G. (Hrsg)., *Die Kirche in der Welt von heute.* Salzburg 1967.
Betto, Frei, *Nachtgespräche mit Fidel.* Freiburg i. Ue. 1986. Bibliothek Theologie der Befreiung. Düsseldorf 1987ff.
Bien, G., *Die Grundlegung der politischen Philosophie bei Aristoteles.* Freiburg 1973.
Biser, E., *Glaubensverständnis, Grundriß einer hermeneutischen Fundamentaltheologie.* Freiburg 1975.
Bleistein, M., *Kirche im Prozeß gesellschaftlicher Kommunikation. Zum Konflikt um die Theologie der Befreiung in der deutschen Presse.* St. Ottilien 1987.
Bloch, E., *Das Prinzip Hoffnung.* 3 Bde. Frankfurt 1959.
Boff, C., *Die Befreiung der Armen.* Freiburg i. Ue. 1986.
Boff, C., *Mit den Füßen am Boden. Theologie aus dem Leben des Volkes.* Düsseldorf 1986.
Boff, C., *Theologie und Praxis.* Mainz/München 1983.
Boff, L., *Aus dem Tal der Tränen ins Gelobte Land.* Düsseldorf ³1985.
Boff, L., *Jesus Christus, der Befreier.* Freiburg 1986.
Boff, L., *Die Kirche als Sakrament im Horizont der Welterfahrung.* Paderborn 1972.
Boff, L., *Kirche: Charisma und Macht.* Düsseldorf 1985.
Boff, L., *Kleine Sakramentenlehre.* Düsseldorf 1976.
Boff, L., *Kreuzweg der Auferstehung.* Düsseldorf 1984.
Boff, L., *Kreuzweg der Gerechtigkeit.* Mainz 1980.
Boff, L., *Theología del cautiverio y de la liberación.* Madrid 1978.

Boff, L., *Theología desde el lugar del pobre.* Santander 1986.
Boff, L., *Theologie der Befreiung – Die hermeneutischen Voraussetzungen,* in: K. Rahner u. a. (Hrsg.), Befreiende Theologie. Stuttgart 1977, 46–61.
Boff, L., *Und die Kirche ist Volk geworden. Ekklesiogenesis.* Düsseldorf 1987.
Boff, L. und C., *Wie treibt man Theologie der Befreiung?* Düsseldorf 1986.
Boff, L., *Zeugen Gottes in der Welt.* Zürich 1985.
The Bolivian Government's Plan of action against the church, in: Latinamerica Press, 15. Mai 1975.
Brasil: Nunca Mais. Petropolis 1988.
Brunner, O. u. a. (Hrsg.), *Geschichtliche Grundbegriffe. Historisches Lexikon zur politisch-sozialen Sprache in Deutschland,* Bd. 4. Stuttgart 1978.
Bucher, R., *Nietzsches Mensch und Nietzsches Gott. Das Spätwerk als philosophisch-theologisches Programm* (Würzburger Studien zur Fundamentaltheologie 1). Frankfurt 1986.

Cabestrero, T., *Mystik der Befreiung.* Wuppertal 1981.
Câmara, Hélder, *Die Bekehrungen eines Bischofs.* Wuppertal 1978.
Câmara, Hélder, *Gott lebt in den Armen.* Olten 1986.
Cardenal, E., *Das Evangelium der Bauern von Solentiname.* Wuppertal 1976–1978.
Cardenal, E., *Von der Heiligkeit der Revolution.* Wuppertal 1972.
Cardoso, F. H., Faletto, E., *Abhängigkeit und Entwicklung in Lateinamerika.* Frankfurt 1976.
Casaldáliga, P., *El credo que ha dato sentido a mi vida. Yo creo en la justicia y en la esperanza.* Bilbao 1977.
Casaldáliga, P., *En rebelde fidelidad, diario 1977–1983.* Bilbao 1983.
Casaldáliga, P., *«Evangelischer» Aufstand im Vatikan. Aus meinem römischen Tagebuch,* in: Publik Forum 21 (1988), 29ff.
Casaldáliga, P., *Experíencia de Dios y pasión por el pueblo.* Santander 1983.
Casaldáliga, P., *Fuego y ceniza al viento.* Santander 1984.
Casaldáliga, P., *Die gekreuzigten Indios – ein Fall des anonymen, kollektiven Martyriums,* in: Concilium 19 (1983), 208–213.
Casaldáliga, P., *La muerte que da sentido a mi credo.* Bilbao 1978.
Casaldáliga, P., *Nicaragua. Combate y Profeciá.* Madrid 1986.
v. Clausewitz, C., *Vom Kriege.* Bonn ¹⁷1966.
Clévenot, M., *«Gottes Reich auf Erden?»* in: Concilium 22 (1986), 370–374.
Congar, Y., *Le concile de Vatican II.* Paris 1984.

Dokumente von Medellín. *Die Kirche in der gegenwärtigen Umwandlung Lateinamerikas im Lichte des Konzils* (Adveniat, Dokumente/Projekte 1–3). Essen 1968.
Dussel, E., *De Medellin a Puebla. Una decada de sangre y esperanza 1968–1979.* Mexico 1979.
Dussel, E., *Herrschaft und Befreiung.* Freiburg i. Ue. 1985.
Dussel, E., *Historia de la iglesia en América Latina.* Barcelona 1972.

Eigenmann, U., *Politische Praxis des Glaubens.* Freiburg i. Ue. 1984.
Ellacuría, I., *Conversión de la Iglesia al Reino de Dios.* Santander 1984.
Ellacuría, I., *Freedom made flesh.* Maryknoll, N. Y. 1976.

Die Evangelisierung Lateinamerikas in Gegenwart und Zukunft (Stimmen der Weltkirche 8). Bonn 1979.

Der Fall Boff, hrsg. von der Brasilianischen Bewegung für die Menschenrechte. Düsseldorf 1986.
Fetz, R. L., *Whitehead, Prozeßdenken und Substanzmetaphysik.* Freiburg 1981.
Fleckenstein, K.-H., *Für die Kirche von morgen. Im Gespräch mit Kardinal Suenens.* München 1979.
Forster, K., *Idiomenkommunikation*, in: LThK 5. Freiburg 1960, 608–609.
Frege, G., *Schriften zur Logik und Sprachphilosophie* (Meiners Philos. Bibliothek 277). Hamburg 1971.

Geppert, W., *M. Lefebvre. Ankläger und Angeklagter Roms.* Tübingen 1980.
González Faus, J. I. u. a., *La justicia que brota de la fe.* Santander 1982.
Greinacher, N., *Konflikt um die Theologie der Befreiung. Diskussion und Dokumentation.* Zürich 1985.
Gutiérrez, G., *Aus der eigenen Quelle trinken.* München 1986.
Gutiérrez, G., *Hablar de Dios desde el sufrimento del inocente – una reflexión sobre el libro de Job.* Lima 1986. Deutsch: *Von Gott sprechen in Unrecht und Leid – Ijob.* München 1988.
Gutiérrez, G., *Die historische Macht der Armen.* München 1984.
Gutiérrez, G., *Theologie der Befreiung.* München 1973. [5]1980.
Gutiérrez, G., *Das Zweite Vatikanische Konzil und die Kirche Lateinamerikas* (Adveniat: Zeugnisse, Berichte, Kommentare 12). Essen 1986.

Handbuch für internationale Zusammenarbeit, Lieferung 215. Baden-Baden 1985, 6–13, 45–50.
Hebblethwaite, P., *Johannes XXIII.* Zürich 1986.
Heidegger, M., *Sein und Zeit.* Tübingen [12]1972.
Hengsbach, F./Lopez Trujillo, A. (Hrsg.), *Kirche und Befreiung* (Veröffentlichungen des Studienkreises Kirche und Befreiung). Aschaffenburg 1975ff.
Hengsbach, F./Lopez Trujillo, A., *Utopie der Befreiung* (Veröffentlichungen des Studienkreises Kirche und Befreiung) Aschaffenburg 1976.
Hinkelammert, F. J., *Die ideologischen Waffen des Todes.* Freiburg i. Ue. 1985.
Höffner, J., *Kolonialismus und Evangelium.* Trier [2]1969.
Höffner, J., *Soziallehre der Kirche oder Theologie der Befreiung* (Der Vorsitzende der deutschen Bischofskonferenz 11). Bonn 1984.
Höffner, J., *Die katholische Kirche und die Befreiungstheologie,* in: Die Welt Nr. 244 vom 19. 10. 85, S. 17.)
Hofmann, R. (Hrsg.), *Gottesreich und Revolution.* Münster 1987.

Instruktion der Kongregation für die Glaubenslehre über einige Aspekte der «Theologie der Befreiung» (Verlautbarungen des Apostolischen Stuhls 57). Bonn 1984.
Instruktion der Kongretation für die Glaubenslehre über die christliche Freiheit und die Befreiung (Verlautbarungen des Apostolischen Stuhls 70). Bonn 1986.

Johannes XXIII., *Gaudet mater ecclesia. Eröffnungsrede des Zweiten Vatikanischen Konzils,* in: AAS 54 (1962), 786–796.

Johannes XXIII., *Rundfunkbotschaft zum Zweiten Vatikanischen Konzil,* in: AAS 54 (1962), 678–685 und Herderkorrespondenz 17 (1962/63), 43–46.
Johannes Paul II., *Ein Brief des Papstes an die Brasilianische Bischofskonferenz,* in: Herderkorrespondenz 40 (1986), 277–282.
Johannes Paul II., *Seine Reden in Deutschland.* München 1980.

Kaufmann, L./Klein, N., *Johannes XXIII. Prophetie im Vermächtnis,* Brig 1990.
Kern, W./Pottmeyer, H. J./Seckler, M. (Hrsg.), *Handbuch der Fundamentaltheologie,* 4 Bde. Freiburg 1985–1988.
Klinger, E./Zerfaß, R. (Hrsg.), *Die Basisgemeinden – ein Schritt auf dem Weg zur Kirche des Konzils.* Würzburg 1984.
Klinger, E., *El concilio como tarea dogmatica. El nuevo concepto general de la fe,* in: González Montes, A. (Hrsg.), Iglesia, Teologia y Sociedad. Veinte años después del Segundo Concilio del Vaticano (Bibliotheca Salmanticensis). Salamanca 1988, 71–82.
Klinger, E., *Ekklesiologie der Neuzeit. Grundlegung bei Melchior Cano und Entwicklung bis zum Zweiten Vatikanischen Konzil.* Freiburg 1978.
Klinger, E./Wittstadt, K. (Hrsg.), *Glaube im Prozeß* (Festschrift für Karl Rahner). Freiburg 1984.
Klinger, E./Zerfaß, R. (Hrsg.), *Die Kirche der Laien. Eine Weichenstellung des Konzils.* Würzburg 1987.
Klinger, E., *Politik und Theologie. Eine deutsche Stellungnahme zu Puebla,* in: Theologie und Glaube 71 (1981), 184–207.
Klinger, E., *Theologie im Horizont der Politik – Die Herausforderung Europas durch die lateinamerikanische Theologie,* in: Castillo, F./Fries, H./Klinger, E. u. a. (Hrsg.), Herausforderung. Die dritte Welt und die Christen Europas. Regensburg 1980.
Klinger, E., *Das Zweite Vatikanische Konzil als ein Gesamtentwurf. Der Plan von Kardinal Suenens,* in: Die Kraft der Hoffnung (Festschrift für Alterzbischof DDr. Josef Schneider). Bamberg 1986, 142–150.
Klönne, A., *Klasse,* in: Nohlen, D./Schultze, R.-O. (Hrsg.), Pipers Wörterbuch zur Politik. München 1985, 422–424.

Lange, M./Iblacker, R., *Christenverfolgung in Südamerika.* Freiburg 1980.
Lawrence, F. G., *Political Theology,* in: Eliade, M. u. a. (Hrsg.), The Encyclopedia of Religion, Bd. 11. New York 1987, 404–408.
Lehmann, K., *Theologie der Befreiung.* Einsiedeln 1977.
Leo XIII., *Rerum novarum.* In: Bundesverband der KAB Deutschlands (Hrsg.), Texte zur katholischen Soziallehre, Bd. 1, Kevelaer 1975.
Lexikon für Theologie und Kirche. Ergänzungsbände «Das Zweite Vatikanische Konzil I–III». Freiburg 1968.
Lorenzer, A., *Das Konzil der Buchhalter.* Frankfurt 1984.
Lopez Trujillo, A. (Hrsg.), *Medellin, Reflexiones en el Celam.* Madrid 1977.
Lopez Trujillo, A., *Teología liberadora en América Latina.* Bogotá 1973.
Lorscheider, A., *Die Neudefinition der Gestalt des Bischofs inmitten des armen und gläubigen Volkes,* in: Ernst, W. u. a. (Hrsg.), Theologisches Jahrbuch. Leipzig 1986, 237–240.
de Lubac, H., *Apologétique et théologie,* in: Nouvelle Revue Théol. 57 (1930), 361–378.

Maduro, O., *Die Christdemokratie und die befreiende Option für die Unterdrückten im lateinamerikanischen Katholizismus,* in: Concilium 23 (1987), 421–431.
Mazzillo, G. *La teologia come prassi di pace.* Molfetta 1988.
Méndez Arceo, S., *Juan Pablo II. Insensible al Dolor de Nicaragua-Agredido por los Contras,* in: Secretariado Internacional Christiano de Solidaridad con America Latina «Oscar A. Romero», Boletín internacional 4. Mexico 1986.
Merton, Th., *Contemplation in a World of Action.* London 1971. Deutsch: *Im Einklang mit sich und der Welt.* Zürich 1986.
Merton, Th., *Gewaltlosigkeit. Eine Alternative.* Zürich 1986.
Merton, Th., *New Seeds of Contemplation.* New York 1961.
Mesters, C., *Die Botschaft des leidenden Volkes.* Neukirchen-Vlayn 1982.
Metz, J. B., *Ernesto Cardenal – ein produktives Ärgernis,* in: ders., Unterbrechungen, Theologisch-politische Perspektiven und Profile. Gütersloh 1981, 74–84.
Metz, J. B., *Jenseits bürgerlicher Religion. Reden über die Zukunft des Christentums.* Mainz/München 1980.
Metz, J. B., *Kirchliche Autorität im Anspruch der Freiheitsgeschichte,* in: ders./ Moltmann, J./Oelmüller, W., Kirche im Prozeß der Aufklärung. Aspekte einer neuen ‹politischen Theologie›. Mainz/München 1970, 53–91.
Metz, J. B./Rottländer P. (Hrsg.), *Lateinamerika und Europa. Dialog der Theologen* (Forum Politische Theologie 8). München 1988.
Metz, J. B., *Politische Theologie,* in: Sacramentum mundi, Bd. 3. Freiburg 1969, 1234.
Metz, J. B., *Unterwegs zu einer nachidealistischen Theologie,* in: Bauer, J. B. (Hrsg.), Entwürfe der Theologie. Graz 1985, 209–233.
Miranda, J. P., *Communism in the Bible.* London 1982.
Miranda, J. P., *El cristianismo de Marx.* Mexico 1978.
Miranda, J. P., *Marx against the Marxists. The Cristian Humanism of Karl Marx.* London 1980.
Miranda, J. P., *Marx and the Bible. A Critique of the Philosophy of Oppression.* Maryknoll, N. Y. 1974.
Moltmann, J., *Politische Theologie – Politische Ethik.* München 1984.
Müller, O. (Hrsg.), *Vaticanum secundum, Bd. I: Die erste Konzilsperiode.* Leipzip 1963.

A new inter-American Policy for the Eighties prepared by the Committee of Santa Fe. A summary Analysis. Manuskript [Ohne Ortsangabe] 1983, 3.

O'Malley, W. J., *The voice of blood. Five christian martyrs of our time,* in: Latinamerica Press, 15. Mai 1975.

Parsons, T., Beiträge zur soziologischen Theorie. Neuwied 1964.
Peirce, Ch. S., *Schriften II. Vom Pragmatismus zum Pragmatizismus, hrsg. von Apel, K. O.,* (Theorie Suhrkamp), Frankfurt ^{2}1976.
Peukert, H., *Wissenschaftstheorie – Handlungstheorie – Fundamentale Theologie.* Düsseldorf 1976.
Pius XI, *Quadragesimo anno.* In: Bundesverband der KAB Deutschlands (Hrsg.), Texte zur katholischen Soziallehre, Bd. 1, Kevelaer 1975.

Platon, *Sämtliche Werke,* 3 Bde. hrsg. von Loewenthal, E., Köln [6]1969.
Popper, K. R., *Der Zauber Platons* (Die offene Gesellschaft und ihre Feinde 1). Bern/München 1957. [3]1973.
Pottmeyer, H. J., u. a. (Hrsg.)., *Die Rezeption des Zweiten Vatikanischen Konzils.* Düsseldorf 1986.
Prien, H.-J., *Die Geschichte des Christentums in Lateinamerika.* Göttingen 1978.
Prien, H.-J. (Hrsg.), *Lateinamerika, Gesellschaft, Kirche, Theologie,* 2 Bde., Göttingen 1981.
(Proaño), *Leonidas Proaño, 25 años obispo de Riobamba.* Lima 1979.
(Proaño), *L. Proaño, Freund der Indianer.* Freiburg i.Ue. 1986.
Puebla, hrsg. von Seladoc, Equipo, Salamanca 1981.

Rahner K. u. a. (Hrsg.), *Befreiende Theologie.* Stuttgart 1977.
Rahner, K., *Institutionalismus,* in: LThK, Bd. 5. Freiburg 1960, 714f.
Rahner, K./Vorgrimler, H. (Hrsg.), *Kleines Konzilskompendium.* Freiburg 1966.
Ratzinger, J./Boff, L., *Dokumente eines Konfliktes um die Theologie der Befreiung* (Publik-Forum-Dokumentation). Frankfurt [2]1985.
Ratzinger, J., *Zur Lage des Glaubens.* München 1985.
Ri, J., *Wonhyo und das Christentum. Ilshim als personale Kategorie* (Würzburger Studien zur Fundamentalteologie 2). Frankfurt 1987.
Ribeiro, D., *Amerika und die Zivilisation. Die Ursachen der ungleichen Entwicklung der amerikanischen Völker.* Frankfurt 1985
Ritter, J., *Metaphysik und Politik.* Frankfurt 1969.
Rottländer, P. (Hrsg.), *Theologie der Befreiung und Marxismus.* Münster 1986.
Romero, O. A., für die Armen ermordet. Wie der Erzbischof von San Salvador das Evangelium verkündet hat. Freiburg 1982.
Romero, O.A., *Die notwendige Revolution.* München 1982.
Roos, L., *Befreiungstheologien und Katholische Soziallehre,* Heft II (Kirche und Gesellschaft 120, hrsg. von der Katholischen Sozialwissenschaftlichen Zentralstelle Mönchengladbach). Köln 1985, 8–9.

Schlegelberger, B., *Von Medellín nach Puebla.* Düsseldorf 1980.
Schneider, R., *Las Casas vor Karl V.,* in: ders., Gesammelte Werke, Bd. 3. Frankfurt 1978, 119–260.
Segundo, J. L., *The historical Jesus of the synoptics.* Maryknoll, N. Y. 1985.
Segundo, J. L., *The humanist christology of Paul.* Maryknoll, N. Y. 1986.
Segundo, J. L., *El hombre de hoy ante Jesus de Nazaret,* 3 Bde. Madrid 1982. Englisch: *Jesus of Nazareth yesterday and today,* 5 Bde. Maryknoll 1982–1987.
Segundo, J. L., *Theología de la liberación. Respuesta al Cardenal Ratzinger.* Madrid 1985.
Segundo, J. L., *The community called church* (A theology for artisans of a new humanity 1). New York 1973.
Segundo, J. L., *El Dogma que libera.* Santander 1989.
Sobrino, J., *Christologia desde américa latina. Esbozo a partir del seguimiento del Jesús histórico.* México [2]1977. Englisch: *Christology at the Crossroads. A Latin American Approach.* London [3]1984.
Sobrino, J., *Jesús en América Latina.* Santander 1982.
Sobrino, J., *The true Church and the poor.* London 1985.
Suenens, L.-J., *Aux origines du Concile Vatican II,* in: Nouvelle Revue Théol. 107 (1985), 3–21.

Suenens, L.-J., *Konzilsrede vom 4. 12. 62,* in: Acta Synodalia Sacrosancti Concilii Oecumenici Vaticani II, Vol. I/4. Rom 1971, 222–227.
Suess, P., *Cálice e cuia, Cronicas de pastoral e política indigenista.* Petropolis 1985.

Vekemans, R., *Teología de la liberación y cristianos por el socialismo.* Bogotá 1976.
Velasco, R., *Replica a Ratzinger.* Bilbao 1986.
Venetz, H.-J./Vorgrimler H. (Hrsg.), *Das Lehramt der Kirche und der Schrei der Armen.* Freiburg/Münster 1985.

Wagua, A., *Erfahrungen im Dialog zwischen dem Christentum und der einheimischen Religion der Kuna,* in: Metz, J. B./Rottländer, P., Lateinamerika und Europa. München 1988, 135–145.
Waldenfels, H., *Kontextuelle Fundamentaltheologie.* Paderborn 1985.
Weber, M., *Wirtschaft und Gesellschaft. Grundrisse der verstehenden Soziologie,* Halbband 2. Tübingen 1956.
Whitehead, A. N., *Abenteuer der Ideen.* Frankfurt 1971.
Whitehead, A. N., *Prozeß und Realität.* Frankfurt 1979.
Wojtyla, K., *Quellen der Erneuerung. Studie zur Verwirklichung des Zweiten Vatikanischen Konzils.* Freiburg 1981.
Wright, V./Elmer, M. C., *General Sociology.* New York 1938.

Zaragoza, R. M., *La CEB: Semilla que rejuevenece a la iglesia,* in: CEB y teología. Oaxaca 1986.
Zsifkovits, V., *Gemeinwohl,* in: Klose, A./Mantl, W./Zsifkovits, V. (Hrsg.), Katholisches Soziallexikon, Innsbruck ²1980. 854–862.
Zwiefelhofer, H., *Politische Theologie,* in: Katholisches Soziallexikon. Innsbruck ²1980, 2195–2205.

Register